微光長旅

從南非出發

袁亞棋——著

目錄

推薦序

翻轉非洲此其時矣／**釋證嚴** 6

微光已化作暖陽／**劉效成** 12

黑菩薩的傳愛旅程／**麥鳳儀** 16

作者序

守住那點光 22

■ **輯一**

跨越廝殺線，南非

一九九四黃土路 28
潘叔與我 51
乘風而飛 57
阿嬤不怕鬼 63
這不是最後一口氣 68
抓得住的光 87
女巫變傻蛋 100
安娜老媽媽 108
維多莉亞 123
回家 134
好好活著 142
那些風 那些雨 152

■ 輯二

勇闖「零」國度，史瓦帝尼

一切從零開始 176
荊棘路上向前行 198
我一直在等待 206
大女孩菲利勒 210
和你一起走 214

■ 輯三

深夜長旅背包客，納米比亞

旱地裏逆勢生長 222

■ 輯四
十二道關卡黃皮書，馬拉威

人海茫茫中遇見你 272
十二道關卡 295
愛的氣旋 306
等我們回來 327

後記
多元的理解非洲 350

【推薦序】

翻轉非洲此其時矣

釋證嚴

南部非洲距離臺灣逾一萬兩千公里之遙，卻有一群弟子無論是臺灣人或者黑皮膚的在地菩薩，無時不刻都在「說我所說法，行我所行道」，與師父的心是如此地貼近。

很感恩透過亞棋的觀察、書寫，咪呢、尤妮思、艾碧蓋兒、格芮楚、安娜、維多莉亞等等，這幾位老菩薩一張張飽受風霜的臉孔，又在師父的腦海中鮮明了起來。

她們苦了一輩子，直到晚年才有機緣與慈濟重逢，真如佛性既然顯發出來了，就像墜入漩渦即將溺水的人緊緊抓住浮木一樣，各個以超乎常人的耐力意志力投入慈濟工作。

看看這些本土志工可說動員全身的細胞在愛慈濟。譬如咪妮往生時，志工出席她的喪禮時，以繞棺不斷誦念「慈濟十戒」和「上人三願」，用此方式與深愛慈濟的她告別。又若有人敢來挑釁，艾碧蓋兒阿嬤定然將慈濟所做的一切好事，像連珠炮般地說得對方心虛而退。

這些老菩薩即便各自的家庭景況都很艱窘，仍努力擠出僅有的食物分送給貧困孤兒；又為久臥床枕的愛滋病患把屎把尿，儘管這些病患都比她們年輕許多。

這是怎樣一分滿滿的大愛，又超脫無掛礙的心懷啊！

恨的力量很大嗎？不也，愛的力量才更強大。

誠如亞棋所述，許多原本遭受暴力迫害的婦女如艾蒂蕾阿嬤，兩個姪兒被突然闖入的歹徒打死，又朝她身上開了八槍，僥倖逃出屋外，歹徒隨即放火燒屋。

經過九死一生的她，內心充滿家仇血恨，只因聽到慈濟志工分享付出愛的滿足快樂，心念一轉立刻從仇恨的地獄解脫出來，從付出關心周遭的人，體味到真正的快樂。

二〇〇七年受證時，她發心立願：「慈濟轉變我的人生，我無以回報，一定會用剩餘的生命繼續付出，讓愛化作更多愛的種子撒播出去。」

在亞棋筆下，每位穿上藍天白雲的阿嬤，如同披上鎧甲的勇士，慈濟就是她們最堅實的盾牌。

她們天天到處做好事，還不斷地向人勸說減少口欲，行善付出；連在社區橫著走的小混混澤坦巴都被她們收伏了，跟著這些阿嬤到處訪視，扛愛心米，成了一位「青年幹部」。即便在病中、似醒非醒的尤妮思阿嬤，都不忘邀約來帶她的催命鬼一起做慈濟。

看這些老菩薩穿上慈濟委員的藍旗袍，行動如規如律，與臺灣的慈濟菩薩並無二致，委實令人讚歎愛敬。

有幸投入慈濟，這些老菩薩感覺有如從地獄升到極樂淨土，感恩接引她們打開心牢、樂在付出大愛的潘明水居士；若非他那分超乎常人的決心、毅力和即知即行的行動力，又怎有可能翻轉這些老菩薩的命運，寫下一頁頁的非洲傳奇？一九九四年，臺灣募集了兩大貨櫃的愛心衣物運到南非，為了協助慈濟發放，潘居士開始接觸慈濟。這分緣一接上，就是生生世世了。

他抱著「雖千萬人吾往矣」的精神，開著九人座廂型車，深入部落，用了七年的時間，協助祖魯族婦女成立五百四十二個簡易職訓班。讓受到家暴的婦女、奄奄一息的愛滋病患走出心靈牢獄，不僅獲得重生，其中更有人轉身成為到處傳播大愛的菩薩。

廣袤的南部非洲，因為氣候極端，基礎設施又很薄弱，使得資源得不到有效的開發，人民普遍窮苦；尤其女人地位低下，更是苦中之苦。

潘居士發無上心，開著他的菩薩車，載著幾位老志工，奔馳在南部非洲蒼莽的草原和纍纍的土石山崗，到處宣講慈濟，就地招募志工，每出去一趟至少六百公里之遙。

困守山坳窮村的苦難人那麼多，志工所能給的只是少份的白米，但也帶來大愛的訊息；對他們來說，如同久處暗暝終於看到一道光一樣，原來幫助人是這麼簡單，得到的回饋卻是這麼的快樂。居然追隨的村民愈來愈多，還送他們到山谷的入口處，才依依道別。可見人性本善，雖然一窮二白，也都有無限愛的潛力。

南部非洲的自然條件這麼惡劣，苦難人如此之多，但心靈可以淨化；心念一轉，仍可以成為心靈富裕的人。

很感恩潘居士一直抱持著要將大愛廣傳出去的精神，自二〇一二年組織一支「德本國際志工團隊」，到史瓦帝尼跨國傳愛開始，這幾年來，相繼進入莫三比克、波札那、納米比亞、馬拉威，最近又跨入尚比亞。在每個國家找出有心有潛力的種子，用愛灌溉和陪伴，期待能一生無量，在非洲堅硬的土石上栽培出希望之花。

這是很困難的希望工程，但是只要有心有力，就會有好因緣。但願在不久的將來，在許多非洲慈濟人的努力下，可以翻轉非洲窮人自傷自憐的命運，人人都化身成樂在助人的菩薩。

【推薦序】

微光已化作暖陽

劉效成

拜讀了亞棋師姊的文稿，閉上雙眼，彷彿看見如同螢火蟲的點點微光，從南非德本漸漸向外擴散。點點微光就像一股股愛的暖流，不僅化解了南非的種族仇恨，更跨越了國界與宗教信仰，先到達位於南非德本北方的史瓦帝尼，再抵達兩千三百五十公里外、面朝大西洋的納米比亞。二〇一九年伊代風災的因緣，這點微光又突破了層層關卡，來到世界最貧窮的國家之一馬拉威，一個從德本來回需四千八百公里的非洲內陸國。

第一次對亞棋師姊的印象是在慈濟全球董事會中，見到一位清瘦身影的女孩，在臺上報告著令人驚喜與感動的非洲慈善關懷歷程。當時心中百思不解的是，到底是什麼樣的信念與方法，可以在遙遠的非洲大地上，陪伴孕育出這麼多的黑珍珠（證嚴上人對非洲本土志工的暱稱）？又是什麼樣的力量，讓她們在種種艱難的條件下，仍然能屹立不搖，萬里長征去關懷非洲大地上，跟自己毫無血緣關係的苦難人？

這些疑問一直存在我的心中，所以當接到亞棋師姊邀約為本書寫序的當下，內心充滿了興奮之情，迫不急待地想沈浸在書稿中，到非洲大地的場景去尋找答案，以解除我內心長久以來的疑惑。

在亞棋師姊行雲流水、栩栩如生的描述下，我在淚水與法喜中，經歷了一趟從德本到史瓦帝尼再到納米比亞與馬拉威的旅程。雖然這些都是我不曾到過的國度，但從南非幾位已往生的阿嬤志工的故事，讓我更深刻理解為何證嚴上人的教法能在非洲大陸深植廣傳，翻轉了無數人的生命。

闔上書頁，咪妮阿嬤在非洲草原中耀動的聲音依然在我耳邊；勸索命鬼當慈濟志工的尤妮思阿嬤也讓我難以忘懷，還有許許多多精采又令人匪夷所思的故事，等待大家親自體會。

每個人來到這世間，必有其意義與使命。從書中每一個生命故事，我一再看到了微光與愛，也再次深刻地體悟到慈善工作，從來就不是我們所狹隘認知，提供救濟物資或金錢協助而已；而是啟發每一個人內心無私的愛，去關懷別人。

人稱潘叔的潘明水師兄，一位晒得跟南非當地人一樣黑的慈濟志工，曾經跟我分享如何在非洲冒著生命危險，讓本地志工了解，每個人心中都有無限的能量去改變自己、影響他人，而那股能量，就是無私的大愛。

這股人人內心都有的愛一旦被啟發，無論物質環境多窮困，精神上的富足是外人無法想像的。也唯有這樣的愛，才能翻轉人生，為苦難人帶來希望，為世界帶來溫暖與祥和。

這股愛看不見摸不著，真空妙有，但只要真誠付諸行動，就能像泉水源源不絕地湧現，永遠不會枯竭。點點微光或許依稀渺小，或許微弱平凡，或許孤單伶仃，但愛讓大家在非洲相遇，如今點點微光已然凝聚成一道柔和的暖陽，照亮非洲大地黑暗的角落。

衷心希望大家都能撥冗閱讀此書，給自己一個不一樣的心靈之旅，也為這些黑珍珠菩薩們加油打氣，作為他們跨越到更多非洲國度，去散播光與愛最有力的後盾。

（本文作者為慈濟慈善事業基金會副執行長）

【推薦序】

黑菩薩的傳愛旅程

麥鳳儀

每年，海外慈濟分會、聯絡點的會務執行團隊均會回到花蓮靜思精舍，進行一年一度的海外董事會，向證嚴上人報告及向全球慈濟人分享各國志業推動的成果與未來展望。每次，負責南非德本、東西開普省本土志業關懷的袁亞棋報告時都帶著滿滿的感人故事，令上人及與會者非常感動，個人也常常聽著聽著，眼淚就不知不覺地流下來。

有機會進一步認識亞棋，是我開始負責非洲各聯絡點的財務事項，很多的會議及討論事項頻繁往來，漸漸地透過 line 互動而熟稔。心裏總是默默讚歎著這位臺灣姑娘有著驚人的毅力，遠嫁南非德本，一個人在那麼遙遠的國度裏，承擔那麼多的事情，卻能貼心地為當地志工著想，做志工的後盾，傳遞上人的法和佛教的精神。

二〇二〇年，亞棋第一次與我分享她寫的文章，是關於德本志工們跨國到史瓦帝尼的故事。我讀完一篇又一篇，看著這些文字，腦海裏自動地播放本土「黑珍珠」菩薩們的畫面，一會兒走在草叢裏，一會兒龐大的身軀隨著洪亮的歌聲搖搖擺擺，一群可愛的志工慢慢地往前前進。

我靜靜地讀著讀著、靜靜地翻頁，眼淚會不知覺地流下來，尤其是文章中講述資深本土志工克服萬難，一心一志緊緊跟隨上人的腳步，去關心有需要的人，他們時時刻刻都在發揮自己的生命價值，就如生命的勇士，不輕易對坎坷的命運低頭。

篇篇文章中，除了感動，亞棋偶爾會雲淡風輕地描述志工所面對的挑戰和困境，尤其資深志工們走過來時路，開拓跨國關懷慈善志業的艱辛，如何躲開各國海關嚴謹挑剔的檢查，在陌生的國度裏把愛傳出去、在人與人之間建立信任；

在沒有電話、網路的世界裏，他們是如何保持聯繫、互動等等……

尤其幾位堪稱先鋒部隊的志工，從年輕時即「使命必達」地付出，他們生活非常清苦，每個人的人生經歷多半都是坎坷的前半生，但他們可以忍，忍人所不能忍，不管路有多遠，依然堅持用自己的雙腳走出一條路，用雙手去擁抱比之更苦的人。

信奉天主教、基督教的他們是那麼地深信上人的教導，依教奉行，在貧苦中活出了不一樣的人生色彩，真正做到上人說的，第一代弟子要徹底犧牲。

看著亞棋的細膩筆觸，在篇章扉頁中跳動著，心裏的感受很深很深，有時又透露著幽默風趣，讓人不自禁地呵呵笑出來。閱覽其中，偶爾會哈哈大笑，偶爾會張開大嘴巴，驚訝、讚歎、不可思議；偶爾會淚流滿面，手帕都來不及拿出來擦拭不斷流下的鼻水與淚水。

尤其是二〇二〇年的我，歷經一些低潮，需要正能量時，一篇一篇的故事，給了我很多鼓勵，激勵著我，也要學習黑人菩薩的精神，就算什麼都沒有，但還能擁有愛，還是可以去幫助有需要的人。

想著想著，開始與亞棋討論，這樣動人的故事應該要讓更多人知道，要分享出去，讓非洲本土志工們的寶貴身影及歷史足跡能夠留存下來。

想想，若黑菩薩們沒有走入慈濟，亞棋、你我等沒有走入慈濟，我們現在會在做什麼呢？相信若沒有走入慈濟，我們每個人都在忙碌著，各人有個人的生活範圍，為家庭、為事業而努力、奔波，到人生最後還是雙手空空而去，只有業力隨身。

但如今，我們有著殊勝因緣遇到上人，不只可以聽聞佛法，還可以走入人群付出，在慈濟世界中，一起手牽手走在菩薩道上，將個人微小的愛傳出去。

於是，開始與亞棋整理上人的相關開示、志業推動的照片、大事記等，在整理的過程，發現收穫最多的還是自己。

看著影片、資料庫的上千張照片，一張一張看，一張一張選，就如自己也在當地，也有機會參與那樣的傳愛旅程。

感恩亞棋給予我這樣的機會，讓我身在其境，這些經驗也促動我更有力量面對日常生活裏的大小挑戰。一個人的力量微弱無光，但有著彼此之間的相互鼓勵與取暖，相互作為善知識，就能將點點的光化為火炬，照亮每個黑暗冰冷的角落。

生長在馬來西亞的我，在新加坡受證慈濟委員並參與慈濟志工活動，深刻了解要在海外國度做慈濟真的很不容易，有著不一樣的文化、語言、宗教等，大家都在克難中起步，而這條路凹凸不平。但有著上人的帶領，大家一起用心、努力，每個人都盡一分力量，匯集點點滴滴愛心，將路慢慢地鋪平，將菩薩道開拓得更寬闊。

即使我們每個人都有著過去的無明懵懂，但現在已經有明確的方向，讓我們一起把握因緣，透過黑菩薩們的故事，一起學習，一起在菩薩道上踏實精進，翻轉人生，從凡夫轉為「覺有情」的人間菩薩，行走在菩提大直道上。

（作者為慈濟醫療財團法人資訊室資訊財經分析師、靜思精舍清修士）

【作者序】

守住那點光

非洲的雲在空中隨氣層飄移，總會仰賴著陽光做後盾，為褐黃色的大地落下光影的足跡。雲是大塊的、風是無拘束的、陽光是熾烈的、土地是無窮延伸的，而那忽隱忽現、忽明忽暗的大地光影，對我而言是充滿神奇魅力的。

那時的我隨著志工們來到德本一處深山高丘的部落中關懷，那日有風，風習習地迎面吹來，我站在一片開闊大地上的高點，恰好可以俯瞰朵朵雲層在綿延數十里的丘地上玩變化光影的遊戲，我看得癡迷不已。身後不遠處，志工們的朗朗歌聲傳來，正忙著去下一戶人家關懷的他們，踩點著喜悅的步伐，面容多麼的光彩。

其實志工們也和飄過大地的雲朵一樣，把握住了當日的陽光與和風，盡力地想為世間駐留下些什麼。那一幕記憶，是在二〇〇四年，初到南非德本定居不久的我，對於自己下一階段的人生還充滿著未知與不自信，而那一片穩靜的大地和那一群歡喜的人們，卻在無形中傳遞一股力量告訴著我：「一切必有其意義與使命。」

透過慈濟的分享，許多人對於總是被形容為黑珍珠般可貴的志工們抱有心寬念純的美好想像。但這些年與他們密切互動下來，我明白志工們並不是絕對的單純與完美，就像我們自己也總是帶有過往的傷痛、煩惱，和許多正在學習克服的盲點走入慈濟。我必須努力地理解他們，他們也在努力地貼近我。於是膚色、語言、宗教、國籍完全不同的雙方，能夠攜手於慈濟，磨合出對「大愛」堅定不移的信仰，我們在笑與淚中相互陪伴、轉變，彼此砥礪著彼此成長，探索更多世間的美好。

直到了二〇一二年，志工們恰恰好醞釀足了厚實的精神基礎，一個因緣轉化，使愛的足跡從德本跨了出去，跨國團隊成立。於是在接下來的六、七年期間，這支團隊陸陸續續拓展出了多個鄰近國家的志業足跡。而我主要居於幕後協助與本土會務相關的工作，整合前前後後、對內對外的資料紀錄。

我總是在打點好一切細項後，目送著慈濟車載著志工們出發，在心中默默地為大家祈禱平安。特殊情況下，昏沌沌的半夜還得守著手機，直到團隊回報已順利轉車或平安抵達的訊息後，才敢安心睡下。可以說這幾年下來，他們出團過幾次，我的心就被牽著出門過幾次。

也在事後整理著志工們帶回的手寫紀錄、照片、影片時，一遍再一遍地細細感受他們在外遭遇的辛苦曲折，如實彙整成一篇篇簡報留下歷史。當見到志業終於有了突破，我在電腦前驚呼狂喜；當聽聞又有哪位志工遭遇了生命磨難，我一邊記錄著故事、一邊抹著嘩啦啦的鼻涕與淚水。雖然沒有太多機會與他們同行跨國、披荊斬棘，但我一直把自己的心與他們的心緊緊拴在同一陣線上，為了「愛灑非洲」的理想憧憬，我們一起打拚，一起積累生命的光芒。

我和志工們一模一樣，都是太過平凡渺小的人，有時也對自己缺乏一點信心。我們只不過藉著慈濟彼此相遇在非洲，努力追隨著證嚴上人的教導與啟發，才領悟到原來自己內心也有發光的力量，可以照亮他人生命中的黑暗。

志工們無懼艱險行動不懈地付出，他們黑黝面頰上流下滴滴汗水，有時也混合著滾滾的淚水，那是人間最晶瑩真實的微光。而我依然期許自己能夠成為他們幕後的微光，讓他們的愛持續閃耀於非洲暗角。所以這次換我來把那一段段動人的足跡，化成字字誠懇的篇章，我必須把那些用力綻放、點點滴滴的微光以自己最大的努力守護下來，或許這也是我在二〇〇四年俯瞰非洲大地光影時所感受到的使命之一吧！

輯一

跨越廝殺線，南非

夸祖魯納塔爾省(KwaZulu-Natal)一條日夜打殺的黃土路上，一個衣不蔽體的小孩哭著找爸媽，但土路兩端，人人視若無睹，懼怕跨足這條廝殺線……

正當全球齊聲讚揚，種族藩籬、黑白高牆瓦解的和平奇蹟，出現在非洲大陸最南端的國度時，部落鬥爭暗潮洶湧，赤貧人民相互仇恨、陷入恐慌，卻是國境內最深沈幽暗、不被看見的內幕。

一位黃皮膚的臺灣漢，硬是闖進了這塊殘殺惡鬥的祖魯王國大本營；秉持仁者無懼的勇氣難行能行，究竟會讓廝殺線兩端、政治立場不同的居民，起了什麼變化呢？

一九九四黃土路

一九九四

一九九四
一個代表起點的數字
也代表著無量的延續……

那是一九九四年，全世界齊聲讚揚突破種族藩籬、黑白高牆瓦解的和平奇蹟來了，在內幕底下暗潮洶湧的部落政治鬥爭，爭權、爭勇、爭凶狠，真正赤貧的部落人民尚未浸潤在和平曙光下，又活生生地被導入另一場仇恨恐慌。外相的和平與內在的殘酷，一體兩面同生同矛盾。

那一年，夸祖魯納塔爾省（KwaZulu-Natal）一條日夜打殺的黃土路中間，一個沒有完好衣物遮住下身的小孩兒，赤腳哭著找爸媽，土路兩端八米不到的寬度，人人視若無睹，懼怕跨足伸出一點關愛給孩子。因為那是一條廝殺線，只要一不小心踏入這分隔兩派政黨的界線，就是踩入死亡之界，為了在暴力年代中求生，一切很難由「愛」談起。

這時卻有一位黃皮膚的臺灣漢，硬是闖進了這塊殘殺惡鬥的大祖魯王國大本營，站在那條廝殺線上，呼籲兩端政治立場不同的居民，不要再相互報復了，用愛化解仇恨吧！

老幹部們重述腦海中的記憶：「在那極苦的年代，只有他真正冒著生命危險來告訴我們什麼是『愛』。」我聽著，全身如觸電般感動莫名。因為我知道這一介多年在非洲荒原中孤單卻赤勇的身影，永遠無畏大風大浪，還總是帶著一抹輕安自在的招牌微笑。

如果他看到我又在寫這些老故事，他會挪一挪背後穴道復健用的塑膠管，哈哈大笑：「不用再提！都不重要！」然後與我說說笑笑，一切若無其事。

追尋拓荒足跡

非洲遼闊大地上，
一位位黑色皮膚的、由碎石泥濘中赤足走來的、藍天白雲的身影，
如同黑暗土地上的點點星光，
或許依稀渺小，或許微弱平凡，或許承受孤單，
卻甘願盡其所能燃燒生命能量，
為人間增添光明希望。

慈濟車開往德本南方山區的路上，經過鐸拉蕾阿嬤（Tholakele Mkhize）位在

安本布魯(Umbumbulu)的老家，路邊一間被火燒盡的廢墟殘瓦，是一九九二年南非政治暴動後，殘留至今的歷史見證。即使一九九六年後政黨風暴漸息，人們嘗試收拾起悲傷恐懼，一一返回家園重建往昔，但真正能夠再回來重生者，不知又有幾人？

問鐸拉蕾阿嬤此廢墟當年的屋主何在？阿嬤只搖搖頭說：「不知道。」因為太多太多暴力下的受難者，在何方？去何處？是生？是死？再也沒有人知曉。

人一般高的芒草，努力地想掩蓋磚瓦的殘敗與淒涼，磚瓦還是磚瓦，即使人們假意視而不見，無人理會的磚瓦，依舊孤獨、原地不動地轉述那斑駁、無解的往事。

一車子上，曾經歷過二十多年前那場仇恨風暴的本土志工都默默不語，依舊平靜地望向車外沿途風景，都已經習慣了，一切雲淡風輕，繼續著我們的目標方向前行。

如果時空可以交疊，我真想闖入當時的苦與樂，讓我踏上追尋的道路，任由志工們指引。車速與風沙在耳邊肆意狂嘯，我認真地望著車窗外倏忽而過的一切景物，好想體會曾經經歷過的那個年代、踏過這條路上的那一群拓荒人，他們在看什麼？在想什麼？

誠正信實的門外漢

滿載慈悲的兩貨櫃衣物，於一九九四年橫跨了半個地球與大洋，由臺灣來到南非德本，開啟了潘明水闖入黑人部落的因緣。

他在一九九六年親筆寫下的字句，如此記錄：

我在臺灣的時候，會定期收到一些慈善或宗教團體寄來各種不同的勸募文宣品，而慈濟功德會就是其中之一。當時我只知道內人會定期去郵局劃撥善款，至於那些文宣品，我從來就沒想過去看內容，因此也就對慈濟沒什麼了解。

在一九九〇年，我們全家移民來南非後，就斷了這條線，我心想，這樣倒省了一些沒用的印刷品汙染。直到有一天，突然接到德本市政府的電話，要求我幫他們和一位臺灣婦女做溝通工作，原來是莊美幸師姊當時剛開始在德本傳播慈濟志業，為了關心德本街頭流浪兒問題，找上了德本市政府。由於這個因緣，讓我有機會真正接觸到慈濟，爾後展開了一連串的訪貧、救濟、發放等工作……

一九九四年，來自臺灣的兩大貨櫃愛心衣物，要發放很簡單，但要如何尋得「最需要幫助的人」發放，就是件頗有難度的工作。那位臺灣婦女又來向他求助了：「潘先生，由您負責，好嗎？」當時全然不懂慈濟的他不想拖泥帶水，只問：「『你們』慈濟發放都要注意什麼？」莊美幸概括性地回答：「『我們』上人說要直接、重點、尊重。」

自小在「艋舺（臺灣臺北市萬華區舊名）」長大，看慣打打殺殺，薰習一身行俠仗義之氣的他，就此慈悲熱血地承諾下來，全然不知道自己將全身栽進一條得用生命披荊斬棘的荒野路。

既要發給「最需要幫助的人」又要「直接、重點、尊重」，就一定得實際接觸黑人部落，找出貧中之貧，親手交付發放物資。於是他開始透過各種人脈嘗試進入黑人村，尋求的對象包括宗教組織、慈善單位和政府社會機構等。電話聯絡、會面、溝通的過程十分曲折，因為方經歷黑白政權轉換的南非，當時真正落實關懷地方的組織單位少之又少，多數是看重慈濟所擁有的物資及後盾，想方設法地來去迂迴，希望掌控物資及玩政治操弄；也有組織單位表面十分配合，但實質在利用慈濟的成果，作為個人的晉升成就。

所以光是兩貨櫃發放前的斡旋工作，他就經歷到種種人性試煉。雖然當時他只是個慈濟門外漢，卻始終秉持「正」與「誠」，緊守慈濟的原則精神，以種種方法讓慈濟在那最不安的年代擺脫政治逼迫、團體鬥爭、私人企圖；一念正氣如關老爺持大刀立斷心懷不軌者的試煉，自己硬著頭皮、忍著孤單，一步步摸索如何深入祖魯部落的人脈與管道。

他用了將近半年的時間，獨自駕駛一部九人座的藍色廂型車，穿梭在風沙、黃土的原始道路，足跡行遍德本海岸沿線一百多公里寬、三百多公里長的地域間，與一村又一村的祖魯酋長展開勇士對談——不談逞凶鬥狠，只談慈悲大愛。他親身走入部落、走訪貧苦，一回、兩回、三回……，只為了不負寄託，卻始終不太對人提及自己究竟有多少次在黑人村裏受人恐嚇，甚至威逼性命。

終於在半年後，他將華人慈濟志工一次又一次地平安帶入祖魯部落，把兩貨櫃的愛心衣物真正布施貧苦，圓滿發放任務。

這是一場叢林遊戲，只要少了一點點無懼與剛正，就闖不出人性複雜的叢林之險了。「如果不是一股英雄主義，又何必如此拚命……」多年後，他這樣自嘲著說。確實是在拚命，傾其生命的一切心力咬著牙拚下去。也好在這條玩命的冒險之路，漸漸出現一位又一位被無私之愛洗淨遍體仇恨血腥、絕望塵垢的老幹部們，陪著他白天黑夜地出入生死；一群人一再義無反顧地闖入真正的祖魯叢林中，用肉身之苦磨練出純粹的心靈，堆疊了屬於他們的傳奇。

祖魯叢林中的苦集滅道

一九九五年七月間，發放承諾已圓滿，慈濟門外漢的任務似乎也該告一段落。然而，這個外表強硬的大男人，駕駛藍色廂型車奔馳於蠻荒部落的半年多來，愈走愈偏遠，愈走也愈深入，深入到親眼見到太多不能理解、無法想像的人間苦難。

畫面回到「混世」的童年時期，在打打殺殺、刀光血影、燈紅酒綠的艋舺，河堤旁總有一群在垃圾堆中撿食物、沒人管又受人欺負的孩子。當時仍是個小男孩的他，就經常不顧母親的責罵，三不五時帶著垃圾堆裏結識的朋友們回家，慷慨地搬出所有的零食點心讓大家盡情吃個夠。他不忍見到有人因餓肚子而得翻垃圾，也不忍見到有人因窮苦受到霸凌。艋舺殺來打去的江湖味，讓他自小學會仗義不服輸的硬底氣，但其實他的內心世界是極度柔軟的，外表的剛強全是為了保護被欺凌的弱者，他總覺得自己天生就有這種使命。

一晃眼，時光穿越到種族隔離解除後的南非，有一處為了逃離政黨殘殺而遷村再遷村的隱密難民村，他見到一個個衣不蔽身、居無處所、食無存糧、病無藥醫的人們，那裏的生存不是正常人類的活法，他強忍將要潰堤的淚水，逼迫自己必須走得愈偏僻，了解得愈深入，深入到一幕又一幕如人間煉獄的場景。情感與自己的理性不斷地在衝撞，好幾次幾乎壓不住劇烈的悲哀，他強咬自己的牙根，讓痛覺壓抑住崩潰邊緣的情緒，逼著自己用理智看向遠方。在那一塊大草原上，他認真地思考、不斷地思考，「發放結束了，一切真的就該結束了嗎？」

同年，因為發放，窘迫到一無所有的葛蕾蒂絲（Gladys Ngema）以受災者的身分，遇見慈濟、走入慈濟，成為他與祖魯居民溝通的好幫手。葛蕾蒂絲積極地回到自己的家鄉馬頓杜貝（Madundube），集合了四個村莊的居民參加慈濟說明會，在那個只有山壑及草原的鄉下部落，就是他想要跨出下一步的開始——協助祖魯婦女成立職訓班。

這個念頭純粹以為只要讓祖魯婦女們有謀生技能，做出能獲利的生意，黑人就能脫貧了。於是他將擅長的生意行銷模式套用在職訓班的構想，繼續駕駛藍色小廂型車奔馳於蠻荒部落未停歇，開始一場又一場職訓班說明會。

毫無器材設備，露天的大樹下，他一介身影扯開嗓門，用耐心及誠懇的語言「講故事」，一講至少三、四個小時，激勵起現場的祖魯婦女們願意齊心在社區中組職訓班，自力更生。於是有人提供場地、有人貢獻技術，他則每日來來回回走訪、說明、輔導、視察，扛著一部又一部的家用桌上型縫紉機，一個部落又一個部落奔走，一天跑三百至六百公里車程，天黑之後才返家都是常態。

他曾經寫下過一篇分析「南非德本職訓班的四個階段」，映照佛陀初轉法輪的四諦法——苦、集、滅、道的過程，撰述在非洲實踐人間菩薩道的心路與步驟。

【第一階段：見苦、入苦】

由於不忍見貧與苦，個人投入大量的時間與精神積極輔導祖魯居民職訓，可是卻與自己所期待的成果落差很大，心裏充滿挫折感。

一九九五年初南非大發放後，不忍看黑人的窮與苦，開始在黑人社區積極成立簡易職訓班，由於那時候自己年輕力壯，可以長期地一大早即進入黑人區，開始一個班接一個班、一整天、一心教導與陪伴貧苦黑人，立意要改善她們的生活。可是發現，就像諺語所說的「皇帝不急，急死太監」，臺灣人習慣事事求效率，當地祖魯居民卻非常散漫。他們雖心想、口說窮，需要賺錢，可是所呈現出來的學習態度、進度與加工效率卻是安於天命，完全不積極。這種不如預期成果的挫折感與無奈，偶爾會想放棄，但是當想到證嚴上人的大慈悲與慈濟的形象時，只能咬牙硬撐。

【第二階段：集苦之因，一切唯心】

體悟「一切唯心」，慈濟人入社區也是進入道場，真心陪伴，淨化人心的心靈道場，遠重於講求效率或表現的外相與事相。

長期關懷與陪伴職訓班成員的互動中，除了用心引導她們表現出手工產品的特色與優勢，區隔出市場上一般工廠大量生產產品的競爭力，引導她們做適合當地小市場的生產、行銷與採購要領外（其實連這方面，她們的反應還是比預期的慢很多），自己也花許多時間和她們分享上人的大愛與慈濟感人的故事。漸漸的，發現她們雖然加工賺的錢不多，不過，感受到每次她們都很期待看到我，並且每次的互動她們都呈現出非常歡喜的樣子。原來她們最需要的是「無私的愛與關懷」，還會即時以滿滿可愛的笑容與擁抱回饋給我，那是一種溫馨的感覺。個人直覺——他們能賺的錢多少反而不是最重要。

【第三階段：滅苦之道，以苦度人】

付出，可以抹平自己和別人的傷痛，帶給自己信心和力量——付出最幸福。

到了二〇〇一年，德本已成立了五百二十四個簡易職訓班，雖然改善了許多多家庭的收入，可是當地現實的環境條件和職訓成員加工態度散漫不理想，大部分的職訓班其實以我們的標準衡量，收入還是有限的，不過大部分的人卻已滿足。

二〇〇一年開始，職訓班計畫因為關懷愛滋病患的因緣轉往社區志工方向，帶志工們辦愛灑、照顧居家愛滋病患、重病患、孤兒，接引愈來愈多的人付出愛，意外發現志工們愈來愈歡喜去付出，甚至比為自己做手工賺錢還積極（就像所有慈濟人一樣）。志工們愈投入、付出愈多，變得更有自信、更歡喜，甚至許多原來遭受暴力迫害經歷滿懷仇恨的人，漸漸地可以用愛化解仇恨，還有許多我們的關懷戶，本來躺在床上哭訴自己無望、快死了的居家愛滋病患，加入慈濟志工後，走了出去，變成能量無窮的藍衣天使。她們一個個不但走出心靈的地獄，還進一步提升，化身為傳播愛的菩薩，到處做見證，分享上人的法，推動菩薩招生。

【第四階段：清淨無所求的心行於人間菩薩道】

用心護持本土志工的道心——五毒之首在於貪，唯有以身教、用心陪伴最重要。

自己在南非做慈濟二十多年，自從回精舍看到上人的大慈悲、精舍常住師父們刻苦的身教，謹記在心，所以一路陪伴黑人志工，也秉持與學習這種身教和眾生平等的教導。

早期德本臺籍志工與資源都少，在黑人社區和黑人互動，一切只得採克難的方式進行。本土志工和我的午餐往往只是兩片白麵包塗一點果醬，有時候車爆了一個以上的輪胎，預定一天的行程如果還沒圓滿，就執意不往回走，常常繼續做下去、走下去，盤旋荒郊野地做慈濟，挨餓直到晚上十點、甚至半夜才回到德本，又要先送每位志工回到家裏，個人才踏上歸途。無論多克難，個人吃的、做的和本土志工都一樣，完全沒有分別心。

其實個人的能力很有限，能做的也不多，但就是因為長期這樣和志工們互動、交心，才能夠將我們的心緊緊地凝聚在一起。本土志工們和上人結了累生累世的緣，乘願跟著上人來回人間精進。可是，人的貪念最難根除，往往稍一不注意就來了，故更謹慎呵護本土志工們的慧命，以平等心、將心比心看事情。

在一次運鈔車翻車、現金散滿地的事件，我們職訓班的成員竟然毫無貪念地保護受傷的駕駛與現金，並立即通報有關單位，直到警察人員抵達才將大量現金一文不少地移交出去。

在南非，一般人眼中貪婪、懶惰的黑人，面對一生都沒看過的大筆現鈔，竟然會有這麼無私又愛心具足的反應，個人當場讚歎她們：「換作別人早就抱走現金，甚至殺了受傷的司機以消滅見證人，你們真了不起！」沒想到她們當下回答：「接觸慈濟以前，我們可能也會這麼自私，甚至傷害別人，可是，你們外國來的白人（當年華人在南非被歸類為高高在上的白人）跑那麼遠來愛我們，教我們如何去愛別人，如果我們還不知道愛自己的人就太慚愧了。」

這次事件當下給個人很大的震撼與體悟——為何上人三願「淨化人心」擺第一，和「用愛啟發愛」、「自度度他與入群度眾」的教導，更能體悟到佛陀所說的「入我門不貧、出我門不富」的道理。從此開始了解到「一切唯心」，做慈善更不能脫離社區道場——心靈道場。從此不再斤斤計較於職訓班的生產效率了，同時和黑人朋友們互動的關係與心都更貼近了。

拓荒歲月，除了已是志工的葛蕾蒂絲，還有安娜老媽媽 (Anna Mkhize)、碧翠絲 (Beatrice Sibisi)、朵莉絲 (Doris Zwane)、維多莉亞 (Victoria Stangoni) 等八、九位志工也陸續加入，她們是篳路藍縷的參與者、開拓者。她們都曾經坐在他那部破舊的藍色廂型車，一起顛、一起苦、一起啃著兩片白麵包夾果醬，他們的笑與淚都曾隨風飄揚在綿延不斷卻呼嘯而過的黃土路上，那一條長長的「苦集滅道」行經之路。

守護拓荒足跡

我曾隨著葛蕾蒂絲回到馬頓杜貝 (Madundube) 看過。車子從熱鬧的黑人市鎮往內山行，從柏油幹道開往盡頭，連接著一條無限延伸的未開發道路，放眼一片高低不平的山丘草原，其中三五住戶零星散布，那兒就是馬頓杜貝。

行車途中，只聽到風在車窗邊呼嘯，呼嘯著一種荒路孤行的寒慄。此時，葛蕾蒂絲指著眼前黃塵飛揚的無盡道路，淡淡微笑地說：「這裏就是以前brother Michael（潘明水）所走過的路。」我望著車窗外那一片飛塵茫茫中的黃與綠，難以看到路的遠處將是什麼風光？那時我才略懂，我應該永遠無法體會他當年獨自行在這條路上，內心的真實感受。

迂迴地走了一段車輛無法駛進的山路，站在一片山丘與山丘間的制高點，俯瞰下方的零星部落與圓屋頂。葛蕾蒂絲告訴我，早期為了馬頓杜貝職訓班的輔導關懷，在高低起伏的山丘間，她必須取捷徑徒步走。出門前她總先在身後緊綁一塊紙板，在布滿石塊與雜草的山坡頂，順勢往下滑，紙板成為滑板，雙腳就是煞車，往往開車須繞行山路二十分鐘才到得了的地方，她走（滑）半個小時就到了。

曾經有一次，葛蕾蒂絲帶著半信半疑的潘明水親自去看這個祕密捷徑所在，以證明她真的走得不比車子慢許多。

當年站在同樣制高點的潘明水，心中充滿慚愧與震撼，慚愧於自己心中還有懷疑，震撼於眼前那片尖銳稜角的石塊山丘，更震撼於一旁這位從荒林野地中赤足走來，曾向他乞求過幫助的黑人婦女，如今正由心散發著熱情與光芒，喜悅地分享著。從此他再也不敢懷疑與小覷，「大愛」逆轉生命苦難後，可以讓一個人變得堅強、無私的深厚力量。

可能是走過太多太遠的拓荒路，葛蕾蒂絲到了六十多歲後，膝蓋加速老化，痛的時候一個小臺階或一點點斜坡，都施不上力，有時甚至需要年輕志工幫忙拉著她，讓她借力克服斜度與重力，才能繼續往前走。

一雙退化的腳，一直不甘作廢地在慈濟路上走著，甚至在二〇一二年後跨國志業啟動，奔往各鄰近國家擴展志業的足跡，都沒有少過這一雙腳。這雙腳帶著她從年輕時的恨與苦走出來，到老時仍不懈地以愛乘載歲月催化軀體之痛，化作終生使命，行跡千萬里。

還有一對足跡，同樣是從最早期就投入的資深典範——碧翠絲阿嬤（Beatrice Sibisi）。二〇〇九年底一場車禍讓阿嬤雙腳嚴重骨折，打入了鋼板。一年多的休養期，碧翠絲阿嬤說：「我無時無刻不心心念念在慈濟，慈濟是我身與心復原的最大動力。」

二〇一一年初，恢復行走能力的阿嬤十分頑固，只要體力許可，還是盡心投入志工隊伍中，撐著枴杖，走個五、六步就得暫停一下，那是因為她強忍著腿骨的隱隱作痛，每一步對她而言都吃力蹣跚。阿嬤的忍痛修行讓她一直走了好多年，至今已年近八十的她，還在領著後進的年輕志工們行在上上下下的黃土路中，人家爬坡她也跟著爬坡，人家涉水她也跟著一步、兩步找可以著力的石塊，一腳一腳地接力跨過。

她曾用滿是歲月皺褶又十分自豪的老臉嘲笑我：「你沒有我強壯，因為我有三條腿，你只有兩條，你跟不上我。」我也曾撲上去抱著阿嬤說：「阿嬤你最厲害，你是女超人，我都跟不上你的腳步。」阿嬤樂得呵呵笑，每天依然跟著大家出門，陪伴一批又一批新進的、年輕的志工們，固執地守著大家，也守著從拓荒時期到世代交接的現在，都不曾動搖過的起點精神。

這些可貴的拓荒足跡，還有許多許多人用生命詮釋過的故事，後期才投入的我，心裏總是遺憾著沒有機會跟上。但我感恩至少還來得及在這些年，從幾位老幹部蹣跚的背影及充滿摺痕的面龐中，稍稍解析那段歲月風霜的千萬分之一，為他們留下了一些可以回味的隻字片語。

也還是要提老幹部們總是「唸唸」不忘的他，我最敬愛的潘叔，他一定會怪我寫太多了，「我不重要，讓我隨時間被淡忘就好」，他又會這樣不耐地叨念我。

但我還是想盡力地寫出來，因為無論時間如何運轉、世間冷暖如何幻變，當年那一介不忍、不捨苦難與弱勢，擔起所有孤獨考驗的硬漢，他的腰、他的腿也都老了，該換我為他守護這一段真誠的歷史了。倘若這些文字極少人願意看、願意懂，那也無妨，因為我知道字字句句已如刻畫般地刻印在我心中保護著，已經非常值得了。

潘叔與我

他一年比一年的老，愈老愈快，已經太過長久熬著操勞過度的身體，像長期放任風霜摧殘的老房子，多年來只是為人遮風擋雨，卻從來不曾好好地被整修過，終究屋瓦一片一片掉落了、磚牆也一塊一塊斑駁了，老房子正在崩塌中。

他從來都不是「超人」，只是轉念一笑得比別人快速；他也從來都不是「鐵漢」，只是習慣把淚水倒流往內自己吞。不過就這樣而已，一樣有悲有喜地體驗著世界，一點也不特別，只是很多人單從他的外表把他錯想了。

最初的我也曾錯想過，因為我不知道哪有人可以像他一樣，成天開著車往黑人村落出入自如地鑽了好多年？哪有人能在深陷最不堪、最悲暗的場景中，還抓得出最微薄的光明，將人引導而出？哪有人可以將普通人都受不了的大風大浪，說得不過像隻蒼蠅飛過而已？

不管別人怎麼想，從早年就戴著同款灰邊粗框老派眼鏡，將自己晒得像黑人一樣黑，穿著被烈日吃掉顏色的慈濟外套，開著純白慈濟車呼嘯來去，人人稱為「潘叔」的潘明水，總是帶著自己特有的喜感參與在人群中。其實，他只是一直堅持實踐內心最初感動的一個人罷了。

那是一九九七年時，他首次站在「佛陀灑淨圖」下，仰頭看著虛空中一尊佛、一顆地球，以及無盡聚集而來的諸佛菩薩、萬物生靈，只為同一「撫慰人間」的使命。那宏大的意象，令他震驚到無語，也令他將所有過去在黑人部落中所見之苦，所會合過的生老病死，及一個個交心翻轉的生命，通通收攝到眼前的這一張圖。一個人、一顆心，直到淨化到無數人、無數顆心的「無量法門」，原來證嚴上人所說的「淨化人心」就是這樣的通透境界。

這個重大的領悟，在往後的日子裏，幫助他即使依然得面對各種風浪與考驗，他都有源源不絕的信念去堅持著、守護著，不曾動搖。

二〇〇四年，我來到了南非德本，那時的我不過是又新又傻的菜鳥，很景仰這一位大家常說的「潘叔」，我也叫他「潘叔」，很喜歡聽他分享本土志工們生命曲折轉變的感動故事。

直到有一次，親眼見到夜裏在書房內，他把自己的臉近距離貼在電腦螢幕前，讓笨笨的粗框眼鏡懸在鼻梁邊，以一根根生硬的手指頭慢速地敲打電腦鍵盤，一字又一字地整理著志工資料，不過就像個遲緩的老人在打電腦嘛！那瞬間，我對「全能潘叔」的崇拜印象完全崩解，心卻揪成了一團，因為我不知道在此之前，究竟有多少個日子，這位中年師伯撐著已老化又輕微白內障的模糊雙眼，從早到晚奔波於黑人村整日後還沒休息，又獨自在深夜裏，默默地摸索著電腦，將資料如實整理好，盡責地傳送回去臺灣。

他根本不全能，他只不過是一個人磨練了太久、太久了。

那時對於慈濟工作什麼也不懂的我，就是很想哭，竟也就勇敢地對自己許下心願「只要能幫潘叔分擔一點，什麼工作我都願意承擔」。也因此，到後來我與潘叔的緣，除了有晚輩對長輩的尊敬，也有像父親對女兒的耐心陪伴，更像不需包裝喜怒哀樂的老少知音，是很難形容的一種情感。

後來的潘叔，站立時必須隨時戴著護腰，坐時必須隨時拿個灰色塑膠管按摩復健穴位，有時腰椎壓迫得比較嚴重，走路就會一跛一跛的，甚至可能得躺在床上好幾天不能動。他的眼睛也在幾年前動過手術，現在一眼看東西是模糊的、一眼的部分影像是黑的，用電腦打字這樣的工作，他已經做不來了，開車時也有點危險。有幾次他去做跨國關懷，在路上差點暈眩昏倒，卻沒有人知道，因為他硬把自己撐了過去。反正他就是變成愈來愈麻煩，又很讓人提心吊膽的一個人。

這些年來，我們互動得很頻繁，但我卻很少和他一起合照，不過還是有幾幕畫面是我非常珍惜的。

有一張是我們舉辦本土志工浴佛活動最悲慘的一年，沒有場地，沒有人手，又下著大雨，我們都淋了一個上午的雨，志工們也都沒有走，直到浴佛開始，我和潘叔站在志工的兩邊，在雨中引導大家依動線入浴佛隊伍。那一幕，像是我與潘叔一起保護著志工們，起步時不要走錯了方向。

還有一年，我們一起去史瓦帝尼陪伴本土幹部舉辦研習會，那一次不僅志工間的團隊氛圍非常低迷，我們自己也正因為一些事情非常掙扎。我與潘叔站在後方，看著前方所有的志工與研習會現場，兩個人都沒說話，一樣沈重的眼神，卻也一樣篤定，那一瞬間，被人拍了下來。

還有一回，我們一起在一場百多人的分享會前，講述彼此的心路歷程。那是一次非常掏空自我的陳述過程，讓我在臺上忍不住哽咽掉淚，我卻無意間瞄到一旁的潘叔硬是轉過身，迅速抹掉眼淚，又立刻轉回頭微笑地看著我，然後我們順利地完成了那次分享。下臺後，我故意俏皮地問他：「潘叔，你剛剛有偷哭喔！」他回送我一臉頑童般又溫暖的招牌「潘式微笑」。

他的為人，他的內心歷程，懂得的人自然能懂，其他的故事其實也不必再說太多，會隨時間遺忘的，也就順其自然地發生吧！沒關係的。但如果還有人願意理解，就請去讀一讀那些一路走來，生命轉變後還不懈地克服種種挑戰威脅、堅持去轉變他人的志工故事。

那些年風中含著沙、咬著牙的點滴歷程，裏面有許多愛，或許您們就會讀得出來，那一年他第一次站在「佛陀灑淨圖」前，內心所領悟到的宏大境界。

乘風而飛

非洲草原上的風是最自由的風，拂過沒有時間、空間限制的大地，徜徉於一片遼闊隨心飛翔，大地間的一草一木回應風兒的律動，化作一波又一波的漣漪，漣漪又化成曲譜，令草木搖曳時悠悠傳唱著沙沙簌簌的低鳴曲調。

風兒不時在吹，在這片非洲草原上，總是吹起了我記憶裏十分熟悉的聲音，曠野中的她，迎著風高喊「One, two, three. Siyabonga Tzu Chi.（一二三，感恩慈濟）」，洪亮的聲波跳出大地之上，如果又剛好乘著飛揚的風，就可以傳了好遠、好久……

咪妮（Mini Ngcobo），她是跨國團隊元老班底之一。自二〇一二年來，逐年累計的數十萬里足跡，點點滴滴都有她的身影及笑聲融入其中，就好像整片非洲的草原上，隨處都能讓人記起她豐腴的身形踩著吃力的步伐，曾經在這裏，也在那裏。

咪妮（Mini）這個名字和她的外形一點也不搭配，因為所有志工裏體形最壯碩的就是她，只有在她笑的時候，肥肥的肉把眼睛靦腆地擠成一條線，才看起來比較小。她的嗓門雖大，但話一點也不多，反而一直默默地在團隊裏扮演守護所有人的小角色。

如果下雨了，在慈濟車後負責撐起塑膠布，用身軀擋著物資不被雨淋的，是咪妮。

跨國時，外宿空曠又漆黑的臨時住所，睡在門邊的第一位，負責保護怕鬼的其他人，是咪妮。

開發新國度時，大家直搗號稱最貧窮、犯罪率最高的本土社區，若有「心懷不軌」人士藉故靠近，兩眼覬覦著志工們身上的器材及背包時，如一堵厚牆即時出現，擋住不善者注意力的，是咪妮。

關懷病人時，若有醉酒或精神疾病患者作勢威脅志工，或亮出「傢伙」對著大家咆哮，如同鍾馗一般，用龐然體形和洪鐘音量即時鎮住現場秩序的，是咪妮。

奔波整日，人人披著星月，拖著疲憊的步伐回到住所後，又餓又累，七嘴八舌地討論該由誰來煮晚餐，最後一定會有個直接起身往廚房移動的渾厚背影，嘴中還嘟囔著：「都別講了，你們一定又異口同聲地說『是咪妮』！」那時所有人又窘、又感激的表情，是最逗的。

純粹是因為咪妮的分量夠厚、夠重，每次關懷工作結束後，拍攝團體照前，負責嚷嚷大家集合，在相機快門按下前指揮「One, two, three」的，也是咪妮，然後所有人都會一起接著說「Siyabonga Tzu Chi」。

咪妮曾經陪著鐸拉蕾阿嬤做成一件很不簡單的事，就是跨越一片叢林，到鄰村的部落找領袖和談，化解了叢林兩邊居民多年的仇恨對立，也帶出了志工。

後來還在領袖太太愛滋末期臥床期間，與鐸拉蕾阿嬤一同去關心她。

跨越叢林、跨越部落，又跨越國境，一次又一次陪著志工們，守護著大家，咪妮肉肉的面頰上總是隨時滲著晶瑩的汗珠，有時看起來很狼狽。尤其天氣不好，雨中的泥巴路非常難走，咪妮太胖了，走不快也走得心驚驚，難免會不慎滑跤，爬起身來，靦腆一笑，又繼續陪著大家往前走。還有一次慈濟車陷在雨中的泥坑卡住了，咪妮也賣力地幫忙推車，結果讓自己在泥漿中滾了一圈，白褲變成了泥褲，志工們笑成堆，咪妮自己笑得更大聲。

二〇一八年三月三日「德本本土幹部研習會」上，我還看到咪妮，她拄著枴杖來，還是一如既往地默默參與在人群中，只是走得特別慢，身上還漫出一種灰灰的顏色，說不出來哪裏怪，就是很黯然。

三月十日，志工們說咪妮在家中昏倒，情況不好，我們立刻請志工到咪妮家中將她送醫。後來再見到咪妮，是一張她躺在醫院的病床上，裝上呼吸器的照片。

咪妮在先生往生後，一直與小兒子菩提 (Bhuti) 相依為命，咪妮的喪禮後來由幾位老幹部幫忙聯絡家鄉的親戚，張羅著善後。喪禮中，志工們環繞在棺木邊，恭敬的念出「慈濟十戒」和「上人三願」，為她告別。咪妮最後被送回位在安本布魯 (Umbumbulu) 深山區的老家。

「淨化人心、祥和社會、天下無災無難」，這三句話每天默默身體力行在日復一日的關懷工作中，習慣安靜的咪妮不需要太多繁複的懷念，因為滿滿的懷念早已被大家放進心裏了。如同咪妮總是默默地陪著大家走過許多路，她或許不是最顯眼的，但從來都是不可缺少的，她從不抱怨自己的困難，從不為自己而求，總是歡喜地為大家付出。

風依然在草原上吹，草原沙沙簌簌的嗚咽，耳中還是錯覺聽到「One, two, three. Siyabonga Tzu Chi」的聲音在草原中跳耀。年輕人們後來告訴我，在慈濟車內，咪妮總是坐的位置大家還保留著，有新的志工上車時，他們會說「這曾經是咪妮坐的位置」。大家依然帶著咪妮四處遠行，那洪亮的「One, two, three. Siyabonga 'Tzu Chi.'」還繼續乘著風，到處飛揚在非洲草原上，很遠、很久……

（註：咪妮生於一九五五年五月二十四日，卒於二〇一八年三月十日，享年六十三歲。）

阿嬷不怕鬼

開會時沒有見到尤妮思阿嬷。

「阿嬷病了！」每次都和阿嬷一起從誇尼蘇瓦(Kwa Nyuswa)內山入城的青年志工們這樣說。

整年參與跨區訪視，出席率一直很高的尤妮思阿嬷(Eunice Mchunu)，竟然病了！

從誇尼蘇瓦擠上黑人巴士，顛顛簸簸下到派恩敦(Pinetown)市集，三十公里遠的距離，來回共要花費七十四鍰（約臺幣一百八十元），真不便宜。但為了做志工，尤妮思阿嬷從來不因為交通費吃重而輕言放棄。倘若不是不得已的選擇，阿嬷絕對不會不來的。

阿嬷病了幾個月，從二〇一七年底到二〇一八年初，一些憂心的本土幹部特地跑上山去看她，見到瘦得只剩下半個人的阿嬤，大家都嚇壞了。需要有人從兩邊扶著，阿嬤才勉強能坐在椅子上，和大家說話。

阿嬤慢慢地說著，因為已經躺了好久，每天飄忽在半夢半醒的境界中游離。有一天，有隻鬼來了，說要來把阿嬤抓走，阿嬤不躲也不逃，反而禮貌地向鬼自我介紹：「我是尤妮思，是佛陀與上人的靜思弟子，我很愛慈濟，不管發生什麼事，我都會一直做慈濟。如果你要帶我走，也沒關係，但先答應我一件事，和我一起做慈濟吧！」

鬼生氣了，嫌阿嬤囉唆，嫌阿嬤糊塗，就威脅阿嬤：「在我加入慈濟之前，讓我先把你殺了！」

阿嬤聽到鬼要加入慈濟了，心中大喜，又跟鬼加碼談條件：「好哇！真是太好了！你千萬記得加入慈濟後，要好好學習大愛精神，要記住慈濟有十戒，以後別再殺生了！」

真不知道這個鬼後來是不是被阿嬤的莫名其妙氣跑了，哪有人都要被殺死了，滿腦子還在想著慈濟？

鬼來索命都不怕的阿嬤，那天卻因為看到慈濟家人們都來關心她，感動得哭了出來。阿嬤對慈濟的情好像比自己的命還重，她答應大家再去醫院就醫，把病治好了，早點回來做慈濟。

二〇一八年三月三日，是德本第三十三次本土幹部研習會，也是尤妮思阿嬤歷經一年見習、一年培訓的高標準評核推薦，終於要受證成為慈濟委員了。

尤妮思阿嬤為了這一天努力養病，病養不好，乾脆就抱病來到會場。會場更遙遠，阿嬤必須轉三次車，下山、入城、去會場，一程又一程地接力，只為了一大事、一大目標——自己就要真正成為上人的靜思弟子了。

研習會是一整天的大活動，是本土幹部們每半年一次，求取更多精神理念和實踐推展的集訓共修，課程從上午一直到下午，阿嬤全程參與，直到最後才是正式授證的儀式。幾位年輕人擔心阿嬤體力負擔不了，拿了椅子希望阿嬤坐著受證，阿嬤倔著把手一揮，不坐！就是要好好地站著宣誓、站著受證！

因病瘦弱的她，兩頰只剩下有稜有角的骨架線條，眼窩是凹的，緊閉的雙唇是在把痛隱忍下去，多麼讓人揪心。但那天一定是阿嬤生命中最榮耀的一刻，我們都看到阿嬤兩眼炯炯綻放出堅定、自信的光。光，讓阿嬤整個人都亮了。阿嬤受證了，因為無論發生什麼事，都要一直做慈濟。

四月八日，又是本土幹部的會議日，阿嬤沒來。誇尼蘇瓦青年志工們憂傷地說，阿嬤住院去了。

四月十日的早上，再收到訊息，阿嬤走了……

兩年多過去，我還是懷念著阿嬤，我忘不了阿嬤的夢，也忘不了曾經有這麼好、這麼真誠付出的志工在團隊裏陪伴過大家。我把阿嬤那年受證前所寫的自傳拿出來讀了好多遍，或許是因為阿嬤沒有讀過很多書，只會用平淡無比的文字帶過一切曾經歷過的苦與恨，好不容易走入慈濟了，阿嬤為自己的一生轉折，簡簡單單地總結——

因為慈濟，我成為了現在的我，處於我現在的生命，讓我能夠向全世界撒播愛的種子。這都要感恩慈濟，如果沒有慈濟，我可能早不知迷失到哪兒去了。

迷失。這世界上又有多少人看似活著、醒著，卻一直在夢中迷失，根本沒有好好活過？又有多少人能夠做到像阿嬤一樣，走到生與死的邊緣，沒有雜念、沒有失心，還清清楚楚地傳遞信念，不會迷失？

後來我終於懂了，阿嬤真的不怕鬼，阿嬤只怕鬼和自己迷失了生命的方向。

（註：尤妮思阿嬤生於一九六〇年二月二十三日，卒於二〇一八年四月十日，享年五十八歲。）

這不是最後一口氣

Hello everyone

其實艾碧蓋兒阿嬤（Abegail Cetyiwe）的年紀，才六十多歲而已，只不過有糖尿病、高血壓等毛病，有時血糖失衡，容易情緒化。所以阿嬤快樂時很快樂，鬧脾氣時很是鬧脾氣，鬧起來一張嘴碎得很，可厲害了。

我永遠都會記得，每次慈濟車轉入繁雜喧鬧的德本市集，在 ML 蘇丹路公車站旁，頭兒小小、下身胖胖，一身整齊制服的艾碧蓋兒阿嬤，遠遠地就望著慈濟車笑，一直笑到車子愈靠愈近，停在她的前方。阿嬤爬上慈濟車前，一定也會親切地向車內每個人打招呼「Hello everyone」，那時阿嬤的笑容甜甜的像個女孩兒。

我也永遠都會記得，慈濟車上有艾碧蓋兒阿嬤一定很熱鬧，她總是對著前後左右的人吱吱喳喳地慈濟東、慈濟西，好幾次還抓著我的手，信誓旦旦地說：「相信我，我一定會做慈濟做到最後一口氣為止，我一定會的……」

其實我一直都沒有說，後來有幾次坐在阿嬤身旁，我都隱隱聞到微微的尿騷味從她身上散出，我的心有點酸，也就順勢把阿嬤的手再拉緊了些。

如今的我，多麼珍惜那時聽著她開心碎念的時刻。

No problem

艾碧蓋兒阿嬤在二〇一一年才開始積極投入慈濟。但其實早在一九九四年，她就親眼看到潘明水站在寬度八米不到的土路中央，那一條兩派政黨的廝殺線上，對著兩邊的居民們喊話：「請用愛化解仇恨吧！」當時阿嬤就被這位「外國白人」的赤膽堅心給震驚到了。

阿嬤身處的區域，就是二十多年前處處充滿暴力與殺機的德本北部英南達(Inanda)。雖然二十多年後，那一區塊的本土社群依然存在著許多鬥爭、槍枝、毒品與犯罪的問題，但一批又一批的志工卻被接力帶動出來，甚至在艾碧蓋兒阿嬤積極投入後的那幾年間，社區志工的擴展像是直接從地上長出來似的，以英南達為中心往周邊五十公里散開，三十多個供食站據點紛紛成立，都是由阿嬤接引及陪伴起來的。

阿嬤總愛說「No problem」，每次有志工活動需求，找她幫忙都是「沒問題」，調場地、找人手、要工具，她都辦得妥妥貼貼。

有一回我們要舉辦本土青年培訓活動，拜託阿嬤在英南達找場地，到了現場，人數太多椅子不夠，我們又向阿嬤求救，也不知她去哪裏協調了一會兒，一下子，椅子就從圍牆外被人一張又一張地翻進了圍牆內，像是從天而降般地出現了。

有時我會拜託阿嬤幫忙為志工活動煮百人午餐，阿嬤一定會帶著一批社區志工，準時在中午前變出一鍋又一鍋熱騰騰的食物，還得意洋洋地炫耀她的志工們有多厲害！大家凌晨四、五點就如何又如何地張羅，而阿嬤為了把這些工作協調好，自己都緊張得整晚沒睡，明明滿臉疲憊卻還在強作「沒問題」。

又有一次我們在英南達周邊舉辦愛心米發放，一個不知從哪裏冒出來的小混混年輕人來找麻煩，一副我們沒有向地頭蛇拜碼頭就搞活動的狠臉色。志工們跑去向艾碧蓋兒阿嬤求援，阿嬤平時超級愛念叨的碎嘴，完美發揮在來者不善的年輕人身上，淋漓盡致地將慈濟所做的一切好事分享一遍，講到對方都心虛了，反過頭來跑到附近雜貨店買來兩罐可樂，慰勞志工們，一邊愧疚地說：「抱歉！抱歉！我不知道你們這麼好，以後有需要就找我幫忙。」

阿嬤身經百戰的馭人本事，隨時隨地「口沫橫飛」就把慈濟分享出去了，在愛灑分享現場、在路邊等車、去診所看醫師、排隊領津貼時、不小心與人擦肩而過的當下，全部都可以。所以在二〇一四下半年，艾碧蓋兒阿嬤就被招入「國際志工團隊」，直到二〇一八上半年為止，共參與過史瓦帝尼、波札那，還有南非約堡、貢布、哈定、阿姆塔塔、東倫敦、威廉王城、伊莉莎白港等從北到南不同省分、地區的關懷工作。

二〇一六年中，幹部團隊們跨區到南非東開普省的伊莉莎白港，陪伴連續三日共八場的發放關懷。由於工作量大，一區一區地跑，愛心米的運輸和變化球的處理，讓那一趟任務的每個人都吃盡苦頭。尤其第二天志工們要趕往下一站的發放地點時，必須在大太陽底下走三、四公里遠，那時六十二歲的艾碧蓋兒阿嬤為了趕上前頭的志工，腳步一滑就把自己的額頭重重地摔在地上，擦破了皮，眼睛邊上也腫了。走在前頭的志工趕緊回頭看倒在地上的阿嬤，大家都嚇壞了，這一摔，阿嬤還走得了嗎？

年紀更大的葛蕾蒂絲阿嬤，向著躺在地上的艾碧蓋兒阿嬤施展激將法：「你是為了追趕我才跌倒的嗎？」

「是啊！」不甘心失面子的艾碧蓋兒阿嬤嘴硬回答。

「那麼你還能站起來走路嗎？」

「No problem! No problem! Because of my heart!」（沒問題！沒問題！我的心堅定得很！）

「你確定你行嗎？」

「我行，我還可以跑給你看。」

艾碧蓋兒阿嬤說完就氣呼呼地扭著笨重的身軀，無論如何都要爬起來，起身後又立刻嘿咻嘿咻地小跑步，一邊跑一邊大聲叫嚷著：「慈濟！慈濟！」大家都被逗樂了，也鬆了一口氣，打起精神繼續昂首闊步往下一站前行。那一天之後的工作，都沒有其他人再抱怨自己做不到、走不了。

就是這股不落人之後的拗脾氣，阿嬤可說每日張開眼就是慈濟事，不管在自己的社區內拉志工、找病人，或是出遠門去執行跨區、跨省、跨國的關懷任務，「慈濟！慈濟！慈濟！慈濟！」沒有一天不能沒有慈濟，也沒有一天能不為慈濟打拚。我們早就難以數清，在這幾年當中，曾經因阿嬤的熱情奔放而被鼓舞出希望的人生，究竟有多少？

有一陣子，志工團隊裏出現了一位很特別的年輕人，高高瘦瘦，英語又好，只不過曾經吸毒成癮，失去了工作，最後在街頭流浪，成為漂泊在德本市的落魄遊民，後來被人介紹來到慈濟成為志工。阿嬤們鼓勵他在愛灑分享活動時幫忙翻譯，年輕人好像又重新找回了人生方向，天天跟著大家一起去看病人、分享，也幫忙在遊民供食站內種菜、煮飯，晚上則跑到德本港口，倚著水泥堤防邊，蓋上塑膠布或紙板，窩在他的遊民窩睡覺。

艾碧蓋兒阿嬤和幾位老幹部把這位遊民志工當成了自己的兒子，阿嬤把自己大兒子不常穿的工作靴拿了出來，又去募了一些二手男裝，偷偷地塞給這位年輕人。看著他將原本的破布鞋換成帥氣的駝色工作靴，艾碧蓋兒阿嬤滿意地笑著說：「我兒子的鞋，給了我另一個兒子了。」

有時乘著大家不注意的時候，在角落偷偷塞一碟滿滿的熱食給年輕人，讓他先吃，因為阿嬤知道他可能已經餓了好幾餐。阿嬤還多打包一個餐盒塞過去，好確定他回到堤防邊的遊民窩時有得吃。有了這麼多無親、無故、無所求的關愛，這位遊民志工很積極地轉變自己，開朗的笑容，天天說著正面、鼓勵人的話，後來真的幫自己重新找到工作，真的穿著阿嬤給的工作靴，工作去了。

一塊蛋糕 大大的愛

在非洲本土志業發展進入世代轉換的時間點，依循前輩奉獻足跡而投入的新生代青年志工愈來愈多，經常和一大群老、少志工互動，我更明顯領會到老一輩人面對時代的調整期，都有種害怕被下一代忽略的焦慮感。他們一方面很希望年輕人趕快全面承擔，一方面又擔心自己不再被慈濟需要。

在處理阿嬤與青年兩代之間的融合功課，有一回就從「一塊蛋糕」衍生出一段故事，而這故事最後竟成為我們對艾碧蓋兒阿嬤至深的懷念。

二〇一八年底某日，幾位阿嬤打電話來，像是發生刑事重案似地向我密告「年輕人們在下鄉關懷時買肉偷吃！」哇！這可是非常嚴重的控訴，而且還關係到戒律與幹部精神的問題。

但我覺得一定要先冷靜，多方了解再做判斷。後來私下關心當天參與其中、平日也最老實的一位本土青年，才知道哪是吃肉，不過就是一塊蛋糕而已。年輕人們只是想在年底最後一次的下鄉日工作結束前，有儀式感地收尾慶祝，大夥兒各自從扁扁的口袋湊出幾十塊錢，買了一個便宜的蛋糕，但因為只買一個不夠大家吃，年輕人就偷偷聚在慈濟車後一起吃了。遠遠的，阿嬤們沒有被邀請加入，也看不清楚年輕人們到底在吃什麼，只見每個人神祕兮兮、遮遮掩掩，竟聯想到偷吃肉才會這樣，就把罪名給年輕人們坐實了。

那位老實的年輕人一臉無辜地問我：「該怎麼辦？」我說：「去向阿嬤們誠懇道歉，好好解釋原因。」然後偷偷塞了一百鍰給他，「明年初關懷日開始的第一天，再去買兩個蛋糕，說是年輕人湊錢請客的。」

後來，在二〇一九年初第一次本土幹部會議上，因為是啟動整年度關懷規畫的頭一次會議，我與志工們花了很多時間討論不同理念與事項。會議非常緊湊地進行到一個段落時，艾碧蓋兒阿嬤突然舉手，用幾近懇求的語氣及表情拜託：「可不可以給我兩分鐘，讓我分享，我想要好好感恩每個人去年一整年對我的關心與照顧……」

艾碧蓋兒阿嬤那天話說得好簡潔，還有種發自肺腑的激動：「幾天前年輕人請所有阿嬤們吃蛋糕，我的孩子們請我吃蛋糕，我好感動、好開心。我只想告訴大家，謝謝你們，我真的好愛好愛你們每一個人。」

那一天會議結束前，我們也拍了拜年影片，不知道為什麼，剛剛好就是艾碧蓋兒阿嬤坐在老老少少所有人的最中間，像一家人拍全家福似的。彼此挨著，笑聲沒有停過，一起練習、一起 NG，最後用中文完整地說：

「我愛上人，上人愛我。我在非洲，愛上人所愛！」然後一起比個大大的愛心在頭上。那一刻阿嬤笑得好幸福，那一刻阿嬤也是被所有人團團、緊緊地圍繞……

現在想起來，阿嬤對大家的愛，一切都剛剛好地即時說出來了。阿嬤再也不會知道，那兩個蛋糕其實是我設局的，只是因緣推進之下，那蛋糕、那告白、那所有人比大大愛心的瞬間，彷彿都讓阿嬤預備好，先向大家告別致謝了，而我們也先行把滿滿的愛回饋給阿嬤了。

夢中的佛珠

到了二〇一八下半年，艾碧蓋兒阿嬤的身體狀況愈來愈差，我漸漸聽到消息，阿嬤出團在外時，偶爾會有失禁的狀況，團隊內其他志工都必須照顧她，為她清潔身體、洗個人衣物，所以我幾乎不再安排阿嬤承擔遠行任務。後來又有年輕人跑來告訴我，艾碧蓋兒阿嬤連自己跨上慈濟車的平衡感都不穩了。

「阿嬤為什麼不待在家裏養病養老，讓子孫照顧，一定要出門做慈濟，這樣反而很危險！」會有人這樣向我抱怨。

「與其讓阿嬤在家等老等死，只要阿嬤還能夠走出來，我們都該耐心地去陪伴她、成全阿嬤的心願。」我總會這樣勸說。我太明白，這些資深老阿嬤們的每一滴血、每一個細胞早已被一股強大的信念滲透入髓，她們寧願做慈濟做到死，也不願意在家裏等死。「做慈濟做到最後一口氣」，是阿嬤最後的心願啊！

後來所有人都善解了，珍惜阿嬤、守護阿嬤，是我們的任務。

第二代青年幹部們，每天如常將慈濟車開到德本市集內的公車站旁，艾碧蓋兒阿嬤還是天天出現。慈濟車來到阿嬤的面前，年輕人們會幫忙將車門拉開，待阿嬤站穩後，一個年輕人在車內拉住阿嬤的手，另一個年輕人在車外往阿嬤的背後施把勁，又推又拉地把阿嬤弄上車；有時阿嬤還自己半跪半爬地，任性地就是要坐上慈濟車，然後和大家繼續前往下一個集合點。

堅持的阿嬤所帶來的困擾，讓大家凝聚起了許多愛，青年志工們時時跟在阿嬤身邊，保護阿嬤走路時不會跌倒、不需太費力。其他同齡的本土阿嬤們，像葛蕾蒂絲、杜杜等幾位，每天都從家中準備一些麵包或蒸糕，只要艾碧蓋兒阿嬤有一點血糖失衡的狀況，立刻讓她補充一點食物，將血糖穩定，隨時隨地守護著這位多年共同打拚的法親好姊妹。

二〇一九年初，我剛從臺灣回到南非，就接到艾碧蓋兒阿嬤打來的電話。電話另一頭的她像報告天大消息似地告訴我：「我夢到上人了！上人還幫我戴上佛珠了！」

阿嬤的佛珠，在幾年前某次跨國關懷時弄丟了。那是在二〇一三年授證時，阿嬤在臺灣親自領到的，從此以後每天做慈濟，或者遠行去不同國家，阿嬤都帶著上人的佛珠，就像帶著上人的精神與毅力，可以熬過種種苦，點點滴滴地把慈濟在異地從無到有地打拚出來，意義太重大了！所以阿嬤一直非常在意唯一一串的重要佛珠，竟然弄丟了。

另一方面，艾碧蓋兒阿嬤似乎也對自己有預感「時間快到了」。當二〇一八年底，家家戶戶都歡喜準備耶誕假期時，阿嬤到處跟人說：「我可能活不過二〇一九年了。」然後阿嬤真的病了好幾天。一直到某日，昏昏沈沈的夢境中，證嚴上人來了，還親手幫阿嬤戴上了一串新佛珠。阿嬤開心地告訴我，她的病隔天就完全好起來了，還平安地度過了新年。

更好笑的是過完年，好多人打電話給阿嬤，想確認阿嬤是不是還活著。阿嬤哈哈大笑，到處向人炫耀她的夢，在阿嬤心中，她多麼深深相信著這一場夢「是真實的」。

我也相信當新一年關懷工作又啟動後，阿嬤真的帶著那串夢中的佛珠，又堅持陪伴了大家好多天。

一月十六日，第一天的下鄉訪視關懷，阿嬤在……

一月十七日，供食點關懷，阿嬤也在……

一月十九日，本土幹部月會，阿嬤還是在……

一月二十二日，南方深山區的訪視愛灑，阿嬤依然沒有缺席……

一月二十四日，團隊往北入偏鄉社區拓展，阿嬤靜靜地守在愛心米旁，微微笑著，幫大家顧好關懷物資……

一月二十五日，本土志工月會，阿嬤原本又要來，但狀況不好，被家人帶到社區診所看病……

一月二十六日，醫師讓阿嬤回家休養，阿嬤回到了家……

同日，半夜十二點，阿嬤離開了我們……

盛不住滿眶淚水的我，一時間彷彿又回到了那一次在慈濟車上，阿嬤拉著我的手，信誓旦旦地說：「相信我，我一定會做慈濟做到最後一口氣為止，我一定會的……」

喪禮

那天出門時有點耽誤了，心中更是著急，要趕著去見艾碧蓋兒阿嬤。

喪禮地點就是過去阿嬤經常幫我們借來舉辦慈濟分享會、培訓活動的同一個禮堂，到了現場更加難以接受，怎麼今天變成阿嬤的喪禮會場了？三十多位志工都到了，有資深的阿嬤們、有年輕人們、也有社區的志工，大家都是搶著要來陪伴阿嬤最重要的一程。

第一次參加本土喪禮的我，站在人群後，探著頭看前方，看了許久，終於忍不住問身旁的年輕人：「阿嬤現在在哪裏？」年輕人指著牧師的後方說：「在那裏……」

一個四腳的鐵架子，懸空撐起了棺木，棺木上面蓋著祖魯傳統花紋長布，不仔細看還以為是張鋪了桌巾的長桌，阿嬤就在那裏面。

喪禮一點也不悲傷，電子音樂隆隆鼓譟，鼓打貝斯從喇叭「砰砰」震動耳膜，加上牧師撕心裂嗓地透過麥克風呼喊禱文：「啊……啊……，Yes……Yes……」唱到激動處，人們從椅子上跳起來，在棺木邊瘋狂跳舞、嘶吼。在人群後方的我，一直默默地看著前方的棺木，滿腦子轟轟轟的還是想著：「阿嬤怎麼就變成這樣了？」

喪禮中，牧師非常禮遇地讓出了時間，由青年幹部一字一句恭讀著一封趕在喪禮前，證嚴上人送來給艾碧蓋兒阿嬤的追思文。

「生生死死，死死生生，只要緣深，不怕緣來得遲；只要找到路，就不怕路遙遠。慮薇（艾碧蓋兒的皈依法號）仁者切記要『快去快回，再回慈濟世界接棒』，深信我們師徒再見之期，應在不遠之日⋯⋯」

同樣身為慈濟的一分子，在現場的阿嬤輩老幹部、新生代的青年幹部、社區內的志工們，我們都為艾碧蓋兒阿嬤感到榮耀，也為今生因慈濟的緣，能一起在非洲土地暗角，共同註記下一段美麗的篇章而感到驕傲，無比驕傲！

最終告別的時刻已到，牧師帶領著家屬們將棺木緩緩移動上了靈車，靈車將送阿嬤上路，送往那塊用一抔土永遠埋藏住假合肉身的墳。所有的老幹部們都追了出去，追在靈車的後方，用祖魯語賣力地唱著：「Ngena ngena indawo isekhona. Wen'uhlaleleni ungangeni indawo isekhona……（我們這裏還有個位置，為什你要離我們遠遠的，當我們這裏還有位置……）」

一直到靈車愈開愈遠了，老幹部們還氣喘吁吁地在後頭追。

阿嬤，這次我們讓您跑在前面了，但請您一定要記得「這絕對不是最後一口氣」。

（註：艾碧蓋兒阿嬤生於一九五四年九月五日，卒於二〇一九年一月二十六日，享年六十五歲。）

抓得住的光

抓住

黑黑的鐵皮屋內，一角是一張床及滿堆的雜物，一角是一個小電爐和許多供食用的鍋碗瓢盆。小電爐燒得黑黑的，屋內鐵皮熏得黑黑的，連在屋子中央作梁柱的木條也是黑黑的。沒有其他光，只有兩個裝著熱騰騰飯菜的大鋁鍋，還銀亮亮的，晚一點社區內的孩子們就會來吃飯。

格芮楚阿嬤急急忙忙地要把慈濟制服換上，灰色的衣、白色的裙、白色的布鞋，腰間繫上一條黑皮帶，一頂白帽子胡亂往頭上放。阿嬤年紀大了，她愈是急，愈是肢體微微顫抖，愈是看來慌慌張張。

其他志工們都在等著阿嬤一起去關懷病人了，阿嬤卻突然閃現一個重大的表情，猛回頭往屋內暗處尋，竟俐落地抓上一個透明塑膠罐，握在手中大小剛剛好，裏面已經有些許銅板，「噹啷」碰撞出聲響，阿嬤緊緊抓住它，才肯出門。

肩上的水球

第一次注意到格芮楚阿嬤，是被她細細的眼中瞬間暗滅的光震驚到。當她知道自己最終沒有被推薦受證時，阿嬤消沈得頭也不抬，話也不說，人癟癟地曲縮在慈濟車後座。阿嬤的靜默釋放出巨大的失落，讓在一旁的我心裏也梗著一股難受。

事情是這樣的，阿嬤住的山區比其他人都遠，要參與跨區下鄉訪視或幹部會議就比其他人更艱難，以至於二〇一七年時阿嬤累計出席次數還是少於最低推薦受證標準，她的名字就這樣硬生生地漏掉了。

憑心而論，阿嬤真的已經很不簡單了，但在本土志工團隊內，要淬煉出達到受證資格的幹部，除了人人都要磨礪過一番生命蛻變，還要篤定地想著如何把「永續深耕」為目標的志業，樹立在最貧苦的非洲大地上。因此，許多本土委員都是經過三、四年以上的培訓過程，不僅要當一區的領眾志工，更要超越成為跨區、跨國的團隊領眾，做幹部中的幹部，志願守著身為第一代慈濟人該有的堅固擔當，護著無畏、無私、無反顧的精神品質，如此無法搖撼的定力真正內化成形，一塊塊堆砌下的永續基石才不會輕易崩壞啊！

我努力解釋給阿嬤聽，阿嬤不懂英文，我又拜託其他志工用祖魯語解釋，好讓阿嬤理解自己不是被否定了，而是我們需要每個人一起為下一代傳承，鞏固好精神典範。

我不確定阿嬤聽懂了多少，但經過那一次沮喪之後，格芮楚阿嬤更加努力來參與幹部會議和研習活動。一個七十多歲的老人家，住得這麼遠，卻還做著早已超越能力範圍的付出。除了要帶動自己社區內的志工關懷，還要與其他年輕志工一樣上課、研習、求取更多理念和新知。阿嬤愛慈濟的心一定很深，才沒有讓自己被一時的挫折打跑。

雖然格芮楚阿嬤和我之間有點語言隔閡；我的英文，只會讓她傻笑，她的祖魯語，我也是傻笑，但後來我們卻不知不覺建立了一種「會心一笑」的默契。阿嬤來開會時，都會捧著一把銅板來給我，有的時候用又薄又軟的塑膠袋裝著來，有的時候是用沾黏上塵土的塑膠罐捧著來。裏面大部分是黃的比白的多的銅板，偶爾有小額紙鈔，總之都是少少的，但那是阿嬤到處對人分享慈濟所募得的愛心捐款。

為了參加本土幹部會議，阿嬤用自己的老人津貼花了快一百鍰的車資，來把只有幾十鍰的捐款交付給我。阿嬤總是充滿信任地對著我笑，細細的眼睛笑成一條縫，卻還有一抹有愛的光在縫裏亮著。

某一次本土幹部研習會上，我看到格芮楚阿嬤又來了，遠遠地就大喊「Gogo（祖魯語，阿嬤）」衝過去找她，阿嬤也開心地揮舞雙手迎接我的熱情，就在我的手抱上阿嬤肩膀的那一瞬間，一種怪異的觸覺讓我的手指頭麻了一下。是錯覺嗎？那觸碰不是骨頭、不是肉，而一團鬆鬆軟軟的腫脹物在阿嬤肩上。再仔細看，阿嬤的肩膀一高一低。請阿嬤鬆開衣領讓我瞧清楚，發現阿嬤的左肩上突起一塊如拳頭般的肉瘤，軟趴趴地被皮膚包覆如同一顆水球。更驚訝的是，阿嬤說這顆水球已讓她背了七年了。

腦中瞬間如雷劈過的畫面是阿嬤雙肩歪斜的背影，走在烈陽下起伏不平的山坡，手裏還握著那個小小的塑膠罐，如同托著缽的苦行僧，正朝著深藏在病苦暗角的人家走去。而這位肩負腫瘤的苦行老者，隨路隨處地招呼著旁人，與人分享愛的理念，被老人家感動到的人們，不論是接受關懷的病人、家屬或路人，即使已身也很貧困，卻都忍不住掏出微薄但心意厚重的銅板，放入阿嬤的塑膠罐內。

塑膠罐裏面的銅板愈集愈多，阿嬤歪斜的背影一步又一步繼續跨過坑疤土路，罐子與銅板也「匡啷匡啷」地一起被帶著走。

霎時串起時間、空間的堆疊，才突然想懂了，為何那塑膠罐總是黏膩又沾著些塵土，還有那了不起的身影，在山路間重心不穩的樣子。

格芮楚阿嬤說自己年紀太大了，沒有辦法像年輕人一樣去做跨國關懷，所以她要募心募款，讓慈濟的車可以加滿油，就能夠帶著志工們跑得更遠，也把上人的法及愛傳得更廣。

二〇一八年，我將阿嬤肩上擔了七年的水球、黏著塵土的小罐子，還有歪斜卻一路向前的背影故事，在本土志工團隊間分享。那一陣子，瞬間被帶動起募心募款的積極信心，熱絡極了。如果七十多歲的格芮楚阿嬤做得到，還有誰能夠說自己做不到？

雖然阿嬤還是無法承擔跨國志業的推動，卻已是人人有目共睹「典範中的典範」。於是，二〇一八年格芮楚阿嬤成為我們本土團隊裏，當年「唯一」被推薦受證的本土委員，在會議中所有人高聲鼓掌通過，沒有任何疑議，只有滿滿的、為阿嬤同感的榮耀。

受證

二〇一九年三月二日的「德本本土幹部研習會」，也是格芮楚阿嬤即將要受證的大日子。早上七點，多數的本土志工尚未抵達會場，最早出現的身影，是遠遠的兩、三位志工合力攙扶著一個全身癱軟的人走過來。

「不好！那是格芮楚阿嬤！」發現到的志工，驚慌地撲向前去。

不知道該怎麼形容阿嬤那副模樣，她虛弱到連脖子都無力撐起自己的頭，一顆頭軟綿綿地晃啊晃，要不是兩旁志工幫忙穩著，阿嬤簡直就像是鬆了懸絲的傀儡木偶，會直接攤在地上。我完全無法想像阿嬤一早是怎麼由六十多公里外的山區，輾轉搭車來到會場的？

現場的人都衝去幫忙，不知是誰找來幾塊紙板鋪在草地上，讓阿嬤先半躺著休息。什麼精油和藥膏都掏出來了，拚命地往阿嬤的頭部、頸部擦，好讓阿嬤回神、清醒。

「阿嬤病成這樣，怎麼還讓她來？」我追問著一旁的志工，但他們都一臉快哭出來的樣子，憂心地說：「阿嬤說要來，因為今天要受證，阿嬤要受證。」

但這樣真的不行，這樣會出人命的。我趕緊找了幾位老幹部嘗試勸阿嬤不要擔心受證的事情，讓年輕人先帶她回家或是去看醫師。

但，不肯就是不肯！

「只有今天能正式受證，回去了，就沒有受證了。」志工們把阿嬤的堅持翻譯給我聽。

「阿嬤的願」與「阿嬤的命」，兩者都極度重要地在我面前，拉扯著我的心。那時研習會上午的課程已經開始，我立刻衝入會場，向幾位華人幹部協調，又翻出一件旗袍、一副法船別針、一朵佛心師志胸花，衝去交給正在照顧阿嬤的志工們。

「調動流程，現在就授證！」阿嬤虛弱得只剩半條命，讓我十足果斷地宣布決定。

於是，三、五志工一起抬著、護著阿嬤到會場旁的更衣室，但全身綿軟的阿嬤，就像她肩上軟趴趴的水球肉瘤，只不過尚被一副皮囊包覆著而已，不知道阿嬤到底還剩多少力氣為自己撐下去？

為阿嬤穿上委員旗袍，是個大折騰。首先要幫阿嬤脫去志工服和白裙，然後把旗袍套在阿嬤不斷往下垂的頭上，鬆軟的雙手穿出窄窄的袖口後，再順著套入全身。有人得提著阿嬤的脖子、有人拉住阿嬤的臂膀、有人抬起阿嬤的腳。而阿嬤也在為自己盡力，她全身顫抖著撐住自己，想把旗袍趕緊穿上，斗大斗大的汗珠從阿嬤的額頭、脖子、背部冒出來。在一旁的我們其實比阿嬤還急，卻不斷安撫著：「不要慌、不要慌，我們會幫您……」

好不容易，終於為阿嬤穿好了旗袍、順好了頭髮，也戴上了佛心師志胸花，已耗盡所有能量的阿嬤癱垮在更衣室的板凳上。她舉不起來的頭正好低低地望著胸前的「佛心師志」，伸起如棉絲般羸弱的手碰了碰胸花，瞬間而現只有一秒的微笑，那一秒鐘阿嬤的眼裏突然閃出了微光。

我們抓緊時間，把阿嬤架著走，由更衣室架入了會場。課程還在進行中，但所有人的目光都被阿嬤的模樣吸引過來，大家不知道阿嬤發生了什麼事，但也都明白了接下來要發生什麼事。

滿頭虛汗的阿嬤，終於癱坐在會場的椅子上，還是不忘放掌而坐。幾位本土老幹部憂心地在一旁陪伴照料著，為阿嬤擦汗、搧風、給水。一段分享環節一結束，我與另一位本土青年立刻衝上臺接手主持原本應該在研習會最後才進行的「授證典禮」。

什麼宣誓詞和冗長的環節，通通都拋在一邊了。還宣什麼誓！現場有眼睛的人都清清楚楚地看見，口口聲聲大發願卻軟弱無力的行動，還不如一個軟弱無力的阿嬤，正用著半條命要完成這個發願。

緩了氣的阿嬤，將所有意志力一次擠了出來，讓自己從椅子上站起來。大家唯恐阿嬤倒下，趕緊衝上前抓著阿嬤的雙腋，阿嬤被架著到了臺前，再慢慢挪過身來正對著現場四百多人。這四百多人來自納米比亞、史瓦帝尼，整個大德本區及其他省區的志工們，大家都親眼見證著這場震撼的受證典禮。

原本被安排代表證嚴上人為格芮楚阿嬤別上委員證的葛蕾蒂絲阿嬤，偷偷躲在一角不停地捂著臉哭，情緒還無法平復，就得硬擠出笑容上前來授證。而臺下的許多志工，也都淚水掉了又抹、抹了又掉……

〈立願文〉的音樂緩緩由音箱流出，流入了所有人的心，所有人也都看著被人架著的阿嬤，委員證終於妥妥地別上了胸前，那瑩透的琉璃佛珠套上了阿嬤垂擺的手，阿嬤心心念念的受證，以如此揪心的方式完成了。阿嬤依然被人架著下臺，架出了會場，本土青年們立刻發動慈濟車，帶著阿嬤和幾位同區志工回家、找醫師。

真的從來沒見過有人是這樣受證的，只有格芮楚阿嬤。

光

我一直記得二〇一七年阿嬤眼中忽滅的光，更深刻於二〇一九年如同殘燭融盡般癱弱的阿嬤，眼中又重新亮起了光。

那個光，數不清究竟燃起了多少感動，但我知道一定有納米比亞、史瓦帝尼，和許許多多來自不同地方的四百多位志工，甚至是此刻聽到了這則故事的人們，大家一定都感受到阿嬤用生命綻放光芒的方式，堅決的、有力量的，哪怕是非常微小，也能夠一燈傳一燈，永遠不會滅掉的光。

而阿嬤緊握著的沾著塵土的小罐子，一定是貧困非洲裏聚集良善之光的容器。阿嬤真正抓住的，也一定是自己生命中昇華起來的燦光。

我會招募更多的社區志工，當一個小蠟燭，火焰雖小，但只要聚集更多的蠟燭就可以照亮社會所有的黑暗角落，持續完成使命。我希望能做慈濟，做到最後一口氣，即使往生到天堂後，還是要繼續招募在天堂所有的人，把大家都招入慈濟大家庭。（節錄自格芮楚阿嬤受證自傳）

格芮楚阿嬤，絕對是非洲志業永續之路上，牢牢堆砌下了的一塊堅固基石。

女巫變傻蛋

每月一次的本土幹部會議中，愈來愈多的志工會將他們當月募心募款的成果帶來給我。這些志工一個比一個老，有一次我把大家湊成了一張合照，照片中的一排人都長出了「三條腿」——兩條原本的，再加一根枴杖。這群無比樂活的阿嬤級志工，人人秀出自己的募款成果，在我喊下「一二三，慈濟」的瞬間，個個笑得像女孩兒一般甜。

但其實我一直困惑於這樣的邏輯，那一小包錢只不過幾十鍰（不足臺幣一百元）而已，卻讓這些志工甘願在會議當天，從南或北各自不同的黑人社區、部落趕來；住較遠的當日往返車資可能就要一百鍰（約臺幣兩百元），除了參加會議、聽分享，就為護送那包向家家戶戶勸募得來、總計幾十鍰的「愛心款」到我手中。

車資這樣貴、善款這樣少，根本一點經濟效益也沒有。更別說這些志工平時私下掏出來的還不僅如此，他們總是把自己家裏的食物分給社區貧困的孤兒和長期臥床、又髒又臭的病人，此外，他們為其把屎把尿、從頭洗到腳，也熱心為社區裏行動不便的病人跑腿送藥。

反正我真是算不出他們的「三條腿」到底整日上上下下、這裏那裏跑了多遠？自己從中又倒貼了多少？反正他們數學都不好，根本不懂損益得失，算不清楚也就不算了，做著做著也就理所當然了。

我只能承認，志工們真是一群快樂的傻蛋。也因此每當他們塞給我一包包用塑膠袋裝著、紙張包著，或黃、或白叮叮咚咚的銅板，再捏著一張張謄寫得清清楚楚的捐款人名單，傻蛋們總是頗為沾沾自喜地衝著我笑，讓我常覺得接到手中的根本是「生命中不可承受之『重』」——「愛」總是掂量不出實體重量，卻又輕而易舉地把人的心頭壓得重重的。

某次開會，我照例問大家「今天有人帶款項來嗎？」座中一位阿嬤高高舉起手來說：「我有。」所有人的目光都看向這位阿嬤，阿嬤既不是本土幹部、也不是資深志工，居然是上個月大家還一起關心過的一位病患，怎麼就跑來開會了？阿嬤從座位上緩緩站起，撐著她的木杖走向前來，又是「三條腿」！我瞪大眼睛，心想：「阿嬤真的有？還是假的有？」

真？假？真與假的背後，牽涉出一件流傳於北德本區流傳許久的「市井傳說」……

不知多久以前，德本北邊的馬提奎(Matikwe)有一間托兒所，不知何時、不知何因，人們開始口耳相傳，托兒所內有女巫使用巫術施法，千萬不可以把孩子送過去。空穴來風的謠言愈傳愈真，女巫事件彷彿就是事實，演變成為社區的集體霸凌，惡言惡語重傷經營托兒所的芙蘿倫絲阿嬤(Florence)。

阿嬤後來生病了，下不了床，也出不了門，更可怕的是屋外的流言蜚語，使阿嬤抑鬱又悲傷地躲在家裏，獨自忍受病苦。但鄰居們還是持續對人訴說：「不可靠近這戶人家，小心女巫下黑魔法於你。」這句話也傳到了奧黛麗的耳裏。說起奧黛麗（Audrey Kheswa），本不該和這件事相干，怪就要怪已往生的艾碧蓋兒阿嬤，把這件事情弄得「節外生枝」。

奧黛麗不是好過日子的人，先生多年前生病往生，她為了照顧三個孩子，弄了點小生意，卻又遇到車禍被撞斷腿，痊癒之後改靠做小手工藝維生。二〇一八年時，艾碧蓋兒阿嬤找上了奧黛麗，邀請她來參加慈濟，好奇心重的奧黛麗真的參加了一次志工月會。她看到許多志工分享著做慈濟的歡喜，也聽到證嚴上人的開示，奧黛麗的小世界彷彿被開啟了一扇窗，一股由內而發的引力驅使她嚮往窗外的大世界。

同時間，女巫的傳說愈講愈誇張，言語的霸凌愈來愈醜惡，奧黛麗多次被社區裏的人警告「靠近女巫，必遭禍殃」。當時的奧黛麗才接觸慈濟不到一年，許多道理還不懂，但奧黛麗非常確定自己懂一件事——「上人說過，每一個人都要去愛。」她勇敢地告訴自己、也大膽地告訴社區裏的人：「我才不管芙蘿倫絲到底是不是女巫，我只知道此刻她是個需要被幫助、被關懷的人，我必須去看她。」

於是奧黛麗帶著自己的兒子和幾位志工，在二〇一九年五月時走入了芙蘿倫絲阿嬤的家中關懷。芙蘿倫絲阿嬤說，那一天，她覺得自己終於被當作一個「人」好好地愛了。

或許是艾碧蓋兒阿嬤往生後，衝擊到社區志工們的信心，北德本區的志工活動沈寂了好幾個月。過去大家有資深的艾碧蓋兒阿嬤可仰仗，把慈濟團隊帶到社區裏愛灑分享，帶動供食站，也訪視病患。如今沒了過往的號召核心，慈濟氛圍漸漸渙散，奧黛麗想了想，必須有人勇敢地站出來，讓愛延續下去，這個人或許可以是自己吧！

透過奧黛麗的努力，八月本土幹部關懷團隊又回到馬提奎舉辦愛心米發放，芙蘿倫絲阿嬤也來了。她看到竟然還有這麼多互不相識的人都來關懷社區，這是何等神奇的團體啊！於是長期被社區排擠的阿嬤再也不畏縮了，她勇敢地為自己立下一個決心——從今日起我要成為慈濟志工，無論別人怎麼說我，我都不管了！

這也就是為什麼，後來在九月的本土幹部會議上，芙蘿倫絲阿嬤來了，奧黛麗也來了。這兩位阿嬤拿著各自募得的愛心款和代表誠正信實的捐款清單，站在臺前，向大家分享了這段傳說和所有的轉折。

當芙羅倫絲阿嬤娓娓道來，最清楚這段心境有多難超越的奧黛麗一直仰著頭，強忍著不讓淚水落下。反倒是芙羅倫絲阿嬤的神情和語氣都非常寧靜，尤其談到如何募心募款，阿嬤只是淡淡地說：「雖然還是會遇到不信任與辱罵，但這一戶募不到，我就繼續往下一戶就是了。」當時現場所有人都鼓起了雙手，是阿嬤的勇氣讓我們又振奮了起來。

漸漸地，社區的人感受到慈濟確實帶給大家幫助，也看到走入社區的芙蘿倫絲阿嬤根本不是什麼女巫，奧黛麗也沒有遭受詛咒，這兩個人反而天天到處做好事，還不斷勸人行善付出。不知不覺間，那些多餘的嘴巴變得祥和了，動不動張口的刀槍舌劍，也開始相互讚歎、彼此關懷了。於是為人私下議論許久的「市井傳說」，從此煙消雲散。

那天，我從芙蘿倫絲阿嬤手中接下善款時，也打開阿嬤的孫女字跡工整謄寫的清單，共四十個人名，有的一鍰、兩鍰，或是二十鍰、五十鍰。金額雖然依舊微不足道，但我很激動，因為知道這是連我都無法做到的「信念、勇氣」，還有「愛」。

我也曾經灰心，反覆思考著本土志業的永續將如何變化？當我繞不出那段低潮時，總時不時有幾位志工會突然出現，讓我感受到他們巨大的轉變，給予我擁抱信念的力量。所以，我還是很願意相信，志工們曾經一步一腳印無所求付出的愛心，表面上雖然不著痕跡，卻都已默默化為一股無形暗潮向四方流動。

在這人人追逐數據的時代，我無法具體佐證這股暗潮究竟波及過多少人的內心，但我絕對敢肯定還有許多人，他們或許曾屈身於找不到愛的角落，或許曾失去敞開生命之窗的機會，此時卻逐漸蛻變成為一個又一個的「傻蛋」當中；我們不會知道他們在哪裏，因為他們傻到一點也不計較。

所以，傻蛋真不傻，傻蛋超快樂，而且傻蛋可能比你我都還偉大！

安娜老媽媽

九十高齡的安娜老媽媽
臉上每一道隨笑容揚起的線條　都道盡了慈悲
彎彎的眼尾　皺皺的肌膚紋理
一生篇章　一張容顏
她是志工潘明水的南非媽媽
也是所有志工共同尊敬愛護的「老媽媽」

安娜老媽媽（Anna Mkhize），已經超過九十歲，是最早期的翻譯志工，陪著潘明水奔走過一場又一場的慈濟說明會，用祖魯語同步將證嚴上人的法廣傳。

永恆不變的是老媽媽的溫雅，如今年邁卻更增添一分風範，老人家沈沈啞啞的笑聲，牽動現場每個人也笑開懷，我們都敬愛著老媽媽。

二〇一五年六月，一個將「傳承」與暖暖午後陽光結合的下午，為了追尋那永恆的拓荒印記，老中青三代的志工們聚在老媽媽家聽聽往事、說說過去。

一九九五年，三、四位拓荒先鋒與她們口中總是親切稱呼的 brother Michael（潘明水），其中老媽媽是年紀最長的。如果說葛蕾蒂絲是個剛烈的先鋒，那麼老媽媽就是那拓荒年代中慈悲、安定的力量。

潘明水回憶道：「從一開始我就特別喜歡她，都會主動去抱她，她也抱我；我稱呼她『媽媽』，她就叫我『兒子』。」

也因此，他總說自己有兩個媽媽，一個在臺灣，一個在南非——就是安娜老媽媽。

然而，天底下母親對遠行孩子總是有恆久不變的牽掛。

早在一九九二年，潘明水就把所有的事業移轉給合夥人，本打算就此返臺陪伴父母親，卻又因一些轉折因緣，續留南非。直到一九九四年因慈濟闖入本土部落，當年僅有他一人能夠長時間投入黑人村，至此更是難以離開南非。偶爾回到臺灣，他的母親總以為兒子是為了打拚事業才一直住在南非，每次見了面總是問：「你這麼忙，事業做得有沒有很好、很大？」

為了安老人家的心，只好一語雙關地巧妙回答：「有！做得很大、很好喔！」殊不知其實是指在一片荒山野嶺與一群黑皮膚的志工，每日灰頭土臉、早出晚歸地將關懷工作愈拓愈大，愛心愈灑愈廣。

不知情的媽媽總會笑得很安心，滿意地說：「好！好！這樣就好！真好！」

後來慈濟的腳步逐漸由南非拓展至其他鄰近國家，類似的對話，也發生在每一次我們去看安娜老媽媽，老人家總是問著：「我的兒子呢？」

「還在臺灣。」我說。

「過一陣子就會回南非了，不過可能還要去史瓦帝尼、納米比亞，一直跑來跑去，慈濟發展在非洲好多國家囉……」

老媽媽臉上會露出滿足摻雜著驚喜的笑容，說：「哇！愈做愈大了……真好！真好！」

老媽媽就是老媽媽，總把笑容滲入臉上每一道歲月皺褶，無言地道盡對慈濟的深愛，也道盡對這個毫無血緣的臺灣兒子一分為母的自豪。

ZULULAND 受難記

安娜老媽媽在七十多歲時走入慈濟，拓荒年代中，從零起步，陪伴這位毫無血緣關係的兒子完成一場又一場二手衣發放，在那處處動亂的時期，與他併肩奔走，協助和祖魯族人溝通的翻譯工作。

再回憶當年，老媽媽說那是她生命的「輝煌年代」。

最輝煌的，卻是艱難到最深刻的。

即使近百歲的高齡，說起往事，還是不會忘記一九九五年的「祖魯蘭(Zululand)受難記」。

早期的關懷，鬥爭與暴力的氛圍籠罩整個夸祖魯納塔爾省(KwaZulu-Natal)，不論市區或是偏郊的黑人村鎮。唯一不同的是，愈靠近城市地區的人本位保護思想愈重，除了心思比較自利，更難以相信一個陌生的外國白人（潘明水）所宣揚的慈濟能令人勤奮落實自力更生，也不相信貧苦可以因愛翻轉，有朝一日也能去付出、去愛人。

初期，他只得先從很少接觸外界、最貧窮的偏郊村落去互動、帶動，那是時代情勢下不得不選擇「拐大彎、繞遠路」的篳路藍縷。那時只是想，或許有一天偏郊村落中能夠帶出肯投入的本土志工群，慢慢凝聚出一股「現身說法」的本土力量，就能夠回到市區周邊帶動、愛灑，讓愛的能量一步步由外往內集中、深入，以實現「本土人間菩薩隊伍浩蕩長」的未來願景。

而祖魯蘭，一個德本往北三百五十公里外的超級偏郊，幾乎已達史瓦帝尼邊境，是早期拓荒的「起步」範圍之一。

他的藍色廂型車，呼呼呼地奔馳過一個土石山丘又一個土石山丘，在前不著村、後不著店的祖魯蘭偏郊部落苦行拓荒，偏偏遇到車子爆胎。同日之內還接連爆了兩次輪胎。志工們與車困在祖魯蘭進退不能，只得跟著他扛著破胎，在部落內撥開草嶺、翻過山丘，在大片荒涼山區內找尋有無計程車司機願意賣二手輪胎給他們。

祖魯蘭的天愈黑、愈危險，當下老媽媽向潘明水借電話打給先生，淡定地報告：「嗯……今天可能回不了家了，也可能明天早上才能回家……」

「怕嗎？」我問。

「跟著 brother Michael，我不曾懼怕過任何困難。」老媽媽沒有遲疑地說。

「我相信 brother Michael，他是個表裏一致，言必行，不曾動搖的人。我還記得車子雖然受困在祖魯蘭，但他從不曾展現恐懼與退縮，所以我們從來不覺得應該擔憂什麼。」

「Brother Michael 陪伴我們轉變到今日，也轉變了大家，讓我們知道外面還有許多人需要我們。所以在慈濟裏，我體會到很多上人的法，許多過去從來不懂的，後來因為慈濟才能真正懂得。我們遇到了困難，就一起克服，做就對了，上人教我們要相信每個人都有自性潛能……」

這一群堅持土法煉鋼的隊伍，一位華人志工、三四位本土歐巴桑，傻傻地一步又一步踏遍了夸祖魯納塔爾的偏郊村鎮，藍天白雲的身影在遼闊非洲綠草原中，花了好多年時間來來回回，好不容易才走出一條看得見足跡的道路。

這就是老媽媽的「輝煌年代」，來自動盪相爭、缺乏信任與愛的時代中，一股渺小的、堅持的，到處散布安定的力量；外表平凡，腳步卻踏得「輝煌」。

生命的艱難與堅韌

訪談中，陽光徐徐、斜斜地落入屋內，老媽媽勾起了思緒，對著窗外嘆了口氣：「老囉！常常覺得很累，也常常忘記事情。可能明天早上就忘記了今天的事情……不過我知道，我不會忘記我的上人，他讓我堅強……」

老媽媽確實是堅強的。二〇〇〇年至二〇〇六年間，老媽媽的四個孩子相繼往生，二〇〇五年自己也因腳疾進出醫院，從此走路都必須依靠枴杖。歲月為生命送上的考驗愈老愈不堪，但老媽媽走慈濟路的步伐依然沒有停歇。直到二〇一一年，老媽媽重病多年的先生也離開了，一年又一年至親至愛一個接著一個逝去，幾乎只剩下了她。

「生命真的很難。我本來就是一個人，孩子是上帝給我的額外禮物，雖然上帝又一一帶走了他們，但那是上帝的權力，我感恩地接受祂的安排。我唯一不懂的是，為何上帝要給我這麼長的生命？」老媽媽無奈地笑著，然後又嘆了一口氣！

「我想是因為上帝知道您比您的孩子堅強。」我說。

「我不知道！我真的不知道！」

「世間一切沒有一樣是永久的，唯一真實的是善與愛，沒有人能拿走，我會帶著善去見上帝，還有上人的愛也是我最珍貴的寶藏，無人可取走的，所以我試著不去想傷心的往事……」

不知不覺氣氛憂傷了起來，為了鼓舞老人家，我趕緊插入另一個話題。

「Gogo（祖魯語，阿嬤），您知道現在在非洲幾個國家有慈濟了嗎？七個國家耶……」

「上人不斷向前，我們也不斷向前走，放下煩惱，不斷向前走。因為有您們早期堅持走過最困難的路，才有現在的我們。我想為何上帝要讓您活那麼久，是因為要讓您的精神不斷地影響大家。」

我望著身後的第二代本土青年，這群未來的傳承者、接班人，大家皆微笑陪伴在慈祥的老媽媽身邊，我們只想表達年邁的她與所有拓荒先鋒，是我們共同的「寶」、德本慈濟永遠的「寶」。她們奠定下的身教、精神典範，對未來一批批後續接上的志工隊伍，至關重要。

沈思了一會兒，老媽媽彷彿消化了一些憂傷，悠悠地說：「是啊！我還有許多工作要做，我要更了解真理，放下我的煩惱。」虔誠的信仰在老人家心中，依然是如此堅定。

訪談最後，老媽媽笑了，老老啞啞的笑聲，低低的也穩穩的。午後的陽光輕輕地撫過老人家的所有皺紋，那慈悲的線條誠實地記載了一代人的心路。

冬陽下「超級任務」

聽說近期冬令發放又要開始了，老媽媽穿上一直放在床邊，總是熨燙得整齊的慈濟制服，拉著老幹部葛蕾蒂絲、碧翠絲，組成了「福祿壽」高齡團，老媽媽做領隊，揮舞著她的老枴杖做指揮，三人年齡加起來超過兩百歲，一列排開氣場全開，準備出門去訪視。

只不過，帶頭的老媽媽年紀真的太大了，走一百公尺花了五分鐘，停一停喘幾口氣要兩分鐘，再走一百公尺又是五分鐘，開場畫面感雖然很強大，卻一下子就得喊卡。但老人家的意念固執得很，冬令發放就是要落實家訪，如同早年一樣，跟著 brother Michael，就算翻山越嶺也一定要翻出真正需要幫助的家庭在哪裏，問心無愧地將善與愛扎實灑播，一切都要規規矩矩地遵循證嚴上人所教的「無量法門」。

體解老人家固執，又不捨老人家勞累，於是我們決心動員一次「超級任務」。很快的一個月後，一大群華人、本土慈青及志工們都被號召來了，我們大動作地聚集在老媽媽的家，一同來幫老人家完成她的期盼。

二〇一五年的七月，南半球冬陽恰好暖暖的、高高的，老媽媽的家是當日陽光照耀的中心點，所有老中青三代志工們分作四組動線，一聲令下向四方擴散，我們逐戶敲門，搜遍方圓三公里以內的多多扎(Dodoza)本土社區。所有老、病、孤、苦者，都親身查訪、親耳聆聽，將真正需要幫助的家庭逐一登記入冊。那一日下午，共彙整了六十九戶發放清單，編冊完成。

冬令發放也很快排定日期，舉辦地點就在老媽媽的家。當日接受發放的居民都被邀集來了，一堆人擠進小小的客廳，坐著、站著、窩著，甚至排到外頭花園的樹蔭下，大人、小孩們都聽著慈濟的愛灑分享，就如同早年一樣。

「哇！好久沒有這麼熱鬧了！」老媽媽開心地笑著，笑到捨不得將嘴合攏。

老人家一早就換上了慈濟制服，以主人的身分參與這重要的日子。

幾位老幹部負責攙著老媽媽到屋簷下「講古」；中生代的本土委員、志工們占據小廚房，忙著煮近百人的午餐；新生代的本土青年們俐落地架好電腦投影，接力分享慈濟故事，帶動更多人一起參與志工隊伍。

更意外的是，那一天「兒子」也來了。

淘氣的兒子先是神祕兮兮地躲起來，然後突然跳出來把老人家嚇一跳，再緊緊抱住老媽媽，牽著她的手，一貫地調皮，一貫地把老人家逗到笑不停。老人家笑了，所有人也都跟著笑。

那一天午後，我們的「超級任務」在滿滿的歡樂中，將老人家的期盼圓滿了。那不僅是一場冬令發放的完成，還包含第一代、第二代、第三代的志工們，如此尊敬著早期打下的扎實精神，讓愛不息地耕耘著，永遠必須貼近人群，照亮暗角。唯一增添的是一代人牽繫一代人的情，大家對老媽媽共同的「敬」與

「愛」，是那樣無可取代。

我想參與過的人，應該都不會再忘記百歲老媽媽皺皺的卻滿臉幸福的容顏，她的笑聲還是那樣老老的、啞啞的，低低的也穩穩的，在冬陽的午後，那一刻陽光如此溫柔地將她完全擁抱。

立下永不後悔的願

回溯幾次採訪老媽媽的影像中，老人家永遠重複說著「要當上人的手、上人的眼、上人的腳」，百歲的她體態已很衰老，但談起慈濟，炯炯眼神總是不改專注。她說：「我這一生要感恩brother Michael，因為有他不顧自身性命安危，走入夸祖魯納塔爾的部落，讓我認識到這世間上有一位偉大的女性，為了世間奉獻一生，那就是上人。我更要感恩上人，因為上人的法，讓我學會化小愛為大愛，關懷社區、擁抱苦難人。雖然現在的我已經老了，也走不動了，但我永遠不會後悔十多年來投入慈濟的一段輝煌歲月。」

安娜老媽媽，這位代表南非慈濟第一代人的故事就先寫到這裏。

不知道在許久許久的未來，這篇章還會不會被人們記起？這股拓荒精神還會不會讓人覺得觸動？如果會，我希望也還有人願意勇敢地鼓起信念，繼續幫忙守護著那一分極其可貴的純粹，讓它不輕易變質地傳承下去！

（註：安娜老媽媽生於一九二六年十一月一日，卒於二〇二〇年十二月三十日，享年九十四歲。）

維多莉亞

曾經走不出那一座山
因為您無法抗拒那卑微註記了傳統女性的宿命
曾經也勇敢地走出了那一座山
因為看見愛在前方指引生命有種高度可以攀越山嶺
最終還是留守住了那一座山
因為人生有一堂課叫做「凋零」還有一堂課叫做「愛的印記」

維多莉亞(Victoria Stangoni),一個華麗、榮貴的名字,卻不足以賦予這位在安本布魯(Umbumbulu)山區出生、長大,名叫維多莉亞的祖魯族婦女一個華麗、榮貴的命運。

我出生不久後，就在一間美國教會受洗為基督徒。在父母往生幾年後，教會長老們指定了我的婚姻，身為孤兒的我無法選擇。沒有任何婚禮儀式與祝福，我與前夫展開了所謂的夫妻生活，第一個兒子也在不久後出生，但我與前夫間的關係卻一直惡化，最終我無法忍受，只好帶著兒子逃離了家。

我回到了父母的舊房子，與兒子相依為命生活。雖然我自小就夢想成為護理師，但卻無法繼續就學，而父母曾經教我的種田方式，讓我自立展開了新生活，我變成一個小農民，在社區中賣起了蔬菜，或交給小店轉賣。

這段期間，我遇到了現任丈夫，他知道我的過去，依然願意接受我與孩子。不久後我們結婚了。而我的丈夫很小的時候便輟學，開始打工賺錢供殘障的雙胞胎弟弟讀書，一直讀到師專畢業。

我的丈夫曾是一位活躍的政治分子，早期暴亂之時，我們的房屋及所有物品都被燒毀。因政治迫害，我又經歷了一次逃離家園，與丈夫躲到學校教室裏，那是我們最艱苦的一段時期。

一九九六年的某日，丈夫自酋長會議回來，告訴我他遇見了一位祖魯女士，她來自一個臺灣的慈善團體，當時我就對這個團體產生好奇，我們決定邀請這位祖魯女士到家裏細談。而這位女士就是葛蕾蒂絲，不久我又認識了安娜老媽媽及碧翠絲。

那一晚，葛蕾蒂絲到家裏做客，我們長談到深夜。當下我先生就決定加入志工，但我不肯，因為我依然放不下心中的仇恨。我仇恨強迫把我嫁給前夫的教會長老們，他們為了能得到 Ilobolo（祖魯傳統聘禮，包括數頭牛），而無視我的未來，也不管結婚的對象是怎樣的人。我告訴葛蕾蒂絲，我覺得要去幫助別人很難，雖然大家都是上帝的子民，但他們卻從不關心我；我也告訴她，我的丈夫犧牲自己去成就弟弟，卻連一聲感謝都未曾得到，甚至當我們逃難之時，他卻高傲的不願給予一點幫助。

當時葛蕾蒂絲未強求我加入，只是靜靜地聽我說，用心地寫下筆記。之後我的丈夫開始與志工們很用心地在社區愛灑，舉辦大型的茶會，也愈來愈多人加入，連酋長的太太也加入了。

有一天，葛蕾蒂絲及其他志工到家裏來，看我們有否場地可以放一個貨櫃。一星期後，葛蕾蒂絲、brother Michael 及志工們帶來一個裝滿布料的貨櫃，另外還有幾部縫紉機。從此我們家成為安本布魯區的職訓總供應點，所有當區的職訓班都從這裏領取物資、布料。

在葛蕾蒂絲的鼓勵下，我的家也成為了職訓班。還記得，我當時問葛蕾蒂絲：「慈濟為我們做那麼多，我們要付多少錢呀？」葛蕾蒂絲說我們不用付錢，只要走入社區去關懷孤兒、貧苦及所有需要幫助的人，為我們的社區帶來祥和，就夠了。

成為志工後，神奇的轉變在我身上發生，我竟然慢慢地放下了心中的仇恨，轉變成為堅定的慈濟人，並且能夠在社區裏帶動志工們一同照顧約兩百位的孤兒。我們共分為兩個供食點，也供食給社區內的貧苦及病患，當然也包括愛滋病患。

我曾問過葛蕾蒂絲，是什麼讓她這麼堅定地走在慈濟路上？她說透過brother Michael的分享、透過閱讀慈濟英文季刊與做慈濟事，她體會到上人的教導與精神。這正是我現在所感受到的，走在菩薩道上、幫助他人，讓我的心愈來愈平靜，家庭也愈來愈祥和。

感恩上人、感恩慈濟志工們讓我放下了仇恨，得到了和平及一個幸福的慈濟家庭。我也發願要一直跟隨著上人，做上人的好弟子。

然而，曾是拓荒先鋒之一的維多莉亞，在完成這篇自傳後，二〇〇八年底即將返臺受證的前夕，中風，就此倒下。

走出絕境的大山

老幹部們總會說起這位拓荒先鋒的好夥伴：「維多莉亞一直都是又矮又短的模樣，每回要爬上慈濟車，或上上下下崎嶇的山路，最辛苦的就是她。」

早期只有一部車，每次潘明水總得在安本布魯山區繞一大圈，由近到遠，去接幾位早期的老志工。每天出去一趟，至少都要六百公里左右，跨越了一個山坡又一個山坡，跨出了安本布魯山區，更跨出了這一批祖魯婦女卑微苦難的宿命枷鎖。

「因為大家在車上有很多時間交談，共同克難地擠在車上，我就跟他們分享上人的精神如何令人感動，為何我們沒有拿到任何薪水，還願意這樣死心踏地做慈濟……」

「一開始真的捨不得，看他們又窮又苦，所以一念英雄主義，帶著他們做職訓。」

「早期，什麼物資都沒有。前十幾年，德本更是從來不發放，即使一九九七年收到捐贈布匹，也是將整匹布剪成一塊塊布料，或是去收集成衣廠的碎布，讓志工們去加工。所以當年沒有發放，只有碎布料，只有愛心加工成花花綠綠的成品，一件又一件。」

「最初的縫紉職訓班，都設在貧窮的山區。維多莉亞家因為地點好，特殊的環境拉起了這樣的緣。但其實一開始，人都會懷抱著有所求的期待而來，她也不例外。原本以為會得到好處，但卻一點『物資』好處都沒有。職訓班的教學一開始是一片混亂，沒有人知道該如何加工，後來一位手藝較好的志工加入，才讓職訓班內的志工們愈做愈有成就感。維多莉亞更是在付出的過程中體會到超越物質的喜悅和成就感，因而逐漸轉變自我。」

回首這一段記憶，潘明水忍不住為拓荒歲月下了關鍵註解：「真的好在當年什麼物資都沒有。」

「從早期一開始，我就體會到不可能有資源，一定要靠志工們自己，這是唯一的辦法，因為根本沒有人願意跟著出去。只好不得已，從一開始就想著以後該怎麼辦。」

於是，從一無所有中掙扎的拓荒路，即使孤單、艱辛，看似身處絕境，絕境之後，竟是走出大山，看見更開闊的大道。

愛與印記

二〇一五年的冬天，志工們帶我回到那座大山，在維多莉亞的家，一群人把山外的氣息與志工隊伍生生不息的活力、熱情都帶來了。

維多莉亞在孫女的攙扶下，非常緩慢地從臥房移動出來，一步一寸的，很是吃力。因為中風多年，從肢體到面部表情肌肉都已僵化的她，感覺得到還是期盼著大家的到來，於是慎重又妥當地選擇客廳中央的椅子讓她坐下，所有人就恰恰好環繞著她，有人蹲著、有人站著，那是很輕鬆、很溫暖的氛圍。

我們向維多莉亞談到 brother Michael，雖然語言表達能力也退化了，她依然嘗試以簡單的字彙陪我們聊天。「Going up and down（翻山越嶺）」，她說。

葛蕾蒂絲在一旁自告奮勇補充：

「早期大家跟著 brother Michael 翻山越嶺，在樹下唱歌，在雨中前行。有一次在雨中我不小心滑倒，白裙上都是泥巴，大家幫忙找來一盆水，抹抹擦擦後，又繼續走。還有一次，我們到遙遠的恩戈萊拉 (Ngolela) 關懷到天黑才回家，維多莉亞被先生鎖在門外，她就在門外大罵，生氣得很……」講到烏龍往事，葛蕾蒂絲自己都笑岔了氣。

遇到拓荒老友，回憶總是多到滿出來，葛蕾蒂絲愈說愈多，似乎想要把過往種種美好通通翻閱一遍，好刺激當年並肩同行的老戰友別再病、別再老下去。

「還記得以前我們的職訓班貨櫃？」

「還記得我們縫了好多給殘障人士的衣服？」

「還記得……」

「還記得……」

維多莉亞的表情呆滯又遲緩，卻依然一點又一點地點著頭回應，她當然都記得、當然都知道……

「還記得上人嗎？」

「還記得我們為何要做慈濟？」

「Uthando」，維多莉亞緩慢且費力地說出這唯一的單字。當下現場所有人都感到意外，集體靜默了數秒，才又回過神來報以熱烈鼓掌，我們都默契地向「Uthando（祖魯語，大愛）」這個字的精神致上最大敬意。

對啊！Uthando 就是大愛，上人就是大愛，所有前仆後繼的身影足跡，都是為了「大愛」啊！

印象中那一年冬天，彷彿一直有股大愛暖流環繞著大家，我們的心時時都是飽滿的。因為我們都記住了，一位祖魯婦女一生起承轉合的故事。她始終圍繞著德本南方安本布魯山區，曾經艱辛地轉了出去，又艱辛地轉回了原點，她的生命雖然必須走向凋零，然而「愛」卻從來沒有在行蘊的過程中消逝、遺忘。

維多莉亞，您的名字，您的一生，絢麗、豐富、有力量！

回家

蔓草掩沒仇恨的傷
鬼針草卻在腳邊扎得您刺癢
從來沒人膽敢更動　一磚一瓦
歲月卻恣意擺弄一切
家　傾頹如廢墟
家　遍體坑坑疤疤的傷

陪您回家
我成為了家中「訪客」
四面破牆　空空盪盪

我真不知如何安慰
而您卻依舊熱心地說
這裏是客廳　那裏是臥房……
讓我能更進一步走入
您腦海中　幸福的　快樂的　記憶的家

也是那一剎那間　您沈思地看著前方
彷彿一切無懼
穿透了歲月的無情
淡化了心中的仇恨
也體悟了人生的真諦

跨出蔓草
告別之前
我們一起停下腳步
拔起那腳邊一顆顆扎人的鬼針草
不讓這刺痛 再帶到將前往的下一站
這是我們的默契
我們彼此對望著 笑了
因為只要心中有大愛
一切沒有過不去的苦

二〇一二年一月，艾蒂蕾（Adelaide Njapha）帶著我重回一九九六年的事發現場，一間已被荒草掩蓋，為人遺忘的廢墟。我跟著艾蒂蕾的腳步，一步一步跨過半身高的雜草，一抬起腳卻發現鬼針草帶刺的種子扎滿了我的褲管。「哎呀！這個東西很麻煩的！」我心裏抱怨著，只好每走一步都更嬌氣地去踩，否則黏得愈多，到時還要一顆一顆地拔掉，很討厭。

我們來到了一個很奇怪的「家」，主人慎重地帶我跨入一個沒有門的家門，進到屋內，四面沒有一面是完整的土灰殘磚牆，抬起頭卻可直接看見整片的藍天。眼前屋子的女主人艾蒂蕾眉飛色舞地形容當年在此居住的景況：「這裏是臥室，我和女兒睡這間。那邊是廚房，這裏是煮東西的位置。晚上吃飽飯我們一家人就在這裏看電視……」艾蒂蕾生動地在破磚和雜草之間還原一切細節。

「那一晚，兩位歹徒突然闖入，持槍直接往人身上打，我的兩個姪子中了槍，當場喪命。歹徒怕我認出他們是誰，也狠狠地朝我開了八槍……」

艾蒂蕾回憶起這一段舊事，還是非常不甘願地抱怨著：「當有人拿著槍指著你時，嚇都嚇死了，怎麼還可能冷靜地去看那個人長得怎樣？我就不知道為何他們還必須對我連開八槍？」

當時中槍後的艾蒂蕾唯一的念頭當然是逃，淌著血的八處槍傷也管不上是什麼感覺，不知道哪裏生出來的力氣，反正一定要拚命往外爬，爬到歹徒找不到的地方，找機會活下來。

那一晚，殘暴的歹徒由殺再劫，劫後又一把火燒了房子，也因此忽略已偷偷逃出的艾蒂蕾。

熊熊火焰後，鄰居在樹叢裏發現早已昏迷的艾蒂蕾，趕緊將她送醫，竟也奇蹟地救回她的命。這就是當年常態的政治仇殺，只要政黨理念不同，便以極殘暴的方式趕盡殺絕。

獲救後的艾蒂蕾在醫院住了數個月，槍傷雖然治癒了，內心的仇恨卻快爆炸。她曾經形容當年的她是被仇恨駕馭的魔鬼，出院之後一心只想以牙還牙地報仇。

一九九八年，悲慘的艾蒂蕾又歷經女兒因病往生的傷痛，在人生最低谷抑鬱的關口，當年拓荒元老之一的安娜老媽媽介紹她參加一場慈濟分享會，告訴她在那裏或許可以找到一些解答。艾蒂蕾自然是去了，正好聽到現場許多慈濟志工分享著付出愛心的故事，那種神采飛揚的心靈開闊，怎麼自己好像從來不曾有過？

因為那一次善的轉折，艾蒂蕾不想再繼續當仇恨的魔鬼，她轉換了心願，也逐漸從關心他人當中重新學習到真正的快樂，直到二〇〇七年時脫胎換骨受證成為慈濟委員。

回顧完這一段大起又大落，我眼前的艾蒂蕾靜靜地望著磚牆上一塊又一塊的缺陷，彷彿所有的殘缺一塊又一塊必須隨著時間癒合結痂。艾蒂蕾深深地嘆了口氣，就當是夢一場吧！

後來二〇一三年在慈濟人共同的護持下，我們幫助艾蒂蕾舊地重建了家園，在相隔十七年後，她真正地「回家」了。

那年八月，我又再度受邀與艾蒂蕾一起回家，原本門前荒蕪滿布的鬼針草，早已被鏟除，迎來的是平整的土地，敞開了一切的重生。我們推開了一扇真正的木門，四面完整的空心牆磚也嵌入木窗，透入戶外的氣息，頂頭修葺真正能擋風遮雨的屋頂，建料雖然簡單，對艾蒂蕾來說，卻像是一生的心願圓滿了。

艾蒂蕾悄悄帶我繞到屋後，指著空地上的一座十字架，她幾乎是含著眼淚告訴我：「這裏是我先生的長眠之處，我曾經承諾過他，一生守寡，感恩慈濟，讓我可以重回家園繼續陪伴他。」

一會兒，原本沈重的神情又轉為肯定，「慈濟轉變了我的人生，我無以回報，但我會用剩餘的生命繼續付出，讓愛化作更多愛的種子撒播出去。」艾蒂蕾向我告白了她內心的許諾，其實她早已在實現心中的諾言，那一刻我們彼此都微微地相視一笑。

那一天告別艾蒂蕾的家時，我朝著門前的陽光放肆地大步走著，我知道煩人的鬼針草，不會再來扎人了。不論內心的痛、外在的刺，都已經拔除了，再也不會有任何挫折困難能攪亂艾蒂蕾的心，因為艾蒂蕾早已學會如何用愛超越一切情仇枷鎖，緊緊擁抱住永恆又清淨的愛。

好好活著

「性，是窮人最大的娛樂。」一位青年志工曾經這樣和我說。那時我們正在討論又窄又暗的鐵皮屋內，一窩愛滋孤兒家庭的悲哀。第一次聽到同是貧民窟出身的志工，如此直接了當地敘述那種環境下的矛盾，多麼抽心、多麼無奈，又多麼貼近那一窩悽苦的癥結。輕薄的生命用最易得的短暫歡娛，衍生更多輕薄生命，於是窮困輪迴著窮困、病苦輪迴著病苦，翻轉不出去。

反正窮已經是一輩子了，為何不抓住即時的滿足與擁有？至少填補了些許茫然與空乏。於是乎毒品、酗酒、槍枝、幫派、性犯罪等議題，永遠和貧民窟綑綁不分開。錯把苦難當娛樂，反正將錯就錯吧！今朝有酒今朝醉，如果眨眼還有明日，明日再說！

常常都在想，非洲真是處處蠻荒叢林。但這並不是指野生動物所在的蠻荒與叢林，而是關於「生存」的蠻荒叢林。當我看著那群經常互動的本土志工們，聽他們描述自身的故事，總覺他們就活在野蠻遊戲裏，背負了許多戰戰兢兢的危機，如同置身叢林中求生，暴力叢林、毒品叢林、犯罪叢林、仇恨叢林……。

或許早已麻木於適者生存的叢林法則，每個人都有挑戰、每個人都有問題，又何必大驚小怪？反正「活著」這件事情，本身就是僥倖。該怎麼活？他們很難想得太遠、太多，每個人都像一粒塵屑般微薄，微薄到就是這樣，直到有一天死去了，也是這樣。

但他們真的不是一點想法都沒有的，大部分的人只是被命運蒙上了太多層灰垢，他們最匱乏、也是最需要的，只是一個被理解及啟發的契機。

這讓我想到了澤坦巴（Zethembe Mkhize），那個每次都穿著短褲、背心、塑膠拖鞋的年輕人，他不正經的痞樣，出現在這個從頭到腳都講求規矩的團體裏，就是個突出分子。一會兒把掃帚當玩具，倒立在掌心左擺右晃地雜耍；一會兒噢人把愛心米一包一包往自己身上砸，一口氣接住八、九包愛心米，還讓人不停地砸，直到接也接不住了，就一屁股往身後「噗通」跌坐，四腳朝天把自己扎在米袋堆裏哈哈大笑。

後來更囂張，開會遲到，兩隻塑膠拖鞋在地上刷呀刷，穿著志工服卻吊兒啷噹地晃著身體，邊晃陣陣酒氣邊發散出來。那時我的小姑已經負責「本土新芽助學」專案審核的工作一段時間，年輕人雖然都叫她「媽咪」，她卻經常抱怨這一大群十幾、二十歲的年輕人「很不受教」，早就嚷嚷著不想理會這一班孩子，卻又不忍心放棄他們。偏偏這一天，媽咪撞見了渾身酒氣的澤坦巴……

「喝酒？」

「為什麼跑去喝酒？」

「去喝酒為什麼還來開會？」

「要喝酒，就別來開會！別穿制服！別讓我遇到！別浪費我的力氣去罵你……」

被媽咪狠狠唸了一頓的澤坦巴，居然只是乖乖地低著頭，一直說「對不起」、「對不起」。原來，澤坦巴有一群在鐵皮貧民窟裏結交的拜把兄弟，吆喝著他一起去喝酒、嬉鬧，禁不起誘惑的澤坦巴，卻還記得隔天是慈濟的幹部會議，出門前一把抓了慈濟志工服，就這樣帶著制服與人又喝又鬧上通霄，睡醒了也沒忘記把制服往頭上一套趕來開會，就弄成這個樣子了。

一個本來在貧民窟裏成日橫著走的小混混，來到慈濟裏不但被人管教，此時還像個洩氣的皮球般，心甘情願地懺悔道歉。到底哪根筋弄錯了？

後來當我們試著了解澤坦巴愈多，心裏竟然都莫名地顫動與抽痛。

生長在貧民窟的澤坦巴，沒有父親，他真的就像是俯拾皆是的破屋內，一窩又一窩孤兒的其中一個。加上種種複雜的原因，他至今沒有任何能夠佐證身分的合法文件。也就是說在南非，甚至在這個世界上，他根本是不存在的人口，就算有一天死了，也申請不到死亡證明的一個人。

他也不像其他年輕人，來做志工，有了志工時數，可以為自己爭取隔年慈濟助學的名額。澤坦巴志工時數再多，沒有身分證，沒有任何學校會收他。他真的可以不用來慈濟，得不到任何好處的，但他總是一直來、一直來⋯⋯，他是真心想來！

他就是一個落入淤泥中天天拔不出腿的人，在日復一日黑夜與白晝間沒有真正身分，也無法找到自我證明的人。夜裏閉上眼睛，當作死了。天亮後張開眼，也不知道一天的日子該怎麼過？為了活下去，有時去當黑人巴士上跟車招呼的小弟，有時被人找去當整理樹叢的小工。但這樣的機會不多，他總是失業，所以多數的時候，他還是穿著塑膠拖鞋與短褲，搭上在貧民窟裏那群同樣毫無目標的拜把兄弟，吸毒、喝酒、搭訕女孩子、瞎混。

後來貧民窟裏一位朋友，因緣際會下成為「本土新芽助學」的補助對象，也把他拉進來做志工。反正也無處可去，澤坦巴就來到慈濟了。雖然有時澤坦巴會突然消失一陣子，那是因為他又跑去打臨時工賺錢養自己，一旦失業後，他又立刻跑回來做志工。

有一陣子澤坦巴又消失了，其他年輕人說，這次不是去工作，是澤坦巴掛彩了。貧民窟裏其他小混混要性侵他的妹妹，他氣不過就去找人打架，然後被人砍了一刀，進了醫院。再有一次是他把人家打成重傷，換對方進了醫院，澤坦巴被送去監牢，還好對方沒死，澤坦巴才又被放了出來。

這幾年間，我們就是這樣一直看著他來來去去的，總是掙扎於生活的坎坷，讓人捏一把冷汗。

有一次我們問他：「為什麼要來慈濟？」

「如果一日沒有出門做志工，這一天就好像沒有好好活著的感覺。」澤坦巴直直接接地說。

太赤裸裸的原因了——想好好活著！

在鐵皮、木板東拼西湊的混雜貧民窟中，他喝酒、抽菸、吸毒、奮不顧身地為了保護妹妹找人打架，他困在一片灰茫茫的漩渦中，不知道如何抓住好好活著的方式。於是那一天他天真地一手握著酒瓶，一手捏緊制服，告訴自己隔天要記得出門去做志工。他在對自己拔河，他想「好好活著」。

澤坦巴從未因做志工而得到任何助學補助的好處，純粹只是來付出心中的愛，他總是搶先扛著愛心米去探望生病的老人家，繞在行動不便的病人身邊唱歌跳舞，讓他們開心。點點滴滴、無形的付出之中，澤坦巴也獲得了很多愛的肯定。

本土阿嬤出遠門去關懷，漸漸會向我請求團隊成員裏要加上「青年幹部澤坦巴」，阿嬤們說澤坦巴是她們的孩子，這個孩子轉變太多了，從一個頑劣不羈的突兀分子，到成天跟在一群阿嬤身邊乖乖地做這、做那，比阿嬤們自己家的孫子還懂事。

有一次澤坦巴還穿上鄉下阿嬤常穿的點點粉花裙，在供食站內幫忙煮飯給大家吃。我看到照片都驚呆了，不可思議，痞子翻身成暖男啦！

澤坦巴說，他現在沒有再喝酒了，因為當有人嚷著要他喝一杯，他會想到自己成天醉醺醺的樣子，親生的媽媽看了有多傷心，慈濟的「媽咪」知道了，又有多失望。不想讓媽媽與媽咪難過，他知道愈來愈多人真心愛著他、關心他。

他的志工服，雖然還是配著短褲，但是上衣的釦子漸漸實實地扣上了。後來他向我討了一件白長褲，是為了要跟著阿嬤們出遠門關懷時，能夠把短褲換成長褲。還有他的塑膠拖鞋也不知何時自動換成帆布鞋。他對自己的行儀與外表漸漸注重了。

「本土青年幹部」早已是我們稱呼澤坦巴，與其他長期投入的年輕志工的統一說法，他對這樣的身分愈來愈有歸屬感。我想，是因為「愛」讓澤坦巴敞開了一片生命平臺，讓他愈來愈能夠找到自己的定位與存在，讓他有自信賦予自己無形又無人可拿走的價值認證。

最近一次與幾位本土青年幹部開會時，我又問了在場每個人同樣的問題：「為什麼要來慈濟？」

澤坦巴第一個舉起手來說：「要讓自己學會想『未來』。」

我當時非常驚訝地看著澤坦巴，那個曾經拖拉著塑膠拖鞋、微醺的短褲男孩，腦袋裏竟然已裝進了「未來」這兩個字。

我立刻大聲地為他歡呼：「好呀！澤坦巴，你真的活得不一樣了！」

雖然自始至終，那一片鐵皮貧民窟依然是澤坦巴生存的蠻荒叢林，但現在每一天閉上眼，他會期待著明天還有人需要自己，因為他是「本土青年幹部」；每一天張開眼，他也會為未來想得更深了，不僅想自己的未來，還有想慈濟在非洲的未來。

或許「愛」才是真正翻轉的力量，「愛」終於讓塵封的心翻出撥開灰垢的自信。走出去，抬頭看，原來鐵皮屋的上方還有一片清澈藍天，太陽正在幫每個人照亮自己的心。

那些風 那些雨

天黑黑

每當日光頓然失色，天邊的雲堆湧成厚重的灰，氣流萬化，瞬間夾帶速度感的風四竄，樹枒、樹梢、樹葉被撕扯得「刷刷」振響，或是空中大雨滂然而下，繁密砸在屋頂、地表的急促躁動，若又帶著閃電、雷鳴猛然抽下，那種震慄感，總讓我忍不住奔到窗前望著天，喃喃叨念著，「老天爺啊！您千萬要對窮人家下手留情些啊！」

是二〇一七年的那一天，從此讓我對氣候變遷埋下如此下意識的不安感，那瞬息天地互換般驚心的四小時，措手不及預防的焦慮，像是存入記憶的幻燈片，只要檔案調出，天黑黑的惶惶然，就在腦中自動播放了……

風暴

二〇一七年十月十日清晨，本是一如往常風輕雲淡，人們形色從容，一如往常地展開一日生活。我也一如往常地進入辦公室，安頓好預定的關懷工作後，就讓山姆(Samkeliso Magwaza)、安迪雷(Andile Ngubane)兩位青年幹部出門去了。他們倆當日負責駕駛慈濟車、裝運愛心米，還要一路接上一位又一位團隊志工，那一天如果沒有任何誤差的話，事情其實就順順當當、一如往常地進行下去了。

但就在慈濟車出門不久後，市政府發出了緊急公告，預計在兩個小時內，德本將有「超級暴風」襲擊。有的公司直接請員工下班回家，學校也通知家長盡快把孩子接回，事情就是這麼突然，說發生就發生了。當時的我探頭窗外，的確感覺雲層與空氣的流動，正以極度詭譎的氛圍布陣當中，非常反常的異象。我不敢再加遲疑，趕緊一一打電話給關懷團隊內的每位志工，要他們不要再出門了！能回家的，趕緊回家！而兩位已經開車上路的山姆和安迪雷，也請他們趕緊回來，愈快愈好！連車帶人快快撤退回來！

但暴風訊息的公布，立刻引起全德本交通大亂，山姆的車上也已載了葛蕾蒂絲阿嬤，兩部車、三個人在高速公路上，一時之間根本繞不出來。約莫十點，如天網般由南而上的黑雲系果真到了，瞬間就吃下整個大德本區，沒有任何緩衝或可遲疑的時間差，暴風一到就狂亂地掃、橫行地攪，暴雨接著來到，洩洪式地噴發，愈噴愈猛。暴風和暴雨，完全不對地表任何有形無形客氣些什麼。

天威發怒大概是這樣吧，日瞬間像夜，地彷彿被蓋上了天，天與地之間有股大力量在驅使風雨翻騰。一想到安迪雷、山姆、葛蕾蒂絲阿嬤都還在外面路上，情況怎麼樣了也不知道。會不會剛剛急著要他們撤退，反而讓他們發生意外了？又趕緊再打電話給他們，交代著快快去找一個安全的地方把車停好，不要再移動了；先求平安，等風雨緩了，再想怎麼回來。

很快的一、兩個小時後，德本災情即時新聞陸陸續續發出了，公路淹成了河道，車輛在水中漂移擠成了一團，低窪地區的積水把車滅頂了，道路掏空成了地洞，水直接灌入民宅中，港口停放的貨櫃也吹翻了，還當場壓死了人。

暴風雨的肆虐，加重我對三位志工的層層掛心。車子是否已安全停放路邊？或者仍在風雨中設法脫困？四周道路淹水了嗎？之後有辦法撤出嗎？但我又不敢一直聯絡他們，怕他們正在應付緊急狀況，分了心更危險；怕他們手機會沒電，必要時反而無法通報訊息；也怕自己多問，讓他們在現場更心慌。所以只能冷靜地等待三人主動定時回報狀態，再沈著判斷如何支援與建議。

暴風雨就這樣攻占住德本整整四個小時。山姆、安迪雷各自緊握著方向盤，但雨勢擋住前方的視線，車陣阻斷了四面的路，深陷風暴的他們，其實非常害怕，但真的沒法多想，必須專注顧好自己的安全、車輛的安全，還有車上阿嬤的安全。

他們設法用手機發過來報平安的唯一一張照片，是安迪雷正完全塞在正向、逆向亂成一團的車流當中動彈不得，山姆則在對面車道，也是同樣情況。無比混亂的一切，將他們整整困住五個小時後，車流才漸漸鬆動。到處都是積水，較低窪的路段都無法通行，得找更遠的路脫困。一直折騰到下午三點半，山姆終於先把葛蕾蒂絲阿嬷平安送回家了。五點，山姆、安迪雷兩人，總算平安回到辦公室了，人在，車也在。

又餓、又渴、又驚恐的兩個人，都疲憊極了。只有山姆還勉強笑得出來，安迪雷的臉則是垮的，表情凝重地說：「我的家在幾個小時前，又被暴風雨沖倒了！」

寶藏男孩

安迪雷的家又倒了，這已經是第二次了。第一次倒了一半，是在二〇一六年五月的一場大雨後，半面土牆被雨水沖走，倖存未受波及的土牆，好在尚能撐得住原本的結構，所以家還在。這間與其他密密麻麻違建貧民戶一樣搭在路邊斜坡的小小土房，是安迪雷的媽媽留下來的。

安迪雷從小就沒見過爸爸，還不懂事的時候，媽媽就帶著他來到這一區貧民窟生活，後來又和另一個男人生下了安迪雷的妹妹和小弟。但安迪雷的媽媽在他九年級的時候往生了，留下三個未成年的孩子與一間土屋。身為大哥的安迪雷不得不提早成熟，他是這間土屋的唯一支柱。於是他一邊讀書，一邊批點小糖果、小餅乾到學校兜售，非常辛苦地照顧著弟弟和妹妹。後來小弟被繼父那邊的親戚領養走了，剩下唯一的親人妹妹，安迪雷依然繼續守著土屋，因為他的妹妹不一般，天生患有精神疾病。

妹妹因病無法控制自己，總愛往外亂跑，也因此經常不小心被惡人欺負，無辜懷上了孩子，孩子又無辜地夭折。安迪雷這個一家之主，一介身影總是在屋前窄窄的土坡上獨自洗衣服、獨自生火煮飯。

二〇一二年的時候，安迪雷因「新芽助學專案」加入了慈濟，慈濟幫了他幾年，不擅讀書的他，成績雖然不出色，卻愈來愈認真地投入志工活動。大專輟學後的他幾乎天天向本土阿嬤自動報到，跟在其他人後面幫忙微不足道的瑣碎工作，或是默默窩在人群中靜靜地撰寫訪視報告，這才令我漸漸注意到報告裏字跡工整、又特別細膩的紀錄，原來出自印象中總是穿著整齊制服、坐姿端端正正、埋頭筆書的那位年輕人。

一個出身坎坷的孤兒，又扛著沈重的家庭負擔獨自長大，竟造就安迪雷成為志工團隊中最靜默、最沈穩的一位青年，也是我們在大把苦難群中，好不容易發掘到的寶藏男孩。於是安迪雷漸漸被培養成為本土青年幹部，也在二〇一六年正式加入國際志工團隊。這一年五月，我們推薦他與另外兩位本土青年前往臺灣，短期跟隨精舍師父學習清淨、踏實的奉獻精神，磨練更加堅毅的使命感。

但誰也想不到，就在預定飛往臺灣的前一週，安迪雷的家就因大雨倒了一次。那一回我們看到安迪雷拿著塑膠布把破土牆擋了，也用塑膠袋把屋頂和牆面的漏洞補了，他甘願暫時放下小我，專注前往臺灣學習。沈穩的他知道，一定要好好把握提升自己生命價值的殊勝契機。

之後，我們援助安迪雷的家重新修補成為半間土屋、半間鐵皮屋。幾個貧民窟裏總是一起做慈濟的青年夥伴們，幫著安迪雷敲敲打打地把他的家重新蓋了回來。

更沒想到，事隔一年，又遇到了這個鬼魅似的超級風暴，讓土屋再度被豪大雨洗禮，還是承受不了，另半邊的土牆慘烈地被刷成了平地。當天正在高速公路上進退不得的安迪雷，收到患有精神疾病的妹妹哭著嚎叫「屋子又要倒了」，但妹妹完全沒有能力處理，只是歇斯底里地驚狂，然後逃到附近的阿姨家中避難。安迪雷正深陷暴風雨及混亂車陣中，即使再擔心，也沒有辦法趕回家中解決問題，只能在風雨中愈加冷靜地抓住手中的方向盤。

直到隔天，消聲匿跡的風暴彷彿不曾來過，清澈的藍天與平靜的陽光對映著滿是災情的德本。安迪雷終於趕回自己家中，他用手扶著已經沒有牆的木門框，面無表情地看著原本是自己臥室的空間已赤裸裸地暴露在陽光下。他必須想辦法補救，於是在幾位平時一起參與志工活動的夥伴幫忙下，一起把能撿的鐵皮、木條、家當通通撿了回來，又是一陣敲敲打打地把牆上的大洞用鐵皮「關了起來」。

安迪雷把妹妹暫時託付在附近的阿姨家。隔兩天就回到志工團隊裏幫忙開車，依然默默地在志工群中撰寫著訪視紀錄，做著自己該做的服務，隔一週後他按著既定行程出門遠行，參與史瓦帝尼的跨國關懷任務。

其實那段期間，許多人多次關心詢問，但安迪雷仍心意篤定，不願因個人的一時障礙，影響到整個大團隊的重要使命。

至今每當我看到這個大男孩沈穩的身影，心中都還是覺得酸楚。但苦難真的是生命裏最無價的禮物，也因經歷過重重考驗後，寶藏男孩已不只是寶藏男孩，直到現在，安迪雷早已讓自己淬煉成能獨當一面的跨國領眾幹部，甚至在後續幾年拓展馬拉威、尚比亞等新志業國度，安迪雷都扮演著極重要，且能撐起跨國團隊披荊斬棘、克服萬難的強力支柱。

摧殘過後

狂風暴雨撒完了野、鬧夠了本，只管走人，沒在管事。而那胡亂翻騰過的破壞力，在晴空萬里的隔日，一項一項漸漸為人揭露。

德本港翻了的貨櫃與混亂的船隻攪成一團。道路積水太深依然無處可退，拋錨的車四處橫放。交通秩序來不及恢復，路面又崩塌更多水坑凹洞。火車站地基被掏空，鐵軌的石頭也沖沒了。圍牆倒、路樹斷、民宅塌、橋墩壞，繁華又熙攘的德本大城，不曾如此混亂過。

也不知道該說幸或不幸，這一波受災最重的地區，主要沿著海岸線延伸至德本南邊內陸，那正是我們志工關懷點最普遍的區域。也可以說，這場暴風雨根本是來驗收多年來德本本土社區耕耘是否扎實的大試煉。因為除了已經被公眾平臺報導出來的災情，更多更深的受創點，是在貧困到不為人知的所在。

志工們在正式急難會議召集前，其實已經開始動員勘災了，我們的志工本就是在地湧出的本地人，他們就住在那從來沒有和貧、苦分離過的土地上。大家隔天就跑到自家門外的左鄰右舍探視，哪一家的屋裏進了泥巴，他們去鏟；哪一戶的屋頂掀跑了，他們去撿；哪一位老人家受到了驚嚇，他們前去安慰。

災後第四天，也是災後的第一個週末，正式的急難關懷會議召開，我召集重要幹部，整體了解各個區域受暴風雨影響的狀況，也立刻編制各區幹部的勘查隊伍，一組組分頭行動。陸陸續續整合了十九個貧困社區，共四百九十二戶的急難救助名單，動員區域涵蓋德本市區周邊、德本南方內陸、西面郊區等不為人知的苦難暗角。

倘若不是因為那裏早已帶動出慈濟志工，有愛的根基，大概也不會有人去注意到那些最邊緣的貧苦。那段時間的動員與調度，光以最粗劣的方式估算，關懷里程大概就有一千三百公里之多，志工們繞著大德本區四方轉，自我要求必須做到將最實際的愛，送到最適切的人家門前。

不僅勘災階段，社區志工們得親身先走一遍，發放階段，還要帶著關懷團隊再親身走一遍。有的地區根本是偏郊中的偏郊、山谷中的山谷、叢林中的叢林，許多原本人可以走的土路，都被倒下的大樹和狼藉屋瓦碎片阻斷，或被大水沖沒了，倘若沒有當地人帶路，外來者根本難以知曉裏面還有人住在那邊。

本土志工們手抱著保暖的毛毯，肩扛著沈重的愛心米，一步一腳印地走。他們的腳，一雙雙都是讓人感動的腳，踩著急流尚未消退的小溪，抓住樹枝或攀著樹上的繩索借力使力還過溪谷，也在斜度陡峭的窄坡上，三、五人一手拉緊一手，以蹲馬步的姿態，斜著身體一步一步往山谷下走。

年紀較長的阿嬤級志工，拿著自己的第三隻腳——枴杖，在落差近一米高的斷層坡探路，左右找尋合適的著力點，再找不著，就直接一屁股蹲地，小心翼翼地以身體重力滑下斷層坡。大家終於跨過了阻攔、繞出了樹林，找到山谷後方的天地，不見一片世外桃源，而是一戶又一戶破損殘缺的家庭。

有的搭在河床區的貧民違建，被沖落了水，爛成一堆碎片躺在河床上。斜坡邊的房子，底下的土地化為泥石流掏空了，半間屋子懸在空中；巨樹倒下直接插破屋頂的，磚牆不堪風力直接整面剝離碎裂的；剩下三面牆的家、剩下兩面牆的家、根本沒了牆的家，志工們在各式各樣災後不堪的家中找到正在收拾殘局的居民，以最真摯的愛，告訴他們：「別怕！別擔心！我們過來看你了！」

這種地毯式搜索的做法，是不容易的，有時光要圓滿一區的關懷發放，就得走上一整天。如此一頭鑽入苦難的關懷模式往往又因為著力太局部、範圍太分散，總比不上轟轟烈烈的大發放還容易彰顯能見度，然而我們這一群只有傻勁的志工，還是獨愛徒手摸索寸寸土地的方法來付出，因為除此之外，我們找不到任何其他辦法會比這樣更踏實。

表象的摧毀與裂縫，其實都會隨時間漸漸填補。但透過如此緩步卻貼近的關懷，人與人之間內在的驚恐與創痛，反而更實實切切地被愛加速療癒過了。

人們需要一股力量相伴，好拾起勇氣繼續向前走。就像在那被大水切割碎裂的土地上，慈濟車至今還是不斷來回駛過，志工們的腳步還是不斷反覆將爛泥路踏到平坦為止。我想我該有更多信心繼續陪著志工們在未知中探索，就像我也還一直不斷地在追問著，那一片阻擋方向的屏障超越之後，是否就會發現整片的心靈桃花源了？

雨

也算是老天爺眷顧吧，暴風雨後好長的一段時間，在沒有重大急難事件下，志工們繼續按照本該前行的步伐，不斷拓展與鞏固各個本土社區的關懷會務。幹部團隊依然帶著投影機、電腦、愛心米，一區一區穿梭於貧苦之間，就地招募新志工，強化幹部培養，不斷創造更多愛的契機，也期許多一個人心淨化的轉變，就能多一點預防，讓苦難不再發生。

然而二〇一九年四月的某個國定假日，老天爺又悄悄地送來一頂灰色大天蓋，靜靜的、綿綿密密的雨，下了一天又一夜。雨沒間斷、不強也不弱；沒有大風，就只是雨，但竟然到了隔天的上班日，路樹倒了、水溢滿了，德本市的交通又亂套了，一件一件的災情又在各個公眾平臺上散播開來。

雨真的下得太久了，二十多個小時累計，溪水大漲，土地含水量超載了，山坡土石承受不了重力，就崩下來了。網路上不斷轉傳的一個視頻，有一些剛好蓋在順勢坡的高級住宅，在眾人的驚呼聲中，隨著軟軟的泥流，一瀉而下。沒有想到慢性塑成的自然力量，竟不輸暴風雨，一樣擁有強大的摧毀性。

本土志工們又啟動關懷了。好在多數地區的志工回報，地方上大都平安，只是部分人的屋中進了水，動員一下，清一清，也就沒影響了。唯有兩個地區的本土志工回報災情比較嚴重。兩週之後，我親身參與這兩個社區的災後勘查。

慈濟車載著一群人，進入了受災地區。志工們指著對面的山，告訴我那兒就是受災較嚴重的點。我順著手勢方向看去，密密麻麻貧民違建的山壁上頭，一塊赤裸裸、光禿禿，像被剃了頭的土坡，那樣顯眼。

我們終於繞到那片山谷的入口，才走過了一個彎，右手邊見到走山的山谷坡頂。原本出入的土徑被截斷，居民用石塊、木板搭了臨時的克難便道。一列志工隊伍，戰戰兢兢地走在便道上，往上看是一兩戶懸在半壁中的人家，往下看是深切直下的幽谷，V字型的地勢中央，散亂著沙發、日用品等廢棄物，門、窗、磚牆等碎片也都墜入人力撿拾不到的低處。

志工們說，坡頂原本有兩塊大石頭，石頭的上方有住家、下方也有住家。整夜的大雨，竟然讓多年牢固嵌在山壁的大石頭承受不住，夜裏「轟」的一聲順著泥水掉落，砸下山坡，正好砸到一戶住家，屋子砸爛了，裏面十一歲的小男孩也一起隨屋被水沖走了。

我事先並不知道，原來這裏正是幾天前媒體火力報導的受災區之一。親臨現場，再聽志工敘述，好不觸目驚心。

社區的居民們紛紛聚來，包括小男孩的父親也來了，大家一嘴一嘴地說，兩天前孩子的屍體在山谷下挖到了。那位父親佇立在我們面前，靜靜地望著山谷下的各種碎片，他的眼睛好像看著一片黑洞，好空、好空。

由於這個地方鬧出了人命，媒體密集關注，所以幾天前德本市長和不同政黨人士都跑來關懷。他們和我們一樣都在這個山谷的入口處駐足，不過他們帶來大量的物資，拍了照，然後就走了。男孩的父親暫住在親戚家中，塞滿了好多捐贈物資，他也帶我們去看了。

繼續請當地志工帶我們往山谷內走，熟悉每一家、每一戶的志工，引導我們到山谷下更多零星受災的家庭，我們就這樣一戶一戶地與他們問候及互動。由於已是災後兩週，我們反而有機會更清楚地看到當地人自我復原的能力，其實比想像中強大很多。

一戶鐵皮屋被上方土石崩塌砸毀，那戶的年輕男士，早已自行將毀損部分拆除乾淨，一些還可用的建材，就堆放在隔壁母親的家中，準備重建。一家位在斜坡上方的住戶，原本家與斜坡還有一段距離，但大雨過後，土坡坍了一大塊，房子變成處於懸崖邊上，他們正在拆除前半部的房子，往後方的土地自行改建。

我們就這樣一路走，一路陪著那些受驚的家庭聊天，沿途跟隨而來的居民竟然愈來愈多，我們又聽到更多真正的聲音……

「那些官員、那些議員，把物資帶來，放在山谷入口就走了。」

「物資在上面就被全部拿光了，社區的人都在相互嫉妒，沒有人願意相互幫助。」

「只有你們是真正走下來看我們、問候我們的人……」

面對一個又一個的抱怨，志工們立刻發揮平時所學，引導居民調伏情緒，轉化心念。

「慈濟來了，就是要讓大家不再嫉妒、比較，學會凝聚彼此的力量，人人互助關懷，讓災難漸漸遠離。」

居民都張大了眼，聽著志工們分享，平常在社區裏如何運用團結的力量帶動愛心，只要大家一起來，愛就會愈來愈大。這讓原本一直在吐苦水的居民，迫不及待地再追問：「我可不可以也成為像你們一樣去幫助人的人？」然後我們沿途繼續走著、講著，登記志工的名單愈寫愈多，最後差不多也湊成了一支志工團隊，願意一起來成立社區供食點，親幫親、鄰幫鄰，繼續關懷這片山谷內大大小小受災的家庭。

最讓我莫名其妙的是，那一天我和志工們完全是兩手空空地來，沒有攜帶任何物資。但勘查到最後，不但受到居民們的肯定與跟隨，人還愈聚愈多。大家一直送我們回到了山谷的入口處。在我們離開之前，還不斷依依不捨地向我們道感謝。可是我們明明什麼東西都沒帶、什麼也沒給啊！

真正的需要

在這幾年的「那些風、那些雨」後攢下的見聞，讓我更常謹慎地問自己，窮苦人們「真正的需要」到底是什麼？

而我是不是常常不小心用自己不夠深遠的角度，遺漏掉了人們本有的能力與心性，也就不小心誤導了他們去找到自己真正該關注的需求？

不論是自己的家倒了，仍一念使命向前的安迪雷、見到苦難就奮不顧身衝去關懷社區的貧困志工們，或是那群一路包圍著兩手空空卻滿懷真誠的我們的災區民眾，原來他們的外在條件與內在本質是如此相似——他們都窮，他們也都有無限愛的潛力。而正是因為這些人、這些故事，總讓我覺得心頭滾滾的一片赤誠，和他們可被發掘的樸質本性，都有方法更加貼近。

直到最近，我漸漸領悟到在非洲參與慈善關懷工作，無論何種事件、何種因緣，又用了何種形式投入苦難、走入當地人的生活，其實都已經像是拿起一顆石頭，丟入一塘苦難的池水當中，必將作用起漣漪。只是這一圈圈泛起的漣漪，所能創造出的價值與效應，最後又要達到何種面向？

這一篇的收尾，我只能留下充滿思考空間的問句。但我自己知道，身邊一直有股無形的力量，溫柔地領著我繼續探討下去。

輯二

勇闖「零」國度，史瓦帝尼

沒有人知道，這條路會走得多辛苦？要走多久？
又有多遠？但人人信念一致——闖出去就對了。

一切從「零」開始，邊走、邊找、邊問。正因為「什麼都沒有」，才能「什麼都有」——路邊喝酒的男人、盛裝打扮準備上教堂的女士，都被他們全力以赴、釋出無盡的善意所牽引，停下原本滿懷疑問的腳步，聽聽這群「老幹部」的分享……

一切從零開始

史瓦帝尼，原名史瓦濟蘭，二〇一八年四月官方宣布，將國名由 The Kingdom of Swaziland 改為 The Kingdom of Eswatini。

淚水

二〇一二年二月一日在花蓮靜思精舍，當證嚴上人囑託了重任，當下卻想起高齡八十八歲的母親，已在加護病房兩個多月，在最尊敬的上人面前，大愛與小愛之間難以抉擇而有託辭。上人說道：「非洲是世界最苦難的地方，師父每次想到那裏那麼多可憐的無助眾生，卻沒辦法做什麼，心裏『足毋甘（很不捨）！』」剎那間感受到上人的大悲心，又反照出自己的渺小。

二月中，準備回南非前，母親還病得很重，很捨不得離開她。要離開的那天，在醫院拜別仍在昏迷狀態中的母親，心好痛。想起上人的開示，默默告訴自己該捨還是要捨，一個最「鐵齒」之徒，當下心中呼喊著——祈求菩薩成全，請讓兒子折壽十年換取母親的康復。

然後，搭上國光號往機場的一路上，無法控制自己的淚水……

這是一段如實的文字，當年的潘明水敘述了他的掙扎，還有那許多獨自吞忍的淚水，點點滴滴都化作跨國志業路上無法抹滅的轉捩點。

二〇一二年三月二十五日

二〇一二年，是個變化年。那年的三月二十五日，有一群人率先轉身，勇敢地闖了出去，讓南非跨國關懷邁開大步，第一個腳印就落在史瓦帝尼曼齊尼市的新村（New Village）。

南非慈濟幾位本土老幹部們，跟著潘明水一起闖，如同早年在夸祖魯納塔爾省一樣，當時沒有人知道這條路會走得多辛苦？要走多久？又有多遠？如今一晃快二十年了，還栽入另一條得來回跨越國境的路。

該怎麼闖？好像很清楚，也好像很模糊。但每個人都不再疑惑一件事——願是用來「行」的，闖出去就對了。

一切自有因緣，牽引大家來到新村這位在工業區周邊、人口密集的貧困本土社區。坑坑疤疤的土路，車輛不好駛入，這群由南非來的志工們索性徒步直入，陌生的面孔加上整齊的制服，引起周圍的注意。老幹部們目光如搜尋雷達，有機會抓住一個眼神，就箭步上前問候並分享慈濟見聞，直到對方漸漸放下心防，留下姓名與電話，自願加入志工行列。

當年在史瓦帝尼一個本地志工都沒有，一切從「零」開始，邊走、邊找、邊問，人人全力以赴，釋出一個來自鄰近國家、代表臺灣的慈善組織的無盡善意。正因為「什麼都沒有」，才可以「什麼都有」，路邊喝酒的男人、盛裝打扮準備上教堂的女士都被網羅駐足，聽著老幹部們分享，種下未來可能的善種子，或者直接成為社區志工。

繼續沿路問、沿路找，一兩位甫加入社區志工的新村村民也幫忙引路，只要發現需要關懷的家庭，大家立刻去拜訪。兩手空空的什麼物資也沒帶，於是往天空一畫、往心頭一比，說道「我們帶來滿滿的愛心」。

這分無形卻滿溢虛空的愛，志工們透過雙手，為中風多年的蘇菲老奶奶擦澡、洗臉、按摩與祈禱，更透過眼神細膩地穿透，感染了老奶奶的心，令老奶奶感動得哭了。她說這是有生以來頭一次受到這麼多「天使」的愛與眷顧，臉龐上盡是因滿足而湧出的淚水。

第一步腳印，就這樣土裏土氣、赤手空拳地開始了。

老奶奶與坦爹卡

沿著滿地垃圾的小路，志工們找到罹患糖尿病、中風、臥床三年的七十歲老奶奶坦碧塔．希多蕾（Thabitha Sithole），床邊的地上，還躺著二十六歲的孫女坦爹卡．希多蕾（Thandeka Sithole）。

中風老奶奶所睡的床墊早已不堪使用，不但破了個大洞，內裏的彈簧都外露出來，只好塞入許多毛巾填補。老奶奶排泄都只能在床上，那個大洞裏不知積了多久、多少的糞便，志工們用手挖出了毛巾，同時不斷掉出一坨又一坨乾掉的排泄物。

孫女坦爹卡罹患腦性痲痹，天生畸形，又患有愛滋病，身體乾瘦得皮骨相貼，像個已風乾百年的木乃伊，沒有脂肪、沒有肌肉，也沒有水分，所有骨骼、關節及骨架都清晰得可片片細數。畸形的坦爹卡，雙手彎折，雙腳X形交錯，身軀僵硬得像扁平的雕塑，唯一不同的是，她是個活生生的人，看得到、聽得到，也還有知覺。

已經不知道該如何用文字，形容當時志工們發現這對祖孫的情境。空氣中瀰漫著濃郁的苦難氣息，潮溼發霉的氣味混著屎尿臭味，五味雜陳鬱積著令人不敢透氣，而祖孫倆相依為命地生活著，究竟多長時間了？

沒有任何人能不起悲憫心，老幹部們立刻著手為老奶奶及坦爹卡擦澡，新加入的新村社區志工也主動在戶外清洗充滿屎尿的床褥和髒臭的衣服。老奶奶在大家的幫忙下，換上了乾淨的衣服，被抱上輪椅推到戶外，終於享受到許久未見的晴空，感受清新流動的大氣。

被志工們圍繞的老奶奶，臉部的每寸肌肉彷彿把一身的苦難都釋放了，笑得好美、好開懷。而坦爹卡雖然不能如正常人般表達回應，也用她僵直的身體，使勁地昂起頭來，她應該是很想說「謝謝您們」，但被禁錮在這身苦難軀殼裏的小小靈魂，只能透過喉嚨裏唯一能發出的聲音，咿咿呀呀地回應志工們對她的愛。

這個「咿咿呀呀」對志工們來說，真是最充滿「生命力」的表達啊！

那天晚上，老幹部們坐在史瓦帝尼的一片星空下，這是從南非第一個跨出慈善志業的國家，第一個星空夜語。回想著當日所見的一切，還是無法言喻的震撼。耳邊彷彿又聽到證嚴上人說的「想到非洲的苦難眾生，足毋甘……」，於是每個人在心中默默地告訴自己，這一條跨越國境、來來回回的路，再苦，也會咬著牙往前走。

噩耗

後續的月份裏，老幹部們組成的跨國團隊，密集頻繁地前往史瓦帝尼，除了把當地志工一個又一個帶動出來，每次也不忘去探視老奶奶與坦爹卡。

後來有人捐助新床墊與毛毯，當志工們來到時，老奶奶都會歡喜地在床上唱歌、舞動身體迎接，坦爹卡也沒有再睡在冷冰冰的地板上了。大家會先幫奶奶洗澡、剪指甲，接著是坦爹卡，再順手把床單、衣服都洗乾淨，然後合力將奶奶抱上輪椅，推到戶外的陽光下歌唱。此時坦爹卡也會咿咿呀呀地討注意力，因為她也想要人抱她出去，和奶奶一起晒太陽。

就這樣，祖孫倆成為老幹部們與當地志工間的情感向心，老奶奶已是大家的奶奶，坦爹卡也是大家的小孫女。戶外大樹下，這對祖孫是大家共同的聚焦與喜悅。

但就在二〇一二年七月第四次跨國關懷時，團隊們與當地志工再回到老奶奶與坦爹卡的家，卻找不到在床上微笑舞蹈的老奶奶，也聽不到坦爹卡咿咿呀呀的呼喚，只有靜悄悄的四壁空盪盪……

無常發生得太倉促，坦爹卡兩週前往生了，家人原本以為她只是生病昏睡，兩天後才驚覺她早已無氣息。而老奶奶一直不願意相信坦爹卡已不在人世，吵著要找孫女，自己的病也愈見惡化，家人只好將奶奶移居到其他親戚家中照顧。志工們忍著心中的悲傷，以尊重及祝福的心，將坦爹卡生前的衣物清洗乾淨；依照當地傳統習俗，往生者的衣物洗淨後要妥善收藏，一年後再分送給家人們，這是大家能為坦爹卡做的最後一件事。

老奶奶與坦爹卡，兩個都是動彈不得的人，一個在床上，一個睡地下，多年來彼此相依為命，卻很難看見彼此，只是望著相同的一片天花板。奶奶有時呼喚一聲「坦爹卡」，坦爹卡就咿咿呀呀地回應奶奶，這就是祖孫倆讓彼此知道不孤單的方式。

雖然在最後的幾個月，一群陌生人來了，帶來了很多關注與愛，但老奶奶依然無法抑制失去坦爹卡的痛，也在一個多月後，離開人間了。

後來，在耕耘史瓦帝尼志業遇到任何挑戰時，我都忍不住想起坦爹卡與奶奶。雖然我不曾見過她們，也沒有那分福報為她們擦個澡、洗件衣服，或是唱首歌，但我總是感激這對祖孫在第一個跨國志業國度，最初期一無所有的階段，現身在這一個轉捩點上，她們以身化苦做導師，用生命最後的時光，啟發了史瓦帝尼本土志工的大愛精神。

從此，在各各不同的貧困村莊、彎彎曲曲的鄉間道路、高高低低的草原地上，都有一支會自動排成兩列的志工隊伍，持續地在這片土地上，傳唱著一首又一首愛的歌聲。

身軀漂泊

想盡方法要跨越國境，抵達了，就想盡方法落腳，只要有地板、有屋頂，能裹上毛毯睡上一覺的地方，都是值得感恩的。充飽體力，隔日一起身，即能專注投入在肩負的任務上。

老幹部們曾搭過最早班的黑人巴士，凌晨三點半從自家拎著四、五天的行囊出發，再從南非德本轉搭前往邊境的小巴士，顛顛簸簸八、九個小時以上，雙腳一落史瓦帝尼的土地，就是撒播愛的種子的開始。

幾個月後，我們有了跨國專用的慈濟車，進出邊境就有了自己的方式。史瓦帝尼的警察特別多，有時被攔下了，老幹部們照樣很欣喜，因為逮到機會和警察分享，總之，只要可以對話的對象，都是傳遞愛心的機會。老幹部們總有一種「不說慈濟會很痛苦」的強迫症。

住宿方面，又是一段心酸漂泊史。從二〇一二年到二〇一五年，老幹部們歷經了六個不同的住宿環境，我們到處找關係商借讓跨國團隊住宿的地方，曲折的心境就不談了，只記得最克難的一種是睡在慈濟車後，最恐怖的是與蟑螂、跳蚤、蚊子同寢，躺下去都會頭皮發麻，但累了只求趕緊閉眼到天亮。

志工們還做過比較分析，史瓦帝尼的蚊子較南非的品種優良，特別大隻、特別吵鬧，嗡嗡飛整晚。沒有蚊帳的情況下，志工們白天去鄉下找一種可以防蚊的樹葉，採了好幾枝，睡覺前把樹枝樹葉繞整圈在地鋪旁邊，像在做薰香儀式一樣。

克難地安身、克難地面對外境的挑戰，一方紙板，平躺了，用毛毯覆蓋曲躬的身體，就是一眠。

史瓦帝尼志業拓展的前三年間，老幹部們一直經歷身軀上的曲折漂泊，但心理卻是有根有本、愈挫愈勇。直到後來才有另一段感人因緣，讓我們在這個國度找到屬於自己的駐守據點。

佝僂背影

因為一些原因，老幹部們在二〇一二年八月第六次跨國前，都沒能夠取得愛心米進入極貧困的本土社區做關懷。後來只好從南非德本，將愛心米以隨人同車跨國的方式帶進去。

第一次嘗試帶入六十包共六百公斤的白米。到了邊境，為了補申請糧食進口許可，史瓦帝尼志工在曼齊尼加急趕辦證件，又開了兩個多小時的車趕送到邊境補件，救援卡在關口進出不得的老幹部們。

之後的跨國，即使知道攜帶愛心米會遭遇困難，為了能夠讓愛跨境，真正幫助到需要的苦難人，每回進口許可程序被卡關三個多小時，到了曼齊尼天都黑了，但對於老幹部來說，只要能過得了關的，都不是難，而是甘願。大家甘願秉持一心無私而生的勇氣，咬著牙不斷突破困境，終於在二〇一三年有了些許轉變。

二〇一三年，史瓦帝尼志工們擁有了能夠獨立運用愛心米，深入各個貧困村莊關懷、發放的自由。老幹部們更頻繁地跨國，手把手地陪伴大家從訪視、造冊、愛灑分享到親手布施，一個步驟又一個步驟，扎扎實實將愛送入暗角，創造觸動整個社區的信心與感動。

往往一大早出門，自己將愛心米一包一包搬上慈濟車，到了關懷的地區，又一包一包卸下，再回頭載第二趟發放用的愛心米，一日復一日、一站又一站地接力下去。

她們都是六十多、七十好幾的祖魯族媽媽、阿嬤們，白天賣力搬米、關懷、分享，晚上趕寫工作報告、整理發放名單。而我從來沒有在他們帶回來的文字報告中，讀到任何一句辛苦的怨言。反而有一回，我在整理他們拍回來的照片、影片時，看到一幕黑夜中、一盞燈光下，老幹部們駝著老態與疲憊的背，緩緩一步拖著一步，正要走回休息住處，那一刻，我摀著臉，哭了。

他們愈不曾說累，我愈是心疼不已，大把大把地淚流。也因此，我暗暗向自己發了誓願，從今往後整理志工們帶回來的跨國資料，即使再瑣碎、費時，我絕不怠慢一絲一毫。

老幹部們總會叮嚀新投入的志工們，這一包包、一粒粒的白米，不是白米，而是一顆顆愛的種子，我們要把愛帶入社區，灑播入每個人的心。他們用身驅傳遞信念、用全心力不懈地啟發每一顆心靈。因此於我而言，那夜裏昏暗燈光下疲憊步伐的佝僂背影，是一種偉大。

（註：二〇一三年七月至九月，史瓦帝尼初展開深入貧困社區的冬令發放，老幹部們與史瓦帝尼志工持續奔走，共發放六千包來自臺灣的愛心白米，用愛深入三十三個貧困村莊。）

許一個下地獄的約定

老幹部們身軀漂泊，餓著肚子長途趕路，四處為據點將愛扎出了根；翻過那一座又一座的山丘，帶著志工們踏上絆腳的粗石路，站在同一棵大樹下相互勉勵，行於同一片的烈日揮灑汗水，頂著同一股寒風埋頭向前。

那是一個國度草創時期，最苦也最甘美的時光。如果少了這一段苦行滋味，絕對堆砌不出一個志業，由拓荒期走入下一階段的奇蹟。

感動層面漸漸愈傳愈廣，一個背景及宗教思想全然不同的組織團體，憑藉因愛而生的包容力和實踐力，把當地人一個又一個吸引進來，史瓦帝尼漸漸聚集了好幾位草創時期非常重要的志工幹部，後來都正式成為慈濟委員。

齊努木希（Gcinumuzi Mbingo），就是助力美好奇蹟發生的其中一人。

齊努木希的父親是布道會老師，給予齊努木希虔誠的基督思想，使他後來也成為一位教會牧師。二〇一三年，本土志工蘿思（Rose Magagula）邀請齊努木希參與志工活動，這令信仰虔誠的齊努木希發覺到入世實踐的宗教態度；他突破傳統，將信徒的貢獻金轉為社區孤兒供食的基金，邀信徒成為志工一起關懷病苦之人，轉換了奉獻愛的模式與思維後，於自己，齊努木希開拓了另一層生命視角；於外部，又擴大了不同的感動層面。

曼齊尼的姆西拉內村（Mhlane）酋長邦加尼（Bongane Mbingo）與齊努木希是擁有王室背景的同宗成員，二〇一四年由於齊努木希的牽引，酋長認識了這個來自不同國度、不同宗教思想的團體，知道志工們艱辛地在史瓦帝尼耕耘愛心志業，不僅真正深入到苦難的暗角，同時創造許多生命轉變的契機。

酋長不忍再讓這樣好的組織團體、這樣一群好人漂泊不定，決定將一塊屬於王室的土地捐贈給慈濟，作為跨國團隊往後安住及志工們集會的據點。這塊土地的出現，大大幫助慈濟在史瓦帝尼發展的明確性，有了新的突破。當然，過程中又經過四方匯聚的愛與堅持，兩年後終於造就了實相建物從地湧現。

二〇一六年十一月十六日，「史瓦帝尼社區中心」在這塊土地上建成。啟用典禮上，身分尊貴的酋長捨棄穿著象徵傳統權威的獸皮袍服與會，反而一襲樸素，只為推崇這是一座代表平等、大愛的建物，也維護志工們尊重生命、不殺生的團體戒律。

酋長的謙卑更突顯其令人尊敬的人格，讓所有人都為參與當日盛會與有榮焉。酋長也在眾人面前，分享了一段在內心隱藏了兩年多、令人震驚又感動的幕後故事。

原來決定捐贈土地後，酋長受到了很大的阻力，有人批判他將王室的土地捐贈給外人，尤其還是一個國外的團體，甚至有人詛咒酋長會下地獄，但他仍願意相信捐地給慈濟是最正確的決定。當時身為牧師的齊努木希也堅定地告訴酋長：「如果捐地給慈濟會因此下地獄，那麼我也陪你一起下地獄吧！」

一位高高在上的酋長、一位受人尊敬的牧師，面對旁人的不解，勇敢地互許一起下地獄的約定，讓那些批評的人們都不敢置信地閉上了詆毀的嘴。

如果人心能夠因為更多人的努力而達到淨化的目標，人間苦難消弭後因此而成為了天堂，我想，即使有一天酋長與牧師手牽著手一同下了地獄，他們將會看見他們所信仰的真主在地獄的門口等著他們，然後直接賦予他們下一個更偉大的使命——繼續用愛轉變人心的地獄吧！

從地湧出

二〇一四年八月，跨國幹部與史瓦帝尼志工們，來到未來的社區中心土地前，空曠的綠草原連接著藍天一片。佇立足下的，是一種踏實；仰望眼前的，是一片希望。

在這從無到有的過程中，志工在臺灣、南非、史瓦帝尼三國之間來回奔走，促成營建前期籌備。感動了兩對善心的夫妻，賣了多年勤儉經營的農場土地及平時攢下的積蓄，支持營建費用。還有三位華人、三位本土幹部組成的營建團隊，無所求地自願前往史瓦帝尼，負責將工程完成。

二〇一六年十月八日，三位華人志工買了幾樣水果，有模有樣地排在小圓桌上，這支有黃有黑的營建團隊，按照臺灣習俗，恭恭敬敬地朝著同一方向排排站，虔誠地上香，舉辦了簡單隆重的「動土典禮」。慎重的心，不是為了迷信，而是人類對於地球母親身上每一寸土地的改造，都該如此謙卑與感恩。

那一年、那一時的季節，史瓦帝尼艱困的旱象已緩和，雨水也增多了，所以營建團隊與志工們經常得在雨中、泥濘中把握進度趕工。雙腳踩在剛灌漿的水泥地中工作，屢溼屢乾的鞋子穿到開口笑；被粗重工作磨破手套，雙手浮腫又晒傷成兩截顏色，每個人還是甘之如飴地趕工、趕工、再趕工。

十一月一日，專門為社區中心訂製的屋頂木梁運達，每支高達三米多的三角梁架十分沈重，需要六、七個人協力扛起上梁。氣候的不穩定，讓鋪設屋頂或在梁脊頂端施工都充滿危險，一切靠人工，那是最艱難的工程階段。

直到啟用典禮前，大家還在不斷粉刷、整理，跨國來的、史瓦帝尼的志工們通通都來支援幫忙。直到日落將至，社區中心前方的慈濟標誌及字體噴漆才完成，天黑前掛上了紅色布條，準備好隔日正式啟用。

十一月十九日，跨國團隊、史瓦帝尼志工們，和所有關心的人們都參與了這一場典禮，雖然不是轟轟烈烈，但簡單而虔誠的儀式中，更注重的是所有志工們的「心」。

史瓦帝尼的牧師志工班（Ben）畫了一張圖，是兩隻狼的故事：

史瓦帝尼人曾經像是綁在同一條繩索的兩隻狼，彼此之間總是往不同方向拉扯。慈濟來了後，把兩隻狼拉在一起，好好地坐下來思考方向，讓狼與狼之間學會了互助、互愛。

正是這樣的譬喻，點出了二〇一二年起，有了「方向」後的史瓦帝尼在無華人志工陪伴的因緣下，由本土志工們獨力克服種種挑戰，為自己闢出一條志業道路。種種因緣開啟，於全國六十多個貧困社區接引志工就地生根，照顧居家重症病患，自力更生成立社區供食點，關懷愛滋、貧病孤兒。

那一天，從地湧出的「史瓦帝尼社區中心」，熱熱鬧鬧地在眾人的祝福下拉下紅布，揭幕啟用了。回想當時在幕後協助的過程，還是記憶深刻眾人辛苦打拚過後的振奮喜悅，並且直到現在，我依然覺得那時從地湧出的不是座建築物，而是過程中每個人的「心」，能夠永續一國志業所冀的，永遠還是在「心」。

荊棘路上向前行

史瓦帝尼這個國家雖然不大，但慈濟志工們的願景卻很大。「讓史瓦帝尼亮起來」，志工們每次說起這句話，眼睛也亮了起來。

二〇一九年五月二十四日，跟著志工們從曼齊尼（Manzini）市集集合、上車，目的地是一百五十公里外的拉武米薩（Lavumisa）。出發前志工們同聲說：「我們先祈禱吧！」人人默契地專注閉目，有的低頭合十、有的高舉雙手，喃喃地用他們的母語念著禱文。

禱文中有上帝、有證嚴上人、有所有的志工、有苦難眾生，也有他們心中將會「亮起來」的史瓦帝尼與非洲。我無法全然聽懂每個字句，卻被一車子人純淨的心感動。

從一出發，就要很「虔誠」。

拉武米薩位在史瓦帝尼邊境，隔著戈萊拉（Golela）關卡與南非夸祖魯納塔爾省（KwaZulu-Natal）相連，這也是德本國際志工團隊跨國關懷必經之處。正因為跨國幹部們頻繁進出，逢人不斷分享，二〇一五年拉武米薩也帶出了志工。

難就難在，拉武米薩太遠、太旱、太一望無際的窮；可貴也可貴在，又窮又旱之地，幾年來志工人數持續成長。

最令人不能忘記的是，二〇一六年史瓦帝尼全國大旱，偏郊貧困地區皆拉起缺糧危機警報，牛羊牲畜也因為找不到水、草，旱死在公路旁。動物難，人也難，病苦老弱者更難。

苦上加苦之際，拉武米薩志工們走到了乾涸龜裂的河道上，向蒼天懺悔祈禱，求老天降雨來解救這塊土地上的眾生吧！

即使被逼迫到一無所有，志工們還是沒有失去「虔誠」。

從史瓦帝尼舊都曼齊尼到拉武米薩，開車要兩個小時。一路上我的耳朵旁沒有安靜過，志工們在車上唱著：「上人請派我們追隨您做慈濟。」又唱：「我們要無悔地攀越叢林、跨越溝壑，緊隨上人的腳步。」

坐在前排的我，轉頭看著後座的志工們，立刻有人興奮地補充說明：「是的，我們都已經準備好要攀越叢林、跨越溝壑，多遠都不怕！」

唱到激動之處，還有志工站了起來，在高度與空間有限的車廂中彎著頭、扭著背，身體隨著歌聲擺動。小小車廂，限制不了大夥兒跨區做慈濟的雀躍與滿心抱負。

再換一首歌，唱著：「我們不怕任何艱辛挑戰，也要發願承擔慈濟使命。」就這樣，耳邊不斷重播、連播著志工們的歌聲，一個多小時……

大夥兒不累，我也很開心，因為他們，賦予了我繼續向前的動力。一路上，我們沒有雜念地往目標前行。

兩個小時後，車子終於抵達了拉武米薩，我一直嚮往著親自與志工們同來的地方。

下了車，我們徒步訪視，哎呀！真是太偏僻了，一戶人家到下一戶人家的距離，怎麼都那麼遠？

土地太乾，放眼所及幾乎沒有樹，只有仙人掌、蘆薈，和各種帶刺的荊棘植物在腳邊。還好穿了長褲長袖，否則不知得被這些帶刺植物把我的細皮嫩肉扎了多少洞。

這裏的地質都是堅硬帶稜角的岩石地，走過不僅有腳底按摩的痛感，一不留意還可能被陰險的石塊絆倒。

聽志工們說夏季時更難走，旱石地如發熱板，踩在上面又燙又痛。

當區志工幹部朴吉兒(Phumzile)，講話快，腳步更快，「大家，跟上我來！」衝衝衝地就快要看不見人影了，我拿著攝影機捕捉鏡頭，半跑半跨步也追不上她，只得大喊：「走太快了！」

志工們都笑我。

然而，我由內心敬佩著，這就是他們每天不斷往前走的路啊！

由於周圍環境都是岩石，這裏的許多房屋就用土、石和木頭搭建而成。多數的人沒有工作，土地也難以耕種，因為根本沒有水能灌溉。所以只能用「一把窮」來形容——隨便抓一把，都很苦、很窮。

有一戶三代同堂的家庭，老奶奶、媽媽、孫女。老奶奶九十歲，患有結核病和氣喘，躺在屋內地鋪上，伸出如乾柴的手握住志工，像是握住了愛，感激志工們來看她。孫女十六歲，輟學在家，全身皮膚病變，衣服掀開來看真有點嚇人。媽媽在屋外燒柴煮食物，黑黑的鍋內，只有白白的玉米粉糊。

又走了很遠一段路，志工們指著某一戶說，「這個家庭很窮，我們去看看他們。」一位老奶奶、三個年輕男女、兩個小孩，坐在一間樹枝屋前。屋旁有一塊小小的、勉強長出一點植物的菜圃，一旁擺放傳統的草蓆編織工具，還有一個用來裝工具、已經破爛髒汙的「LOVE FROM TAIWAN」米袋，是前一年志工們來發放的臺灣愛心米，米吃完了，袋子還捨不得丟掉。

於是，我明白了，這裏的人活得艱難，但志工們的愛心一直都在。

訪視過程中，我不斷追問著志工，政府有沒有設置公共水龍頭？水在哪裏？人們到底怎麼過活？

「我帶你去看」，志工們爽快地說，俐落的腳步又再往前衝。我不能跟丟，一股好奇心要親眼找到答案。

這段路非常神祕，走在山坡地上，巨石夾道，路徑狹窄，僅容一人通行。走了約十分鐘，原本沿路唱著歌的志工們被要求「安靜」，因為「水源之地」到了。

一行人翻過石塊堆砌的牆，經過一處平臺，幾位婦女站在幫浦旁汲水、洗衣。志工鄭重地說，水就在下面。我們彷彿被帶到一個「聖潔之地」，不敢嬉鬧、不敢輕佻、不敢亂說話。

又穿過一條幽徑，眼前所見真讓人驚奇，一個被巨岩山壁環繞的天井，一池沁涼碧綠的湖水。山壁陡峭，拔高挺立守護著靜靜的湖水。感恩老天爺在這塊旱苦地上，還是留下了祂的悲憫心。

那一戶戶土屋、石屋、樹屋與或窮或病的人們；

那一條條絆腳又燙腳的岩石道路；

那一叢叢扎人、刺人的荊棘樹；

那一首首整路不願間斷的歌聲；

那一位位在旱地裏、荊棘路上快步前行的志工們；

還有，那一池在絕處中還能給人們希望的池水。

「堅韌」，應該是這一趟關懷行的總結語，而且我們還要持續「虔誠地堅韌」，讓「愛」成為苦旱地裏永不枯竭的一方綠洲。

後記

九十歲的老奶奶，在隔月往生了，家人很感恩志工們所送上的真誠的愛。

患有皮膚病的孫女，在志工的幫助下到大診所就醫，情況改善了。

我一直在等待

「誰能幫我倒杯水？」

「請幫我倒杯水吧！」

門戶未掩的土屋內，傳來微弱的請求，不知究竟呼喚了多久，屋外玩耍路過的孩子們，嬉鬧中察覺到細如微絲的人聲從土屋內傳來，好奇的孩子推開了門，一股腐敗的氣息散出，昏暗的空間內擺放各種雜物工具，窗邊地板上有一雙渴望的眼睛。

「幫我倒杯水吧，孩子！我……好渴！」

髒亂的工具間內，地板上鋪了幾塊石磚及一層海綿軟墊，七十四歲、中風五年的層亞娜阿嬤（Zanyana）就這樣被子女「放死」，不是放生。

阿嬤的下半身毫無知覺，體態過胖的她，長期癱在薄薄的海綿墊上，軟墊已被壓到變形，凹凸不平的磚塊，硬邦邦地壓迫阿嬤的身軀，無力翻身的阿嬤，背部、下半身都是褥瘡。

小女兒每天會送餐來讓阿嬤自己吃，有時食物不小心掉到下半身，阿嬤無法清理，只能任由它放著，最後變成皮膚潰爛，換成蟲子來吃。

死亡的黑影悄悄從肢體末梢入侵，足部組織壞死，引誘來老鼠啃咬，阿嬤還有一點點痛覺感知，半生不死卻又無能為力趕走齷齪的老鼠，只能任由牠，卑劣地啃咬著動彈不得的自己。

二〇一八年中，拉武米薩的志工們發現了阿嬤，感到驚訝不已，貧困的他們湊了點錢，幫阿嬤買了尿布墊和食物，幾個人自動自發地輪流看護阿嬤。但是並不容易，阿嬤大小便溺都在海綿墊上，想幫忙清理，兩、三人聯手翻身也翻不動，潰爛沾黏的傷口、僵硬的筋骨都不堪挪動，劇痛總讓阿嬤痛苦不已。志工們不忍再動作，只為自己的無能為力，陪阿嬤一起流淚。

身處醫療資源貧瘠的邊境地帶，志工們奔走地方診所求助，但根本無法將阿嬤送去診所，護理師也無能為力，志工們更心急了，到處尋求該怎麼辦？那年十一月，他們特地搭了兩個多小時的車，來到曼齊尼為阿嬤求援。

想到阿嬤年紀大了，又有多重疾病，即使能順利進出醫院，對活生生的人都是一種折騰與耗損。面對艱難的個案，力量卻是如此渺小，但志工們不願意放棄，決定「愛與關懷」是大家能做到的，亦是阿嬤現階段最需要的良藥。於是兩個地區的志工們動員起來，有人捐二手衣、床單、尿布墊，有人捐油錢，有人負責開車。十二月中，一批志工從曼齊尼出發，開車一百五十公里往返，支援拉武米薩志工們，跨區送愛給阿嬤。

大家齊心協力幫阿嬤整理房屋、翻身擦澡，換上了乾淨的床單、蓋上了柔軟的毛毯，一群人熱熱鬧鬧地來做阿嬤的家人，付出無血緣關係卻更親如骨肉的關懷。一位牧師志工最後帶著大家環繞著阿嬤祈禱，虔誠的共振令阿嬤沈浸其中，雙手握在胸前，閉上雙眼，淚水靜靜地流下了臉龐。祈禱中的阿嬤看起來祥和極了……

當志工要離開前，阿嬤告訴大家：「我一直在等待的，就是慈濟人的到來。」後來曼齊尼志工們在回程的途中，收到拉武米薩的志工傳來訊息——阿嬤安詳地往生了。在遠方同步收到訊息的我，瞬間也感受到了是一股包圍在阿嬤身邊的愛，讓阿嬤最終寧靜地闔上了眼。

這應該是最完美的句點，閉起眼，阿嬤已經乘著一道善良的光，再啟程了。而對於這一群不甘渺小的人兒，站在沈重的苦難面前，明白了愛不止息是唯一的方法。繼續勇敢地前行吧，就如拉武米薩志工們曾經這樣唱著：「這裏不是道路的終點，我們的終點是天堂淨土(Our way doesn't end here, it ends in heaven.)。」

大女孩菲利勒

馬爾肯斯(Malkerns)小鎮，是距離曼齊尼工商大區不遠、人口密集的一處貧民區。

那日下午，巷弄入口某戶人家響轟轟的流行電音，「動滋動滋」的。小小孩跟著大小孩四處亂竄，尋找屬於自己的樂趣，比如鐵線拗的玩具車、樹枝、石頭、破皮球，都是超級娛樂。

狗兒在遠處汪汪叫，大白天就已酒氣熏天的大人，好奇一群穿著制服的外地人，眼神飄飄然的和我們打招呼。

跟著志工繼續走，一戶一戶地探訪，找到更多躲在屋裏的老人家。他們都曾是工業區勞動的苦力工，但是年紀大了，就住在違建土屋不堪的環境下，孤苦著、病著。

隊伍前方帶頭的是腳步輕快、甜美開朗、散發正向光芒的菲利勒(Phiiii)，一位二十三歲的大女孩。馬爾肯斯區就是她的「管區」，她的家就在這種混雜的環境中。

二〇一八年一月十一日，報紙斗大地刊登著馬爾肯斯的地方議員托利維・特塞拉(Tholiwe Tsela)因病驟逝。

托利維正是菲利勒的母親，在志工團隊內是大家都很喜歡的好幹部。也正是因為她總是到處關懷、幫助他人，於是被推選為地方議員。

「這麼好的人，怎麼一病就走了？」報紙上的報導，撰寫著許多人的感嘆與唏噓……

因為母親離世，菲利勒當起一家之主，除了要照顧六個弟弟妹妹，還有一個一歲多的女兒。志工說孩子沒有父親，我們也沒有多問。

菲利勒的家是一間拼拼湊湊的破屋，前半部雖有水泥牆，後半部卻是樹枝糊泥巴的土屋，長短不齊又生鏽的鐵皮為頂，屋內沒有床、沒有一個好設備。提起母親，問到生活，菲利勒淡淡地說：「媽媽就留下這些。」

「啊？就這些！」我心裏抽著酸楚，但表情故作鎮靜。

一會兒菲利勒帶著我們轉過破屋後的一條小巷，轉角處有一座約三十公分厚的水泥平臺，砌得四方平整，八根松木為柱，撐起銀亮亮的鐵皮屋頂，約六坪大小的半露天廣場。水泥地基結實、屋頂也完善得滴水不漏，一點也不像前面的那間破土屋，破到好似一場大雨洗刷過後，就可以隨意倒了似的。

菲利勒喜孜孜地為我們介紹：「這裏就是我的『孤兒供食站』。架起鐵鍋就變成廚房，平時也是小朋友的玩耍基地。」

孤兒供食站，其實是菲利勒的母親生前為社區建造的，也建造出她自身貧苦、卻依然守護貧苦的志願。

原來托利維所留下給菲利勒的，是世間最珍貴的遺產，那叫做「無私的大愛」。也因此，在母親往生後，菲利勒勇敢承接起了社區孤兒供食站站長的責任，在馬爾肯斯延續著愛與關懷。

一位已經成為孤兒的二十三歲大女孩，守護著社區內一百多名孤兒，每週一次的溫飽。

如今在社區裏，菲利勒也帶出一批年輕人做志工，週末時陪那些生病獨居的老人家聊天，為他們按摩、洗衣、送飯、整理環境。

當然還有每個週末，生起柴火，烹調出陣陣飯菜香，引誘來正餓著肚子的孩子們，同在供食站內一起吃飯、一起玩耍……

菲利勒，你真是個好樣兒的大女孩。

我想，你的母親應該一直在天堂微笑著、看著凡間的你所延續的一切努力，她一定也會說：「孩子，媽媽以你為傲。」

和你一起走

看著電腦螢幕的 google map，距離感是二次元的白開水；但跟著志工們一起走一趟，距離感則是知覺全開，因為它有風、有熱度、有沙塵，還有汗水和著淚水的鹹滋味。

多年來坐鎮在小小四方的電腦螢幕前，指揮著志工們往東、往西、往南或往北，其實我是心虛的，只配謙卑與低頭。如果沒有這一梯一梯先行者，就沒有人物、沒有故事、沒有具體的感動，來呈現非洲土地上有過的美好。

以志工們出團的次數來對照，我大概只有百分之三的機率可以跟著他們走；七年多來，他們約一百四十次跨國遠行，而我只有五次，真是差得遠了！我真心折服於這群人的耐力和韌力。

想來也真是慚愧，僅有的五次，都是跑距離最近的國家——史瓦帝尼。沿著同一條MR8公路，同樣吃著風沙，揣想著志工們一趟趟的心路歷程，感性地編織種種內心劇場，想像自己一直與他們同在。

我珍惜著能夠親自參與的實練機會，我要讓八萬四千毛孔知覺全開，謙卑地感同身受志工們走過的路。

然而有時候，即使與志工們同行一條眼前可見的道路，我都還覺得不夠深入，因為我知道，志工們在踏上這條路之前，他們早就不知闖蕩過多少「坎坷心路」。多少次不為人知地拍拍塵土、擦擦眼淚，才讓他們走到這裏，走出現在這個局面。

就像史瓦帝尼個頭大大的姆西(Mumsy Simelane)，我幾乎只見過她笑，沒有見過她哭，她就是個標準的牡羊座，陽光、天真，具有領導魅力。

但陽光的笑容背後，並沒有那麼簡單。

姆西在十六歲時被親戚性侵，十六歲的她，連初經都不明顯，就懷孕了。

十六歲的痛，一直是插在她心上的刀，對於一個弱勢的本土女性而言，社會評斷這把無形的刀仍經常抽刺著她，使得傷口不斷淌血。即使如今孩子養大了，姆西也踏入社會找到好的工作，提升了自己的能力與地位，內心依然有痛。

做志工，是讓姆西內心變得堅強的辦法。

這一兩年，有機會跟著志工們跑遠途到史瓦帝尼，最令人感嘆的問題就是青少年缺乏價值觀與自覺感，到處都是十來歲的小媽媽，到處都是小孩、小小孩，愈窮、愈偏郊的地方愈多、愈普遍。

是不是窮人家的小孩，不值得青春、不值得思考方向？或是他們的青春已被抱在懷中吃奶的孩子吸乾，眼神空洞洞的不知道人生還能怎樣？而且愈窮的人自理能力愈差，生活環境髒亂不堪，屋內屋外一群比小還要小的小小孩。

每次都見到姆西私下拉著十幾歲的年輕小媽媽、少女們到一旁，如同慈母般牽著她們的手，看著她們稚嫩的臉龐，叮嚀著：「孩子，記住不要太早交男朋友，因為那些男孩只是喜歡你的身體，不是真的愛你。」

「孩子，記住只有你自己能愛你自己。」

姆西也會坦誠地告訴她們，自己十六歲的那年發生了什麼事情。

最後，姆西總是說：「孩子，看看現在的我，我有工作，我的孩子都平安長大了；我做志工，我每天很快樂地到處幫助別人。我做到了，你也可以做到，所以你一定要相信自己。」

每一次跟在姆西旁邊，看到那些小媽媽、少女們，由原本黯淡空洞的眼神，突然感受到希望，我都會很感動。感動於我們的志工好勇敢，不斷赤裸裸地掏出內心最深的傷，來鼓勵他人找到轉變的力量。

有一次姆西對我說：「每當對人陳述十六歲當年的痛，我都讓自己再次得到超越傷痛的勇氣，也更加相信大愛能夠減少世間的苦難。」這麼說的姆西眼眶有點紅，語氣卻是堅定的。

她，自身就是一個大愛的印證。

與志工們在高高低低的山區尋覓關懷對象，或是在轉來彎去的貧民區內探查，有時見到兩、三歲的小小孩，因為還不會自己脫褲子尿尿，大人就讓他們光著屁股跑來跑去，志工們都會趕緊拜託左鄰右舍找件褲子給孩子穿上，尤其是小女童。

轉過頭來，志工們會很憂心地對我說：「真的好擔心，這些孩子都暴露在危險之中，尤其是小女生，隨時有被性侵的危險……」

這是真的，什麼苦難都會有、什麼事都會發生。

看到、想到，心就會痛，會憂愁，有種「苦救不完、關懷做不完」的無奈。但轉身看著志工們，志工們也看著我，我們都明白，只有繼續不斷地啟發愛心、淨化人心，讓更多的你、我、他，都能一起走上這條汗水、淚水交織的無私道路，才有機會、也才有希望，讓非洲找回值得擁有的一切美好。

還好有同心同願的志工們。所以，這條路，我還想謙卑地，敞開知覺一直走下去……

輯三

深夜長旅背包客，納米比亞

拖著行李、扛起了背包，著便服「喬裝」成一般旅客，搭乘夜車輾轉十三個小時深入南非西部，再轉

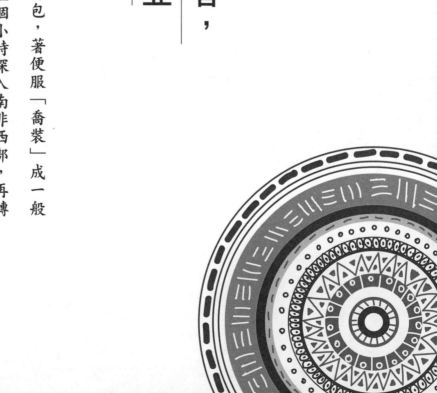

車搭乘第二晚的夜車跨越國界，由納米比亞的東南面入境，隔日中午前抵達首都文豪克(Windhoek)，共三天兩夜，歷時三十八個小時。

一如既往，叮嚀再叮嚀、反覆又反覆地確認細節，最後總結無論任務順利與否都沒關係，「平安歸來」，比任何事都重要。

旱地裏逆勢生長

是過了很久之後，我才知道納米比(Namib)這個字的本意，原來是「荒蕪」。那是命名於非洲西南邊上，一大片與湛藍大西洋平行交際的豔紅流沙，流沙綿延海岸線一千六百公里遠，覆蓋出五萬平方公里的「荒蕪之地」，人稱「納米比沙漠」，或是「一個什麼都沒有的地方」。

這片古老沙漠已存在於世界上八千萬年之久，恆久不變的強風吹成一道又一道恆久萬變的月牙沙丘，恆久無盡的乾燥與孤寂中，卻生長著一種名叫「百歲蘭」的奇特花朵。

百歲蘭有著堅韌的本能，使得長長的根能深入沙漠底層探求水分，又於沙漠表面上鋪展出長達數米長的帶狀葉片，葉片中央綻放著球果狀的穗形花序。即使是在毫無水源的惡劣環境中，百歲蘭依然千百年不枯萎。

納米比亞，也有一群在旱地裏逆勢生長的人兒，他們一直在最封閉的處境下，鍛鍊著最強健的精神肌肉，用奇蹟般的韌力讓愛在乾漠中生生不息。他們就如同慈濟世界中的百歲蘭。

若即又離的起步

在幕後陪伴的幾個跨國志業，納米比亞是我極度珍愛的一個國家，不是因為它至今發展得多強大，反而是在大眾高度關注大數據、大量化、大翻轉的潮流中，這個既不起眼、又四處碰壁、幾乎快要沒有聲息的志業國度，最終為自己驗證了在最難、最稀有的絕處中，反而激發出最純粹的大潛能。

二〇一五年時，納米比亞的跨國拓展任務就已經啟動過兩次，皆從南非搭乘飛機前往。兩次過程都好似妥當了，然後又被打了回票，來來往往兩回合，最終所做的努力若即又離地依然在原地踏步。

挫折歸挫折，往往還是有它的價值，至少讓我們對這個國家的「特殊性」，長了點見識。

尤其本土幹部們有一次穿著制服搭機入境時，被機場移民官攔截警告：「不准組織活動、不准傳播其他宗教」，否則就要把大家抓去關。進入納米比亞後也發現當地人的思想邏輯非常保守，尤其在宗教議題上充滿防備感，所以原本答應要與我們合作的一些組織對象，最終都因此退縮回去。

這個困局，困住我們直到二〇一六上半年度，焦急燒腦中，一日靈光閃現了一種大膽的想法——背包客自助行。

於是我努力在網上搜索各種背包客攻略，從地圖路線到住宿研究，沙盤推演兩千三百五十公里的路程，如果只靠著巴士與雙腳，要如何穿越內陸，一站接一站地由非洲南端面朝印度洋的國度，抵達另一端面朝大西洋的國度——納米比亞。

摸索與醞釀了兩個月，二〇一六年七月份，一支由兩老兩少組成的本土跨國團隊，義勇地承擔這充滿試驗性且史無前例的跨國模式。他們將獨自拖著行李、背著背包，著便服「喬裝」成一般旅客，由南非德本搭乘夜車，北上約堡轉第一次車，再通過十三個小時的巴士，深入南非西部，抵達最內陸的小鎮烏平通(Upington)轉車，再搭乘第二晚的夜車跨越國界，由納米比亞的東南面入境，往北移動，隔日中午前抵達位於納米比亞國土中心的首都文豪克(Windhoek)，共三天兩夜，歷時三十八個小時。

那一天我在送四位本土幹部出發前，內心忐忑不已，反而是他們四人非常有信心地鼓勵我「沒有問題」。

一如既往，我總像是強迫症般交代許多事，叮嚀再叮嚀、反覆又反覆地確認有沒有遺漏任何細節，沙盤推演倘若任何一個環節遭遇變化球，該怎麼應對。

最後的最後，我們總結了「三大目標」：重新牽起志業擴展因緣、找回納米比亞志工的信與愛、平安歸來。

我告訴四位幹部，無論任務順利與否都沒關係，第三項「平安歸來」，於我而言，比任何事都重要。

「我會在德本等著你們平安歸來。」在相互揮手道別前，我又忍不住再說了一遍。

吃閉門羹

「我們又窮又苦，什麼都沒有，要怎麼幫助別人？」

在文豪克最大的貧民區卡圖圖拉(Katutura)，一整片金色遼闊的乾漠沙丘，布滿密密麻麻的銀色鐵皮違建。正午逼近四十度的高溫，一棵難得卻枝葉稀疏的大樹下，年輕的婦女們抱著小孩、男士們雙手交臂於胸前，數十位居民將南非志工們團團圍住，其中一位婦女充滿懷疑發問。

在二〇一五年十月、第二次納米比亞跨國任務結束的尾聲，意外地多出一日隨機自由行，團隊們打聽到這個在首都周邊最貧苦密集的鐵皮違建區，就臨時決定去闖一闖。

一個隨機闖入，隨機引來幾位好奇的居民，隨機在一棵大樹下，隨機分享。團隊成員鼓勵信心低落的發問者：「人人心中都有愛，只要願意化為行動去分享愛與關懷，人人都能做到。」說的人同樣只有兩手空空，賣力地口述一片理想圖，鼓勵人人體會。

那天最後，竟有四位居民戀戀不捨地不肯離去，似乎還想了解更多。於是團隊大膽地提出請求，讓四人作為聯絡人，甚至隔年度來到南非實地學習社區關懷活動。

找到了當地的志工種子，布下周全的規畫，團隊信心滿滿地交差了任務。然而隔年實際聯絡的情形卻是，經過時間的四人，冷卻了一時的興奮與感動，取而代之的是各種擔心懷疑。為何這一群陌生人千方百計地來找，邀請我們去南非，他們是人口販子嗎？我們去了南非是不是就沒命了？各種恐怖情節小劇場在腦中製造大片陰影面積。

之後幾次，當我嘗試打電話到納米比亞聯絡四位志工，不是電話不通、就是沒有人接，或者因為彼此口音差異太大，一直在雞同鴨講。到後來他們接到我的電話，不待我開口，就劈哩啪啦把我臭罵一頓，然後「啪」一聲掛了電話，換我在這一頭嚇傻了，信心瞬間化作碎片隨冷風吹。

直到異想天開的籌備，讓本土幹部們以背包客的偽身分「闖關入城」納米比亞，我都還提心吊膽，一路上人生地不熟的他們，要如何順利地再度進入卡圖圖拉貧民區，把曾經接引過的居民們找回來？會不會也像我一樣倒霉得被人臭罵一頓，在異鄉含著眼淚吃著閉門羹？

破風前行

三天兩夜的巴士旅程，是一條把時間凍結的穿梭線，尤其出了約翰尼斯堡後，往西深入內陸的道路，像是定格在大漠中，陷入無盡頭的單一枯黃。

搖搖晃晃的車廂內，每個人的四肢都被限縮在各自的座位空間中，昏昏沈沈地對時間產生錯覺，以為已度過了幾個小時，實際上卻只不到半個鐘頭。

降幕的黑夜裏，巴士車燈探照前方，又是另一種穿越大地黑洞的幻覺，讓人頓失身在何處的空間感。一條迷幻之路，彷彿唐僧入西域，稍縱一點信念感，都會被未知恐懼吞噬到懷疑方向。

在二〇一二年跨國團隊成立之初，潘明水就曾經問過第一批跨國先鋒幹部們一句話：「倘若有一天我們得去連盥洗、擦澡都沒水的國度拓展志業，大家是否忍得了苦？是否堅持得了意志？」而今在巴士車上過夜度日，連討盆水洗把臉的機會都沒有，當初立下決心的一個問句，依舊清晰迴盪在腦海中，沒想到四年後，一切已化為一個肯定句。

出發後的第三天中午，雙腳終於落地納米比亞，兩老兩少彼此幫忙，拖著行李、扛著背包，循著地圖資料上的訊息，終於找到了文豪克市區的背包客棧。才放下行囊，又得立刻準備採購及聯絡工作，晚上則需整理資料、撰寫報告，這樣的工作型態，都是跨國日常。

好在幫大家找到了背包客棧落腳，至少在當地人脈尚未鋪穩前，志工們能有安全、獨立的安身處所，有熱水沖澡，累了也有一張床安穩入睡，否則連續數日在日夜溫差高達二十多度的納米比亞工作，體力上真的會負荷不了而直接倒下。

是鍥而不捨的堅持、說到做到建立的信任感，團隊在出發前就緊密聯繫納米比亞四位志工之一的瑪莎，在困難的溝通過程中，耐心地表達誠意，抵達後立刻約定隔日前往卡圖圖拉拜訪。

這一天，團隊四人正式換上慈濟制服，恢復真實身分，重回到一片密密麻麻的鐵皮貧民區，呼吸乾燥中帶著沙塵的空氣，踩上燙腳又粗糙的乾漠土地。

瑪莎(Martha)帶著團隊入社區的第一天，約了左鄰右舍的五位婦女來到自己家中。她的家也是一間小小鐵皮屋，屋內用浪漫的紅色玫瑰花襯黑白豹紋的布料裝飾薄薄的木板隔間，貧乏的條件下還有對生活敞開熱情的一面，瑪莎是首位接納慈濟進入自己家門的納米比亞志工。

蹲在鐵皮屋內一角，憑藉手提電腦上的一張張照片、一段段影片，五位婦女聆聽團隊分享，聽著聽著竟然就被吸引住了。相約隔天、同一地點繼續分享，她們幫忙多約了十幾位婦女帶著一群小孩擠在鐵皮屋，從內到外……正午的納米比亞日光直射鐵皮屋頂，像個烤箱似的，大家又捨不得走了。

「加入志工有收入嗎？」

「你們信仰的宗教是什麼？」

「這個組織有政治政黨背景嗎？」

「成為志工有條件嗎？」

婦女們一方面掉入慈悲與愛的情境中，一方面又生起疑惑，一個又一個提問，在團隊悉心分享中撥雲散霧，心也漸漸敞開了。

其實我們的終極信仰很簡單，就是支持著人人內心找回清淨的愛，讓世間變得更單純且美好。團隊陪著居民一同以他們熟悉的方式祈禱，尊敬地歌頌彼此的虔誠，彼此合十感恩。每個人低頭合掌的祝禱中，納米比亞志工們對於我們的信任，無形中也被找回來了。

結束這一回跨國行程前，納米比亞志工們鼓起信心向團隊許下約定，兩個月後「南非見」，他們將勇於跨國來到南非德本，親身學習在社區內實踐清淨、無分別、無所求的愛，了解這是怎樣的體驗。

第六天，團隊搭上回程的巴士，反方向往東穿越一望無際的乾漠，從夜空到白晝，再度歷經三天兩夜，沿途像是回播倒帶那時空錯覺的迷幻之行，總計四千七百公里的旅程，回到原點——充滿熟悉的、歸屬感的、綠意生機的德本。而每日心心念念在此惦記著「任重道遠」的兩老老少的我，激動無比，大家不僅都平安歸來了，在出發前，我們相互勉勵的「三大目標」，大家通通都做到了。

太不可思議！

一年半來四處碰壁，窒礙難行中我們不放棄地摸索方法，劃破逆風、闖出道路。我們就是一群不斷迎向逆風的飛鳥，終於向納米比亞揮出了翅膀，我們破風前行了！

夢中的菜園

「那裏盛行巫術，有很多會做法的巫師，平時搜集獸角、獸皮和乾屍，而且還會拿人體器官獻祭。」

「活人的耳朵、鼻子、手指頭割下來後，被巫師買去做法，就是有人專門殺外國人來賺錢。」

瑪莎、貝諾瓦媚尼(Penomwaameni)、迪菲勒斯(Teofilus)三個人決定要前往南非後，社區內恐慌得傳開訊息，比較有正義感的就跑來告誡許多曾經聽說的恐怖故事，焦急地阻止他們前往南非，「如果被殺害了，就再也回不到納米比亞了。」

聽著聽著也會被嚇死。瑪莎的先生夜裏也對她叨念，「今天又有人來指責我，怎麼可以讓自己的老婆去南非，去了就被抓走啦！」

這些閒言閒語、議論紛紛，任誰也很難抵擋，決心難免不被搖擺得快精神分裂。好幾夜因為猶豫而翻來覆去的貝諾瓦媚尼，一天晚上做了個夢，夢中只看見德本志工山姆站在一片綠油油的菜園中向她招手，那一大片綠到出汁的菜園，是全年乾涸的納米比亞不曾見過的。仙境般的菜園，讓貝諾瓦媚尼夢醒後充滿吉祥的預兆感，「這一定是老天在說，那一邊有豐沛的收穫在等我們，錯不了的。」貝諾瓦媚尼信心滿滿地告訴自己，也告訴另外兩位志工，於是三人更有了定心，「閒言閒語別再來阻擋咱們！」

對於不曾出國又非常貧困的納米比亞志工們，要幫助他們促成這項長途之旅，操作上也是充滿挑戰。

好在瑪莎在學中的兒子尼可會使用網路通訊，本土青年恩拉卡波協助我在白天時以文字傳訊溝通，尼可下課後再解釋給瑪莎聽，瑪莎隔天再跑去轉達給另外兩人，然後再把大家的意思回報回來。初期的互動模式就是這樣一人接力一人，非常艱難地把事情溝通清楚。

然後擔心他們沒有錢在路上買食物吃，萬一餓了三天兩夜就不好了，我在南非這一頭不斷想盡辦法找人在納米比亞協助。好在當時有一位在文豪克開店的華人，在初期階段很願意幫忙，拿了五百鍰給志工，也幫忙列印出巴士車票、邀請函等重要紙本交給他們。

在最後的行前叮嚀時，尼可更是把所有訊息用紙筆謄寫，再幫忙口頭解釋，確認三人都清楚明白上路後的一切步驟，包括車要怎麼轉、入境南非後要怎麼與我們取得聯繫。一切都是很大膽的嘗試，沒有人能確定是否順利，萬一人真的在南非搞丟了，我想這輩子也賠不起這條罪，只能謹慎謹慎再謹慎、設想設想再設想、用心用心用盡心，給予遠方的他們最大的安全感與信心。

二〇一六年九月十四日，三人終於踏上前往南非的跨國行。從來沒有想過這一步真的要實現了，而他們也為自己國家的志業拓展史上擔當了第一批先鋒，真的是非常了不起，我由衷地感恩他們的信賴。

我不知道當時在巴士車搖搖晃晃的夜裏，他們是否也做了夢？夢見遙遠的東向國度、印度洋那一端的傳說或未知的探索旅程？而當勇氣最終戰勝重重恐懼，兩千三百五十公里又三天兩夜後，那夢中充滿寓意的菜園，究竟會是怎樣的收穫？

愛的初體驗

二〇一六年九月、二〇一七年二月和十一月，我與本土幹部們共三度邀請納米比亞志工們跨國來南非德本。中間也穿插了二〇一六年十一月和二〇一七年六月，德本本土幹部們兩度再跨國納米比亞，建立起每半年一來一往的交流關係，並且都是以「背包客巴士行」的方法成功遠征，推動起志業關懷。

兩國之間平時聯繫溝通的過程也一如既往地時有時無，我非常能夠理解納米比亞志工們的貧困背景，根本沒有能力負擔手機網路費隨時回報訊息，有時以為遙遠的他們都消失了，當再度聯繫上時，又會驚喜發現他們更突破了。對於他們每次傳來的任何分享，即使是破爛手機拍糊的、過亮、過暗的，或鏡頭歪來歪去、沒頭沒尾的片段畫面，我都視如珍寶，因為我太懂他們的不容易了。放棄其實是最簡單的選擇，而他們卻依然信任這個團體，在遠方國度堅持著與我們共同的理想，這是最稀有難得的。

有很多領悟，都是納米比亞志工們在無形中教會我的。尤其在他們身上，我學到只要用精純的理念去陪伴，接下來要做的就是對每個人深具信心，不論志工們一時間呈現的進度是快是慢、規模是大是小，人人最終都有發掘自心力量的潛能，無論多貧、多苦，只要你願意去相信他們，並支持他們擁抱相信自己的勇氣，他們就一定做得到。

納米比亞志工曾分享，鐵皮貧民區內治安不好，人與人之間的心是封鎖的、缺乏信任的、關起門來保護自己的。吃飯時間如果有人來敲門，大家會先把食物藏起來，再開門。如果沒給錢或食物，也通常都不會歡迎別人來家裏作客。所以當他們第一次來到德本時，接受到所有本土幹部們全力以赴的陪伴，從早到晚，帶著他們到處去訪視學習，關懷著食住起居，那種愛特別不同又無比溫暖，讓他們感覺不像是離家，反倒更像是回歸到原本就很熟悉的地方，與親人團聚在一起了。

每一天，無論你是哪個國度、何種語言、宗教，彼此混搭在兩列隊伍中，一起扭腰擺臀地唱著歌，走入病患家中。只要一點溫柔的眼神、一個真誠的擁抱，病患笑了或哭了，自己內心竟收穫無比的快樂與感動。

更稀有的是，在德本見識志工們在雨中生火，露天廚房為社區孤兒供食，也遇到雨後慈濟車卡在泥巴裏，大家一起跳下來幫忙推車。又在上上下下的山坡路中，與所有人一起淋著雨；溼溼的路滑左滑右，在乾旱的納米比亞更是不曾走過，大家牽著彼此，攀著路邊的樹枝小心翼翼地走著，種種初體驗，處處神奇、處處驚喜，時時讚歎著「愛」原來這麼純粹，差別只在自己的心願不願打開。

貝諾瓦娟尼跑到志工們的菜園裏去拔菜了，抓著一大把綠綠的蘿蔔葉，拉起來卻是一株超迷你的紅蘿蔔，腳底下的白鞋沾上溼溼黏黏的泥巴，收成的喜悅如此樂趣。原來夢中菜園的寓意，是體驗到了陽光、空氣、土壤、水，加上一大群願意付出的人共同開闢了心田，愛的種子就在天地間種下了。

「有一天我們會讓納米比亞變得不同。」瑪莎信心滿滿地說。

喔！不過我又收到瑪莎的兒子尼可（Nikodemus）傳來一段超恐怖的畫面，原來近期南非發生排外暴動，影片中有人正殘忍地用廢輪胎活活燒死鄰近國家的人。尼可極度擔心正在南非的母親及兩位志工，嚇得留言：「南非人好可怕，納米比亞人都不會這樣，納米比亞志工從此再也不會跨國去南非了！」

尼可或許更難想像，人在德本的瑪莎竟還哈哈大笑地說：「我們不但不會嚇到不敢來，將來還要再帶更多納米比亞志工來南非學習怎麼做慈濟。」

巴士風雲

每趟背包客的巴士行，一去又一回，總共六段巴士，不論納米比亞志工們或德本跨國團隊，一站又一站接到巴士，都是非常關鍵的任務，否則後續的計畫與調度將全盤大亂。也因此大家為了搭車、轉車，在巴士站驚險一刻的狀況劇也滿多的，總讓我失眠、惡夢、精神崩潰，也讓我笑中帶淚，淚中亦帶笑，一顆心隨著他們上了路。

先分享比較輕症的「烏龍劇場」。

最初讓納米比亞志工們獨自跨國來南非的幾趟旅途，最擔心他們在約堡轉夜車的那一段。治安不良是約堡響叮噹的名號，萬一志工們轉錯站，身上又沒有錢，人生地不熟的，幾個搞不清楚狀況的外國人在約堡傻乎乎地問路，就真是小綿羊誤闖冒險島了。

所以很感恩最初有幾位約堡的華人志工，義勇地把關這個不能有差池的小環節，晚間六、七點就守在車站，等候納米比亞志工的巴士到站。因為有他們盡責的「攔截」，好幾次都有驚無險地讓志工們順利趕上第三段巴士，還熱心地塞了許多食物，怕志工們路上會餓著。

有一次，三位華人志工接下任務到巴士站守候，照經驗判斷，該班差不多就是從烏平通開來的巴士，怎麼乘客一個一個下車，就是沒有見到納米比亞志工們呢？難道搭車搭到丟掉了嗎？頭皮發麻的感覺竄升，一位志工立刻機警地衝上巴士，拿起手機裏的照片追問司機：「瑪莎！瑪莎！有沒有一位名叫瑪莎的乘客在車上？」搞不清狀況的司機也緊張了，和志工兩人在車上邊喊邊搜車：「瑪莎！瑪莎！怎麼沒有瑪莎？」結果在巴士後方喚醒一臉睡眼惺忪的瑪莎，另外兩位志工也抬起頭來，滿臉尷尬的黑人問號……

第二種狀況是「不可抗力之因素」，太折騰人了。

比如剛好遇到南非黑人計程車工會發動抗議行動，計程車司機們串連性癱瘓大城市的幹道，上百輛計程車擋住高速公路雙向，導致整個約堡交通停擺。

跨國幹部的巴士停在約堡總站，團隊四人從凌晨四點在只有三、四度低溫的車站內等待，沒有座位可休息，只能在冷風裏一邊打哆嗦一邊向我報平安，讓我不擔心。

直到中午十二點才搭到由巴士公司調度的第二班車，隔日半夜兩點抵達烏平通轉車，凌晨三、四點入關納米比亞，整夜沒睡，下午到了文豪克後又必須立刻銜接上被耽誤的任務，非常辛苦。

更有一次是從德本搭上往約堡的夜車，當晚天氣不好下起了大雨，導致巴士延誤一個多小時才到約堡，第二班巴士早就跑了，團隊四人還被巴士司機放在半途。

人生地不熟的四人拖著沈重的行李，裏面除了個人的衣物，還包括三十公斤的愛心米、跨國器材與設備，於治安不佳的大約堡市輾轉奔波，好不容易找到了約堡總站。他們一心向前克服挑戰，毫無退縮放棄之意。

以上都算是有驚無險，最怕遇到要叫救護車的那種，讓人腎上腺素激升。

有一次又是兩老兩少組成團隊，接下九天八夜的納米比亞跨國任務。

那是在十一月份的南半球夏季，大家每天都在日夜溫差二十多度的環境下早出晚歸，正午的納米比亞高溫可達四十度，又熱又渴又餓又乾燥，團隊卻不斷爭取每一分每一秒陪伴著納米比亞志工們突破侷限，帶給他們信心與鼓勵，賣命地為這個國家的志業付出。

然而就在任務圓滿後，回程途中的最後一晚，團隊於約堡搭上十點的夜車準備回德本，其中一位本土阿嬤，上車不久突然陷入昏迷，全身癱軟失去知覺，對人也沒有反應。司機緊急將巴士開回頭停在約堡總站，讓團隊下車處理。

志工們一時也慌了，打電話給我問該怎麼辦？我說：「快去找人幫忙叫救護車啊！」

半夜裏，阿嬤被送入醫院急救，好在只是血壓偏高，控制下來後，意識逐漸恢復，否則再嚴重一點就是中風了。一番曲折後，所有人隔天都平安回到德本，阿嬤後來休養一段時間，也都沒事了。

那一次，真的快把我嚇到哭出來。對我來說，每一位志工都是我心上的寶，雖然我主要是在幕後輔助，但一路走來我們都是悲喜與共，志工們為志業無畏捨命地往前衝，我就有責任盡己所能地把大家守護好。

百分之一的物資 百分之百的奇蹟

在二〇一五年最初的兩次跨國，是華人幹部與本土幹部們一同以搭機的方式由南非飛往納米比亞。飛機落地後，大家規規矩矩地拿著護照排隊接受查驗，所有穿著制服的華人幹部都順順當當地通關，唯獨四位本土幹部被移民官擋下，盤問了許多刁鑽問題，還當場拒絕他們入境，原機遣返。我們的本土幹部嚇傻了，趕緊呼叫另一頭的華人幹部來解圍，好在華人幹部機智，讓移民官勉強蓋下了入境章，但也嚴斥警告大家：「傳教！違法！不准入境！如果你們傳教，就會被抓去關！」

後來兩老兩少由陸路搭乘巴士的方式跨國，大家著便服低調化身一般旅客，每次拿著護照給移民官檢驗時，都戰戰兢兢。有時行李被要求開箱搜查，也被重重盤問，比如：背包上有中文標誌，是否與華人有特殊關係？攜帶多件樣式相同的制服是否為販賣之用？電腦、投影機等器材設備，是不是偷來的？翻查到的文宣月刊是否為從事傳教工作？因此，兩老兩少每次在入關前，都會先套好一些不至於太扯謊的情節來應答，比如彼此是祖孫關係、舉辦家族聚會所以穿家族制服、電腦是跟老闆借的等理由，好讓移民官覺得事態合理，准予入境。

也因為這個國家超級嚴格，為了使命必達跨國成功，每次團隊出門前的打包工作就很重要，尤其如何把沈重的愛心米順利帶入，就得以巧妙又複雜的手法包裝。

通常團隊出發的前一日，幾位本土幹部會來我這裏協助行前準備。打包愛心米時，為避免米袋外裝引起移民官的疑惑，我們會先把米袋解開，用透明塑膠袋將米分為小包裝，再藏於大黑色塑膠袋內綑綁好，塞入行李箱內，以二手衣、私人物品覆蓋，三十或四十公斤的愛心米就這樣打包入四個大行李箱，一人負責拉一箱上路。

對於乾燥、貧瘠、一無所有的納米比亞來說，每一粒愛心米都是如此至關重要，那是我們唯一能夠帶去的物質支持。也因此，即使兩千三百五十公里的距離很遙遠，三天兩夜的時間很長，搭車、轉車的過程有時很波折，本土幹部們依然緊緊拉著沈重的行李不放手、不離眼。

在入境納米比亞被移民官嚴查行李時，大家都必須掩飾內心的緊張，冷靜地應答，就怕一路護送的愛心米被沒收，就無法支援當地的志工們了。直到抵達文豪克後，團隊終於拖著、拉著將愛心米送到社區內，親手交給納米比亞志工們。每當聞到大樹下的露天供食站飄送白飯香，或是與大家共同一步一腳印地將分裝愛心米親手送到病苦人的家中關懷，可以說一路有多艱辛，內心就有多踏實。

就這樣從二〇一五年至二〇一九年，五年來，透過這種土法煉鋼的笨方法，總共為納米比亞送入二十五包十公斤的愛心米。是的，僅僅二十五包愛心米，但粒粒都是用人力、用堅持帶過來的。顆顆如同珍珠潔白、剔透、可貴的愛心米也成為愛的酵母，作用於納米比亞志工們心中，愛的感動早已大大超越物資本身，讓志工們更自覺有使命以誠正的心，將物資無私地用於關愛真正的苦難之上。

匱乏與限制是試煉的禮物，匱乏與限制也讓真實之路顯化得殊勝。納米比亞志工們更加敬重點滴，加速樹立自我獨立的精神，準確領悟無形的愛才是真正能激發潛能，轉變納米比亞的關鍵。他們不會抱怨自己獲得的比別人少，也不覺得自己無從依賴，反而不斷感恩慈濟幫助封閉保守的他們開拓了視野。如今的他們已看到世界還有更多苦難，他們願意付出，他們也由付出的過程中，找回了原本靈魂深處早已擁有的無盡心靈寶藏。

面對非洲國家的苦難，常態操作總是優先導向如何補足匱乏，因此多數的組織推動起步，也建立在這樣的輔導基礎上切入工作項目。但納米比亞特殊的封閉與遙遠，反而另類地幫助志工們塑造出屬於自己的反差奇蹟，讓一國志業得以延續不斷。

如果要我說明這個奇蹟是怎麼做到的，我會說是百分之一的物資、百分之九的遠距陪伴，剩下的百分之九十是一群身居貧困鐵皮屋區的堅強志工，抓住唯一僅有的「愛的信念」，努力而成就的。

恐懼當前 不願停下的腳步

等待的身影終於出現在大路的另一頭，一共四個人步伐緩慢地逐漸靠近，一群孩子直奔迎向這千里而來的身影。五、六個小蘿蔔頭圍了上去，搶著幫忙一起抬沈重的大行李箱，讓四人走路的速度可以更輕快些，其餘孩子雀躍地跑回鐵皮屋內通報大人：「德本跨國團隊又來了！」

鐵皮屋旁有棵大樹，樹上的葉片稀疏，乾漠中長不出茂密的樹。樹下有個外層已燒黑的大鐵鍋架在地面，底下交錯鋪了些樹枝當柴火，大人們打開了行李箱，一層又一層地翻找出一小包白米，稍微淘洗一下，不敢太浪費水，謹慎地倒入鍋內的清水中。孩子們目不轉睛盯住鍋內白白的泡沫與熱氣漸漸鼓起，淡淡的清甜米香滿溢上來，大口含住一縷如雲般的蒸氣絲都覺得甘甜。

一段時間沒來，又有新面孔的志工加入了，大家興奮的氛圍全無初次見面的生疏感。大人們設法擠入小小的鐵皮屋內，或坐或站，認真地討論著重要的安排，隨後由行李箱內取出幾件新制服，德本幹部們以慎重的儀式將制服交給了新志工後，大家迫不及待地立刻換上。

年輕的志工們已經準備好在學校列印出來的志工名牌，其實就是一張A4白紙裁成八小張，每一張上面都有「慈濟」字樣，再各自寫上自己的名字。婦女們用針線認真地幫每個人將紙片縫在胸前，撫一撫紙片讓它更平整些，也確認著上頭的身分——慈濟志工，志工的臉上露出肯定又驕傲的笑容。

日頭逐漸往頭頂正上方移動，氣溫愈來愈燥熱。志工隊伍內有老有少，也有幾位年輕婦女背著小嬰孩，打著花傘為身後的孩子遮陽，跟緊前頭的身影，哼著歌曲，搖擺著腳步一起走入社區探視病人。這般俏麗又輕快的畫面，從前在封閉的鐵皮屋區內不曾有過。

回想團隊最初走入納米比亞時，嘗試讓當地人接納另一種開闊又深入人心的關懷思維，卻四處碰壁，好不容易闖入文豪克最貧困的鐵皮屋區，最初也只能站在大樹下，隨機向好奇的居民們分享，大半的人聽了也是半信半疑。

隔了半年多後的第三次跨國，算是從沒屋頂進步到有屋頂，團隊走入第一位志工瑪莎師姊的家中與居民們分享。又再半年後的第四次跨國，才真正凝聚更多當地人的信任，成立了志工隊伍，得以穿梭在鐵皮屋區內逐戶訪視。

這看來非常緩慢的開拓幅員，對於納米比亞志工們來說卻是大尺度的進步，尤其是在這超封閉的大環境下，已算是一種「前衛」。

納米比亞志工們常常說，南非是非常開放的國家，可以自由分享不同的宗教觀，可以自由組成社區群體推動公共目標，人們對於新觀念也不會立即抗拒，反而願意以包容力傾聽，然而以上的自由開放，在納米比亞卻是敏感的。雖然志工們努力跨出小我生活，在鐵皮屋區內到處找尋需要關懷的人，也推動孤兒供食站，卻在做的過程中，在自己國內四處碰壁、吃閉門羹。

有人會說：「慈濟的大愛精神聽起來很好，但是你們沒有登記，我不能加入你們。」有時被感恩戶擋在門外，因為多數人不願接受沒有名義的人員，進入家中打聽家庭狀況。甚至居民會非常尖銳地質詢志工們關於慈濟的宗教背景，也有人揚言要報警告發大家非法活動。

被處處懷疑的志工們挫折感極深，漸漸地有些人承受不了辛苦的感受，退出社區志工活動。只剩下一群不願放棄的志工們，在孤單中苦撐。

所以每當德本團隊到來時，納米比亞志工們最期盼資深的幹部們能夠與他們交心對話，陪伴他們跨出瓶頸與障礙。

面對一群內心沮喪卻眼神充滿寄望的人們，德本幹部們既心疼又感動，更加用心地詳盡分享。從證嚴上人的三願「淨化人心、祥和社會、天下無災難」談起，這是一念無所求、無分別、無藩籬的開闊情懷，唯願每個苦難角落都能擁有愛。

資深的老幹部也分享自身的轉變：「我和大家都一樣出身貧窮，但上人的精神讓我找回了自性愛，終於從苦難中走出來學會愛人。這也是為何今日的我，會來到納米比亞與大家同在。」

「當你愈來愈投入，漸漸發現做志工原來不是在幫助別人，而是幫助自己看清被貪瞋癡慢疑掩蓋的真心，消除五毒、淨化己心，這就是最無價的回報。因此只要人心能淨化，回歸最初始的本性，不論任何宗教背景，都會抵達最終相通的真理。」

老幹部們進一步鼓勵大家：「當你能找回自性愛的能量，你會愈做愈有信心，走入人群面對種種挑戰就不會再有恐懼與困惑。所以請一定要勇敢，就會找到通往未來的大道。」

納米比亞志工認真地吸收所聽聞的一切，神態中漸漸被注入一股信心。所有人與德本團隊環繞成一個圈，緊拉彼此的手，把沮喪清空，愛讓每個人的心靈頻率再度緊密地連結了。

「請放心，我們知道該怎麼做了！」納米比亞志工們在德本團隊第五次跨國任務圓滿即將歸國的前一日，篤定地這樣說。

那一日傍晚，當德本團隊內心無比踏實地返回背包客棧時，正步行至轉角路口，突然有四個彪悍著軍服的男士將四人擋下，惡狠狠地說：「我們已經觀察很多天了，為何你們每日穿著相同的制服早出晚歸，是不是在納米比亞非法工作？我們如果報警，你們會立刻被抓去關，如果你們沒有錢，只能等南非政府派人來交保！」

團隊努力解釋自己是合法入境納米比亞訪友，但四男依然惡劣地威脅團隊拿出錢來，否則立刻要帶大家入警局坐牢。疲憊又恐懼的志工，最終屈服交出了所剩不多的備用金。

逃回背包客棧後，四人害怕得發抖，明明白天時還在鼓勵納米比亞志工們提起勇氣與信心，怎麼現在自己親身面對要脅恐嚇，淚水卻快要潰堤？四個人相互依偎，拉著彼此的手打氣，「不能被擊垮！上人說過這一條路本來就很艱辛，必須冷靜！莫忘初心！」

那一趟團隊回來後，帶回了長長的手寫日誌，裏面依然不斷強調有多麼不捨納米比亞的乾、苦難人的餓，小小孩子們尚未長大就已帶原愛滋的苦，而納米比亞志工們在如此困難環境中，有多麼堅強。

日誌的最後，還有一段至今仍字字敲擊我內心的撰述：

「如果沒有上人的法，相信一般人遇到這麼多恐嚇與挑戰，應該早就嚇得永遠離開了。但非洲的苦難真的太多，經過了這一回，我們都在心裏更加發願，即使明知未來還會遇到更多挑戰與困難，我們不會停下腳步。」

好啊！好無懼的一群勇者，雖然現在都還是一盞微小的光，但我們不怕，總有一天堅持會凝聚出力量，非洲的星空，就會出現無量璀璨的星光，黑夜將不再只是黑。

一丁點的故事

二〇一九年九月初的約堡又不平靜了，針對非洲其他國家移工移民的排外怒氣又被煽動起來。大批人在商城群聚找出口表達，失控之後上演街頭暴力，約堡大都市沿街商店遭人砸毀劫掠，路邊汽車冒著煙，玻璃碎片灑滿地，焚著火的廢輪胎躺在大路中央，兩旁的人們舉著棍棒、石塊四處流竄，仇恨就是黑煙、狼藉混亂與搶劫。

暴動持續了數日，最終造成十人往生、百多人被捕，媒體上報導這是外交危機，讓南非與鄰近國家的關係一時緊繃。邊際公路陸續聽聞針對南非車輛的襲擊事件，部分非洲國家針對南非使館攻擊，砸毀南非人店家的報復行為，憤怒的波瀾由內往外推進，傷的最後還是自己。所謂的排外，排的不是別人，是黑排黑、非洲人傷害非洲人，是助長乘亂劫掠分子的激情，傷害自己國家普通老百姓努力打拚的生活，為社會留下多一筆的遺憾與仇恨。

為此，原本預計九月中再度規畫團隊前往納米比亞進行跨國任務，考量志工們搭車跨境的安全性，我把行程取消了。確實有點悶悶不樂，有人忙著建構愛，卻也有人忙著彼此傷害。

然而九月底，我突然收到一分驚喜的簡訊，是因貧困一向難以即時回報訊息的納米比亞志工們發過來的，而且還有一分簡報檔。我立刻下載打開來看。

簡報的開頭寫道：

「因為南非發生了排外暴動，跨國團隊不能來了，我們也少了德本幹部們陪伴來完成預定任務。但因為我們學過『淨化人心、祥和社會、天下無災無難』的上人三願，我們決定自己動起來，讓社會變得更好。」

原來在九月中，幾位志工默默地按照原訂計畫，跨區前往南部一百公里外的哈達普區(Hardap)里霍博斯(Rehoboth)，拓展新的供食站，他們自己搭著車，帶了一些米、一些菜和雞蛋、水果，就出發了。

我總是搞不清楚他們是怎麼做到的？他們這麼窮，米怎麼買的？車資怎麼湊的？他們又是怎麼生起了豁出去的勇氣？反正一群人就這樣想方設法自己跨出去了。

「這是我們在發愛心米，關懷里霍博斯地區需要幫助的家庭。」

「我們也在露天的戶外與居民愛灑，向他們分享為什麼相互幫助很重要。」

照片中，人們挨著鐵皮屋邊背光的那一面坐著，因為恰恰有延伸出來的一小截屋簷影子。大家正在聽著志工們分享，就像是德本幹部們當初來到納米比亞的場景，不論樹影下、屋影一角，到處都可以掏出真心誠意，感動出新志工。

地上的黃沙反照日光，輻射下志工們黝黑的臉龐，每個人手中舉起橙黃色的果子笑著合照，紀念這一回大家靠著自己的努力，在納米比亞又多帶動了一個新供食站。每張喜悅的臉龐沒有被加註特別的文字圖說，我卻能讀懂「淨化人心、祥和社會、天下無災無難」這三件事，納米比亞延伸了，也更貼近一些了。

雖然只是一丁點的小故事，卻讓我很感謝在納米比亞那一群可愛的人們，所呈現的每一個美好畫面。一切都已融入我內心風光的一段篇章，述說著這世界上的問題依舊重重，然而在非洲大地上，當非洲人傷害非洲人的反覆波瀾擾動人心時，有一群又窮又不太受到重視的人們，很努力地延續著非洲人愛非洲人的故事。

那天夜裏，當準備闔眼入眠時，我欣慰地鼓勵自己：我們雖然永遠對抗不了大環境下的所有仇恨與忽視，但我知道有一群志工心中都還持續守護著最乾淨的心靈與愛。

納米比亞的真實之路

納米比亞志工艾薇（Elvi）拿著一本英譯版的《真實之路》，眼神炯炯地對我說：「這一本書真好，裏面的道理真的好。」

《真實之路》是證嚴上人撰述慈濟宗門如何依止「無量義」法髓推展於人間的書，但與其說是一本佛書，更可說是一本書寫無私大愛在當代無盡苦難處行證之書。

「是經本從諸佛宮宅中來，去至一切眾生發菩提心，住諸菩薩所行之處」，我極愛《無量義經》中的這段經文，一切本如是來、如是去、如是住，一切都是從心，從自己的心來，去到人人的心中。一個從靈魂初始就本具的意識，一直都在、一直都有，那種清淨與純粹從來沒有與眾生分開過。

基督信仰深厚的納米比亞志工將這一本書拿在手中，是握著終於找到真理實踐的出路，「做」就對了的勇氣，可以成為人間苦難導路的力量，幫助人人通達至清淨本性的源頭。那一刻我與艾薇彼此都是感動的，我們明白，宗教的議題不會再是納米比亞的推動屏障，因為道理的最終都將歸一到愛的本質，「愛」沒有任何可分別的理由。

也是從那次之後，納米比亞「真實之路」的實踐，就更立體地呈現出來了。

在枯黃的沙礫山丘與一片銀灰鐵皮貧民區內，有一間獨樹一幟的「慈濟雜貨店」，是海藍色的鐵皮牆，特別鮮明、特別慎重。

講起「慈濟雜貨店」的前身，其實只是一塊破木板牌，上面歪歪扭扭地寫著「慈濟小鋪」。緣由是志工們湊了些糖果、餅乾、小玩意兒來賣，只為堅持讓供食站內的熱食不斷炊，搞出了不起眼的路邊小攤，插上手寫的破木招牌，兜點小生意賺個小價差，幫助供食站買米、買油，好讓社區裏飢餓的孩子有得飯吃。

慈濟在納米比亞是未正式註冊的組織，志工們戰戰兢兢地在社區推動關懷，經歷承受質疑和漠視的階段性考驗，後來供食的堅持漸漸讓社區居民肯定，起「慈濟」這個名號就等同落實的愛，「慈濟小鋪」也就大膽地掛牌擺攤了。

後來一位志工的兒子蓋了間鐵皮屋雜貨店，竟然就大大方方取名為「慈濟」，外觀也漆成非常有標誌性的海藍色。「慈濟雜貨店」內部的貨品雖然不多，但都是貧民區內必須的雜貨日用，一樣一樣整齊地陳列在牆面貨架上。年輕老闆維勒寇許（Velikoshi）才二十出頭，也是社區志工之一，不但把部分收入用來支持社區供食站，也保留一區個別空間，放些米、肥皂、小物品，讓志工們來取用；有時供食站內的孩子來了，志工們就跑進雜貨店裏拿起一袋小糖果分給孩子們吃。藍色的「慈濟雜貨店」成為大家自力更生的後盾，也名正言順地把慈濟名號打響在社區。

粗粗硬硬的乾旱沙礫地上，貧瘠得種不出好東西，志工們嘗試各種辦法克服。他們跑到外區挖了較肥沃的土壤搬回社區裏，用雙手把土壑鬆，搭了木籬笆，架上圍籬網，一畝小小的愛心菜園就能播種了。有時候志工們也去回收廢輪胎、各種空瓶容器來種菜，這樣水分比較容易保持。

當有一點點小菜葉長出土時，志工們會開心分享照片給我，菜其實長得並不漂亮，但我所看到的總是這群人在硬土地中努力長出來的信心。在非洲，貧窮與匱乏到處都是，但納米比亞志工們不抱怨老天爺給的條件差，只一心想著自己該怎麼努力。

他們也走去很遠很遠的偏郊山丘撿乾草，撿回來後慢慢綁成一捆一捆，每一小捆賣五元（約臺幣十元）。還撿枯枝，枯枝比較重，搬回來後分兩堆疊放，一堆是讓供食站燒柴用，另一堆拿來販賣。

婦女們去募了縫紉機，在手藝好的志工家中成立縫紉班，大夥兒一針一線學縫傳統禮服、裙裝、嬰兒背帶來賣錢。大家嘗試過五、六種不同辦法，親手親腳點點滴滴地掙出足夠的錢，這幾年下來，把社區的關懷工作獨立支撐起來。

「納米比亞人過去只會坐著談論道理，卻不會真正行動。但因為慈濟，現在的我們成長了。」那是多麼踏實的分享，志工話語中的每一個字都洋溢著由心裏自豪的榮光。

人們搬著自己的木凳、塑膠椅，三三兩兩地來到，不久大樹下漸漸聚集了五、六十位居民，面朝著正前方的一排志工為中心，孩子們在周圍坐著畫地上的沙，或把小石頭堆疊數著玩。

納米比亞的志工艾薇也在前方隊伍中，瘦小的她渾身散發飽足的元氣，字字鏗鏘地開講：「在這同一天蓋下，我們都是一家人！」

「學習慈悲與愛人，如果有人有煩惱，也是我的煩惱；當我有煩惱，我也可以與你分享，我們相互關懷。愛，是愛我的家人、愛我的鄰居、愛所有病人、愛納米比亞、愛非洲每個國家、愛全世界。」

「雖然我們都有不同的出身背景，但慈濟不會改變任何人的文化與信仰。如果你的祈禱與信仰與我不同，我們不會說你錯了，因為這個團隊歡迎每個人加入並尊重『原本的你』，這就是慈濟的人文，讓每個人都能夠聚在一起，相互分享。不論任何膚色、種族，甚至所有的宗教在慈濟裏都可以融合，一起付出，我們一定要互助，不要把苦難遺忘在後。」

「全世界的政府都無法解決貧苦的問題，所以我們一定要自己幫助自己的家庭與社區，不要讓上帝給我們的智慧睡著了。」

與社區內所有人都相同，身為貧困泥沼出身的其中一員，艾薇的分享讓所有人的眼睛都亮了起來。

「只要把每個人的點滴智慧與天賦集合起來，不是為自己，而是為社區來付出，自力更生，就能讓慈濟在社區發展茁壯，然後我們就可以把愛跨越到其他遙遠地區、其他國家。」

「運用你的天賦，上帝已經給予你天賦了，要去分享、去創造更多可能。因為『一能生無量』，點滴能夠創造大改變。」

在電腦前一邊聽打、一邊翻譯的我，被這段充滿穿透力的分享一層又一層震動，內心沸騰得幾乎要從椅子上跳起來了。「對啊！一生無量，這就是真實之路！這就是真實之路啊！」我的心雀躍地高呼著，我能懂他們，我能懂他們內心世界是從何而來、去至何處、又是如何做出所分享的每一字每一句，他們精準地弘揚出力道，一切如此契合著。

暗室中必有寶藏，只是不曾有人為他們點燃一盞燭光，幫助他們照見自心的豐富，從此不再自我沈淪於黑暗之中。五年多來，我看到納米比亞志工們不僅已經找到自心的寶，學會了把持那一盞燭光，也正在努力幫助他人把心照亮。因此於我而言，非洲從來都不是苦難大陸，只是長期以來缺少被正確引導的機會而已。

蒸氣煙捲又飄起了，香氣四散，一鍋白白淨淨的熱米飯，又一鍋紅紅綠綠的熱菜泥，一人一手提著空便當盒的孩子們已排出長長的隊伍，志工們在樹下忙碌不停。稀稀疏疏的樹蔭，窄窄的鐵皮屋影子邊，依然是納米比亞供食站開動後的食堂，孩子們樂於就這樣擠在一塊兒，一起唱著歌，一起享用著餐盒中的愛心熱食。

「自力更生」到底是什麼意義？或許應該是一群人找回了自性的光輝，終於從自艾自憐中站起來，啟動自己的力量，更新了自己的生命。從自性的「掘」到自性的「覺」，原來無量義、無量愛、無量的心靈價值都在其中。

納米比亞的故事寫了好久，準備收筆的最後，我突然想起了這段經文，「奇哉奇哉，一切眾生，皆具如來智慧德相，但因妄想執著，不能證得，若離妄想，一切智，自然智，即得現前。」我覺得自己的體會好像比以前更深了一點，也更加明白為何會在這塊非洲大陸上，與這一群人如此相知相惜的使命與意義！

輯四

十二道關卡黃皮書，馬拉威

小小的黃簿子在出入部分非洲國家時，與護照幾乎同等重要。帶著護照、黃皮書、瘧疾藥片等簡易行囊，裝著必備器材，團隊再度踏出了步伐。此行目的遠在兩千四百多公里外，一個更加貧困、更多疾病的新國度——馬拉威。

高空中俯瞰，入冬的非洲大地依然如此遼闊，就是枯黃得過於老氣。河流在這塊古老大陸上曲折刻下蜿蜒的弧，像是所有人心中的問號，「那會是怎樣的國度？」「未來會有多少的挑戰？」

人海茫茫中遇見你

第八國

在此之前，我不懂黃熱病是什麼。直到二〇一八年七月中，跨國團隊從診所各自領取到一本黃皮書——國際預防接種證明書，上面註記著黃熱病疫苗的施打紀錄，我才知道這本小小的黃簿子在出入部分非洲國家時，與護照幾乎同等重要。醫師幫每個人開了數日份的瘧疾藥片處方箋，叮嚀著大家，出發前一日就必須吞下第一顆瘧疾藥片，然後每日持續服食直到返國後七日，不可間斷。

八月份，護照、黃皮書、瘧疾藥片，簡易的行囊內裝著必備的器材，團隊再度踏出了步伐。

班機從德本出發，中途經約堡奧利弗・坦博國際機場銜接下一段航程。此行目的是在兩千四百多公里外，一個更加貧困、更多疾病，但慈濟從未涉入，亦毫無志工基礎的新國度——馬拉威。算一算，這是我們在非洲南部、東部所要拓展的第八個志業國了。

高空中俯瞰，入冬的非洲大地依然如此遼闊，就是枯黃得過於老氣。河流在這塊古老大陸上曲折刻下蜿蜒的弧，像是所有人心中的問號，「那會是怎樣的國度？」「未來會有多少的挑戰？」

忐忑的心隨著班機漸漸靠近布蘭岱(Blantyre)，在機長宣布降落之前，機窗外的風景都還是黃土地及零星屋舍。

布蘭岱的奇來卡機場給人深刻的第一印象，因為那幾乎是團隊內每個人所見過最小、最簡單的「國際機場」。下了飛機，跑道旁幾步路就是機場建築，行李輸送帶旁就是海關查驗處，入境處旁就是出境處，查驗站前方就是機場大廳，所有的硬體都簡易至極，但通關程序卻令人感到頗為繁瑣。

機場外的布蘭岱，樸實得像另一種世界。放眼望去一片片長在地平線上的淺丘或小山，銜接總有積雲的藍天。雲是這個世界中唯一不斷變化的元素，說聚就聚、說黑就黑、說雨就雨、說散也就散了。否則馬拉威真是太淨素了，就連呼吸的空氣都帶著匱乏感。

但或許也該慶幸，這兒真是世界上僅存的、為數不多的、尚未被物質文明汙染的淨土一片。而馬拉威人的內心，是否也和眼前的一切一樣，被厚厚的純樸包覆著？

深深吐納著馬拉威的氣息，才又更加強烈地意識到，我們對這裏如此一無所知，卻真的勇敢地到來了。

一切剛剛好

世界上一定有種巧合，叫做人海茫茫中遇見你。

那日的德本巴士站內，一位眉目清晰的年輕人正在等著誰。剛結束遠程任務的本土幹部們，正巧也在德本巴士站等待慈濟車來接他們。車站內像這般等候、來去的人從來不缺，但本土青年幹部山姆卻直覺地走向前，與這位年齡相近、貌似投緣的年輕人友善地搭起話題，不一會兒，兩人愈聊愈開心。

年輕人叫麥可（Mike），來自馬拉威，為了處理工作才來到南非德本。山姆為麥克介紹了自己以及一旁同行的團隊們，也與麥可分享大家都是時常出入鄰近國家帶動關懷的慈濟志工。

兩位年輕人匆匆相會，匆匆對話，在彼此告別前，相互交換了電話，相約將來有機會，麥可也要跟著慈濟一起做志工。

這是二〇一七年十月發生的一則小插曲。當時誰也料想不到，那日的巴士站偶遇，竟和隔年的馬拉威本土志業起步，產生了至關重要的銜接。

二〇一八年八月首次跨國至馬拉威的第一天，在布蘭岱當地臺僑的協助下，同行的華人幹部了解到在馬拉威如此赤貧的國度推展慈善工作，處處皆官僚。按照當地臺僑的經驗，團隊得先送信至縣長辦公室申請拜會及說明，進入社區或部落關懷前，亦需經由酋長及衛福部許可。這也代表說，光是一連串漫長的官方消耗，這趟跨國關懷的任務就什麼也做不了了，這是多麼令人沮喪的一件事情啊！

好在山姆一直沒有忘記麥可，那位前一年在巴士站相談甚歡的馬拉威青年，山姆早在跨國啟程前幾天，就先與麥可連絡上了。幸運的是，麥可的家也在布蘭岱，山姆告訴他，慈濟馬上要在馬拉威帶動志工了。

於是跨國第一天下午，當所有人都未知隔天的行程要如何計畫，山姆拿起了手機，又找到了麥可。電話那頭的麥可十分有把握團隊來到社區訪視，無需跑那些繁複的官僚程序，很快地團隊與麥可做好約定，隔日相見。

就是這樣非常小概率的機緣，被志工們緊緊地抓住了。麥可成為我們在馬拉威的第一位聯絡人、第一個本土志工，而麥可所居住的社區馬沁杰芮（Machinjiri）也成為慈濟在馬拉威第一個走入帶動的關懷據點。

原來人海茫茫中，一切都如此剛剛好。

沒門沒窗的紅磚房

麥可總說，這是太不可思議的一天，他不敢相信慈濟真的說來就來了，在自己土生土長的地方，竟然迎來前一年在德本巴士站匆匆相遇、一襲藍衣白褲的人們。

麥可是個商人，所以家境還不錯，跨國第二天的上午就先邀請團隊到自己家裏坐坐。他的表哥理查（Richard）也在，兩個兄弟和跨國團隊分享許多馬拉威人民的貧苦及官僚貪腐的問題，身為馬拉威人的他們，對於這樣的大環境，充滿著許多失望與挫折。

團隊細細地聆聽兄弟倆的陳述，也不時交換自己跨國關懷其他鄰近國家的經驗，建議兩兄弟若仍期盼為自己的國家創造轉變契機，可以與慈濟一同來「實做」，或許就有機會凝聚「淨化人心」的善力量。兩兄弟開心極了，於是下午就以自己家為起點，迫不及待地帶著跨國團隊走入了馬沁杰芮社區。

馬沁杰芮仍算是離布蘭岱市區不遠的社區，不很偏郊，住戶也較密集。麥克與理查領著團隊穿過一片斜坡樹林，來到一戶紅磚屋前。紅磚屋沒有窗，窗戶被鐵皮封死了，也沒有門，讓人直接就可以走入屋內。屋內瀰漫著十分詭異的臭味，愛麗妮絲阿嬤(Elliness)和略有精神障礙的兒子住在這裏。

灰暗的屋中散著幾只鍋、盆、桶，另一處堆放了一些雜物，有破草蓆、衣物、塑膠袋，角落還有半包玉米粉，這是精神障礙兒子的起居角落，惡臭就是從這個空間飄散出來的。

這股怪味真可以把人瞬間嚇跑。但看到幾乎空無一物的屋子，老奶奶和兒子睡在泥土地伴著惡臭的雜物堆，志工們不忍心，決定幫老奶奶打掃。但絕對不是自己打掃就夠了。

真本事該上場發揮了。跨國團隊立刻竄到左鄰右舍，把人拉到戶外聊天。

「我們是從南非來的慈濟志工，看到隔壁阿嬤住在這麼髒臭的屋裏，實在心疼。相信你一定也很關心、有愛心。所以明天上午，我們想再回來幫阿嬤打掃，能不能邀請你也一起加入我們？」

一群面孔陌生又散發熱忱的外地人，流竄於這家、那戶，立刻把當地人的好奇心與慈悲心拉成一團。

利用「見苦知福」創造出社區的注意力，絕對是挖掘出社區志工最好的方式。因為唯有讓當地人對於自身周邊的苦難，也自發性地昇華起責任感，慈善關懷的效用才會有所延伸，並且夠扎實。

因為團隊們太清楚，我們不是來做短暫的悲憫與施捨而已，我們是要用赤誠的情，在苦劣的土地上，找出永續的善種子。

草莽隊伍

隔一天，慈濟人真的又回來了。幾位居民和前一日沿街招募來當小志工的孩子們，都雀躍地等著慈濟人回來。

有人握著草編的掃把，有人扛著掘土的鏟，或是兩手空空就來。但其實這支自帶「草莽精神」的掃除大隊有什麼工具、是什麼成員，一點也不重要。反而愈是七零八落地來，「草莽英雄」的土味愈是道地！

有人掃、有人搬、有人徒手就抓，在濃郁異味的雜物底下，志工們掀出了密密麻麻的吸血壁蝨、跳蚤亂竄。大家沒在怕，大大小小的身影忙進忙出，愈忙愈樂活。

整理的過程中，終於找到愛麗妮絲阿嬤家的門了，是一片薄薄的草蓆，還有幾顆大大小小的石頭，石頭是夜裏用來把草蓆壓著「關門」的。起初我們覺得驚訝，後來才漸漸明白在馬拉威許多人的住屋都是沒門沒窗的，甚至只是由土磚砌成的屋，連紅磚都沒有。

兩位志工一起把草蓆拿到屋外晒，小小的孩子們把石頭搬了出來，各種大大小小的雜物也都搬出來整理。志工們幫忙找來清潔公司，將屋內噴灑消毒藥水，好讓吸血的壁蝨、跳蚤滅絕。該歸類的物品，整整齊齊地放回屋內適當的角落。

愛麗妮絲阿嬤樂呵呵地笑了！笑的不是我們給了阿嬤什麼，笑的是「熱鬧」，這種社區內愛心動起來的熱鬧真是頭一遭。

「Zikomo! Zikomo! Zikomo Kwambiri!」阿嬤拉著志工們的手一直說。原來這是奇切瓦語「感謝！感謝！非常感謝！」的意思。

乘著氣勢正鬧騰，團隊邀請所有一起幫忙的居民都到麥可的家裏來，慈濟在馬拉威的第一場「愛灑分享會」開講了！所有人都迫不及待地想要知道更多。透過行動、透過分享，我們已經大大地顛覆所有人對貧困的思維，也好好地演繹了「愛」是世界上最無法被束縛的無窮可能。而且「愛」每個人都有，沒有一個人是真正的窮困與匱乏。

當日，我們在馬沁杰芮共招募到十七位大志工、七位小志工。這支草莽成軍的新志工隊伍，有滿滿的草莽精神，也有馬拉威人苦不倒的樸質韌性。他們平凡的外表有無法憑藉肉眼看透的寶貴潛能，只要對準「心靈寶藏」這一要點，絕對是抓住了關鍵與契機。

大山內的部落

走入馬沁杰芮的第一天，一個賣洋蔥的人指著不遠的、尖尖的那座大山，告訴志工們：「山的另一面，有個部落更窮苦。」當日下午，團隊駕車繞過了山，駛了約半個小時的車程，抵達山中的部落——青溝貝（Ching'ombe）。

部落的入口處是全村的集會所，酋長正在主持一場喪禮。團隊與幾位馬沁杰芮的新志工在車上耐心地等待喪禮結束。等待中，一位機靈的小志工好奇地發問：「為什麼慈濟人要做這些事？」團隊內資深的幹部溫柔地看著孩子的眼，告訴他：「因為我們希望所有人都變成好人啊！」

對於這個答案，孩子覺得滿意，點著小腦袋瓜笑了。

一個小時後喪禮結束，幾位高大的男士迎面而來，中間個頭最瘦小、架勢卻不小的正是酋長高非（Godfrey）。近百位部落居民隨後紛紛跟上，都聚過來。

女人們坐在泥巴地上，男人們靠著外圈站，雙手環抱在胸前，兩眼盯著陌生的外來者，志工們幾乎被全村包圍了。高一百八十公分、足八十公斤的大塊頭理查，略躬著身一邊將慈濟人介紹給酋長，一邊幫忙翻譯。酋長直挺挺的，雙手插著腰。

深諳部落傳統的華人幹部，代表志工們向酋長致意，分享慈濟是來傳遞一分善理念，期盼為村莊創造更多互愛與團結，也請酋長允許志工們向村民說說話，讓大家了解我們的來意與善意。

酋長不懂英語，話也不多，聽著翻譯時還是插著腰，臉部表情不喜不慍，就是點了幾下頭，表示同意了！

「讓部落裏每個人的心團結起來，相互疼惜、相互愛護，絕對是有辦法做到的！」夕陽均勻地灑在這片開闊的土坡平臺上，志工們高聲對村民分享著，與那柔和得偏橘的暮色一般，都在把握今日離去之前，將所有的暖意再多留下片刻。

酋長、村民與慈濟人約定好了，隔日下午還要再來，一起試試看如何「做就對了」！

無知的謙卑

上午才草莽成軍的馬沁杰芮志工隊伍，滿溢著幾近沸騰的雀躍，下午就和南非的團隊再度翻越大山，依約回到青溝貝部落。

高非酋長與幾位男眾村民，領著團隊與志工們，走成一條長長的隊伍，在團隊第一次跨國至馬拉威的第二天，我們進度超越，直入馬拉威的「部落實態」。

青溝貝幾乎和馬拉威所有的傳統部落一樣，它就是一個縮影。在馬拉威，百分之八十的人們都生活在如此低物質條件的環境中，人們以農務為生，設法自給自足是每個部落酋長帶領全族生存下去的首要重點。

八月份的青溝貝，到處都是一方又一方的泥土地，放眼望去光禿禿的高低丘陵，初來乍到會誤以為這裏貧瘠又荒涼。但其實部落裏的人都知道，眼下正是下一季播種前的預備期，土壤正在整平、深翻，所以看似什麼都沒有，但等到十一月雨季來臨前，玉米種子就會入土了。

馬拉威處處是磚房，部落裏更不用說。馬拉威的土壤偏紅，遇水之後的黏性特質非常有用，部落人們赤足踩著溼泥濘，用模子塑形成土磚造房。部落裏也有專門堆磚窯的人們，將土磚燒成紅磚來賣，紅磚不怕被水融化，所以能蓋紅磚屋的家庭比土磚屋的更好些。

唯一就是偏郊的部落缺少水泥，水泥要到市集上買，價格貴，多數的人買不起，所以部落的磚房，多是用泥巴砌的，泥巴怕雨，雨大了，磚房就會倒。但總在雨過天晴後，會看到人們再把紅磚撿回來，或是再多塑些土磚晒乾，就地把房子補蓋回去。

只有少數的家庭有門窗，但這一點也不奇怪，人們會用蚊帳、長布幔或是蘆葦蓆當作門或窗。磚房內極少有家具類物品，但一定會有蘆葦蓆、鐵鍋鐵盤、塑膠水桶和石頭圍成的灶。因為人人的生活水平都差不多，這家那戶彼此不陌生，沒門沒窗也不擔心。所以馬拉威的治安比起相對富裕的南非來說，真是好太多了。

光從人與人之間的眼神交流及言語互動，馬拉威人內心散發出的和善，會讓我們在南非生活總習慣緊繃的戒備心，不知不覺都放下了，更不知不覺地快速融入在這不需要與人對比物質的純樸世界。

談到蘆葦蓆，可是家家戶戶重要的必需品，溼地邊長的粗蘆葦是很普遍的植物，人們將蘆葦砍了剖成片，再用植物纖維搓成繩，以粗鐵針縫成蘆葦蓆，蘆葦蓆就是床、是餐桌，也可以是門、是窗。

但有鐵皮屋頂的磚房就較少見了，因為鐵皮是靠近市集才有的建材，一般人也不一定買得起。愈偏郊的部落，愈多草屋頂搭成的磚房。人們知道該在雨季來臨前去哪裏收割細蘆葦草，晒乾後如何綁成捆，再如何一捆一捆地鋪上屋頂。馬拉威的部落，滿滿非洲人生存的智慧。

若以物質世間的角度來看，我們大概都會哭著說，馬拉威真是太窮、太原始了，尤其像愛麗妮絲阿嬤家的狀態，走入了部落才發現比比皆是、比下更有餘。在馬拉威，真正的考驗反而是我們這些外來的慈善工作者，如何不讓巨大的反差對比、滿溢的悲憫情懷模糊了視野深度。更該做的，是讓自己緩一緩，靜心觀察眼前的一切，多理解人們在如此極簡的條件下，是如何汲取周邊生態的可用資源，創造一代又一代的生存鬥志。

善於發掘非洲人本能的堅韌，顯化他們可貴的特質，感受他們靈魂深處的信仰，然後陪伴他們繼續實踐，漸進堆砌出超越藩籬的堅固情誼，一定可以讓彼此共同攜手，找出突破生命考驗的前行道路。

馬拉威的因緣、馬拉威的一切人事物，都那麼特殊與不同以往。雖然後續我們在這個國家依然不可免除地經歷些許波折，但正因為有波折，反而愈推進著我對這個國家理解的渴望。也在更多的理解過後，我愈來愈感到慚愧，慚愧於只有自己這種外來者或極少與本土志工同甘苦出入打拚的人，才那麼容易被貧富差距的表象迷惑掉洞察力。面對非洲，我們都該隨時反思自己是多麼無知。

所以在進入馬拉威的傳統部落前，請一定要先確認自己能夠懷抱「一無所知的謙卑」。

心靈化學

大群的陌生人來了，站在山丘上的孩子像警備哨兵，遠遠地大喊：「警察來了！警察來了！」其餘孩子們一哄而散地往反方向逃，但想逃又不逃太遠，保持適當安全距離後，好奇地觀察稀罕的陌生人。同行的馬沁杰芮小志工們，用奇切瓦語向部落的孩子隔空喊話，一邊揮舞著手，請孩子們別怕，大家都可以跟過來。

高非酋長熟悉部落內每一戶、每一人，團隊拜託酋長帶大家去看看殘疾病人的家庭或是孤苦的老人家。

高低起伏的丘陵曠野，有一道淡褐紅色的線條，服服貼貼地順著地勢彎曲，那是部落人長年赤足走出的道路軌跡，大家的腳步重複在這條軌跡之上，也跟在酋長的後頭，穿梭在景象稀疏的山野中，有時也會直接橫切待耕中的田畝。從這一屋到那一屋，都得走好長的一段路，大家氣喘吁吁地不斷走著。

全部落清一色散布四處的磚屋中，某間草屋頂破了大洞的磚屋裏，我們遇見了一位老人家，形體又乾又瘦，同行訪視的部落男眾把老人家請到門前的泥巴地上坐著，幫忙向老人家解釋了一番。很快的，團隊們直接上前半跪半蹲靠在老人家身旁，用自己的手拉起那雙如同樹皮般粗糙乾裂的手，用最輕柔、最簡易的英語問候，馬沁杰芮志工反應快速地在一旁同步口譯。

我們這批初訪成軍的草莽隊伍，能帶來關懷的物資非常有限，就是大家在早上出發前，採購了一、兩包二十五公斤的玉米粉，還得用塑膠袋小心翼翼分裝成約兩公斤的更小包裝。上午在馬沁杰芮訪視時發出去了一些，又保留一些下午帶到青溝貝來使用，好讓新進志工們體會如何在有限的資源下，發揮最大的關懷。因為物資再多，終究有所限，但一分虔誠的愛永不於人間耗盡。

志工們恭恭敬敬地將一小包玉米粉和一份紅紅的祝福卡捧到老人家的雙掌之中。一大群人過於慎重的對待，讓老人家黯黯的臉龐從茫然轉變成驚喜，眼中還閃著溼溼的光，千言萬語卻說不出來的複雜神情，瞬間打動了所有人，牽動了大家臉上的情緒，肢體也漸漸產生了變化。

走到下一戶、又下一戶的破磚屋時，不論是從馬沁杰芮來的，或是青溝貝部落的，大家的腰桿子都有點鬆軟、顏面肌肉都有點綻放，爽朗的笑聲也更多了些，有一種無形的感受充斥於所行的山丘之中。

我們都快忘記馬拉威很貧乏這件事，反而融入在那景色單一的純樸，沈浸於人與人之間不需要多餘外物與媒介，就可以平等互通的心靈交流中，簡直太神奇了。反而姿態一直很克制的高非酋長，用著一貫的酋長威嚴從旁觀測，兩眼直直盯著慈濟人、盯著大小志工們，也盯著自己部落的人們，怎麼在短短的時間內就作用出那麼多心靈的化學變化，自己卻有點格格不入了？

一位華人幹部走到高非酋長身邊，輕輕地問了一句：「您覺得這樣做好不好呢？」

酋長回答：「很感動。」還是必須有點酷，還沒想要說太多。

華人幹部進一步鼓勵酋長：「其實您也可以感動人，要不要一起試試看？」

酋長竟也就「噗通」地蹲下來，與志工們一起窩在一位老婦人身邊。那一刻，我們發現酋長的眼淚也幾乎快掉下來了。

這一天的最後，酋長要慈濟人隔天再來，他會去集合更多村民過來。

隔天，也是團隊來到部落的第三天，景況又變了。當大家走在與昨日同樣的山丘上，遠遠地傳來吱吱嘎嘎的笑聲，部落內的孩子們像是被野放的精靈一般，此起彼落地又叫又跑，靈動得像風一般快速，斜穿過深翻後鬆軟的玉米田地，從四面八方的山丘上竄下。稍不留神回頭再看，身後不知何時已跟來三、四十個孩子，幾乎都是赤著腳丫，破衣服上都是土，卻精力旺盛地像猴崽般蹦跳，把訪視隊伍瞬間拖成兩倍長。

部落的山真的好大，再走一遍也彷彿沒有盡頭似的。青溝貝訪視之路，大家忘了飢餓、忘了疲累，大概都讓感動給餵飽了吧！在連續兩天的深入關懷後，村民真的體會到第一天慈濟人來到部落時，對著大家說的，「讓部落裏每個人的心團結起來，相互疼惜、相互愛護，絕對是有辦法做到的！」

酋長的眼淚這回真的掉下來了，當眾與部落村民們分享：「這個組織已經給我們方向、目標和方法，我們知道怎麼做了，請大家一定要好好地跟著他們一起做。」

那一日結束前，酋長終究還是解放開高高在上的尊嚴架子，舉起雙手在慈濟人面前跳起來說：「村莊有希望了！大家有希望了！」就像部落裏最無邪的孩子王般，不斷雀躍地跳著！

十二道關卡

有問題？沒問題！

移民官仔細翻了翻手中的護照，瞟了一眼站在前方的人，是個南非來的。又拿起了黃皮書，打開內頁，一臉困惑的表情，搖著頭說：「啊！你沒有瘧疾的蓋章啊！」

「瘧疾不需要蓋章啊？我上次來沒有這個問題！」

「不！不！不！你需要瘧疾的蓋章，這個東西有問題。不然你去那一邊，有一個醫師，他會跟你說。」

南非人傻愣傻愣地往旁邊走，也沒有標示、也沒有桌椅，就只見一棵樹下一位身穿「白袍」的男士，正專心地咀嚼一包花生米，那大概就是醫師了。

「啊！裏面沒有瘧疾的蓋章啊！」穿著白袍的，所謂的醫師說。

「瘧疾不需要蓋章啊！我上次來沒有這個問題，我在機場也沒這個問題啊！」南非人努力地解釋著，按照經驗，這真的不會有問題的。

「不！不！不！你需要有瘧疾的蓋章，你沒有，就有問題。」白袍醫師嘴裏卡著花生米渣，口口聲聲堅持是問題，就是個問題。

南非人還是搞不懂哪會有印章；瘧疾是靠吞藥片防治，不是打針預防的，國際預防接種證明黃皮書上要如何生出證明章？但這些人說有問題，就一定有問題。僵持不下的最後，南非人不明不白地掏出鈔票，還讓移民官語重心長地提醒他「下次必須蓋印章喔！」

面對那些手握出入境定奪大權的人，南非人身處異鄉的邊境，不能前進也沒得後退，無助極了，那又能怎麼辦呢？最後終於學懂了一條圭臬真理——只要沒錢，不是問題的都有問題。

那些沿路顛簸、超乎腦容量、諸多令人抓狂到搥牆吶喊的荒誕，都得從第三次跨國馬拉威說起……

十二道闖關

二〇一八年兩度馬拉威跨國行後，延續拓展的任務就由本土幹部們全然承擔。更大膽的是，來回共四千八百公里的路程，不再以飛航前往，而是搭乘長途跨國巴士來完成。在那迢迢漫漫的地表移動中，共需跨越南非、辛巴威、莫三比克三個國境，最後才到馬拉威。光是一次出國，來來回回十二道關卡，蓋在每個人的護照上共十二個出入境章。不包含留駐於馬拉威境內推展關懷任務的時間，僅是交通往返，就約一百個小時的旅程時數。

十二個印章是十二道闖關，先驅志士們得一路破關，通過十二道晉級，搜集十二枚印記，獲得最終成功。這不是電玩競技，這是真實志業中，不折不扣，注定充滿挑戰的真人任務。

光從打包行李開始，就先困擾著我們，沒人知道該如何打包，對於一條沒走過的實驗路線，誰又能料想到又出又進的關關卡卡中，會遇到什麼樣的刁難？為了達成目的，我們推敲過往跨國之路吞忍過的磨難，沙盤推演於新路線，盡量把裝扮及行囊低調化、分散化。比如捐贈用的白鞋、二手衣、志工服、祝福卡，都盡量拆裝到不同幹部的行李中。連交付給本土幹部跨國使用的零用金，也分裝於多個信封袋，讓大家分散保管。我們極力在事前準備中降低不可控意外發生的機率，否則一點點小疏忽，極可能造成團隊整段旅程的風險。

又是個極具披荊斬棘意義的遠行。總是戰戰兢兢的，我還是問了他們相同的一句話：「怕嗎？」兩老兩少自信滿滿，回送我一抹微笑：「不怕！使命必達！你等著我們回來。」

於是二〇一八年十一月二十一日晚上九點，一班由德本開往約堡的巴士上，四位裝扮便常的普通乘客，兩老兩少相伴，護著隨身現金、重要資料，背包內的攝影機、電腦等跨國器材不離肩地夾緊，一人一手又拖著二十公斤的行囊。他們行動低調，上路去了。

長征修煉

隔天二十二日清晨四點半，巴士抵達約堡後，四人繼續等候三個半小時，上午九點又搭上第二班巴士。於此，「長征」才正開始……

團隊所搭乘的 Intercape 巴士，是南非著名的國際巴士公司所運營。第二段由約堡前往馬拉威布蘭岱的巴士，雖是一路直達，無需中途轉車，但得由南至北直穿辛巴威，切入莫三比克西北端國土，再由馬拉威南端入境。理想的車程時數共三十六個小時，若不幸遇到路況不佳、交通意外，也可能耗時五十個小時以上，相當於僅是去程，就由原本的三天兩夜，拖延成四天三夜，過著吃、住、睡都只能在巴士上的生活。這種不可抗的極端考驗，團隊也曾經遇到過一次。

Intercape 是推崇基督教信仰的巴士公司，所以此段征途出發前，會有一位牧師到車上帶領全體乘客祈禱，除了感恩主的恩典，也祈願旅途平安，更讓人感覺像是上了部「歷險之車」。禱告約十五分鐘，禱告後司機才會發車。這條路線固定有兩部巴士同行，各自又拖著約十呎的貨櫃，裏面除了乘客們的行李，還有很多其他貨品。也因此，車行速度很慢，兩部巴士相互照應。

旅途是白天黑夜、黑夜白天地走，因此每部巴士都有兩位駕駛輪班開車，配上一位助理同行，沿途關注乘客需求，提醒旅途中會發生的種種狀況。

上午從約堡出發後，巴士只在南非境內停了一個休息站，僅十五分鐘的休息時間，傍晚就抵達辛巴威的交界，準備入境。入境辛巴威後，就不會再有像樣的休息站，休息站內也總是大排長龍。後段的道路多是單線又坑坑疤疤的道路，愈走愈僻壞。

巴士上雖然有廁所勉強可以解決「一號」需求，如果想要「二號」，乘客們必須奮勇舉起手來，巴士助理會拜託司機將車停在路邊，乘客們奔下車後自己找路邊隱密的樹叢完事。但是漫漫黑夜北穿非洲內陸的單線公路邊，烏漆抹黑的樹叢會不會有蛇或其他東西？想起來就讓人害怕，一怕就提起褲子趕緊跳回車上。所以幹部們說，基本上他們都是整路忍耐著三天兩夜不解放。

穿越過一夜寂靜星空，一路持續北往東非的方向，赤陽升空後，火辣辣地照在鐵皮車廂上，發燙的道路，兩面沒有綠意的荒陌，巴士內的空調是不管用的，人們一個挨著一個像是烤箱中烤到出汁的肉團，夾雜汗酸與體味，肉團與肉團們一邊修煉「煎熬」，一邊修持無色身香味觸法的「淡定」。

確立模式

在辛巴威境內，歷經十五個小時的車程，團隊於二十三日上午九點抵達辛巴威和莫三比克邊境，闖關遊戲難度提升。密集的一道道出境、入境，團隊四人必須隨時假裝互不相識，夾緊外套內層的現金、重要證件，顧牢重要跨國物資，全神戒備身邊探頭探腦的人物。

入關莫三比克，檯面下躲躲藏藏的事都正大光明地辦。馬拉威人、莫三比克人可以在護照內塞點錢，人留車上，掏出護照就有人拿去處理好入境手續。來自其他非洲國家的，正正當當帶著合法護照，下車排隊，一一面對查驗，卻被刁鑽打量，再被討要個行情價，不收本國幣，只收南非幣，因為南非幣更有行情。還得自備零鈔，否則那些人拿了大鈔不找零，整張收走，不給收據，讓人冤得不得了。官方欺負良民，非洲人壓榨非洲人的貧苦錢，非洲人氣到想吐血，但又心知肚明這種汙爛穢事，不必驚訝，總是存在的。

最令人害怕的是最後入境馬拉威的那一關，海關無所不用其極地查驗每一項雞毛蒜皮。於是兩部巴士各自拖行的十呎貨櫃終於「開箱」了。那真是一個恐怖箱，裏面任何能想像到、雜七雜八的東西應有盡有，電視、冰箱、洗衣機、桌子、櫥櫃、沙發、鍋碗瓢盆，簡直就是百貨貨櫃。每一項都得從貨櫃內搬到貨櫃外，攤在地面上一項一項查驗，查驗完成後再一項一項搬回貨櫃。

至於旅客們的行李，也被翻得很仔細。團隊一開始不懂，在海關前有幾個人想來幫忙搬行李，團隊死守著行李不讓搬，過關時整箱被翻透透，問東問西，又藉故討要南非幣一百五十鍰。後來學會了，一百五十鍰一件行李，讓人搬過去，不會打開、不會被翻，也不找罪受。

這一段人與物的翻天覆地，前前後後耗費五、六個小時，還不一定鬧得完，終於讓人抓狂至極後，二十三日晚間才得以全車通關完畢，巴士入境馬拉威。

又度過了數小時，幾近午夜，團隊才真正抵達布蘭岱。

團隊內的每一位幹部都與我分享過，自己好幾次實在忍無可忍，幾乎要破功飆罵仗勢欺人的官僚，最後在彼此的勸解下，學習強耐憤慨的心，冷靜思考自己究竟為何而來？

想到的總是在關卡過後，馬拉威的志工們在等待著自己；部落的孩子們飛奔著灰灰髒髒、粗粗開開的小腳丫，熱情迎接志工的燦爛模樣；還有那些貧病苦的老人家，盼著有人來，黯然的眼眸就有精神了。原來這些可愛的、令人疼惜的人們，早已是幹部們繫在心頭上的方向！

再問一句「為何而來」？絕對是為了成就大愛而來。若無「無私大愛」源源不絕滋養內心的強大，這一條荒誕的跨國征途，誰又能走得下去呢？

於是幹部們又一次地扛起行囊，出發前依然笑瞇瞇地要我寬心：「不怕！使命必達！你等著我們回來。」他們繼續搭上了巴士、繼續闖過一關又一關。

他們義無反顧，他們披星戴月乘載非洲使命。

也因為有他們的堅持，馬拉威跨國及志工來往的路途模式，從此穩固地確立了下來。

愛的氣旋

二〇一九年三月，伊代氣旋重創東非三國。然而伊代過後，並不太有人注意到，天地間又悄悄蘊積出一股自帶引力的副效應氣旋。

它初始於悲傷低谷，又破出於雲霧陰霾，奮力地轉旋於框架之外，滌濯為一心純粹，無意間也把一群人的生命緊緊旋繫在一起。這股氣旋睜眼看不到、伸手摸不著，也就只有那些刻骨銘心體會及經歷過的人們，於層層羈絆及反思中，睜開最清澈的眼，看懂了世界，也透澈原來世間所有的可能性，都因先有了愛，而開展無盡的延伸，最終導出一股專注且永恆的作用力。

這股至今依然盤旋的淨透氣旋，它和伊代絕對不同，它真真確確地，就發生在那風雨肆虐後，靜止無痕的天邊總會出現一抹鮮明彩虹的質樸國家——馬拉威。

暴風雨後的一群人

三月八日，布蘭岱的天像是要掉了，驚天暴雨密集地砸了整夜又整日。聽說山區傳出了災情，山下的馬沁杰芮志工們急切著要上山去看，但暴雨持續兩日後才勉強緩下。偏郊的山路幾乎因雨阻斷，執意的志工們還是設法輾轉搭到了車，翻越山嶺來到山上的部落青溝貝。

志工們找到了高非酋長，很快地與酋長、村民們結合為一組勘查隊伍，在那支支離離、滿目瘡痍的山野間，他們的每步腳印艱辛地與溼滑軟爛的土地對抗著。

觸目所及，是人們愁苦地蹲坐於坍塌的土屋前，對著一地土磚碎片嘆息著。這裏、那裏、這戶、那戶，處處不完整的景象，也讓人的心跟著碎了好幾回。查訪堅持到天都黑了，志工們才輾轉下山，回到家中還拾整不了沈重的情緒，又趕著欲將一戶戶殘瓦斷壁的畫面傳送出去，為青溝貝部落回報最真實的景況。

最令人動容的是，這群暴風雨後勘災的第一批人，都是貧困的馬拉威人，也不過是自二〇一八年才初加入慈濟的新志工。他們或許什麼都沒有，懂得也很少，卻是如此即時地掏出一顆同理苦難、滾燙、善良的心，奮不顧身地完成了當時最重要的初步勘災。

而與馬拉威相距兩千四百公里遠的我，於當晚九點，手機「叮叮噹噹」陸續收到志工送來的畫面，在那傳輸與接收完全同步的瞬間，我們被一種奇妙、無距離的強烈共情連結著。我意識到事件非比尋常，心理也預備著必將有許多不曾經歷的決斷與行動會隨之鋪展。

於是幾天後，一批先遣的跨國本土幹部們，就立刻於南非德本出發了。有驚無險的是，他們搭乘巴士的路徑與時間，正巧與當時仍糾纏於莫三比克、辛巴威的伊代氣旋擦身而過。當事後得知伊代詭變的行徑在辛巴威、莫三比克所造成的災情更加慘烈，就感到真的是無比僥倖。

隨後我也參與馬拉威相關事項的聯繫、任務協調與資訊整合，因此第一線人員的安全及狀態都和我密切相關，大約有一、兩個月的時間，整個心都是懸宕他方。

三國遭遇風災的訊息很快成為國際譁然的大事件，接連的每一天，手機幾乎沒有停止收到各方官媒數據、災情評估、物資詢問、關切往來的訊息。往往一日內就百多條通訊，種種關注如重重框架，天羅地網般詭異地籠罩為極不正常的日常，精神上更是一種久久無法落地鬆懈的狀態。

真的還好有他，敏捷立斷於十六日就拖著行囊，由南非趕往馬拉威布蘭岱，準備與本土跨國團隊會合於當地。而一向意志剛毅的他，在心中也早已默默譜出一片清晰藍圖，在外部詭譎不明的氛圍中，他明明白白的。

三月十七日

他與團隊進入青溝貝，親眼見到這處那處的就地潰散，再多的揪心不捨都先忍住吞下，因為不是來難過的！就像窮苦的人們又遇上了災難，哭泣又能如何？愈是無助，愈得堅韌。村民們早已開始就地混和泥巴砌土磚，砍蘆葦紮草蓆，或是綁塑膠袋遮擋無牆無頂的破口處，哪怕只是稍稍搭起可避雨的角落，人們也必須挺著身把支離破碎的日子往下過。

風災的新聞對外報得很大、很重，但像青溝貝這樣的深山小部落，自始至終都不會有外部單位注重，好在有慈濟。對於部落內的人們來說，南非團隊的到來就像是可抓住的一根浮木，志工們也急切期待慈濟能帶領大家從寸寸碎片中調動起來。但該怎麼幫？何處著手？如何展開？當下最大的一片空白，正是一個通盤的格局。

他抵達後的第一要務，就從聚集志工、酋長、村民，耐心的聆聽與溝通開始。短短一個上午之內，就激勵起每個人的意志聚焦，關鍵目標——愛為前提，人人動員，為受災的家庭重建磚房。

無私的思維撥除了徬徨迷霧，目標輪廓就清晰了。重建的模式也因他帶著所有人有條有序的梳理之下，一個下午之內，分工脈絡也組織成形，如一個蝴蝶效應般即將準確地揮起翅膀，牽動出全體的調度——

磚；不能再是遇水就消融的土磚，必須是燒製過、赤紅色的窯磚。志工們找到離部落最近的磚窯廠，以誠心感動老闆，給予四分之一行情的價格，四分之三則化為投入重建一磚一磚赤真紅火的愛心奉獻。

沙與水；由高非酋長一呼百應，負責發動村民人人接力方式步行至山谷下的河邊採沙、舀水，傾全村之人力，一盆一盆地採集最無價的點滴愛心。

水泥；是必須到山下市集採購的關鍵建材，唯有拌入水泥混合過的沙與水，才能夠讓重建起的磚房砌得牢，再也不怕倒。透過志工們的分享，山下的店家也感動了，答應以最接近成本的價格，支援最堅固的愛。

部落婦女們負責成立熱食隊，你家、我家都各自拿出鍋、鏟、勺、盤、桶，拼湊出後勤支援的熱食工作站。人人能吃飽，就有力氣一起拚重建。

重建工人，也找到了，都是真正有建築技術的專業工人，卻因明白重建愛的價值，願意以半薪、半志工的方式奉獻專長兼愛心。

層層、面面、人人一日內皆串連到位，所有基礎立意，沒有任何一部分少缺了「愛」。

難道慈善就只能仰賴物質彌補缺損嗎？絕對不必須是。

難道一無所有的受災民也能夠自助脫災嗎？真空必妙有，只要你膽敢相信，世上沒有任何一雙赤手空拳的十指是掘不出愛與奇蹟的。

模式建立，方向準確，明天，就要正式展開重建了。為了讓疲憊疼痛的老壞皮囊不倒下，他必須逼迫自己入眠，頭一晚就連吞了三次重效安眠藥，終於得以勉強淺睡了三個小時。

三月十八日

深夜，暴雨又起，重重地砸到凌晨仍不停息，彷彿又要再演示一回風災降臨。清晨五點，他望著窗外，想著不可耽擱一日進度的重建，他合十向天祈求，雨別再降了。

一夜過後的山路再度坑坑洞洞，本就知道今日工作會很艱苦，也是最關鍵的一天。從零開始的磨合，將每個人從不知所措和種種猶疑中，一一導入不同工作群組內各就各位，又得宏觀整面藍圖，調伏每一個疑惑，激勵受災村民們迸發更強的自助信念，推進重建速度。這需要體力、需要精神、需要敏銳的判斷、清楚的格局，還有不慌不亂的堅定。

早上十點，破壞是建設的開始，第一間啟動重建的土房，被村民與志工們徒手掀開了殘破的草屋頂、推倒了鬆軟的土牆，十根手指頭就這樣一扒一扒地把具體的房屋拆成平地。暴雨後的路面坑洞，村民們自發動員，也是用雙手將泥土一鏟一鏟地補平破的、裂的，好讓等會兒載磚、載水泥的車輛進出部落時，有個安全。

婦女們的鍋盆傢伙，都聚齊在一棵大樹下，志工們從山下市集採購來了蔬菜、食材，大家就蹲在樹下忙活著，不一會兒絲雲般的炊煙愈升愈高。

一早上，酋長的眼眶就紅紅的，從來不曾這麼感動，所有村民的愛心一下子都活起來了，青溝貝正生機滿滿地躍動著。無私的愛，原來就是這樣，一大事開啟了大因緣契機，整座山的氣息都以此旋轉著。轉起來了、活過來了，一切的苦逆就可以翻越了。

然而，老天爺的盤算也還在虛空中轉，祂仍不想讓地表的事情就此好過……下午四點半，天空瞬息黯然，短短五分鐘內，烏雲籠罩了整座山，雨又開始砸下，如同瀑布迸發，泥巴路又沖成了水道，水流如利刃又把土面切割得四分五裂。大家只能匆忙躲入部落內小小的集會空間內避雨，雨卻一直落到傍晚六點才止住。夜要來了，志工們趕緊發動借來的兩部車，想乘天光入滅前撤離山區，但輪胎實在抓不住如泥鰍般溼滑的路面，兩部車竟前後溜入路邊高低落差二十公分的泥巴溝中，輪胎陷在裏面。

不再有光了，只見到一閃一閃的車頭燈還歪歪地亮著。今晚下得了山嗎？真的不敢問，好在十幾位志工都陪著團隊，只有靠人力了。那一雙一雙白天一起推倒土房的手，又於漆黑的山中一遍再一遍地齊力拖起車身，設法把輪胎挪出泥溝，還需小心翼翼地把車子推到土路中央，僅是短短兩、三步距離的移動，前前後後耗了一個小時才脫困。

即使脫困了，泥路的滑溜還是太危險，只能極度緩慢地前行，志工們就用自己的身軀護在車輛兩旁，只要感覺車體稍有偏滑，就使力把車子推正。偏左了些，就往右推正，偏右了些，就往左推正，這部車、這條道路必須不偏不倚地前行，因為這本就是大家共同選擇的方向。

就這樣摸著黑，護著車，更護著彼此，唯一的仰賴是閃閃的車頭燈照耀前方，唯一的專注是要一起走出這座山。一直到晚間十點，我才終於收到遠方馬拉威傳來的報平安——「回到住宿點了，勿掛心，快去睡吧！」

這就是重建的第一天，所有艱深的考驗彷彿都被刻意安排於同日發生。但也正因如此，所有志工都被激出咬斷牙根也願共苦的決心，超越的情誼一日之內已堅韌得無法攻破。外境愈苦、心境愈撼動不了，無形中也滋養出這股神奇的副效應氣旋，從第一天就開始推進旋轉，旋起了無私的心靈，漾起了善良波瀾，勾起了人與人之間疼惜互助的美好。

這就是我想要說的「愛的氣旋」，它以青溝貝部落為中心點，轉呀轉地讓環繞周圍的一切人、一切事都開始發生變化，隨後又無法自拔地被引入其旋力範圍中，愛也因此旋聚、茁壯。

三月十九日

他總是不忘去理解大環境下人們的背景，細膩地切入不同層面，感知每個人的心靈本質，衡量出最適切的方法，大膽破除既定的思維，賦予人人超越自我的機會。於是重建動起來後，青溝貝內沒有人是徒然等待著被援助，人人都是一心護衛於這片無形的藍圖，所以你我都不是受災民、你我都是志工，男人、女人都踴躍地投入重建工作。

由於紅磚只能被大車卸在部落土路邊，再小的山徑就進不去了，人們就接力穿梭於樹叢曲徑之間，十塊磚、十五塊磚地搬，先把磚在地上堆成一疊，壓低身子用雙手一上一下地托著，起身瞬間技術帶出一股巧勁，地上的磚就這樣全部翻上了身，或用頭頂著、或用脖子夾在肩上，踩著平衡的腳步，磚就這樣一疊一疊地由土路邊扛到需要重建的屋前。

一來一回的隊伍當中，身形瘦小的高非酋長也親身陪著村民們投入，搭載在他肩上的磚不比人少。他已不再有初次見面時那高高在上的酋長架子，此刻的他更像引動整個部落發出強大力量的小巨人。

一群包著傳統花色圍裙的各家婦女頂著水桶出來了，女人們不見苦喪的容顏，各各露出潔白的牙齒彼此嬉鬧著，笑聲一個傳過一個，由村頭一直傳到山谷下的溪床邊。婦女們的水桶也是精采的，紅色、橙色、黃色、綠色……，不論哪種顏色，都鮮亮亮著，好似女人們能夠擁有一只好水桶，就是部落內的高級時尚。

溪床邊有一小片天然開展的平臺，婦女們用各自的姿態，有人蹲著打水、有人彎身舀沙，盛入那一個個屬於自己的豔麗水桶。女人們的身段，沒有被頂上的重量壓得笨拙，卻像是一縷精靈般的音符節奏，於沈穩的大山間躍動，即使攀上岩層、石塊，也盈盈地、不疾不徐地線性前行。而她們的繽紛水桶成了地面上會移動的彩虹，襯著綠的底色，映著藍的光景，於溪床與村頭間上上下下、反反覆覆接力著。

孩子們也忍不住放下了遊戲，加入大人的忙碌，他們把搬磚當作更有志氣的遊戲，三塊磚、五塊磚、十塊磚，幾塊都沒關係，每個人掂量自己的個頭與氣力，隨分隨力盡情地搬吧！即使是光著身子、兜著短褲的三歲小童也有模有樣地將一塊磚放到自己的頭上，屁顛屁顛地跟上大孩子們的赤足腳印，放下了磚，又屁顛屁顛地回頭再去頂一塊。

無論多或少，每一塊磚、每一把沙、每一桶水，都驅動於毀傷之後從地湧出的力量，而那不斷移動著、聚集著的人，也被彼此療癒著潛藏深處的裂痕。

我們終於被開拓了視野，能夠遙望青溝貝部落山谷中那一條條忙碌的人群與隊伍，原來正是藍圖上愛的圖塊與線條。當沙與水混合著水泥，堆起了第一層磚，當第一層磚漸漸長成一整片牆，當第一間四面牆的磚房宣告搭砌完成，這幅藍圖也真正具象化地被佐證——這是可實現的。

而他依然帶著志工與村民們跨大步向前，在部落內分不清楚東西南北，比人還高的玉米田野內，與大家繼續摸索下一間重建點落在哪裏。「愛的氣旋」還必須推進得更快速些。

三月二十日

效應擴散開了，山下的市集，也聽說了山上部落以愛重建的故事。路邊的菜販婦人，在志工們每日來買菜的時候，偷偷多塞一把鮮綠的青菜捐出。

菜被帶上了山，讓婦女們用水洗了、切碎了，一只鐵鍋倒了些油，烹煮成熱熱軟軟的菜泥。婦女們同時也用木棒搗著另一鍋白白的玉米粉稀糊，邊煮邊攪拌，一會兒加點水、一會兒再加點玉米粉，愈攪愈大鍋，「噗噗噗」地搗出陣陣熱氣，稀糊變得又稠又重，直到整鍋成為硬糊狀帶有黏性的「西瑪」。純白的「西瑪」配上綠綠的蔬菜泥、紅紅的番茄泥，就是馬拉威人的最愛。

午餐時一盤一盤地分享予重建工人、大大小小村民志工，這不僅是一盤食物，更代表不同形式付出為一的愛心，令重建加入更多的力量與信心。

還有賣水泥的、賣建材的，舉凡志工們採購必經的店家攤販，都被這股善行感染，拿起計算機打一打，降了點價、又再降一點，好加碼上自己的愛心。

隨著重建的住屋間數逐日增加，重建點與重建點之間的範圍也拉開了幅員，磚塊與水泥運輸的距離拉得更廣、更長了。村民們拿起各種挖土工具，乾脆直接把整面山坡路用人力一錘一錘地拓寬了，好讓運磚、運水泥的車輛可以通暢駛入，以卸放於更靠近新重建點的土路邊，再以同一模式動員更多男男女女、大大小小的部落村民，一起徒手搬磚、送水、挑沙。

後勤運作的循環如此不斷重複著，每一日又再添入更多來自部落內、部落外值得感恩、感動的愛心。如此新穎的援助模式，在短短三天之內，已完全於部落內化成形。

三月二十一日

一批住在山上的志工，每天走路一個多小時，來到青溝貝部落投入付出。也有一批住在山下市區邊的志工，每天自費搭乘大巴士，再轉小巴士，最遠的需經歷兩個半小時的交通時間來報到。他們雖然不是青溝貝內的村民，卻甘願奉獻自己的身心勞力於災後重建，他們無所求、無畏辛勞，全是因為心中嚮往著愛。

喬安(Joana)是愛麗妮絲阿嬤的女兒，自從前一年聽聞無緣無故的一群人跑到馬沁杰芮關懷了她的媽媽，住在外區的喬安也好奇地奔來，終於搞清楚這一群人來自「慈濟」，喬安從此許諾加入做志工。

當風災過後，重建開始，喬安盡心盡責投入的態度，被選為「工地祕書」，每天必須關照與協調重建工地的大小瑣事。殊不知幾天前，喬安的孩子正因病發燒，她也不驚動大家，就默默地將孩子託給愛麗妮絲阿嬤照顧，每日依然盡職地來到部落，忙碌於關照其他屋倒家毀的人們。能夠懷抱如此無私的情感，正是因為她曾經因慈濟真正體會到無緣大慈的心靈感動，所以她想付出更多。

高非酋長在部落內擁有一片林區，本是種植木材來營利。部落受災後，慈濟帶出付出無所求的感染力滲透入全部落，身為酋長的他，領頭呼籲村民們不可計較個人得失來自助互助，自己也將私有林區內的木材開放給重建之用。

弗蘭西斯（Francis）是專業營建工人，自身也是青溝貝村民，連續幾日參與磚房重建的工作，看到部落內的氛圍由受災思考轉變為激滿付出能量的景象，讓他感動得不得了，竟主動提出連半薪的工資都不要了，他就是要和大家一樣，成為全心、全意的慈濟志工。

愛琳娜菲（Alinafe）不過是二十多歲的年輕女孩，自己家裏也讓這次風災摧殘了一半，但見到部落內有更多老人的家毀損得更嚴重，急需重建起來，就把本來買給自己重建的一千五百塊磚，主動捐出給慈濟。愛琳娜菲一點也不介意自己的家慢一點才能建起來，反正還有半間屋子可以窩身，自己也還年輕，勘受一點點辛苦也沒什麼。除此之外，愛琳娜菲每日從自己的家中出發，攀過山嶺步行來到重建點與大家一起投入工作，不只捐磚，還有她的心、她的時間、她的生命，她都願意全部付出。

太多太多故事，都滿載著人與人之間的真情點滴，不可思議地交織串連，旋風式地把每一顆心都弄成了一團堅固。

馬拉威的星空

他，潘明水，必須返回南非了，否則他老化的身體將無法再支撐下去。但對於離開並放下仍在重建中的諸多工作，他一點也不擔心，因為他很清楚，所有的精神理念、方法機制，都已託付給一群充滿願力、無懼承擔的志工們了，他真的很安心。

想起重建啟動的第一晚，困於狂風暴雨後的黑夜裏，團隊車輛陷落於泥溝與大山的艱苦，與所有人咬著牙熬到自己即將離開馬拉威的最後一夜，下山的路上，還是那麼漆黑、還是顛顛簸簸，但內心卻有股難以言喻的激動，摻帶著無與倫比的甘美。
不只是他，還有每一位同行共苦的志工們，在暗暗的夜空中，望著車頭燈照著的前方路，大家皆無須言語，就能夠滿溢著心靈相通，熱淌淌、沈甸甸的感動。
或許是因為今晚馬拉威的星空更加清澈明朗了，讓繁星點點都比平時更耀眼了些，大家也都更篤定了彼此一致的方向，就像每個人再也不會懷疑自己的心裏有光、自己的生命有光。
而我，在手機的這一端，心隨著馬拉威那端每日傳來的畫面與故事，彷彿也隨著他們穿越了那一片草原、那一片星空、那一襲黑暗中的顛簸，我的心也熱了起來，還有眼眶中止不住熱熱的淚水，不斷流淌下我熱熱的臉……
這一切，應該都要怪這股神奇的「愛的氣旋」，不知何時已經悄悄地、暖暖地作用到每一個聽聞過這段故事的人們心中了吧！

等我們回來

追蹤矩陣

青溝貝的磚房重建仍持續進行著。四月中，另一組同樣背負厚重寄託的關懷團隊，也從南非來到了馬拉威。他們參照著聯合國(UN)國際移民組織(IOM)流離失所追蹤矩陣(DTM)所公告的伊代災情報告，對布蘭岱以外毫無志工基礎的地區展開探索。一切皆無所預知，只能懷抱生怯與勇氣雜揉的心情，團隊後來前往姆蘭傑(Mulanje)、奇夸瓦(Chikwawa)，以及馬拉威國土最南端的恩桑傑(Nsanje)勘查。

由於路線陌生、人脈也陌生，好在有積極認真的工地祕書喬安，由青溝貝重建的繁瑣事項中抽身，預先花了兩天的時間，來回轉搭五、六班交通車，前往姆蘭傑、恩桑傑摸索前勘。預勘時盡量避開災後擅長與慈善攀附選舉宣傳的地方政治接觸，僅單純進入受災點，單純地與在地人溝通。

二〇一九年四月十一日，團隊由布蘭岱往東走，一路上幾乎只見藍天接綠地的未開發村野，顛顛盪盪七十公里，耗了四個小時，才抵達姆蘭傑。姆蘭傑是樸素的馬拉威正統鄉間，交通不便，物質條件也匱乏，村落與村落間是就地取材，貼近原始生活的風貌。所謂原始生活風貌，就是仰賴土壤、水源、叢林、基本的農耕技術，就足以形塑在地人生存的一切地水火風。極度簡化、極度純一。

團隊嘗試搜尋安置受災者的收容所或部落，觸目所及感覺和原先預想的狀況有所差異。這裏並沒有大片受災，多為零星災情。所謂的「收容」，多是一些房屋受損後臨時被安置在地方小學的人們，或是有其他慈善組織就地認養照顧的村落。倒塌的土屋本身就是就地取材，重建的條件自然也得之於當地人及周遭的自然資源。

受災後一個多月的姆蘭傑，所見更多的是一如往常勞力自足的景象，市集內人們騎著自行車、摩托車穿梭來去，婦女們在空地上剝著玉米粒，或蹲於屋前以木棒搗著鐵鍋煮食，一邊交談。平和的一切，讓團隊感受不到報導所說的「姆蘭傑災後約三萬六千人無家可歸」，想不通為什麼會這樣？

恩班巴收容所

隔兩天，團隊繼續由布蘭岱順著 M1 公路一路往南一百八十公里，共花四個小時左右，才接近馬拉威最南端的恩桑傑。

由 M1 公路上初見的恩桑傑，是一大片綠泱泱、祥和開闊的低地平原。再前行不久，道路左方有塊平坦的土地，突兀地出現一堆堆黃橙橙的物體，細看才明白那是草屋，成片的草屋。

團隊在一陣視覺反差的驚嚇中，闖入了恩班巴收容所。這裏和團隊後來在恩桑傑查訪的其他收容所截然不同，恩班巴沒有學校、沒有妥善的建物，亦沒有國際慈善組織搭設的臨時帳棚。這兒就是一片空地，密集地出現許多木條、稻草、塑膠布搭成的草屋。

邊陲的恩桑傑是馬拉威最貧困的行政區。以雪瑞河密切地接連莫三比克北方國土，畫分兩國界線。貧困的恩桑傑因雪瑞河獲得了滋養，人們於河域兩邊開發許多水稻田，河水灌溉發展農業，代代維生。然而翻雲覆雨的伊代颶風造成雪瑞河大氾濫，高漲的河水往兩岸洩流，引發許多災情。

普遍的災害是房屋倒塌，政府及國際慈善組織就地成立收容所，讓一時無家可歸的人們臨時性安身。白天村民們回到自己的部落處理生活及後續重建，晚上則在收容所內過夜。所以多數受災的人家園還在，需要的只是過渡性援助。

但恩班巴收容所的受災民原本住在雪瑞河邊，災後政府撥出距離雪瑞河一公里遠的路邊空地讓人們暫居。空地上密密麻麻、各種就地取材搭建而成的草屋部落，共計十七個村莊、六百多戶、一千一百多人。

團隊希望村民帶大家去看他們原本居住的家和耕種的地方，村民的表情有點為難，搖著頭直說不能看，也看不到。團隊一時間不理解有什麼不能看又看不了的？硬是賴著村民帶著去到距離較近的河邊。

到了那裏，其實也不是真正的雪瑞河邊，大家站在大水氾濫後產生的新支流，原本的土地變成河道了。村民說回去得搭船，搭船得向政府申請快艇，申請快艇得要好幾天，真的看不了！怎知河岸邊正巧停了幾艘破舊的獨木舟，本是專營河運往返莫三比克，交易農產品。

團隊指著獨木舟問河邊的船夫，這船可以坐嗎？

於是十多分鐘後，村民和團隊共十人，都擠上一條窄窄長長、兩頭尖尖的獨木舟。船夫撐著長長的篙，獨木舟漸漸飄離岸邊，真是太刺激、太大膽了！村民說正常來回要兩個多小時，但一船十個人太重了，所以划得更沈、更久，可憐的船夫。

船身終於從支流緩緩滑入雪瑞河主道，左邊是莫三比克，右邊是馬拉威，十個人共同漂浮在一道恰恰好的國境線上，擺盪中，一會兒莫三比克、一會兒馬拉威。水流順勢帶著大家往下划去，約半個小時後到了村民原本的家園岸邊。

船停泊，雙腳落地家園，都已經一個多月了，土壤依然溼溼爛爛，走一步被爛泥吃下三、五公分的腳，拔起腿再走一步，又被吃下三、五公分。一會兒抬起頭才看見前方村民的家，全是土牆融解後鏤空的草屋殘骸，原來村民們本來的家也只不過是鋪上泥土的草屋而已。稻田雖然還在，但本該結實的稻穗泡了水，成了纖細的空骸，都沒有用了。

親身佇立於已無人煙的土地，團隊終於明白猛烈的洪水對村民們做了什麼。

雨季河水氾濫，其實不是第一次，五年前政府就想要另尋土地安置，但村民不肯。雪瑞河是他們的母親，離開了母親，也離開了耕種的農地，要怎麼活下去？

心想反正每次淹水都會退，而人離開就什麼都沒了。直到伊代來了，爆炸式雨量活吞了他們的命脈，男人拉著女人、小孩拚命往屋頂爬、往樹上爬，大家真的怕了。這一次酋長與村民才真正下定決心離開，集體委身於恩班巴的土地上，用草屋收容了自己。

天色漸漸往下沈，卻彷彿永遠沈不過村民們空盪的內心。家園留不住了，總是得再回到恩班巴。

十個人再上船，船夫擺著獨木舟，卻怎麼划也划不上逆勢的流水，這群人真重。船夫只好把團隊先放在右岸的莫三比克，要大家沿著河邊往上走，自己則撐著獨木舟努力逆流而上。團隊來到莫三比克實在是意外的行程，就這樣在莫三比克的國土內行走了半個多小時，回頭看看下游，船夫還沒跟上來，又等了半個小時，所有人才在岸邊會合，一起上了獨木舟，小舟從方才的支流往左切，又切回到馬拉威的流域，緩緩划回原本出發的支流岸邊。

那一天離開前，團隊跑遍了恩桑傑街市的店鋪，收購所有能找到的玉米粉，卻只購得四百七十五公斤，加上從布蘭岱帶來的一百二十公斤，緊急發放給幾乎要斷糧的恩班巴。

大家能做的真是太有限了，只求為恩班巴多緩個幾日吧！

雖然馬拉威政府之前已提供恩班巴收容所五十公斤大米四百四十包、五十公斤玉米粉兩百五十五包，另有慈善組織發放每戶兩萬克瓦查（約臺幣八百八十元），聯合國也在此設置乾式廁所。政府依然不斷呼籲部落受災民集體遷往其他高地。但遷離了家園，未來的續命生計在哪裏？不遷離家園，大家是否還逃得過下一個伊代？

這些問號，正是恩班巴人們最茫然的煎熬。

繼續追蹤矩陣

另一日，團隊往布蘭岱的西南方走，來到六十公里遠的奇夸瓦。這一次的行程又是另一種狀況。一行人來到奇夸瓦，攤開地圖到處向人打聽幾個收容所的位置，媒體上和聯合國的報告資料中，都顯示奇夸瓦是重災區。但無論怎麼逢人就問，當地人皆一臉疑惑地說：「咦？這裏沒有什麼災情啊！」這實在有點詭異……

終於遇到一位男士，指著一個方向說「那邊好像有個收容所」，這一指總算讓團隊找到了卡利麻收容所(Kalima camp)。

所謂的收容所其實就是一小塊空地，共收容附近十二個小村的受災人民，讓大家各自使用不同材料搭建成臨時住所。資料上顯示有三百九十五戶、人數一千九百七十五人，酋長也這樣說，但現場卻看不出來這兒能收容上千人，大概幾百人還可能。

除了日本慈善組織發放的帳棚，還有世界糧食計畫、馬拉威政府發放的糧食，聯合國也在此設置水源。感覺卡利廊已受到妥善的援助安排，團隊便放心地繼續追蹤矩陣，摸索著下一個訪查地點。

又找到摩洛巴小學收容所（Mlomba school），原收容兩百四十五戶受災家庭，現只剩下三十二戶。酋長說大部分的受災村民都已經返回家園重建房屋，留在收容所的三十二戶，主要是一些老人和沒有建築能力的人，才走得比較慢。酋長也說收容所人數雖少，但已經快要沒有食物了，雖然曾經有幾個援助團體來勘查，但多數認為這裏沒有強烈需求，所以獲得的外部援助很少。正因如此，當地的人們意識到必須靠自己的力量回復正常生活，很快地就一一搬遷出收容所，把自己的家重建起來了。

這實在是弔詭的事實。團隊一路訪查，接觸到復原最快的摩洛巴小學收容所，竟是因為所獲得的援助最少？另外，某個收容所的受災民無意中向團隊透露，他們離不開的原因，是害怕自己失去受災的身分，外部援助就會終止。

團隊終於懂了，為何被報導出來的數據很多，實地勘查的情況卻感受不到那麼糟？因為無論是零星受災或大片受災，當地人都傾向呈報全區的人口數據成為官方數據，好爭取更多的援助。而慈善組織若無扎實了解當地的基礎，運作上實在也難以分類輕微受災、嚴重受災、有重建能力、無重建能力的切實數據，當所有數據總和後，認知就被放大了，自然與實際災情產生極大差距。這種差距感，若不是親身見聞，真的不是所有人都能夠理解。

最終，最衝擊的反差卻是最寶貴的領悟。反思對慈善工作不斷懷抱理想的我們，或許還有許多層面課題得深入，才不會輕易掉入自陷的迷霧。

再回恩班巴

團隊回到南非後，決定必須再回恩班巴進行一次大發放，籌備時間只有兩個星期。

喬安又專程南下跑了一趟恩班巴收容所，陪伴十七個村莊酋長完成十七份造冊，共計六百零三戶的災民清單。結束後，喬安護著重要的清單，轉搭三班車趕回布蘭岱，夜間十點才到家。

隔天一早，為了把清單完整地轉換成文書檔，喬安以她僅有的電子工具——手機，一個字母一個字母將六百零三戶名單打成文字訊息，發到南非讓我們編輯整合。對於總是習慣科技、講究效率作業的我們，實在難以想像，喬安到底從哪兒生來的毅力，令她堅持著土法煉鋼的專注，用十個小時的時間，完成所有名單的輸入。倘若當初少了她這一步關鍵努力，馬拉威與南非兩端籌備發放的作業，可能就難以順利推進。

掌握了名單，玉米粉的採購也是關鍵，以每戶發給二十五公斤玉米粉來估算，必須足足十五噸的量。如此大宗的採購，難於貧乏的恩桑傑籌備齊全，只能在布蘭岱購辦，然後設法運至恩桑傑。喬安又花了幾天奔走布蘭岱市尋覓廠商，搜集各家報價，來回溝通細節與運輸方式後，很快選定了合作商，確認採購六百三十包二十五公斤的玉米粉。

發放日訂在五月三日，關懷團隊預備於五月一日再度由南非啟程，卻沒想到在出發的前幾日，航空公司突然通知布蘭岱機場因跑道維修，無法讓波音型客機起降，所有航班都取消了！這下有點糟，飛機能說不飛就不飛，但六百多戶、一千多人的發放怎能說取消就取消？團隊一心不放棄，不斷搜尋各種管道，所幸最終找到衣索比亞航空的小型螺旋槳飛機，能從南非飛降布蘭岱機場。當時管不了是大飛機或小飛機，只要能如期抵達布蘭岱的，都是懸繫希望的唯一機會。

啟程之日，安全帶一聲「喀喳」扣上，螺旋槳跟著「噗噗噗」地高速轉動起來，即將赴身於任務的團隊，想到眼前的責任，內心何嘗不也「噗通噗通」地振動。向前的空氣動力和後推的反作用力，把飛機機身拉離跑道，瞬間升天的飛行感立馬把人的感官毛孔打通。或許使命感本來就像部奮力轉動槳葉的小飛機，若不敢迎向逆風，也就無法借力使力翱翔到所追尋的方向。

抵達布蘭岱後，團隊不停歇，第一件事就是趕去看所採購的玉米粉。依循著地址找廠商，竟是沿著一條坑坑疤疤的爛路，來到路邊一處破破爛爛的鐵銹門前，「不會是黑心工廠吧？」大家心裏暗暗害怕著。

好在真正進到廠內，裏裏外外巡視一輪，親眼見到乾淨的設備及流暢的產線，才算安下了心。老闆知道大家是為了賑災發放，親自陪著解說製程，保證包裝給慈濟的玉米粉是新鮮的碾粉，還添了鐵、鋅、葉酸、維他命Ａ、Ｂ等營養素，送給受災民眾是絕對安心的。

新鮮的玉米粉不僅觸感細緻滑順，還帶有微微珍珠光飽和的色澤。閉上了眼，一絲淡淡的玉米清香入鼻，想到恩班巴的人們很快就會收到這批新鮮、營養的糧食，大家的內心充滿著踏實感，因為被注入所有期盼的玉米粉，飽含眾人的愛，就絕對比世間任何的清香更添美好芬芳。

幾位於青溝貝磚房重建過程中親身帶動志工精神的重要人物，包含來自青溝貝的高非酋長、泰迪（Ted）、愛琳娜菲（Alinafe），和來自馬沁杰芮的喬安（Joana）、寇斯馬（Cosmas），都志願陪伴團隊前往恩桑傑。過往的他們，可能連走出布蘭岱的機會都不曾有過，更難以預料，在才拓展一年不到的新志業國度，一群才與慈濟拚過「馬拉威星空」笑與淚的人們，這麼快就能擔當起更大的步伐，要為自己國土另一端受災的同胞，挺進恩桑傑。

五月二日，再度奔往恩桑傑的路上，一團八人搭著租來的白色小小麵包車，車身上還黏著日文「ＸＸ株式會社」的貼紙，一眼就看得出這是從日本淘汰來非洲的舊車。避震器已不太管用，塑膠假皮的坐墊硬邦邦，車內空間又窄又低，只允許每個人正襟危坐，沒有多餘的放鬆餘地。

偏偏馬拉威的道路建設很落後，一路上大家的屁股又顛又撞，痛苦極了。半路巧遇一部其他國際慈善組織的高檔四輪驅動車，車上僅有一位駕駛，帥氣地踩踏油門，毫不費力呼嘯而過，而團隊的小小麵包車卻連對方排氣管噴出的廢煙也追不上。

想到災後這陣子，無名之輩如我們，一個多月來為了勘災、重建、發放，拚搏全力調度資金、人力，無助之時默默承受。為了長途發放，勉勉強強找到一部氣喘吁吁的小車讓大家擠成一團，都很不容易；看看左、再看看右，你肩貼我肩的是一群因慈濟一路奮鬥的好志工，這肯定比任何高級配車更加可貴。於是窩在淘汰麵包車的團隊突然又有了一絲驕傲，想必我們絕對是在馬拉威唯一一支最不受裝備束縛、最不被規範框限，人微卻靈活度最高的慈善游擊團隊了吧！

五月的恩桑傑，氣溫高達三十多度，烈日當空，會把人晒到中暑。但團隊抵達恩班巴後沒敢擔誤一分一秒，立刻與十七位酋長會面，大家再度核對名單，討論發放規畫。因為幾趟互動下來的情感積累，幾位村民自告奮勇加入核對工作。為了把事情做得細緻，所有人被分為四個小組，分別於四棵大樹下與村民核名與登記，村民跟隨自己的酋長，安靜地坐在樹下等待與配合。

但可能是發放的消息預先傳出去了，一週內收容所竟增加三百多戶名單外的人口，遠比預期的變化量超過太多，可該怎麼辦？

大樹下，團隊一再與十七位酋長說明並致歉，因為是按照最初的名單籌備採購，如今無法滿足所有人的需求，部落內恐有不平。然而十七位酋長中負責主事的大酋長卻告訴團隊，他們已經很感恩慈濟人願意回到恩班巴伸出援手，在來來去去的援助團體中，慈濟是唯一真正走入草屋中，蹲低身段與村民關懷、話家常的外來團體，這一分深刻的情，比起物資還難得。慈濟志工曾經說過，物資是有限的，而愛卻可以無止境地共享，那是一分永續的真誠，因此他們會將所收到的玉米粉相互分享，照顧需要幫助的鄰人，請團隊不用擔心。

這一段變化插曲，在施與受者彼此體恤、彼此感恩的情意間昇華，反而更有意義了。原來，災難不過一時，援助也是一時，但人與人之間坦然交心的良善若能就此留下，愛的深度、厚度，就都顯現在這分難得之上了。

五月三日終於來到，當日最關鍵的要務，就是六百三十包玉米粉能否順利送達？殊不知這兩日來，團隊與廠商聯絡玉米粉貨櫃車由布蘭岱出發的時間一直改來改去，前一天下午終於確定於傍晚出發的二十呎貨櫃車，又因司機擔憂安全問題，臨時改為發放日早上才發車，使得原本答應村民的發放時間，又得重新溝通、重新調整。

不過，大家也沒閒著。高非酋長以及其他四位分別由青溝貝、馬沁杰芮而來的志工，一直陪著村民處理各種準備事項。他們雖然穿著慈濟志工服，卻都還很生怯，因為沒有人參與過大型發放，既不知如何調度，也不知如何應變。但是只要團隊內溝通好該怎麼做，他們立刻領會、立刻投入群眾中與村民同在，彼此心貼著心支援任務。

等待玉米粉運達的整個早上，村民們幫助團隊找來樹枝作旗桿，大家就在地上挖坑、插旗，立下醒目的標位，溫習著待會的動線與工作分配。高非酋長、泰迪、愛琳娜菲、喬安、寇斯馬等，對著所有村民分享一場露天愛灑交流，他們代表著伊代過後觸動最深、挺身而出的一批人。他們眼中有清澈的光芒，向著自己的同胞，訴說自己如何轉變、如何於苦難之後找回希望。

高非酋長由於身分特殊，呼籲所有人都該站起來一起幫助他人時，散發一股強大的號召力。愛琳娜菲以自身就是受災民的立場，分享慈濟為青溝貝注入的愛打動了她，雖然她的家也倒了，卻願意捐出一千五百塊磚幫助更需要的村民重建家園，如今更蛻變為馬拉威慈濟志工之一，堅強站在這裏與恩班巴的人們分享心中的愛。

「愛是一切的解答、所有的力量」，愛琳娜菲的分享讓現場如雷的掌聲沒有間斷，那是苦難與大愛碰撞後，擊出最鏗鏘的信念感，霎時間，恩班巴人們的眼中都閃著熾熱的火花。

遠遠的，突然有一丁點的車頭如日初朝陽般出現了，緩緩地由公路那邊駛來。「是我們的卡車嗎？」本來還有點猶疑，直到小車頭漸漸變成了貨櫃大車頭，才斷定了。

在恩桑傑，貨櫃車非常罕見，那絕對是送玉米粉的卡車到了。團隊興奮極了，直接跳到大路中間劇烈地揮舞雙手，完全不允許司機沒有注意到慈濟就在這裏。

車頭愈逼近，直到巨大的車體停駐於飄搖的旗幟面前，「玉米粉到了！我們的玉米粉終於到了！」志工們高亢地叫喊，帶著激動的顫抖。

幾位年輕強壯的村民跳進貨櫃裏，二話不說立刻拉起玉米粉袋往車外卸，其他志工們在車尾接應著。

發放真正開始了！每個人按照事前演練的流程，各就各位引導村民來領取二十五公斤的玉米粉。一支次序井然的圓形動線，在恩班巴轉動，從山坡下繞到大路邊，再從大路邊繞回草屋區。隊伍中有志工們牽著老人家的手，把沈重的玉米粉一肩就往自己身上攬，陪著老人家走回草屋中。當老人歡喜的臉上沾滿淚水，整身溼透汗水的志工也管不了誰髒、誰臭、誰黏膩，直接與老人家相互擁抱，分不清楚到底是誰在感恩誰。

貨櫃中幫忙的村民們在封閉悶熱的空間中拋接玉米粉，從開始搬到結束，臉上的表情卻是始終如一的笑顏。他們想把內心滿滿的感動，化作一氣呵成的力量，隨手中的玉米粉拋出，就像慈濟人無怨無悔來付出的愛一樣。

過程中，每個人好像都忘記了什麼是晒？什麼是餓？什麼是渴？什麼是累？直到幾天過後，被晒傷的皮膚紅腫且刺癢，因中暑脫水而止不住的鼻血直流，還有受車程顛簸撞擊，整整痛了半個月的尾椎骨，這些最誠實的生理反應，都牢牢地記憶了在恩桑傑所經歷的一切，一切如此甘美！

團隊離開恩班巴之前，與十七位酋長及所有並肩投入的村民志工們合照，留下了永恆。雖是短短的幾日相處，卻那麼無法抗拒彼此奮鬥後的戀戀不捨，那是任何言語都無法說盡的真情。

那一趟回程的航班中，凌空於清朗的天際之上，又一次靜靜地俯瞰這片非洲古老的大地，原來蜿蜒的河流幽幽鐫刻下的是一縷傷感情懷，那兒有一代又一代、一重又一重翻覆於惡水的苦難故事。我們祈禱著恩班巴土地上的人們，可以趕緊被政府安頓到一塊合適的土地，讓這上千的人口，早日安身立命。但人們對生命永不放棄的奮鬥，又總像太陽的餘暉永不放棄地將天邊最後一片雲彩暈紅，日復一日地守著最後一刻的堅持，所以古老大地上的人們其實一直都明白，黑夜雖然會降臨，但生命裏也絕對蘊藏著穿透迷霧、殷紅璀璨的愛光，會像旭日東升地，再起。

有愛，就有希望。恩桑傑，請再等待我們回來！

【後記】

多元的理解非洲

奇瑪曼達・恩格茲・阿迪契（Chimamanda Ngozi Adichie），一位奈及利亞裔的小說家，曾經在 TED 演講中分享「單一故事的危險性」，她提到「故事很重要，但多元的故事更重要。」確實如此，多數的人對於非洲的理解，依然處於單一故事中的貧窮、饑荒、疾病等印象，雖然這的確是非洲現存的真實元素之一，但以慈善工作來說，如果我們也只是用如此既定的元素去理解非洲，其實是非常不足的。

這就像是外界拿了一個貼滿標籤的沈重包袱硬要讓非洲人背上，背著背著習慣了，人們漸漸也以包袱上的詮釋來理解自己，一不小心還發現，只要背好包袱，獲得外來同情的機會就更多、援助也更多。他們如同被注入了某種失憶針，不自覺地慢慢掉落自身本有堅韌天賦的記憶。當人習慣於遺忘自己還擁有什麼時，這將是比標籤上的問題還更嚴重的問題。

令人欣慰的是，二〇二〇年度全球受到新冠肺炎疫情影響，許多人在探討貧困者將更貧困、飢餓者將更飢餓、慈善的援助在重重封鎖限制中將更難突破時，我卻看到南非德本的本土志工們紛紛下菜園，忙碌了兩、三個月後，把菜園收成熱心地分享給身邊需要的人；身處疫情衝擊中的他們，意識到必須增強自身的自助力，進而帶動社區的互助力，才能無懼於下一波未知苦難再降臨。

於是二〇二〇年間，在德本就有一百三十多個愛心菜園於疫情擴散時紛紛成立，影響周邊社區居民開闢的家庭式菜園也有三百五十個。當身穿藍衣白褲的關懷團隊來到社區時，居民們竟然不再問：「可以給我愛心米嗎？」反是追著志工們問：「可以給我蔬菜種子嗎？」

受疫情牽制，中斷跨國行程的整個年度中，另一個國度的史瓦帝尼志工們每個週末還為社區內貧困的孩童供應熱食，納米比亞志工們傳來為無家可歸者重建鐵皮屋的照片，馬拉威志工們發心集資買布料，縫紉布口罩分送給社區內的老人家。

甚至二〇一九年跨國團隊新帶動出的志業國尚比亞，當地志工們在大水氾濫過後划著獨木舟，前往如孤島般受困的赤貧村莊，獨力承擔起關懷責任。他們沒有空待外援到來的被動思維，反而在全球共同的艱困中，證明自己擁有非洲人不會被考驗打倒的堅毅思維。

本人有幸於非洲投入慈善工作多年，與志工們同為「淨化人心」的理想努力，他們轉變的層次，一階段又一階段都在詮釋多元又豐沛的故事。當我對他們的認知更加提升時，我們都為彼此挖掘出力量，共同超越重重表相阻礙，繼續創造動人的真實故事，也向這個世界呈現更多關於非洲不同層面的理解。

十分期盼透過我們的努力，能夠牽動愈來愈多人一起來關心、投入，讓非洲愈來愈好，也讓世界愈來愈多愛。就像奇瑪曼達也是這樣說，「當我們了解世上沒有任何地方只有單一個故事時，我們就會重拾心中的樂園。」

寫於南非暴動之後

二〇二一年七月，蒼天的眼是否正俯視著德本四處竄升天際的黑煙？地面上躁動的人們密密麻麻難以計數，一波湧進後再進一波。促使國道完全癱瘓的，是一車又一車蜂擁至各大賣場、工廠的劫掠者。人們如真實版的「喪屍」大片主角，沒有理智地伸長十指，破壞、推擠、拉扯、攀爬，竭盡所能地奪取一切不屬於他們的有價貨品。尖銳的碎片、四散的貨架、紛飛的灰燼與人們的瘋狂失態，構成了極度荒唐的景象。

為什麼？究竟為什麼？一場以政治而起的抗爭，轉而激發起人們瘋狂摧毀商場、工廠、物流樞紐廠的行動。而暴動發源的大本營，正是以德本為中心，迅速蔓延至全夸祖魯納塔爾省（KwaZulu-Natal）與豪登省（Gauteng）各區。

期間，更不時傳聞著暴動的人們，劫空商場後將轉攻住宅區，人們躲在家中，有的社區甚至能聽見屋外不時響起顫慄的槍聲。而我也經歷了自來南非以後，對生命安全從未有過的失去感。

然而，比起有形的財物被奪取、生命安全被威脅的恐懼，更大的恐怖是，我們正親眼見到這座城市的人性價值與善良，一夕之間集體崩塌了。不禁要問，今日欣喜於劫獲戰利品的人們，明日是否會醒悟自己重大喪失了什麼？淨化人心的真實之路，難道就此歸零嗎？我們立足於南非的慈善工作，下一步又該如何繼續？

無語的悲傷，使我數日無力解答自己的困惑，而最終為我解開困惑的人，依然是那群出身於貧苦的本土志工們。暴動過後，好幾位志工陸續傳來關懷訊息，更有一位住在高犯罪率地區的志工，親口與我說來動亂發生的那天，整個社區有多恐怖。「但我沒有參加搶劫，我腦中一直想到上人說過的法，所以我沒有去搶劫……」那位志工如此說著。當下的我，淚水直接落下。數日恐慌、數日壓抑後的淚水並不悲傷，而是滿滿感激、滿滿希望，從我眼中迸發流淌。

何其有幸啊！無論環境多麼艱難，我的身邊總有那群彼此心貼著心的志工們，將我從失落中召喚回來。而這條真實走過的慈濟路，不會歸零，也不曾歸零。那些曾經的努力，只不過是默默躲藏於亂世中的某個角落，以愛之名依然守護著一些人的心，不致在沈淪的動亂中被吞噬理智。

我想，我們做得還不夠，我們還有很長的路要繼續走，這條一直依循著證嚴上人的法為指引的路，路上已有一群人了，將來還需要更多與非洲有緣的志願者們一起加入，相互扶持走下去。世界或許總有向下沈淪的拉力向我們挑戰，然而真正的微光，又怎會懼怕在黑夜中，持續釋放光華呢！

輯一

跨越廝殺線，南非

一九九二年，南非政局動盪，種族紛爭方興未艾的年代，一位華人婦女在此播下種子。一九九四年，南非黑白政權交接，臺灣捐衣發放因緣，激發出當地黑人志工，接著成立縫紉班改善婦女生活，也促成志工關懷據點遍地開花。

華人婦女莊美幸（藍衣白褲者）接引潘明水走入行善行列，進而展開一條用生命披荊斬棘的荒野路。（攝影／連炳華）

黃皮膚的臺灣漢潘明水闖進了殘殺惡鬥的祖魯王國大本營，呼籲兩端政治立場不同的居民，為自己創造和平的日子。（攝影／顏霖沼）

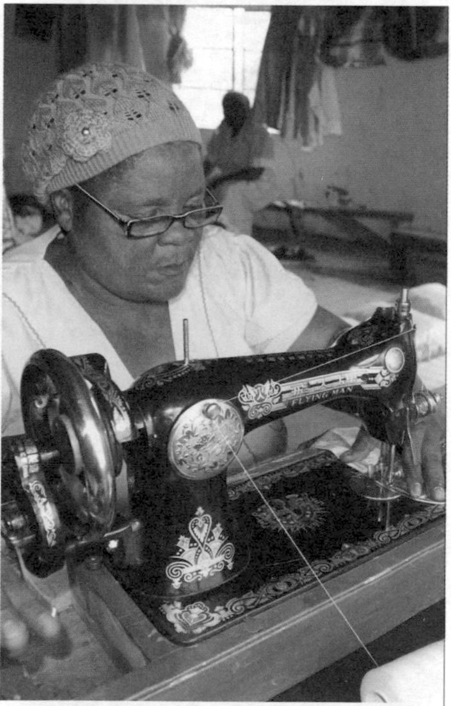

華人志工引導祖魯婦女自力更生，利用臺灣募集而來的布料成立縫紉班。（攝影／許斐莉）

露天屋旁、大樹下，只要有人傾聽，隨處隨地都可舉辦愛的分享會。（攝影／黃淳楷）

德本孤兒社區中心。（攝影／潘明水）

發放與縫紉職訓班，帶出南非本土志工。一開始徒步訪視，有了慈濟車後，更拓展慈善距離。（攝影／朱恆民）

黑皮膚的藍衣天使，讓非洲大陸亮起來。（攝影／連炳華）

如今南非志工隊伍浩蕩長，甚至跨出國界，促成其他非洲國家志業。（攝影／朱恆民）

南非最早的本土志工葛蕾蒂絲，早期為了關懷職訓班必須在高低起伏的山丘間取捷徑走。她在身後緊綁一塊紙板，從坡頂順勢往下滑。（攝影／朱恆民）

在最不堪、最悲暗的場景中，抓出最微薄的光明，是潘明水做事做人之道。（攝影／顏霖沼）

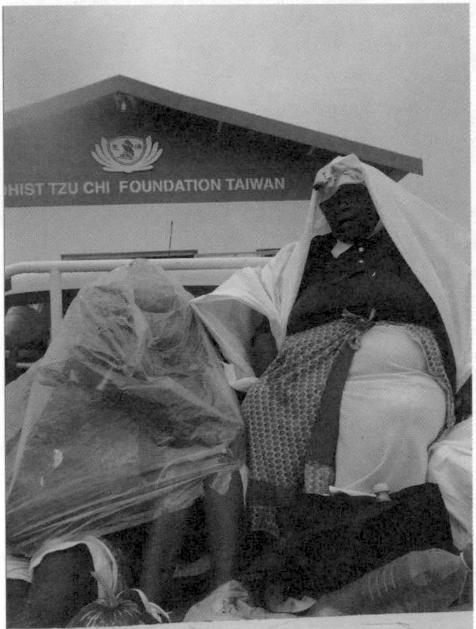

咪妮（Mini）的名字和她的外形完全不搭配，卻一直默默地扮演守護所有人的小角色。下雨了，就在車後負責撐起塑膠布，用身軀擋著物資不被雨淋。（攝影／ Gladys Ngema）

資深典範碧翠絲，車禍休養後繼續拄著枴杖做善事，陪伴一批批新進志工，固守著從拓荒時期到現在都不曾動搖的起點精神。（攝影／袁亞棋）

艾碧蓋兒發願「做慈濟做到最後一口氣」，往生前兩天還與志工前往北部偏鄉關懷，守在愛心米旁，微微笑著幫大家顧好物資。（攝影／Simphiwe Molefe）

尤妮思在病中游離境界見到鬼，請鬼先答應和她一起做慈濟。受證委員當天，她抱病堅持參加到最後。（攝影／Simphiwe Molefe）

志工格芮楚七年間肩負一顆大水瘤，不畏病痛，總帶著一個小罐子隨處向人介紹慈濟及募款。眾人受到感動，錢再少都願意付出一分力量。（攝影／袁亞棋）

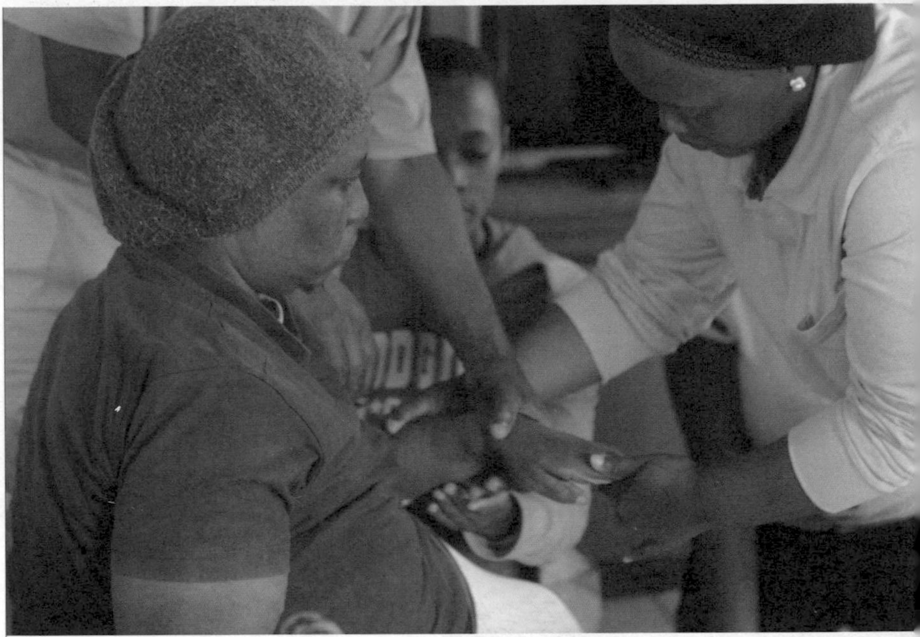

維多莉亞（坐者）因認識慈濟而放下仇恨，即使中風也沒有忘記「Uthando（祖魯語，大愛）」精神。（攝影／朱恆民）

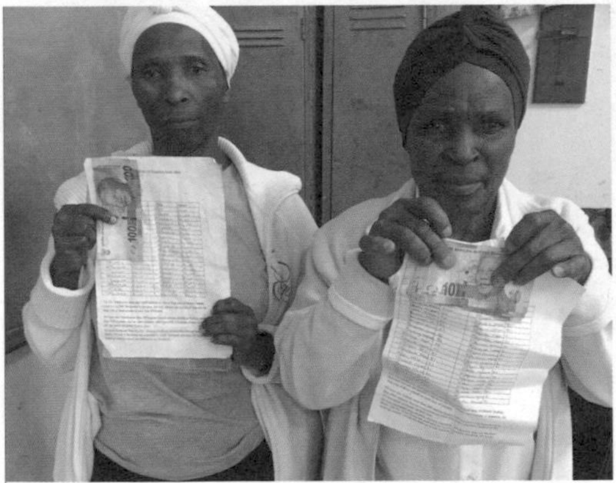

不畏謠言的奧黛麗（圖左）接引出被誤會為女巫的芙蘿倫絲（圖右），兩人帶著謄寫工整的募款名單，一鍰、兩鍰都是大大的愛心。（攝影／袁亞棋）

安娜老媽媽和潘明水，是膚色不同、愛心相同的「法親」母子。（攝影／黃淳楷）

艾蒂蕾曾遭受政治仇殺與女兒生病往生的傷痛，成為慈濟委員後脫胎換骨，也原地重建了家園。（攝影／朱恆民）

朋友接受慈濟助學的因緣，讓澤坦巴來做志工，即使沒有任何回報他都真心想來。穿上慈青制服的他精神抖擻，參與各種志工任務。（攝影／蕭耀華）

孤兒出身的安迪雷因「新芽助學專案」加入了慈濟，成為志工中最沈穩的寶藏男孩，也加入國際志工團隊。（攝影／朱恆民）

南非幾度遭遇風災，本土志工拄著枴杖，沿著被水沖毀的山壁，戰戰兢兢地走在便道上，前往探視受災人家。（攝影／朱恆民）

輯二

勇闖「零」國度，史瓦帝尼

二〇一二年三月，南非幾位資深本土幹部，跟著潘明水跨國到史瓦帝尼展開關懷。一切從零開始，邊走、邊找、邊問，抓住任何一個機會接引當地人成為志工，由點而線至面，二〇一六年十一月，「史瓦帝尼社區中心」在曼齊尼建成啟用。

最早一次，潘明水、連炳華、廖玫玲、慈蒂、慈蕾、慈布、慈吉等七人，從德本出發到史瓦帝尼。（攝影／Brenda Matebula）

把握各種因緣介紹慈濟，邀約加入社區志工。（攝影／Brenda Matebula）

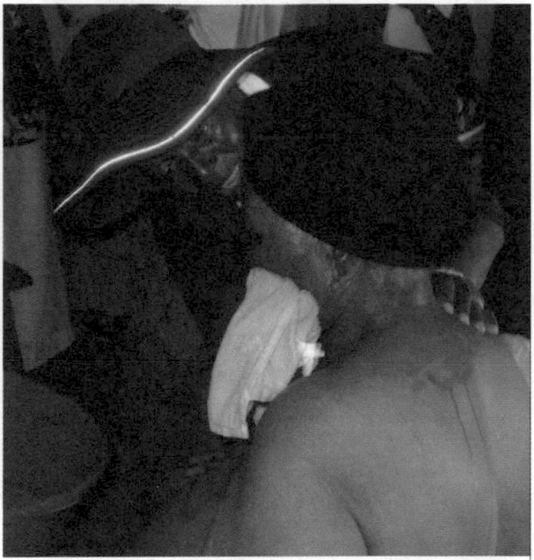

帶著甫加入社區志工的新村村民訪視個案，為中風多年的蘇菲老奶奶擦澡、洗臉、按摩與祈禱，令老奶奶感動得哭了。（攝影／廖玫玲）

2013 年，史瓦帝尼志工終於能夠獨立運用愛心米，深入各個貧困村莊關懷、發放。（攝影／ Brenda Matebula）

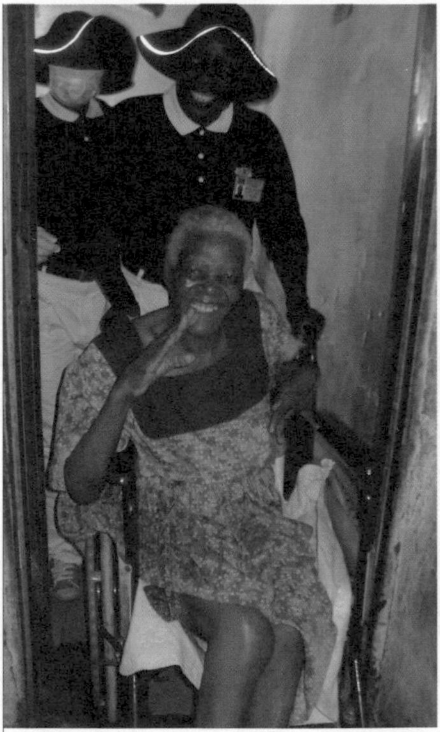

關懷罹患糖尿病、中風臥床的老奶奶坦碧塔希多蕾，和不良於行的孫女坦爹卡。（攝影／廖玫玲）

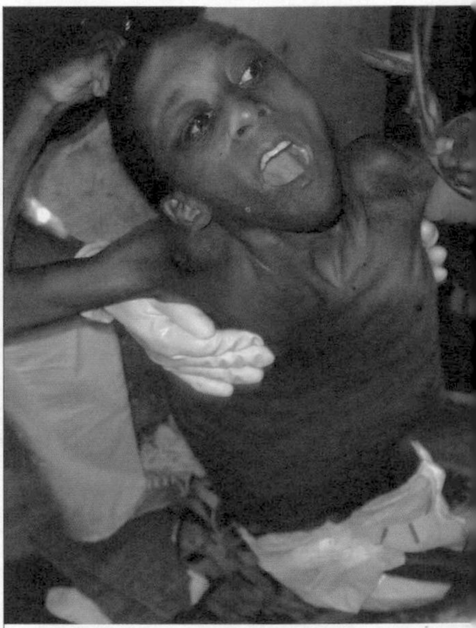

坦爹卡罹患腦性麻痹，天生畸形，又患有愛滋病。不會說話的她見到志工來訪，總是咿咿呀呀地表達歡喜。（攝影／廖玫玲）

姆西拉內村酋長 Bongane Mbingo（中央便裝者）受齊努木希牽引認識慈濟，捐出一塊王室土地作為志工據點。2016 年 11 月 16 日，「史瓦帝尼社區中心」啟用。（攝影／連炳華）

拉武米薩又旱又窮之地，志工人數卻持續成長。（攝影／Nhlakanipho Zuma）

志工在乾涸龜裂的河道上向蒼天懺悔祈禱，乞求降雨來解救這塊土地上的眾生。（攝影／史瓦帝尼志工）

由於大環境都是岩石，這裏許多房屋是用土和石塊加木頭搭建而成。（攝影／連炳華）

前一年發放臺灣愛心大米的米袋，居民捨不得丟還用來裝工具。（攝影／袁亞棋）

山坡地上巨石夾道，有時路徑僅容一人通過，走了十幾分鐘始來到當地人的「水源之地」。（攝影／連炳華）

「愛」是旱苦地中的綠洲，志工跋山涉水將愛帶來此處。（攝影／Nhlakanipho Zuma）

中風的層亞娜下半身毫無知覺，長期癱瘓無力翻身，導致背部、下半身都是褥瘡。志工關懷時，層亞娜虔誠祈禱如同天使。（攝影／史瓦帝尼志工）

馬爾肯斯鎮，是距離曼齊尼工商大區不遠、人口密集的貧民區，常見小小孩跟著大小孩四處亂竄。23 歲的大女孩菲利勒就住在這裏。（攝影／連炳華）

破屋後不遠有一塊水泥平臺，八根松木撐起鐵皮屋頂，約六坪大小的半露天廣場，是母親留下的孤兒供食站。（攝影／袁亞棋）

菲利勒承接「孤兒供食站」站長的責任，也帶出一批年輕人做志工。（攝影／史瓦帝尼志工）

青少年沒有價值觀與自覺感，到處都是十來歲的小媽媽與小小孩，愈窮愈偏郊的地方愈普遍。（攝影／袁亞棋）

史瓦帝尼本土志工姆西（左）過去曾遭性侵，如今做志工是讓她內心變得堅強的辦法。（攝影／連炳華）

姆西常以自身故事開導小媽媽與少女們，勇敢地掏出內心最深的傷，鼓勵他人找到轉變的力量。（攝影／袁亞棋）

輯三

深夜長旅背包客，納米比亞

二〇一五年，南非志工經由航空展開納米比亞跨國關懷，卻屢遭挫折。二〇一六年七月，一支由兩老兩少組成的隊伍，拖著行李、背包，著便服喬裝成一般旅客，由南非德本搭乘夜車，共三天兩夜、歷時三十八個小時，終抵納國，帶動出當地志工。

針對納米比亞特殊國情，南非本土志工以「背包客自助行」方式跨國推展志業。兩老兩少組合，穿著便服出任務。（攝影／袁亞棋）

藍天下，一覽無遺的鐵皮違建貧民區。（攝影／ Andile Ngubane）

正午逼近四十度的高溫，一棵枝葉稀疏的大樹下，年輕婦女抱著小孩、男士們雙手插於胸前，將南非志工團團圍住。志工把握因緣，隨機分享。（攝影／潘明水）

團隊聯繫上當地志工瑪莎，就在她家開起說明會。（攝影／ Samkeliso Magwaza）

貝諾瓦媚尼來到南非，見到夢中的菜園，體驗到陽光、空氣、土壤、水，加上一大群願意付出的人共同開闢了心田，愛的種子就在天地間種下了。（攝影／ Samkeliso Magwaza）

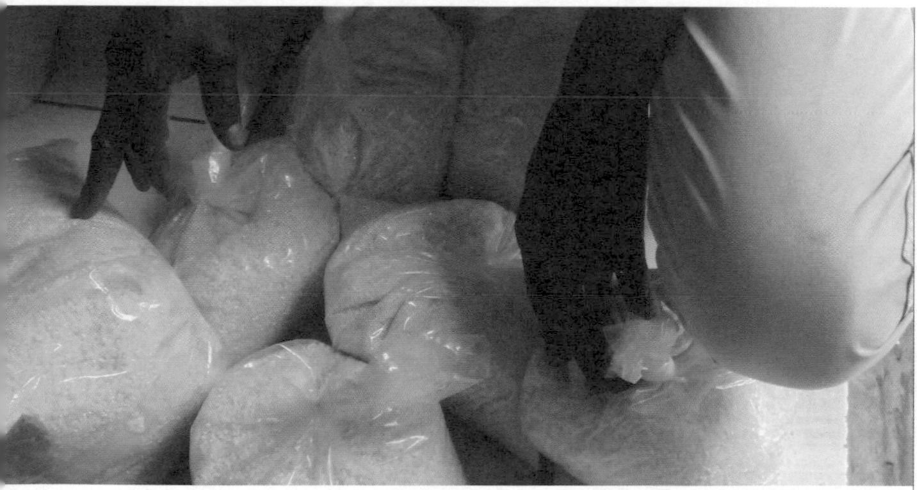

跨國送愛心米任務困難重重，為避免米袋外裝引起移民官疑惑，以透明塑膠袋分為小包裝，再裝入行李箱。（攝影／ Nhlakanipho Zuma）

婦女募了縫紉機成立縫紉班，一針一線學縫傳統禮服、裙裝、嬰兒背帶來賣錢。（攝影／ Fanelekubongwe Magubane）

匱乏與限制是試煉的禮物，讓真實之路顯化得殊勝，納米比亞志工們珍惜之餘，加速樹立自我獨立的精神。（攝影／ Nhlakanipho Zuma）

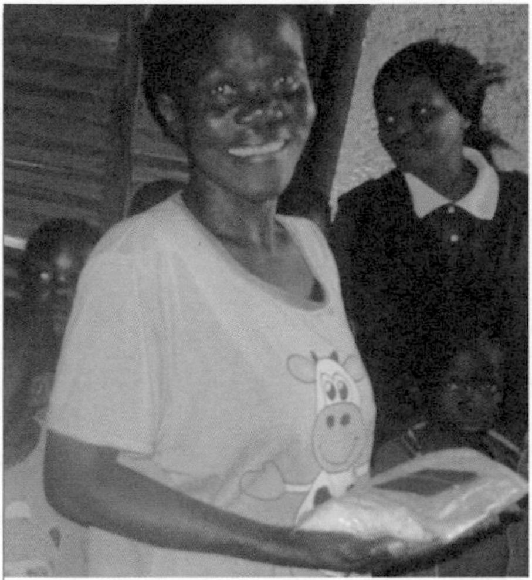

收到愛心米的民眾非常歡喜。（攝影／Andile Ngubane）

社區志工自力更生，撿拾乾草、枯枝，作為供食站燒柴用，兼作販賣。（攝影／Fanelekubongwe Magubane）

社區志工維勒寇許蓋了間鐵皮屋雜貨店，大方取名為「慈濟」，外觀漆成海藍色的「慈濟雜貨店」，成為大家自力更生的後盾，也把慈濟名號打響。（攝影／Nhlakanipho Zuma）

輯四

十二道關卡黃皮書，馬拉威

二〇一八年，慈濟志業在非洲拓展至第八個國家馬拉威，馬沁杰芮、青溝貝部落，貧窮卻純樸素淨，經過愛的洗禮，酋長跳起來說：「村莊有希望了！」二〇一九年三月，伊代氣旋重創東非三國，當地志工自發性地帶動重建家園。

草莽隊伍翻越大山，走入青溝貝部落。（攝影／Andile Ngubane）

關懷馬沁杰芮社區與精障兒子同住的愛麗妮絲阿嬤。（攝影／周憲斌）

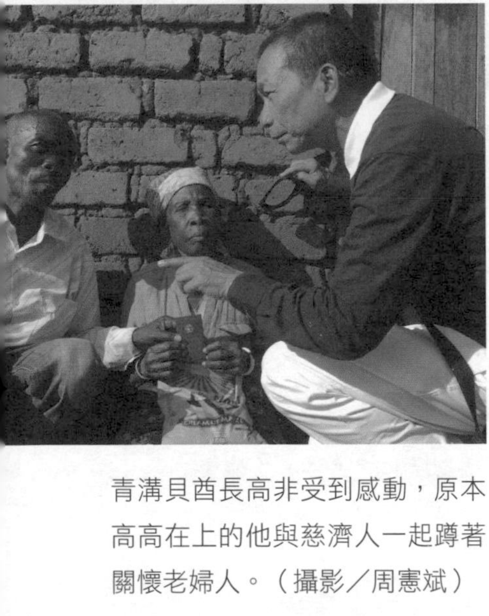

青溝貝酋長高非受到感動，原本高高在上的他與慈濟人一起蹲著關懷老婦人。（攝影／周憲斌）

部落人們自製土磚，是馬拉威當地建屋主要材料。（攝影／朱恆民）

2019 年，伊代風災過後，馬拉威志工訪視受災家庭。（攝影／Andile Ngubane）

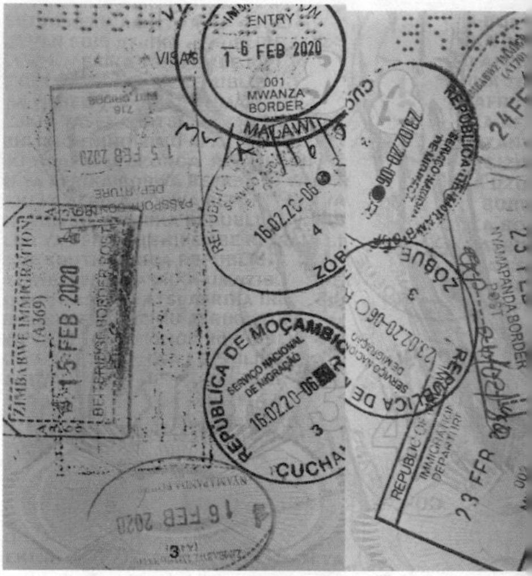

跨國團隊搭乘巴士到馬拉威，需跨越南非、辛巴威、莫三比克三國邊境，來來回回十二道關卡。（攝影／袁亞棋）

部落孩子們總是跟在志工們身後，露出靈動無邪的笑容。（攝影／朱恆民）

志工勘災後，決定為受災家庭重建磚房。婦女們用頭頂著搬磚協助。（攝影／Andile Ngubane）

孩子們各憑己力，兩塊、三塊、五塊加入搬磚行列。（攝影／周憲斌）

婦女們到山谷下的溪邊挑水，幫助重建，繽紛水桶成了地面上會移動的彩虹。（攝影／周憲斌）

沙與水混合著水泥堆起了第一層磚；一層磚漸漸長成一整片牆，四面牆構成了遮風擋雨的堅固磚房。（攝影／周憲斌）

磚房重建完成。（攝影／朱恆民）

邊陲的恩桑傑是馬拉威最貧困的行政區。恩班巴收容所沒有學校、沒有妥善的建物，也沒有國際慈善組織搭設的臨時帳棚，只有一大片草屋。（攝影／朱恆民）

為了解恩班巴收容所受災者原本居住的家園，志工搭乘獨木舟於雪瑞河道，在莫三比克和馬拉威兩國邊際間。（攝影／周憲斌）

跟著恩班巴收容所的受災民們重回被惡水摧殘的家，只剩鏤空的草屋殘骸。（攝影／朱恆民）

恩班巴收容所面臨斷糧，志工收購恩桑傑店鋪所有的玉米粉，緊急發放。（攝影／朱恆民）

志工團隊與所有投入恩班巴大發放的當地志工們合照。（攝影／連浩程）

國家圖書館出版品預行編目(CIP)資料

微光長旅：從南非出發／袁亞棋作 — 初版
臺北市：經典雜誌，慈濟傳播人文志業基金會，2021.08
384 面；15×21 公分
ISBN 978-626-95002-7-7（平裝）
1. 袁亞棋 2. 志工 3. 回憶錄 4. 非洲
783.3886　　　　　　　　110013248

關懷系列 020

微光長旅——從南非出發

創 辦 人／釋證嚴
發 行 人／王端正
平面媒體總監／王志宏

作　　者／袁亞棋
主　　編／陳玫君
責任編輯／邱淑絹
特約編輯／吟詩賦
執行編輯／涂慶鐘
美術指導／邱宇陞
美術設計／曹雲淇
發 行 者／經典雜誌
慈濟傳播人文志業基金會
112019臺北市北投區立德路2號
編輯部電話／02-28989000分機2065
客服專線／02-28989991
客服傳真／02-28989993
劃撥帳號／19924552　　戶名／經典雜誌
印　　製／新豪華製版印刷股份有限公司
經 銷 商／聯合發行股份有限公司
231028新北市新店區寶橋路235巷6弄6號2樓
02-29178022
出版日期／2021年 8 月初版一刷
2021年10月初版二刷
定　　價／新臺幣340元

故宮裡的色彩美學與配色事典

24節氣、72物候、96件手繪文物、384種中華傳統色，重現古典生活之美

郭浩、李健明——著

悅知文化

尋找失落的中國傳統色

人生的美妙，多在不思議、不經意之處。完全沒有想到，從浩如煙海的古代文獻裡整理中國傳統色，讓我體驗了一次美妙的人生之旅。這個旅程，如同划著一葉小舟溯流而上，這裡停停，那裡停停，出入宮闈、隱宅、市井、邊塞、名山、大川，在每個時空穿越的碼頭與每個色彩繽紛的現場，我都扮演了「好色之徒」的角色。我愜意地坐在桌前，逐次記錄與美好顏色的相遇，期待給諸位帶來同樣美妙的體驗。

有一段時間，我到日本尋找色彩類的文獻，除了網路上的「日本古本屋」，也去東京神田古本街和像紀伊國屋書店這樣的普通連鎖書店。不管是一般圖書還是古本，日本的色彩類書籍簡直是琳琅滿目，紀伊國屋書店就設有「色彩」子目專櫃。隔海觀望而種下希望：如果我們持續努力，對中國色彩研究的普及與關注，是否也能達到這樣的程度？

答案是肯定的。2018年，熱播劇《延禧攻略》就引發了劇中配色是中國傳統色還是莫蘭迪色的熱烈討論，2019年熱播劇《長安十二時辰》的美工色彩也引起熱議和好評，社會對於色彩審美的普遍關注是顯而易見的。

《延禧攻略》以清代乾隆朝為背景，根據乾隆十九年（1754年）至乾隆四十年（1775年）織染局之染作檔案統計，染物色總計如下：藍色系有魚白、玉色、月白、深藍、寶藍、石青、紅青、元青；黃色系有明黃、金黃、杏黃、柿黃、生沉香、麥黃、葵黃、秋香、醬色、古銅、米色、駝色；綠色系有松綠、深官綠、黃官綠、官綠、瓜皮綠、水綠、砂綠、豆綠；紫色系有藕荷、深藕荷、鐵紫、真紫、紫紅、青蓮；紅色系有紅色、水紅、桃紅、大紅、魚紅。如此看，這份乾隆色譜實際上並不遜於劇裡的戲說。

《長安十二時辰》的故事發生於唐代天寶十三年（754年），正處於唐玄宗李隆基統治時期。根據文明元年（684年）唐睿宗李旦所頒布的法典，官員三品以上服色為紫，四品深緋，五品淺緋，六品深綠，七品淺綠，八品深青，九品淺青，庶民服黃。在奔放發達的盛唐時代，色彩的僭越與嚴格的服色制度並存，特別是女子的服色，與大唐的昌隆國運相輝映。唐詩裡誇飾女子襦裙的詞彙比比皆是：紅色系有茜裙、荷裙、石榴裙；綠色系有柳花裙、綠羅裙、翡翠裙；黃色系有緗裙、鬱金裙。五彩斑斕的大唐靜靜地躺在歷史深處，等待我們去探尋，去打撈。

中國文化的一貫性以漢字為首要代表，從古代漢語中重新發掘、考據和整理中國古代顏色詞彙，繼承並發揚中國傳統色，即這本書試探著走的一條路。以下我分別從「說色」、「說傳統」、「說中國」、「說失落」、「說尋找」五個角度，講述寫這本書的心路歷程，以作序。

一、顏色詞：具象與意象

說色，其實是說色的名稱，或者顏色詞。我們知道乾隆色譜、大唐盛色，都是基於那些顏色詞。這些表示顏色的名詞， 構成我們語言和意識中的色彩世界，千百年來，我們不但傳承建築、器物、服飾、繪畫等物質的顏色載體，也傳承語言和意識的顏色載體。無論物質，還是語言和意識，都是中國文化的沉澱和精髓，讓它們活下去是文化傳承的要義。

色，或者作為語言組成部分的顏色詞， 不是憑空而來的。任何一個顏色詞都是「象」的表達，初始局限在具象，隨後擴展到意象。

《尚書·益稷》裡有一段話：「予欲觀古人之象，日、月、星辰、山、龍、華、蟲，作會宗彝。藻、火、粉、米、黼、黻、絺繡，以五采彰施於五色，作服，汝明。」東漢的鄭玄注釋說：「性曰采，施曰色。未用謂之采，已用謂之色。」古人眼見的具象，稱作「采」；具象經過人的意識加以運用，稱作「色」。由此就不難明白明代的宋應星《天工開物》中的這段話：「霄漢之間雲霞異色，閻浮之內花葉殊形。天垂象而聖人則之，以五彩彰施於五色，有虞氏豈無所用其心哉？」這就是色的由來。

隋代的蕭吉在《五行大義》裡講：「通眼者為五色。」入目之所見，我們用五色來形容。「青如翠羽，黑如烏羽，赤如雞冠，黃如蟹腹，白如豕膏，此五色為生氣見。青如草滋，黑如水苔，黃如枳實，赤如衃血，白如枯骨，此五色為死氣見。」我們見到翠鳥毛、烏鴉羽、雄雞冠、螃蟹腹、肥豬油，隨具象而生色，關聯到青、黑、赤、黃、白，進而關聯到生氣勃勃的意象；見到滋草、腐苔、熟枳、衃血、枯骨，也關聯到青、黑、赤、黃、白，卻聯想到死氣沉沉的意象。這段話很有畫面感，既講出了如何由具象而生色，又講出了色與意象的衍生。

所謂意象，就是寓「意」之「象」，就是客觀的具象，經過創作主體獨特的情感活動所創造出之藝術形象。換句話說，人類對具象進行更高層次的意識加工，就形成了意象，意象的表現形式為藝術，藝術的語言又描述了更豐富的色，由此生成更豐富的顏色詞。

我們來看一段古人的文字遊戲：「田單破燕之日，火燎於原；武王伐紂之年，血流漂杵。（赤色賦）杜甫柴門之外，雨漲春流；衛青塞馬之前，沙含夕照。（黃色賦）帝子之望巫陽，遠山過雨；王孫之別南浦，芳草連天。（青色賦）曉入梁王之苑，雪滿群山；夜登庾亮之樓，月明千里。（白色賦）孫臏銜枚之際，半夜失蹤；達摩面壁以來，九年閉目。（黑色賦）」這裡很明顯，藝術的、意象的語言闡明了五色：燎原、血流（赤）；春流、夕沙（黃）；雨山、芳草（青）；雪山、明月（白）；夜半、閉目（黑）。

中國文化的意象世界是何其豐富，我們何不做足考據功夫，從字書、史籍、繪畫、歌賦、詩詞、佛典、筆記、醫書、小說中，從天象、建築、動物、植物、礦物、服飾、器物、飲食、醫藥中，從具象和意象兩個維度，尋找失落的中國顏色詞，嘗試整理出一份更完整的中國色譜？

二、正間色：傳統與傳承

說傳統，怎麼也離不開「五正色五間色」。研究正間色的專著，首推大陸學者彭德的《中華五色》和陳彥青的《觀念之色》，它們邏輯清晰、形神兼備、圖文並茂地梳理了中國古代的正間色顏色系統，是不可多得的傳統色研究大作。

五正色並不玄妙。《周禮·春官·大宗伯》講禮器：「以玉作六器，以禮天地四方，以蒼璧禮天，以黃琮禮地，以青圭禮東方，以赤璋禮南方，以白琥禮西方，以玄璜禮北方。」鄭玄注釋說：「禮神者必象其類：璧圜象天；琮八方象地；圭銳象春物初生；半圭曰璋，象夏物半死；琥猛象秋嚴；半璧曰璜，象冬閉藏，地上無物，唯天半見。」這段描述非常精妙，既講出了五正色「青、赤、白、黑、黃」與五方「東、南、西、北、中」的對應關係，還講了器物和顏色的意象：青圭象徵春天破土的尖尖，赤璋象徵夏天過半的生命，白琥象徵秋天的殺氣，玄璜象徵冬天的空曠，黃琮象徵大地。

五間色稍微陌生一點。前面提及我去日本搜集書的事情，儘管去了很多次，最重要的日本文獻收穫卻在國內。《故宮裡的色彩美學與配色事典》這本書寫到後期，偶然知悉山西大學的侯立睿博士在介紹《彩雅》，那是一本日本人杉原直養（？—1868）在一百八十餘年前編寫的中國古色譜。我懷著激動的心情，冒昧地致電侯老師。我和侯老師的對話熱烈而融洽，侯老師坦誠地將日本國立國會圖書館收藏的《彩雅》影印版分享給我，讓我一睹為快。《彩雅》這本書收詞覆蓋甚廣，並且按照「五正色五間色」編目來記錄中國文獻中的顏色詞，以青、赤、黃、白、黑為經，綠、紅、流黃、碧、紫為緯。這是迄今所見按照正間色編目的唯一色譜。

色譜並不是近年才有的，我們今天在這裡討論的顏色詞和色譜，學術上恐怕要歸到「雅學」或者「訓詁」的傳統學問，《彩雅》這本書在日本就是歸屬到「雅學」的範疇。臺灣學者曾啟雄、林雪雰曾經對秦代的《倉頡篇》，戰國的《爾雅》，西漢的《急就篇》，東漢的《說文解字》、《釋名》，三國的《廣雅》，南朝的《玉篇》，宋代的《廣韻》，明代的《正字通》，清代的《康熙字典》十部字書做過研究，統計出歷代字書中所收的顏色單字：《倉頡篇》13字、《爾雅》117字、《急就篇》32字、《說文解字》321字、《釋名》41字、《廣雅》229字、《玉篇》547字、《廣韻》566字、《正字通》627字、《康熙字典》934字。這是多麼浩瀚的顏色字海洋！

如此浩瀚的傳統色卻沒有得到很好的傳承，原因主要是古代漢語與現代漢語的隔閡，在大量的顏色字裡面，今天早已不用的生僻字占了絕大多數。對於中國傳統色譜的整理和創作，前人的成績當推1957年中國科學院編譯出版委員會名詞室主編的《色譜》（625個色名）、1979年海上雅臣主編的《中國色名綜覽》（672個色名）、1986年王定理主編的《中國的傳統色》（320個色名）、1997年尹泳龍著的《中國顏色名稱》（1867個色名），尹著中收錄當代流行的色名占比很大。通過挖掘、梳理古代文獻，從漢字的優美和雅致中，找到古代漢語和現代漢語之間的平衡，發掘為當今所接受的更多顏色詞，整理一本承接傳統和現代的中國色譜，是我嘗試達成的創作目標。

三、漢字：色彩與審美

說中國，其實是說中國文化。葛兆光如此分析中國文化：「第一個是漢字的閱讀、書寫和漢字思維……第二個特點，是『家、家族、家國以及在這一社會結構中產生的儒家學說』……第三個，漢族中國文化裡面一個很重要的特點就是『三教合一』的信仰世界……第四個特點，是中國最有趣的陰陽五行……第五個，是中國天下觀念……這五個方面如果結合在一起，就構成了非常明顯的屬於漢族中國的文化。可是，需要再次強調的是，現代中國是五方雜糅形成的，就連漢族本身，也是五方雜糅的。從秦漢到隋唐，其實不斷有外族進來，漢族也是逐漸吸納、融合、雜糅了其他民族才形成的。」

如果用榮格的集體無意識學說解讀，葛兆光所說的中華文化元素，特別是漢字，應該是潛伏在華人的基因裡的。我們迷戀漢字是有原因的，從漢字的字形、字義出發，幾乎每一個顏色詞都可以延展為一個故事，我在這本書裡一共記錄了384個這樣的故事。出於保持這份色譜考據資料原貌的想法，這裡的文字儘量客觀、克制。趣味性、抒發性的擴展，或許可以留待另一本書交代。

2019年4月，《新週刊》提出「低美感社會」這樣一個概念。在不少場合，也確實看到失當的造型、色彩，我們歸之為審美的失當，這與我們的教育重點錯失審美是有關係的。蔡元培曾經大聲疾呼：「美育是最重要、最基礎的人生觀教育。」這句話，我們早年理解不深，近年來中國經濟的發展給了我們更廣闊的生活空間，溫飽以外的追求愈多，國境以外的資訊愈多，我們普遍體會到高美感社會的價值。審美教育不僅提升藝術修養，更能昇華人性。蔡元培還說過：「純粹之美育，所以陶養吾人之感情，使有高尚純潔之習慣，而使人我之見、利己損人之思念，以漸消沮者也。」

促使我寫這本書的一個重要原因，是我看到了日本的審美教育。在離東京台場不遠的一所普通中小學校裡，我驚訝地發現學校用日本傳統色及其典故粉飾走廊牆壁。「黃櫱」「金茶」「江戶紫」「御納戶色」「水縹」——一面面牆壁依次呈現優雅的傳統色彩，輔之以雅致的字體介紹它們的來歷，耳濡目染，孩子們怎麼會不珍視、不熱愛自己國家的傳統色彩和審美傳統呢？

像蔡元培那樣重視審美教育的先賢並不少，吳冠中講過「文盲不多，美盲很多」，木心也講過「沒有審美力是絕症，知識也救不了」。他們是懷著對中國人的終極關懷來講這些話的，學會審美，我們才能真正從生存走向生活。好在我們的傳統審美意識在不斷加強，讓人欣喜的事物也不斷出現，2019年9月央視綜藝《時尚大師》第二季，王俊凱等嘉賓介紹中國傳統的色彩文化，瞭解「祖先的高級感」，這是由傳統色而生高級美，由高級美而生自豪感，由自豪感而生愛國心。

「書承文，美承色」，這本書立足繼承和發揚傳統文化的信念。我相信漢字——持續使用時間最長的文字、連綿不斷的經史子集——值得我們敬重和珍愛，這是「說中國」的力量源泉。

四、日本：禮失求諸野

說失落，想先說說傳入。葛兆光認為「現代中國是五方雜糅形成的」，中國傳統色也是雜糅而成的。

「文明因交流而多彩，文明因互鑒而豐富。文明交流互鑒，是推動人類文明進 步和世界和平發展的重要動力。」佛教是從域外傳入中國的，唐代的實叉難陀譯《大方廣佛華嚴經》第六卷裡有這樣一段描述：「大海龍王遊戲時，普於諸處得自在，興雲充遍四天下，其雲種種莊嚴色。第六他化自在天，於彼雲色如真金，化樂天上赤珠色，兜率陀天霜雪色。夜摩天上琉璃色，三十三天瑪瑙色，四王天上玻璃色，大海水上金剛色。緊那羅中妙香色，諸龍住處蓮華色，夜叉住處白鵝色，阿修羅中山石色。鬱單越處金焰色，閻浮提中青寶色，餘二天下雜莊嚴，隨眾所樂而應之。」四大皆空須看透「真金色」「赤珠色」「霜雪色」「琉璃色」「瑪瑙色」「玻璃色」「金剛色」「妙香色」「蓮華色」「白鵝色」「山石色」「金焰色」「青寶色」。

佛家的僧服是避開正色的。《毗尼母經》第八卷中說：「諸比丘衣色脫，佛聽染用十種色。十種色者，一泥，二陀婆樹皮，三婆陀樹皮，四非草，五乾陀，六胡桃根，七阿摩勒果，八佉陀樹皮，九施設婆樹皮，十種種雜和用染。如是等所應染者此十種色。」此十種色通稱為壞色，不入正色的壞色，正是佛家的一種謙卑。

在絲綢之路的歷史中，佛教的傳入是很了不起的事情。絲路昌盛時期的中國就像一個巨大的發動機，不斷從西域汲取變革和進步的能量，又把糅合後的能量輸出到絲路最東端的日本。這個能量的輸出也包括中國傳統色，由此推動了日本傳統色的形成。2019年10月德仁天皇即位禮，其中一個重要畫面定格在「黃櫨染御袍」，大眾才知道日本皇室的禮服保存和延續了中國唐代傳入的服色。

對中國傳統有保存，就值得我們去學習，這是我到日本查找文獻的原因。禮失求諸野，當年我們兼收並蓄，今天要取回失去的。前文中講到了杉原直養，他以正間色的編目方法製作了中國傳統色的色譜，裡面有值得借鑒的內容。日本傳統色脫胎於中國傳統色，研讀日本傳統色的大家之作，既是學習，也是複習。除了杉原直養，我也從上村六郎（1894—1991）、長崎盛輝（1912—1995）、吉岡常雄（1916—1988）這三位日本傳統色專家那裡有所獲益，特此介紹一下。

上村六郎，日本近代研究染色的第一人，他對日本傳統色和中國傳統色的關係頗有見地。此公著作等身，其中集大成者是煌煌六卷《上村六郎染色著作集》。著作集的第一卷概述東方染色的物料、交流，第二卷總結日本上古時代的染草、萬葉時代的色名，這兩卷與中國的關係最大。長崎盛輝，他有兩本大部頭的巨著，《譜說日本傳統色彩考：色名與色調》和《譜說服飾配色彩考：

平安美裳》，前者是日本傳統色的一部大色譜，色標很準確，對我們驗證中國傳統色幫助很大，後者是平安時代時尚服飾色彩的復原，也都有對應的色標。吉岡常雄，200年歷史京都老染坊的第四代主人，他也有兩本大部頭的巨著，《傳統色》和《日本染色》，可謂染坊古法復原傳統色的踐行者，正是他的執著才讓我們一睹傳說中的「貝紫」。

題外話，吉岡幸雄（1946—2019）是吉岡常雄的傳人，染坊的第五代主人，曾在中日間多次奔走，傳播、交流古法染色， 聽說他有意復原《紅樓夢》裡的服色，可惜斯人去矣。

五、故宮：文創的機緣

說尋找，我先介紹這本書的合著者李健明，他的美術設計和色彩審美均是一流，和我有超過十年的創意合作。2018年初，我們倆加入故宮文創的大婚項目，很快我們發現一個問題：故宮文創還沒有指導性的符號體系。我們說的符號體系，既是紋飾，也是色彩，所以我們就想創作一套故宮色譜。這是促使我寫這本書的另一個重要原因。

故宮文創在近年取得了世人矚目的成績，其指導思想是讓紫禁深宮的文物活起來、走出去，這個指導思想給文創插上了翅膀。健明和我得益於這種開放的理念，故宮色譜的想法也逐漸被中國傳統色所取代，唯一沒變的是從故宮文物的色彩中參照色值。中國傳統色的存在依據是故宮文物的不滅記憶和一貫傳承。

尋找中國傳統色的難度，除了古代漢語和現代漢語的隔閡，還有色值的不確定。日本傳統色專家遵循古法染色復原傳統色，相對比較準確。即使如此，同一種染色物料在不同的工藝階段中、不同的染匠操作下，其色值也是有顯著差異的，最終形成的日本傳統色譜依靠的是逐漸形成的行業共識和行業標準。日本和服的延續與發展，對日本傳統色的保護功不可沒，相比而言，我們就很困難。少數情況下，我們可以從日本傳統色中比對，更多情況下，我們堅持遵循的是「有理有據」。所謂有理，學習推理某種傳統色的色值範圍，從同色系的深淺顏色排序開始；所謂有據，遍查考據，旁證佐引，遍訪故宮文物辨色找對照。分工上，健明負責繪色，我負責著文，其實我們的繪色與著文已經難分難捨。歷經春夏秋冬，每當取得一致意見，健明和我都長吁一口氣。路漫漫其修遠兮，幸有同路者相互扶持。

這裡要感謝小天下時代文化的創始人王津，正是他的策劃，推動這本書走上了出版的軌道。感謝中信出版集團的領導和編輯團隊，他們都是這本書的知音，我們的內容溝通會議每次都是心有戚戚。《日本傳統色》這本書也是由中信出版的，期待中信出版的色彩系書目越來越豐富，期待中信書店像紀伊國屋書店一樣出現「色彩」子目的專櫃。感謝友人李靈、劉秀鳴、趙大凡、王曉鷹、李海蛟、楊景洲、齊小晶、齊小婷、簡江、劉勇、陳莉的鞭策和鼓勵，他們對傳統文化復興和這本書的濃厚興趣給了我寫作的信心。感謝家人韓麗婕、郭允成，他們不厭其煩，用嫺熟的日語幫助我找書，幫助我翻譯，沒有他們的幫助也就沒有這本書。

最後，必須說明的三點：其一，同一事物多個色名（甚至有多達80多個名字的古代染色物料），在古代普遍存在，出於對極少數色名的鍾愛和不捨，本書裡有極少數同色異名出現，其所對標的色值略有差異。其二，除了正統色名，我們小心地引入了雅樂、詞牌和老莊裡的一點意象詞以指代顏色，這種理念是以意象做顏色的引申，我們調皮了一下，但儘量不造成違和感。其三，色名和色值的一致性和準確性，需要專業共識、行業共識、社會共識，對於任何偏離的色值，健明和我都會虛心聽取意見，一處處修正、一步步完善後續版本，期待中國傳統色譜早日形成共識，形成行業標準。

郭浩

2019年12月8日

春

C75 M50 Y85 K5
R79 G111 B70

018 春色季語

立春

029 黃白遊 松花 緗葉 蒼黃
031 天縹 滄浪 蒼筤 縹碧
033 流黃 栗殼 龍戰 青驪
035 海天霞 縉雲 緹黃 珊瑚赫

雨水

037 盈盈 水紅 蘇梅 紫莖屏風
039 葭灰 黃埃 老僧衣 玄天
041 黃河琉璃 庫金 緼韍 紫甌
043 歐碧 春辰 碧山 青青

驚蟄

045 赤緹 朱草 綪茷 順聖
047 桃夭 楊妃 長春 牙緋
049 黃栗留 梔子 黃不老 柘黃
051 青鸞 菘藍 青黛 紺蝶

春分

053 皦玉 吉量 韶粉 霜地
055 夏籥 紫磨金 檀色 赭羅
057 黃丹 洛神珠 丹臒 水華朱
059 青冥 青雘 青緺 騏驎

清明

061 紫蒲 赬紫 齊紫 凝夜紫
063 凍縹 春碧 執大象 苔古
065 香爐紫煙 紫菂 拂紫綿 三公子
067 琅玕紫 紅躑躅 魏紅 魏紫

穀雨

069 昌榮 紫薄汗 茈藐 紫紶
071 蒼葭 庭蕪綠 翠微 翠虯
073 碧落 挼藍 青雀頭黛 螺子黛
075 露褐 檀褐 緅絺 目童子

076 春之故宮美
078 春之中國色

目錄

夏

C20 M80 Y75 K0
R203 G82 B62

082 夏色季語

立夏

093 青粲　翠縹　人籟　水龍吟
095 地籟　大塊　養生主　大雲
097 溶溶月　紹衣　石蓮褐　黑朱
099 朱顏酡　苕榮　檎丹　丹罽

小滿

101 彤管　渥赭　唇脂　朱孔陽
103 石髮　漆姑　芰荷　官綠
105 仙米　黃螺　降真香　遠志
107 嫩鵝黃　鞠衣　鬱金裙　黃流

芒種

109 筠霧　瓷秘　琬琰　青圭
111 鳴珂　青玉案　出岫　風入松
113 如夢令　芸黃　金埒　雌黃
115 曾青　黝艴　璆琳　瑾瑜

夏至

117 赩熾　石榴裙　朱湛　大繎
119 月魄　不皂　雷雨垂　石涅
121 扶光　椒房　紅友　光明砂
123 山礬　玉頩　二目魚　明月璫

小暑

125 騂剛　赬霞　赬尾　朱柿
127 天球　行香子　王芻　蓋篋
129 赤靈　丹秫　木蘭　麒麟竭
131 柔藍　碧城　藍采和　帝釋青

大暑

133 夕嵐　雌霓　絳紗　茹藘
135 蔥青　少艾　綺錢　翠樽
137 石蜜　沙餳　巨呂　吉金
139 山嵐　淥波　青楸　菉竹

140 夏之故宮美
142 夏之中國色

秋

C15 M50 Y85 K0
R218 G146 B51

146 秋色季語

立秋

157 竊藍 監德 蒼蒼 群青
159 白青 竹月 空青 太師青
161 縞羽 香皮 雲母 佩玖
163 麴塵 綠沈 絞衣 素綦

處暑

165 退紅 櫻花 丁香 木槿
167 余白 蘭苕 碧滋 蔥倩
169 雲門 西子 天水碧 法翠
171 桑蕾 太一餘糧 秋香 老茯神

白露

173 凝脂 玉色 黃潤 緗緗
175 蕉月 千山翠 結綠 綠雲
177 藕絲秋半 蒼煙落照 紅藤杖 紫鼠
179 黃粱 蒸栗 射干 油葫蘆

秋分

181 卵色 葭菼 冰臺 青古
183 欒華 大赤 佛赤 蜜褐
185 孔雀藍 吐綬藍 魚師青 軟翠
187 淺雲 素采 影青 逍遙遊

寒露

189 醽醁 翠濤 青梅 翕艴
191 九斤黃 杏子 媚蝶 韎韐
193 東方既白 紺宇 佛頭青 花青
195 弗肯紅 赤璋 藕色 密陀僧

霜降

197 銀朱 胭脂蟲 朱櫻 爵頭
199 甘石 迷樓灰 鴉雛 煙墨
201 十樣錦 檀唇 瓊琚 棠梨
203 蜜合 假山南 紫花布 沉香

204 秋之故宮美
206 秋之中國色

目錄

冬

C85 M50 Y60 K10
R32 G104 B100

210 冬色季語

立冬

221 半見 女貞黃 緗紈 藁黃
223 繱犗 二綠 銅青 石綠
225 黃琮 茶色 伽羅 蒼艾
227 藕絲褐 葡萄褐 蘇方 福色

小雪

229 龍膏燭 黲紫 胭脂水 胭脂紫
231 小紅 岱赭 鶴頂紅 朱殷
233 月白 星郎 晴山 品月
235 明茶褐 荊褐 駝褐 椒褐

大雪

237 粉米 縓緣 美人祭 鞓紅
239 米湯嬌 草白 玄校 緅綅
241 雀梅 油綠 莓莓 螺青
243 暮山紫 紫苑 優曇瑞 延維

冬至

245 銀紅 蓮紅 紫梅 紫礦
247 咸池 紅䵂 蚩尤旗 霽紅
249 鶯兒 禹餘糧 姚黃 蛾黃
251 濯絳 墨黲 驖驪 京元

小寒

253 鄭白 斷腸 田赤 黃封
255 丁香褐 棠梨褐 朱石栗 棗褐
257 秋藍 育陽染 霽藍 獺見
259 井天 正青 扁青 纁色

大寒

261 紫府 地血 芥拾紫 油紫
263 骨縹 青白玉 綠豆褐 冥色
265 肉紅 珠子褐 鷹背褐 麝香褐
267 石英 銀褐 煙紅 紫誥

268 冬之故宮美
270 冬之中國色
272 參考文獻
279 中國傳統色色譜

C
60

M
30

Y
85

K
0

碧山

R
119

G
150

B
73

春

萬紫千紅總是春

中國古代的顏色系統秉承天人合一的理念，以五正色、五間色形成基本的顏色系統，對應天時地理。明代楊慎講：「五行之理，有相生者，有相剋者。相生者為正色，相剋者為間色。」五正色是青、赤、黃、白、黑，五間色是綠、紅、流黃、碧、紫。春天草木青青，為萬物復甦之兆，「木色青，故青者東方也。」

欲入春山尋秀色，先讀季語解密碼。春色季語，就是您開啟這一季傳統色寶庫的鑰匙。

黃白遊 C0 M0 Y50 K0 R255 G247 B153	松花 C0 M5 Y65 K0 R255 G238 B111
緗葉 C10 M15 Y75 K0 R236 G212 B82	蒼黃 C35 M35 Y100 K0 R182 G160 B20

立春

起於「黃白遊」，此色契合中國人的人生願景，黃山白岳是神仙夢，黃金白銀是富貴夢，都是好夢。承之「松花」，拂取的松花如嬰兒肌膚般鮮嫩，祈福長壽的松花酒是神仙夢，而薛濤的松花箋是最出名的傳統色衍生品，更是文學的綺麗夢。轉而「緗葉」，緗是很重要的基本傳統色，是初生桑葉欣欣向榮的顏色，中國古代「農桑並舉」，有蠶桑，才有衣錦還鄉，這是富貴夢。合乎「蒼黃」，既是間色，也是變色，我們今日說的「倉皇」出自此處。因何倉皇？事情在生長變化，不確定性的躍動是此色的特質。

天縹 C20 M0 Y15 K0 R213 G235 B225	滄浪 C35 M5 Y25 K0 R177 G213 B200
蒼筤 C45 M15 Y35 K0 R153 G188 B172	縹碧 C55 M25 Y45 K0 R128 G164 B146

東風解凍

起於「天縹」，近於等煙雨的天青色，因漂洗色淡而生縹，是很重要的基本傳統色，晴空的天色就叫天縹。承之「滄浪」，說的是我心悠悠。不信你去蘇州吃一碗好麵，再去滄浪亭把腳浸到水中試試。轉而「蒼筤」，沒有比竹初生更能代表春天的事物了，春生之美，盡在此色。合乎「縹碧」，縹碧是大色，因其貴氣，或出現在宮苑的瓦上，或出現在江河的水裡，或出現在貴人的杯中，最好的，還是李後主宮人以素白玉手端起的顏色，給了我們一眼千年的想像。

流黃 C50 M55 Y80 K10 R139 G112 B66	栗殼 C55 M70 Y80 K20 R119 G80 B57
龍戰 C60 M70 Y95 K35 R95 G67 B33	青驪 C65 M80 Y90 K55 R66 G37 B23

蟄蟲始振

起於「流黃」，五間色之一，而且是中央的間色。土剋水產生黃剋黑的撞擊，章太炎竟然能以此標出人種的一種膚色。承之「栗殼」，見栗則喜，蒸烤得暖，香甜得食，乾隆帝食栗，愉快地寫下「堆盤陳玉幾，獻歲同春椒。」轉而「龍戰」，唯有大地可以承載龍之搏殺，龍血滲透土壤的顏色，多麼壯烈。合乎「青驪」，青黑顏色的駿馬是寶馬，少年俠客出場，選乘此色之馬有氣場，姑娘掛念，前程大好。

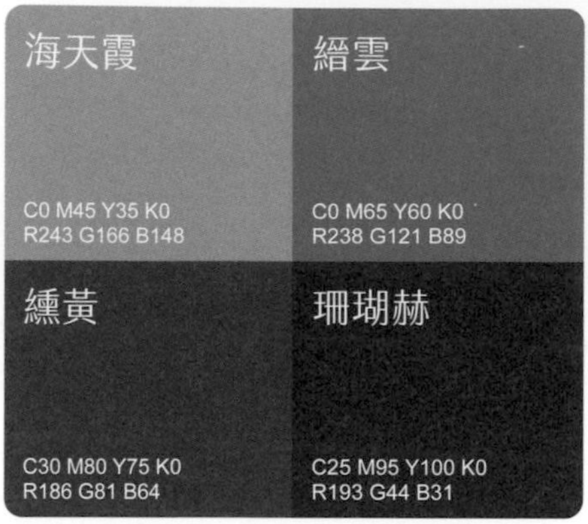

魚陟負冰

起於「海天霞」，「雨霽輕霞漾海波」，宮人偏愛這種淡紅裡衣，加罩更薄的青綠紗羅，兩層織物內外掩映，瑟瑟波紋襯海霞，層次感如此而來。承之「縉雲」，黃帝命名春官為青雲，夏官為縉雲，春青夏赤是五正色系統的說法，縉是很重要的基本傳統色。轉而「纁黃」，上玄下纁是華夏最神聖的服色，玄為太陽躍出地平線前的天色，纁為太陽跌入地平線時的天色，天地為大，敬畏而已。合乎「珊瑚赫」，古代以鐵網沉於珊瑚上，珊瑚愈生長，鐵網愈扣住，待拉鐵網出水，即得珊瑚。落日火紅珊瑚出水，時旺財旺。

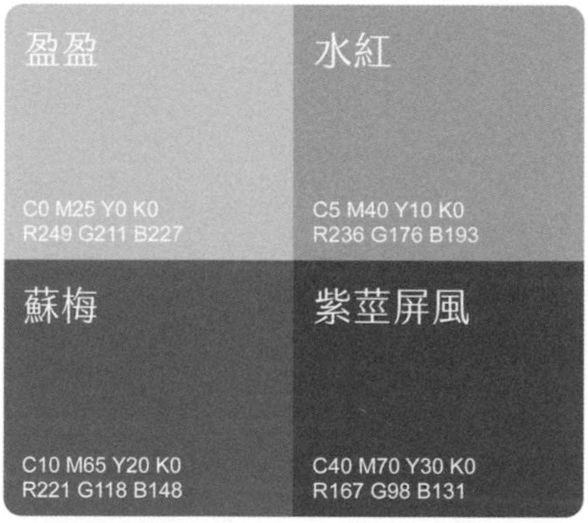

雨水

起於「盈盈」，一片桃花映水，辛棄疾說姑娘「笑語盈盈暗香去」，也是上元節會情郎的桃花運使然。承之「水紅」，花映水紅，顏色的具象與雨水的節氣完美搭配，水為財、紅為發。轉而「蘇梅」，東坡心中的梅花色，他親自解讀為「小紅桃杏色」，美人微醉，詩興大發，良辰美景。合乎「紫莖屏風」，張翰因為思念紫色根莖、紫色葉背的蓴菜羹，官都不做了，這個顏色或許就是人生的「小確幸」。

獺祭魚

起於「葭灰」，蘆葦成灰，比蘆葦管裡的白皮還薄，這個顏色把世間人情看穿了，看穿了就少些心痛，也是好事。承之「黃埃」，黃泉的霧氣，黃埃上升的陰氣陽氣激蕩為雷電，孕育力量，暗藏能量。轉而「老僧衣」，為茶葉末這個顏色的變體，舊時北京稱茶葉末為「高末」，透著敬重與謙卑，如老僧入定。合乎「玄天」，預示天地洪荒，混沌未明，玄之又玄，眾妙之門。

黃河琉璃 C10 M40 Y75 K0 R229 G168 B75	庫金 C10 M55 Y80 K0 R225 G138 B59
緼韍 C40 M75 Y85 K15 R152 G79 B49	紫甌 C50 M75 Y100 K25 R124 G70 B30

候雁北

起於「黃河琉璃」，在黃河孟津口放眼望去，波濤洶湧、氣勢磅礴，陽光照著黃河水，如同黃琉璃的顏色。承之「庫金」，足金之色，成色有保證，沉穩踏實。轉而「緼韍」，茜草染的赤黃色為緼，跪拜用的腰間圍裙為韍，為子爵、男爵、大夫的貴族服色。合乎「紫甌」，聞之有茶香，茶道之精髓在平心靜氣、審美達觀，與自己、與天地和解，如莊子所說：「相與為春秋冬夏四時行也。」

歐碧 C30 M5 Y50 K0 R192 G214 B149	春辰 C40 M15 Y60 K0 R169 G190 B123
碧山 C60 M30 Y85 K0 R119 G150 B73	青青 C75 M50 Y85 K5 R79 G111 B70

草木萌動

起於「歐碧」，綠牡丹，古來稀，價在牡丹花王「姚黃」之上，此色貴矣。承之「春辰」，呼應春天辰星之色，浩蕩宇宙中給出了春天的暗示，一點點希望，一點微芒。轉而「碧山」，「我見青山多嫵媚，料青山見我應如是」，相看兩不厭，是一個生命禮敬另一個生命的端正。合乎「青青」，一青再青，緣於純正，緣到不雜不假，恨不得放到最親最愛的人的衣領上。

赤緹 C30 M75 Y70 K0 R186 G91 B73	朱草 C35 M85 Y80 K10 R166 G64 B54
綪茷 C40 M95 Y100 K10 R158 G42 B34	順聖 C50 M100 Y100 K25 R124 G25 B30

驚蟄

起於「赤緹」，寓意農事的精耕細作，種子生長在紅土滋沃的環境，想必後續即是豐收景象。承之「朱草」，鳳凰與麒麟出場的背景顏色，太平祥瑞，且合於神仙夢，又恨不得多做一件此色的時尚吉服了。轉而「綪茷」，紅色大旗在風中獵獵招展的樣子，其高亢引領的預示不言而喻。合乎「順聖」，北宋神宗朝色，或者說「潮色」。聖上的潮流色鮮赤近紫，正如其廟號「神宗」，神乎其神，莫能其言。

桃夭	楊妃
C0 M35 Y10 K0 R246 G190 B200	C0 M55 Y20 K0 R240 G145 B160
長春	**牙緋**
C10 M70 Y30 K0 R220 G107 B130	C25 M75 Y55 K0 R195 G92 B93

桃始華

起於「桃夭」，桃之夭夭，跑掉的不是緣分，跑不掉的是適宜娶回家的人，此色適用於宜室宜家的婚慶場景。承之「楊妃」，妃色附著於楊貴妃，更加悱惻纏綿，更難得的是，一種顏色的來歷有礦石的剛、牡丹的貴、錦裙的柔，還有瓷的雅。轉而「長春」，青春長駐之色，宋代是中國美學的高峰，而時人在詩歌裡輪番詠頌此色。合乎「牙緋」，緋色是官色，牙笏與緋服是唐朝人的成功標誌，賜緋如同白日夢，借緋也盼擠身進去。

黃栗留	梔子
C0 M15 Y70 K0 R254 G220 B94	C0 M30 Y80 K0 R250 G192 B61
黃不老	**柘黃**
C15 M45 Y85 K0 R219 G155 B52	C25 M60 Y100 K0 R198 G121 B21

倉庚鳴

起於「黃栗留」，翩翩黃鸝鳥的身影，杜甫去探訪武侯祠，正是「映階碧草自春色，隔葉黃鸝空好音」。承之「梔子」，司馬遷說，家有千畝梔子和茜草，身價就等同於千戶侯，這是何等富貴的顏色。轉而「黃不老」，調皮了一下，不老是檗的轉音，黃檗榨染著色是古老傳統，黃檗也被收入於日本傳統色。合乎「柘黃」，這是本篇迄今最尊貴的顏色，黃袍加身，歐陽玄研究睡眠比較早，說：「陳橋一夜柘袍黃，天下都無鼾睡床」，看來這個顏色不宜做睡衣。

青鸞	菘藍
C45 M30 Y25 K0 R154 G167 B177	C65 M50 Y35 K0 R107 G121 B142
青黛	**紺蝶**
C80 M75 Y50 K15 R69 G70 B94	C85 M80 Y65 K40 R44 G47 B59

鷹化為鳩

起於「青鸞」，這也是皇家的顏色，因為青鸞是西王母的青鳥，在皇家色裡面輩分較高，而且高到雲端。承之「菘藍」，以菘藍的葉子漚浸著色是古老傳統，青出於藍而勝於藍，這是青雲直上的胎床。轉而「青黛」，菘藍的葉子乾燥後可製成藥物或化妝品，春情春意都濃烈，於春天最合乎時宜的句子是：「二月春雨和春泥，半山青黛半山稀。」合乎「紺蝶」，閨房色，召郎婿。乾隆帝在消夏時驚豔於此色的蝴蝶，入帝王眼的顏色，自然也有貴氣。

皦玉 C10 M5 Y10 K0 R235 G238 B232	吉量 C10 M5 Y15 K0 R235 G237 B223
韶粉 C15 M10 Y20 K0 R224 G224 B208	霜地 C20 M15 Y25 K10 R199 G198 B182

春分

起於「皦玉」，這不是一塊玉，而是明明白白一顆心，《詩經》講：「穀則異室，死則同穴。謂予不信，有如皦日。」──活著不能在一室，死後同埋一穴，我說的話你不信，就讓白晃晃的太陽做證。承之「吉量」，來自《山海經》裡文馬吉量的毛色，騎吉量可以壽千年，這是壽比南山不老松的顏色。轉而「韶粉」，妝色畫色，都是為了超越現實，我們畢生都在為塗抹美好生活而努力。合乎「霜地」，百般描述都不如李白一句：「床前明月光，疑是地上霜」，這是我想你的顏色。

夏籥 C20 M35 Y35 K0 R210 G175 B157	紫磨金 C30 M55 Y55 K0 R188 G131 B107
檀色 C35 M65 Y60 K0 R178 G109 B93	赭羅 C45 M65 Y65 K5 R154 G102 B85

玄鳥至

起於「夏籥」，出自雅樂《夏籥》，雅樂舞蹈中的文舞是持龠翟而舞，武舞是持干戚而舞；以文德得天下做文舞，以武功得天下則做武舞，這是推崇夏禹以文德收天下心之色。承之「紫磨金」，想當年唐玄宗在楊貴妃的鬢角上親手插上紫磨金步搖，其情其景動人心魄。轉而「檀色」，檀出自梵語，意為布施，檀木不朽，慈悲心也是不滅的。合乎「赭羅」，辛棄疾說這是猩猩血的顏色，齊桓公問管子：「天財所出，地利所在？」管子答：「赭土之下是寶貴的鐵礦。」這也是寶礦之色。

黃丹 C0 M80 Y95 K0 R234 G85 B20	洛神珠 C15 M90 Y100 K0 R210 G57 B24
丹雘 C20 M100 Y100 K0 R200 G22 B29	水華朱 C40 M100 Y100 K0 R167 G33 B38

雷乃發聲

起於「黃丹」，中國煉丹的神仙色，也是日本儲君的服色，既仙且貴。承之「洛神珠」，絳珠草的果實色，絳珠草是《紅樓夢》裡林妹妹的前身，納蘭性德也誇過這靈氣才女之色，「櫻唇微綻，靺鞨紅殷。故宮事往憑誰問，無恙是朱顏。」轉而「丹雘」，喜氣、仙氣、貴氣、福氣在國畫傳統裡，都離不開一抹丹雘色。合乎「水華朱」，真銀朱色也，不褪色、不畏蟲而成為國畫的印泥見證色，降陰陽、濟水火而成為扶危拯急的中藥。

青冥 C80 M50 Y10 K0 R50 G113 B174	青雘 C95 M45 Y55 K0 R0 G113 B117
青緺 C90 M75 Y65 K10 R40 G72 B82	騏驎 C100 M95 Y50 K25 R18 G38 B79

始電

起於「青冥」，青冥是高高的天色，天高不可測，建安七子之一徐幹說從青冥這樣的高天再往上望，就望到天頂了。承之「青雘」，出自《山海經》:「青丘之山，其陽多玉，其陰多青雘」，從此有了丹青。轉而「青緺」，漢代九卿高官紫青色綬帶的顏色，《史記》裡「拜為二千石，佩青緺出宮門」的得意，是人生大目標的實現。合乎「騏驎」，騏驎在人間是良馬，用一句李商隱的才子詩，「騏驎踏雲天馬獰，牛山撼碎珊瑚聲。」

紫蒲 C40 M75 Y0 K0 R166 G85 B157	禎紫 C55 M100 Y20 K0 R138 G24 B116
齊紫 C70 M100 Y30 K0 R108 G33 B109	凝夜紫 C85 M100 Y45 K15 R66 G34 B86

清明

起於「紫蒲」，張籍講:「紫蒲生濕岸，青鴨戲新波」，讓人萌生回到流水人家、夕煙田間的衝動，這是生靈脈脈有情的色彩。承之「禎紫」，生機更上一層，斑駁絢爛，彷彿春天奏鳴曲已進入小步舞曲的樂章，這是生命傲然綻放的色彩。轉而「齊紫」，齊王好紫衣，國中無異色，顏色貴乎材質，更貴乎心理，這是權貴色的經典故事。合乎「凝夜紫」，如果《冰與火之歌》有個中國版本，北境的畫面該是這種色調吧，這是生命嗚咽悲歌的色彩，一定有長城，有角聲，有白龍。

凍縹 C30 M20 Y30 K0 R190 G194 B179	春碧 C45 M35 Y50 K0 R157 G157 B130
執大象 C50 M40 Y55 K0 R145 G145 B119	苔古 C60 M45 Y60 K0 R121 G131 B108

桐始華

起於「凍縹」，寂靜春夜，一杯冰冰的淡色青酒，應有琴簫合吟，此色與竹林七賢相配，與古龍的《小李飛刀》更配。承之「春碧」，依然是寂寂空庭，依然是漫卷詩書，問一聲「誰與細傾春碧」，陸游隔空回一句「東樓誰記」，這是何等孤高的顏色。轉而「執大象」，中國人的終極真理曰道，道可道，非常道，一旦洞悉天地的運行法則，就會進入不惑不怨、不憂不懼的境地。合乎「苔古」，唐太宗《過舊宅二首》的得意句子裡，往事並不如煙，這是不動聲色的大人物顏色。

香爐紫煙 C20 M20 Y10 K0 R211 G204 B214	紫葯 C45 M45 Y20 K0 R155 G142 B169
拂紫綿 C60 M75 Y30 K0 R126 G82 B127	三公子 C70 M85 Y30 K5 R102 G61 B116

田鼠化為鴽

起於「香爐紫煙」，李白的袍子應該是這個顏色吧，這樣他就會融化在廬山的氣裡、爐火的影裡、神仙的夢裡。承之「紫葯」，蓮池裡霓帶霞衣，搖紅滌翠，卻不及一低頭的溫柔，在蓮蓬包裹的初生嫩蓮子裡，春心脈脈不得語。轉而「拂紫綿」，「銅鏡立青鸞，燕脂拂紫綿」，白皙纖手和胭脂紫綿，女為悅己者容。合乎「三公子」，三公子和五品緋都是廟堂，盛唐氣象，服色奪目，是長安城裡的尊貴。

琅玕紫 C20 M75 Y25 K0 R203 G92 B131	紅躑躅 C30 M90 Y30 K0 R184 G53 B112
魏紅 C40 M90 Y40 K0 R167 G55 B102	魏紫 C50 M90 Y55 K5 R144 G55 B84

虹始見

起於「琅玕紫」，鬼才李賀筆下的顏色永遠是不可思議卻又揮之不去的，這是公主面上的醉意酒色，誰說過最好的生活是醉生夢死。承之「紅躑躅」，最貼切的解釋是人見人愛、花見花開，躑躅是不捨離去，這是春天裡熱烈愛慕的顏色。轉而「魏紅」，牡丹花後之國色，姚黃魏紅是升平景象。合乎「魏紫」，與「魏紅」一脈相承，守本求變，一路奔向帝王們偏愛的紫色。

昌榮 C15 M25 Y0 K0 R220 G199 B225	紫薄汗 C30 M40 Y0 K0 R187 G161 B203
茈藐 C40 M55 Y0 K0 R166 G126 B183	紫紶 C60 M75 Y25 K0 R125 G82 B132

穀雨

起於「昌榮」，殷王女的傳說，最妙是「既至山頂，寂寞無所見」，雲中紫草，不見也罷，既昌且榮，必是好顏色。承之「紫薄汗」，汗血寶馬中的神品，汗色也是靠攏三公子，雖是薄薄滲出，足以論顏色。轉而「茈藐」，出自《山海經》的上古紫草，通神附靈，彷彿看到上空飛過、側旁奔過那些令人心馳神往的奇鳥異獸。合乎「紫紶」，日本染匠吉岡常雄曾奔走東西島嶼十七年，考證貝染之紫，終於寫得一部《帝王紫探訪》。

萍始生

起於「蒼葭」，「蒹葭蒼蒼，白露為霜，所謂伊人，在水一方」，如張學友的《煙花句》一樣美：「是你跟我說，讓我清醒的句子，叫我不用為她再枉追。」承之「庭蕪綠」，白居易的春庭三月半，李煜的風回柳眼春，都脫不了這一方小院嫩綠，不似小院東風，這是希望的顏色。轉而「翠微」，山色翠，霧氣微，深處白雲鄉，好一派詩情畫意，這也是洗心的顏色。合乎「翠虬」，翠虬絳螭，都是文創產品感覺很強的陳設。

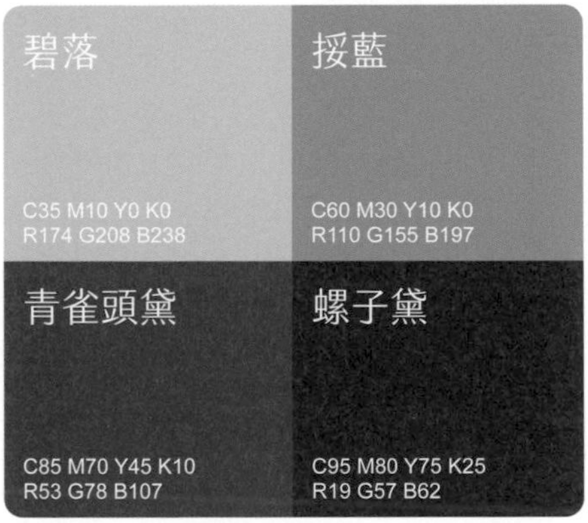

鳴鳩拂其羽

起於「碧落」，「昔於始青天中，碧落空歌大浮黎土」，《渡人經》開篇就給出太空歌劇般的舞臺，這是中國幻想的顏色。承之「挼藍」，中國傳統的青綠山水，可以用石青、石綠，你夢中的山水畫，可以有水挼藍、山橫黛，這是山水夢中的顏色。轉而「青雀頭黛」，宮裡用量大，河西獻百斤。合乎「螺子黛」，中古時代的海外進口奢侈品，據說《甄嬛傳》和《琅琊榜》都做了「置入性廣告」，那麼必定是大牌的顏色了。

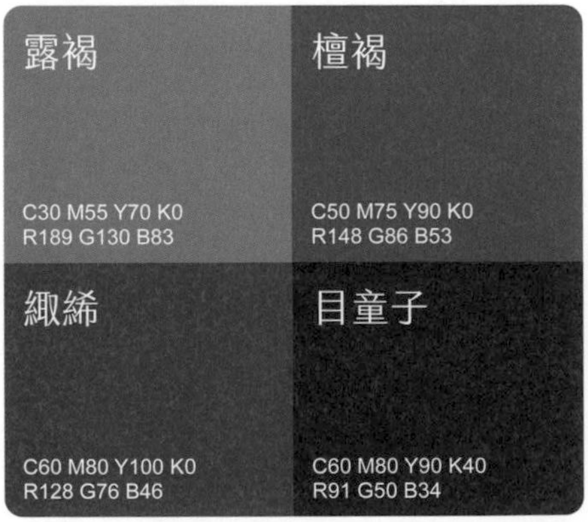

戴勝降於桑

起於「露褐」，《碎金》和《南村輟耕錄》遍錄褐色之細目，歎為觀止。承之「檀褐」，宋元兩代，褐色都是皇家禁色，這是傳統色史綱的冷知識。轉而「緅絺」，緅是很重要的基本傳統色，絺是細葛布，由於染色五入而得緅，得之不易，孔子不主張衣服邊料用這個顏色。合乎「目童子」，中國人的瞳孔顏色，華人人種的典型特徵。

立春

淡黃釉瓶（清・雍正）

黃白遊

金銀氣色，若白輕黃。《史記·孝武本紀》載：「合茲中山，有黃白雲降蓋，若獸為符，路弓乘矢，集獲壇下，報祠大饗。」湯顯祖《有友人憐予乏勸為黃山白嶽之遊》詠：「欲識金銀氣，多從黃白遊。一生癡絕處，無夢到徽州。」黃山白嶽間，喜其南柯癡絕，篡取詩意而命名此色。屈大均《送人返徽州》詠：「黃山白嶽夢魂間，之子乘秋一杖還。」

松花

蘇敬《新修本草》云：「松花名松黃，拂取似蒲黃。正爾酒服輕身，療病云勝皮、葉及脂。」李匡文《資暇錄》云：「松花箋代以為薛濤箋誤也。松花箋其來舊矣。」李白《酬殷明佐見贈五雲裘歌》詠：「輕如松花落金粉，濃似苔錦含碧滋。」韋莊《乞彩箋歌》詠：「班班布在時人口，滿袖松花都未有。」王建《設酒寄獨孤少府》詠：「自看和釀一依方，緣看松花色較黃。」景煥《牧豎閒談》云：「於是濤別模新樣小幅松花紙，多用題詩，因寄獻元公百餘幅。」李石《續博物志》：「元和中，元稹使蜀，營妓薛濤造十色彩箋以寄，元稹於松花紙上寄詩贈濤。」

緗葉

C10 M15 Y75 K0
R236 G212 B82

立春之轉色

許慎《說文解字·糸部》注曰：「緗，帛淺黃色也。」劉熙《釋名·釋采帛》注：「緗，桑也，如桑葉初生之色也。」王僧達《詩》：「緗葉未開蕊，紅葩已發光。」李嶠《荷》：「魚戲排緗葉，龜浮見綠池。」夏竦《皇帝聽講尚書徹太清樓賜宴》：「賜花緗葉綴，勸酒玉卮傳。」《宣賜翠芳亭雙頭並蒂牡丹仍令賦詩》：「紅房爭並萼，緗葉競駢枝。」葛立方《小酌以詩招道祖分茶》詠：「寶胯開緗葉，香塵墮柘羅。」

蒼黃

C35 M35 Y100 K0
R182 G160 B20

立春之合色

《黃帝內經·素問·五常政大論》載：「其色蒼黃。」王冰注：「色黃之物，外兼蒼也。」《墨子·所染》曰：「染於蒼則蒼，染於黃則黃，所以入者變，其色也變。」春之初立，一切都在生長變化，以其不確定而命名此色。元稹《酬李六醉後見寄口號》詠：「健羨觥飛酒，蒼黃日映籬。」李商隱《李夫人三首》詠：「土花漠碧雲茫茫，黃河欲盡天蒼黃。」又《有感二首》詠：「蒼黃五色棒，掩遏一陽生。」

立春

綠色描金松竹梅紋粉蠟箋・局部（清・乾隆）

天縹

C20 M0 Y15 K0
R213 G235 B225

東風解凍之起色

許慎《說文解字·糸部》注：「縹，帛青白色也。」劉熙《釋名·釋采帛》注：「縹，猶漂漂，淺青色也。有碧縹，有天縹，有骨縹，各以其色所象言之也。」此色命名天縹，其色如晴空。吳敬梓《臘月將之宣城留別蘧門》詠：「篷窗窺天縹，江水真安流。雪霽豔朱炎，相思登北樓。」

滄浪

C35 M5 Y25 K0
R177 G213 B200

東風解凍之承色

《孟子·離婁上》曰：「滄浪之水清兮，可以濯我纓；滄浪之水濁兮，可以濯我足。」玄奘《大唐西域記·窣祿勤那國》載：「水色滄浪，波濤浩汗。」名此色為滄浪，恰得我心。沈充《前溪歌》詠：「前溪滄浪映，通波澄淥清。聲弦傳不絕，寄汝千載名，永使天地並。」

蒼筤

C45 M15 Y35 K0
R153 G188 B172

東風解凍之轉色

昭示春天的顏色。近人章炳麟《訄書·訂文》曰：「青石之青，孚筍之青，名實眩也，則別以蒼筤、琅玕。」上溯其源，《周易·說卦》曰：「（震）為蒼筤竹。」孔穎達疏：「竹初生之時，色蒼筤，取其春生之美也。」劉基《夏日雜興七首》詠：「風軒自舞蒼筤竹，蓮沼雙游赤鯉魚。」王應斗《題鄒氏盆景四絕》詠：「石家枉炫珊瑚勝，不及蒼筤一尺青。」

縹碧

C55 M25 Y45 K0
R128 G164 B146

東風解凍之合色

陳琳《神武賦》曰：「文貝紫瑛，縹碧玄綠。」左思《吳都賦》曰：「紫貝流黃，縹碧素玉。」康有為《泛灕江到桂林》詠：「灕水一千里，縹碧溜清絕。」縹碧，不管是「以為瓦」，還是「難為水」，始終是古風悠悠。劉楨《瓜賦》曰：「憑彤玉之幾，酌縹碧之樽。」不如回到李煜的《子夜歌》，其中有：「縹色玉柔擎，醅浮盞面清。」素白玉手端起的顏色，何須再爭論是酒色還是酒杯色。

立春

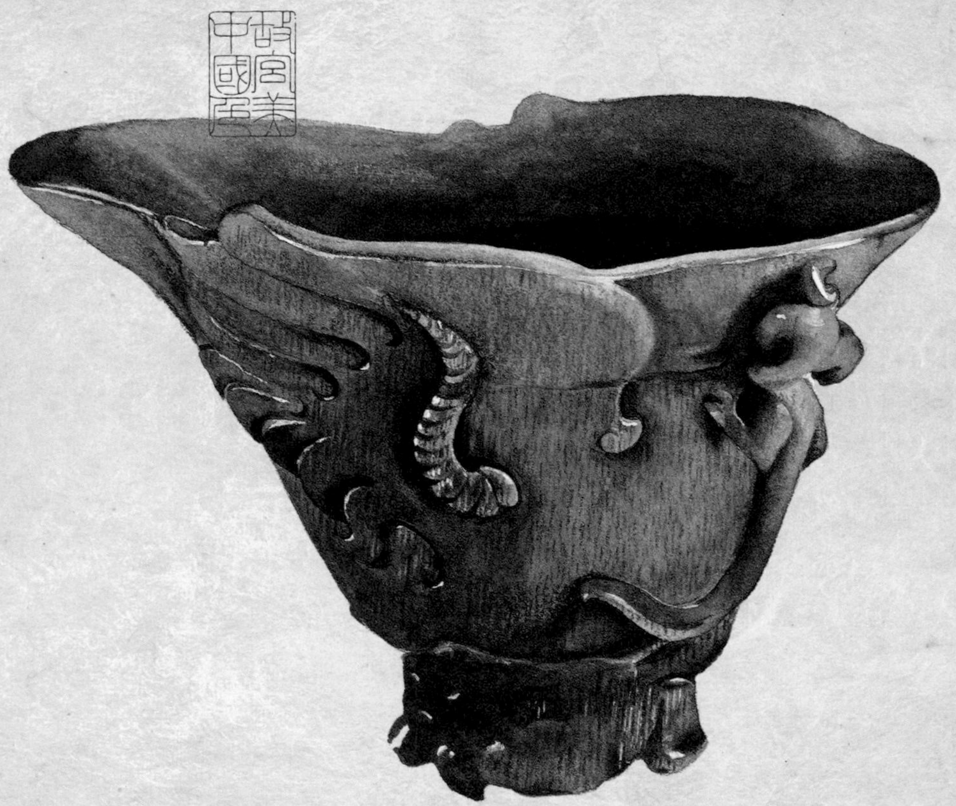

犀角雕鳥形杯（清）

流黃

C50 M55 Y80 K10
R139 G112 B66

蟄蟲始振之起色

通騮黃，五間色之一。左思《吳都賦》曰：「紫貝流黃，縹碧素玉。」江淹《別賦》曰：「慚幽閨之琴瑟，晦高臺之流黃。」蕭愨《秋思》詠：「燕幃緗綺被，趙帶流黃裾。」《樂府·相逢行》詠：「大婦織綺羅，中婦織流黃。」高似孫《緯略》云：「中央土，土色黃，黃加黑為流黃，流黃為中央之間色。」李善《環濟要略》云：「間色有五：紺、紅、紫、縹、流黃也。」更有趣的是章炳麟《訄書·序種姓上》：「凡地球以上，人種五，其色黃、白、黑、赤、流黃。」

栗殼

C55 M70 Y80 K20
R119 G80 B57

蟄蟲始振之承色

劉基《題富好禮所畜村樂圖》詠：「黃雞長大白鴨重，瓦甕琥珀香新篘。芋魁如拳栗殼赤，獻罷地主還相酬。」陶安《葆和觀》詠：「栗殼黃腴猿哺子，松巢碧冷鶴溫雛。道人煉罷芙蓉鼎，紫玉簫橫鳳繞梧。」安徽省圖書館藏抄本《布經》載其染法：「栗殼：橡斗三十斤、青礬三斤、廣灰。」

龍戰

C60 M70 Y95 K35
R95 G67 B33

蟄蟲始振之轉色

語出《周易·坤》：「龍戰於野，其血玄黃。」高亨注：「二龍搏鬥於野，流血染泥土，成青黃混合之色。」李白《觀佽飛斬蛟龍圖讚》詠：「登舟既虎嘯，激水方龍戰。」董其昌《贈劉夢胥黃門》詠：「遼左羽書飛赤白，甘陵龍戰灑玄黃。」

青驪

C65 M80 Y90 K55
R66 G37 B23

蟄蟲始振之合色

《楚辭·招魂》曰：「青驪結駟兮，齊千乘，懸火延起兮，玄顏烝。」《史記·夏本紀》載：「華陽黑水惟梁州……其土青驪。」裴駰集解引孔安國曰：「色青黑也。」陸游《浣花女》詠：「青驪一出天之涯，年年傷春抱琵琶。」盧楠《少年行二首》詠：「長安俠客矜年少，青驪緩步章臺道。」

珊瑚翡翠吉慶有餘盆景（清）

海天霞

C0 M45 Y35 K0
R243 G166 B148

魚陟負冰之起色

明代內織染局染出名為「海天霞」的羅，宮人裁做春服裡衣。《宮詞》詠：「爛漫花棚錦繡窠，海天霞色上輕羅。鬥雞打馬消長晝，一半春光戲裡過。」屈大均《得郭清霞書言欲歸老羅浮詩以速之》詠：「同在瀟湘吾獨返，相思頻寄海天霞。」另有蓬萊閣題詩：「一簾晴卷海天霞。」

縉雲

C0 M65 Y60 K0
R238 G121 B89

魚陟負冰之承色

其色如霞映流雲，南方色相。《漢書·百官公卿表第七上》：「黃帝雲師雲名。」顏師古引應劭注：「黃帝受命，有雲瑞，故以雲紀事也。春官為青雲，夏官為縉雲，秋官為白雲，冬官為黑雲，中官為黃雲。」史游《急就篇》曰：「蒸栗絹紺縉紅繎，青綺綾縠靡潤鮮。」顏師古注：「縉，淺赤色。」

纁黃

C30 M80 Y75 K0
R186 G81 B64

魚陟負冰之轉色

纁，黃昏的太陽落下地平線時的天色。《楚辭·九章·思美人》：「指嶓塚之西隈兮，與纁黃以為期。」王逸注：「纁黃，蓋黃昏時也。纁，一作曛。」洪興祖補注：「曛，日入餘光。」《楚辭·九歎·遠逝》：「舉霓旌之墆翳兮，建黃纁之總旄。」王逸注：「黃纁，赤黃也。」江淹《傷愛子賦》：「悲薄暮而增甚，思纁黃而不禁。」梅堯臣《和孫端叟蠶首十五首》：「亦將成纁黃，非用競龍鸞。」曾鞏《讀書》：「輪轅孰撓直？冠蓋孰纁黃？」陳曾壽《浣溪沙》：「纁黃深淺畫難工。」張問陶《潼關》：「一曲纁黃瓜蔓水，數峰蒼翠華陰山。」

珊瑚赫

C25 M95 Y100 K0
R193 G44 B31

魚陟負冰之合色

其色如珊瑚出海，落日火赤，故得名。許慎《說文解字·赤部》載：「赫，火赤貌。」何晏《景福殿賦》曰：「桁梧複疊，勢合形離。赩如宛虹，赫如奔螭。」李白《詠鄰女東窗海石榴》詠：「魯女東窗下，海榴世所稀。珊瑚映綠水，未足比光輝。」皮日休《春夕酒醒》詠：「四弦才罷醉蠻奴，醽醁餘香在翠爐。夜半醒來紅蠟短，一枝寒淚作珊瑚。」

芙蓉石洗

盈盈

C0 M25 Y0 K0
R249 G211 B227

雨水之起色

其色若桃花映水，皎容顧盼。《古詩十九首·迢迢牽牛星》詠：「盈盈一水間，脈脈不得語。」膾炙人口的還有辛棄疾的《青玉案·元夕》：「蛾兒雪柳黃金縷，笑語盈盈暗香去。」再有孫復《中秋歌》詠：「既愛盈盈色，更上高高臺。」繪色最妙乃有柴靜儀《送顧啟姬北上》的「一片桃花水，盈盈送客舟。」

水紅

C5 M40 Y10 K0
R236 G176 B193

雨水之承色

溫庭筠《和太常段少卿東都修行里有嘉蓮》詠：「春秋罷注直銅龍，舊宅嘉蓮照水紅」，又《題城南杜邠公林亭》詠：「貪為兩地分霖雨，不見池蓮照水紅。」楊堯善《題武夷》詠：「幔亭煙帶淩霄紫，玉女霜華照水紅。」衛宗武《春懷》：「柔綠尚含滋，水紅慳破萼。」曾廉《浣溪紗·前題》詠：「栴木應前綠樹新，水紅衫子藕絲裙。」

蘇梅

C10 M65 Y20 K0
R221 G118 B148

雨水之轉色

語出蘇軾《定風波·詠紅梅》：「偶作小紅桃杏色，閒雅，尚餘孤瘦雪霜姿。」蘇軾筆下紅梅之小紅桃杏色，即蘇梅的顏色。後句還有：「休把閒心隨物態，何事，酒生微暈沁瑤肌。」白皙美人不勝酒力的膚色，何嘗不是如此。

紫莖屏風

C40 M70 Y30 K0
R167 G98 B131

雨水之合色

語出《楚辭·招魂》：「紫莖屏風，文緣波些。」屏風，即水葵，又名荇菜、蓴菜，莖呈紫色。白居易《池上小宴問程秀才》有「淨淘紅粒罯香飯，薄切紫鱗烹水葵。雨滴篷聲青雀舫，浪搖花影白蓮池。」薄如紫色鱗片的紫背紅水葵，頗得此色之意境。

雨水

藍色落花流水游魚紋妝花緞褂片·局部（清）

葭灰

C30 M30 Y30 K0
R190 G177 B170

獺祭魚之起色

語出《後漢書·律曆上》：「候氣之法，為室三重，戶閉，塗釁周密，布緹幔。室中以木為案，每律各一，內庳外高，從其方位，加律其上，以葭莩灰抑其內端，案曆而候之。」《漢書·中山靖王傳》曰：「今群臣非有葭莩之親。」顏師古注：「葭，蘆也。莩者，其筒中白皮至薄者也。葭莩喻薄。」葭莩成灰，其意取疏薄，其色取冷淡。楊炯《和騫右丞省中暮望》詠：「玄律葭灰變，青陽斗柄臨。」杜甫《小至》詠：「刺繡五紋添弱線，吹葭六琯動浮灰。」李商隱《池邊》詠：「玉管葭灰細細吹，流鶯上下燕參差。」韓偓《冬至夜作》詠：「中宵忽見動葭灰，料得南枝有早梅。」

黃埃

C35 M45 Y55 K0
R180 G146 B115

獺祭魚之承色

語出劉向《淮南子·地形訓》：「黃泉之埃上為黃雲，陰陽相薄為雷，激揚為電。」黃泉的霧氣，即為黃埃，此氣上升為黃雲，陰氣陽氣一接觸就成為雷，一碰撞就成為電。黃埃其色，可謂雷電之源色。白居易《長恨歌》詠：「黃埃散漫風蕭索，雲棧縈紆登劍閣。」杜牧《過華清宮絕句三首》詠：「新豐綠樹起黃埃，數騎漁陽探使回。」

老僧衣

C40 M70 Y75 K5
R164 G95 B68

獺祭魚之轉色

許之衡《飲流齋說瓷》曰：「康熙以後，專尚淡黃，統稱蛋黃也。其稍深者謂之熟蛋黃，稍淺者謂之生蛋黃。若和黑、綠二色者，則名茶葉末。茶末導源最古，一為純正之茶末，一為不純之茶末。不純正者或偏於黃，或偏於綠。純正者如將茶葉研成細末，調於釉中，其色古雅幽穆，足當清供焉。其黑色稍濃而有黃色碎點，周遭圍繞於底足間者，謂之鱔魚皮，亦象形語也。若鼻煙，若菜尾，若老僧衣，皆茶葉末之變體。」孫傳庭《又菊四詠·老僧衣》詠：「遠公舊在淵明社，釋氏應拈隱逸花。不分禪心常寂寞，故教秋色滿袈裟。」

玄天

C65 M70 Y60 K10
R107 G84 B88

獺祭魚之合色

玄，黎明的太陽躍出地平線前的天色。玄天，天地洪荒、混沌未明的幽黑微紅。劉向《淮南子·地形訓》曰：「玄天六百歲生玄砥，玄砥六百歲生玄澒，玄澒六百歲生玄金。」許慎《說文解字·玄部》曰：「黑而有赤色者為玄。」鄭玄注：「凡玄色者，在緅緇之間，其六入者與。」玄和緅一樣，都是至高無上的天色，玄衣纁裳是上古禮服的最高搭配。

候雁《清宮鳥譜》

黃河琉璃

C10 M40 Y75 K0
R229 G168 B75

候雁北之起色

韓愈《鄭群贈簟》詠：「攜來當晝不得臥，一府傳看黃琉璃。」蘇軾《寄蘄簟與蒲傳正》詠：「皇天何時反炎燠，愧此八尺黃琉璃。」繪色上佳乃有紀坤《渡黃河作》：「黃河天上來，其源吾不知。東南會大海，吾亦未見之。但觀孟津口，洶湧已若斯。放眼三十裡，日耀黃琉璃。」由此得名黃河琉璃，其色如日光下孟津口之黃河水也。

庫金

C10 M55 Y80 K0
R225 G138 B59

候雁北之承色

亦稱足金，出自中國繪畫雕塑建築傳統所用的金箔色。它往往是98%的純金和2%的純銀合成，所以是成色好的純金色，微發紅。金塗佛像、油飾彩畫均用到庫金和大赤，但大赤多用於佛像衣裝，很少用於臉身。紫禁城太和殿之龍為庫金、大赤兩用。

緼韍

C40 M75 Y85 K15
R152 G79 B49

候雁北之轉色

緼韍是用茅蒐草染成赤黃色的蔽膝，這是尚禮之色、貴族之氣。《禮記·玉藻第十三》曰：「一命緼韍幽衡，再命赤韍幽衡，三命赤韍蔥衡。」鄭玄注：「緼，赤黃之間色，所謂韎也。」孔穎達疏：「士冠禮爵弁韎韐，此緼韍則當彼韎韐，故云所謂韎也。《毛詩》云：「韎韐，茅蒐，染草也。齊人謂茅蒐為韎韐聲也。茅蒐，則茜草也。以茜染之，其色淺赤，則緼為赤、黃之間色。若子、男、大夫，但名緼韍，不得為韎韐也，以其非士故耳。」

紫甌

C50 M75 Y100 K25
R124 G70 B30

候雁北之合色

紫砂茶器色。李賀《艮嶽百詠·泛雪廳》詠：「正在水聲山色裡，六花浮動紫甌圓。」陳襄《和東玉少卿謝春卿防禦新茗》詠：「嘗陪星使款高牙，三月欣逢試早茶。綠絹封來溪上印，紫甌浮出社前花。」歐陽修《和梅公儀嘗茶》詠：「寒侵病骨惟思睡，花落春愁未解酲。喜共紫甌吟且酌，羨君瀟灑有餘清。」米芾《滿庭芳》詠：「密雲雙鳳，初破縷金團。窗外爐煙似動，開瓶試、一品香泉。輕淘起，香生玉塵，雪濺紫甌圓。」其色沉寂安忍，落落四合，入飲茶之境。

雨水

鑲寶石碧璽花簪（清・乾隆）

歐碧

C30 M5 Y50 K0
R192 G214 B149

草木萌動之起色

洛陽牡丹花色。陸游《天彭牡丹譜》載：「碧花止一品，名曰歐碧。其花淺碧，而開最晚。獨出歐氏，故以姓著。」張邦基《墨莊漫錄》載：「洛中花工，宣和中，以藥壅培於白牡丹，如玉千葉、一百五、玉樓春等根下。次年，花作淺碧色，號歐家碧，歲貢禁府，價在姚黃上。嘗賜近臣，外廷所未識也。」姚華《蝶戀花·題渺一粟齋畫冊洋菊》詠：「歐碧一枝秋淡佇」，又《尉遲杯·芍藥，擬前人》詠：「舊國新都誇歐碧，都厭數、橋邊樣譜。」陳維崧《倦尋芳》詠：「歐碧姚黃，總是讓他風韻。紫府家鄉原不遠，紅樓伴侶休相混。」

春辰

C40 M15 Y60 K0
R169 G190 B123

草木萌動之承色

春之星，色青黃。《史記·天官書》載：「辰星之色：春，青黃；夏，赤白；秋，青白，而歲熟；冬，黃而不明。即變其色，其時不昌。春不見，大風，秋則不實。夏不見，有六十日旱，月蝕。秋不見，有兵，春則不生。冬不見，陰雨六十日，有流邑，夏則不長。」傅玄《陽春賦》曰：「虛心定乎昏中，龍星正乎春辰。」弘曆《過濟南雜詩疊舊作韻》詠：「濟城重過又春辰，老幼迎鑾意最親」，又《賜宴後憩流杯亭集臣工四十五人聯句用十一真韻》詠：「農祥占上瑞，禊事學春辰。」

碧山

C60 M30 Y85 K0
R119 G150 B73

草木萌動之轉色

得其色名碧山，心曠神怡。李白《山中問答》詠：「問余何意棲碧山，笑而不答心自閑。桃花流水杳然去，別有天地非人間」，又《下終南山過斛斯山人宿置酒》詠：「暮從碧山下，山月隨人歸。卻顧所來徑，蒼蒼橫翠微。」杜甫《題柏學士茅屋》詠：「碧山學士焚銀魚，白馬卻走身岩居。」杜牧《登池州九峰樓寄張祜》詠：「碧山終日思無盡，芳草何年恨即休？」更有俏皮輕快場景如蘇軾《瑞鷓鴣·觀潮》：「碧山影裡小紅旗，儂是江南踏浪兒。」

青青

C75 M50 Y85 K5
R79 G111 B70

草木萌動之合色

《詩經·鄭風·子衿》曰：「青青子衿，悠悠我心。」朱熹《詩集傳》注：「青青，純綠之色。」《詩經·衛風·淇奧》曰：「瞻彼淇奧，綠竹青青。」《莊子·德充符》曰：「受命於地，唯松柏獨也正，在冬夏青青。」班固《竹扇賦》曰：「青青之竹形兆直，妙華長竿紛實翼。」朱穆《鬱金賦》曰：「瞻百草之青青，羌朝榮而夕零。」繁欽《柳賦》曰：「鬱青青以暢茂，紛冉冉以陸離。」《古詩十九首》詠：「青青河畔草，鬱鬱園中柳。」劉商《山中寄元二侍御二首》詠：「桃李向秋凋落盡，一枝松色獨青青。」

五彩十二月花卉紋杯·十一月月季（清·康熙）

C30 M75 Y70 K0
R186 G91 B73

赤緹

驚蟄之起色

語出《周禮·地官司徒·草人》:「凡糞種，騂剛用牛，赤緹用羊。」騂剛、赤緹都是土壤狀況，糞種是古人根據不同土壤而使用不同糞肥處理種子的耕作方式。許慎《說文解字·糸部》曰:「緹，帛丹黃色。」段玉裁注:「謂丹而黃也」，下文云:「縓，帛赤黃色。丹與赤不同者，丹者如丹沙，與赤異，其分甚微。」故鄭注《草人》曰:「赤緹，縓色也。」緹的原意就是「丹而黃」的帛，縓的原意是「赤而黃」的帛，這種土壤顏色由此而來。

C35 M85 Y80 K10
R166 G64 B54

朱草

驚蟄之承色

又名朱英、赬莖。春風至，甘雨降，王者盛德，生此紅色瑞草。《漢書·東方朔傳》云:「鳳凰來集，麒麟在郊，甘露既降，朱草萌牙。」葛洪《抱朴子·金丹》云:「又和以朱草，一服之，能乘虛而行雲。朱草狀似小棗，栽長三四尺，枝葉皆赤，莖如珊瑚。」獨孤及《賀櫟陽縣醴泉表》云:「彼丹井朱草，白麟赤雁，徒稱太平之瑞，未聞功施於人。」

C40 M95 Y100 K10
R158 G42 B34

綪茷

驚蟄之轉色

《左傳·定公四年》曰:「分康叔以大路、少帛、綪茷、旃旌、大呂。」杜預注:「綪茷，大赤，取染草名也。」孔穎達疏:「知綪茷是大赤，大赤即今之紅旗，取染赤之草為名也。」黃侃《攝山紀游詩十首》詠:「繁英作金華，赬霞充綪茷。」

C50 M100 Y100 K25
R124 G25 B30

順聖

驚蟄之合色

其色鮮赤而似紫，宋神宗朝色，後為牡丹色。史鑄《百菊集譜》載:「劉蒙《菊譜》有順聖淺紫之名，愚按皇朝嘉祐中有油紫，英宗朝有黑紫，神宗朝色加鮮赤，目為順聖紫，蓋色得其正矣。」周師厚《洛陽花木記·牡丹》載:「千葉紫花其別有十：雙頭紫、左紫、紫繡球、安勝紫、大宋紫、順聖紫、陳州紫、袁家紫、婆臺紫、平頭紫。」王象晉《廣群芳譜·花譜十一·牡丹一》載:「順聖，千葉花也，色深類陳州紫。」王鏊《重陽後五日延陵奉菊為壽五色皆具而紫菊特奇因賦》詠:「舊種寒花五色齊，年來紫菊出關西。楊妃醉醒暈猶在，順聖名高價盡低。」

驚蟄

雍正款胭脂水粉彩花蝶小碗（清・雍正）

桃夭

C0 M35 Y10 K0
R246 G190 B200

桃始華之起色

《詩經·周南·桃夭》詠：「桃之夭夭，灼灼其華。之子於歸，宜其室家。」陸雲《贈顧驃騎詩二首》詠：「穎豔玉秀，華茂桃夭。」薛瑄《看木瓜花》詠：「杏豔桃夭二月終，好花難比木瓜紅。」黎景義《春興二十首》詠：「桃夭杏豔清明近，天澹雲閒今古同。」毛滂《清平樂》恰好道出這顏色的陶醉意境：「桃夭杏好，似個人人好。淡抹胭脂眉不掃，笑裡知春占了。此情沒個人知，燈前仔細看伊。恰似雲屏半醉，不言不語多時。」

楊妃

C0 M55 Y20 K0
R240 G145 B160

桃始華之承色

源自由粉簾石製成的礦物色。王鏊《重陽後五日延陵奉菊為壽五色皆具而紫菊特奇因賦》詠：「楊妃醉醒暈猶在，順聖名高價盡低。」曹雪芹《紅樓夢》八十九回：「但見黛玉身上穿著月白繡花小毛皮襖，加上銀鼠坎肩；頭上挽著隨常雲髻，簪上一枝赤金扁簪，別無花朵；腰下繫著楊妃色繡花錦裙。」近人許之衡《飲流齋說瓷》：「今就最流行之色而試以系統別之。紅（附紫）：祭紅、霽紅、積紅、醉紅、雞紅、寶石紅、朱紅、大紅、鮮紅、抹紅、珊瑚、胭脂水、胭脂紅、粉紅、美人祭、豇豆紅、桃花浪、桃花片、海棠紅、娃娃臉、美人臉、楊妃色……。」

長春

C10 M70 Y30 K0
R220 G107 B130

桃始華之轉色

其色源自花名，其意青春盎然。宋人尤愛長春花，在錄都是宋人贊色溢美之詞。秦觀《興國浴室院獨坐時兒子湛就試未出》詠：「兒輩未來鉤箔坐，長春花上雨如絲。」鄭剛中《長春花》詠：「小蕊頻頻包碎綺，嫩紅日日醉朝霞。」朱淑真《長春花》詠：「一枝才謝一枝殷，自是春工不與閑。」徐積《長春花》詠：「誰言造物無偏處，獨遣春光住此中。葉裡深藏雲外碧，枝頭常借日邊紅。」王安中《長春花口號》詠：「露桃煙杏逐年新。回首東風跡已陳。頃刻開花公莫愛，四時俱好是長春。」

牙緋

C25 M75 Y55 K0
R195 G92 B93

桃始華之合色

牙緋，指牙笏與緋服之合稱。孟棨《本事詩》云：「佺期詞曰：……身名已蒙齒錄，袍笏未賜牙緋。中宗即以緋魚賜之。」《舊唐書》載高宗敕令：「文武官三品以上服紫，金玉帶；四品深緋，五品淺緋。」王炎《水調歌頭·留宰生日》好一幅顏色畫，其中喜色、瑞氣與牙緋這種官樣氣色難分難離，「潘花底，陶柳外，細民肥。萬家喜色，融瑞氣擁牙緋。憑仗春蔥洗玉，領略朱櫻度曲，引滿又何辭。只待琴歌畢，安步上丹墀。」

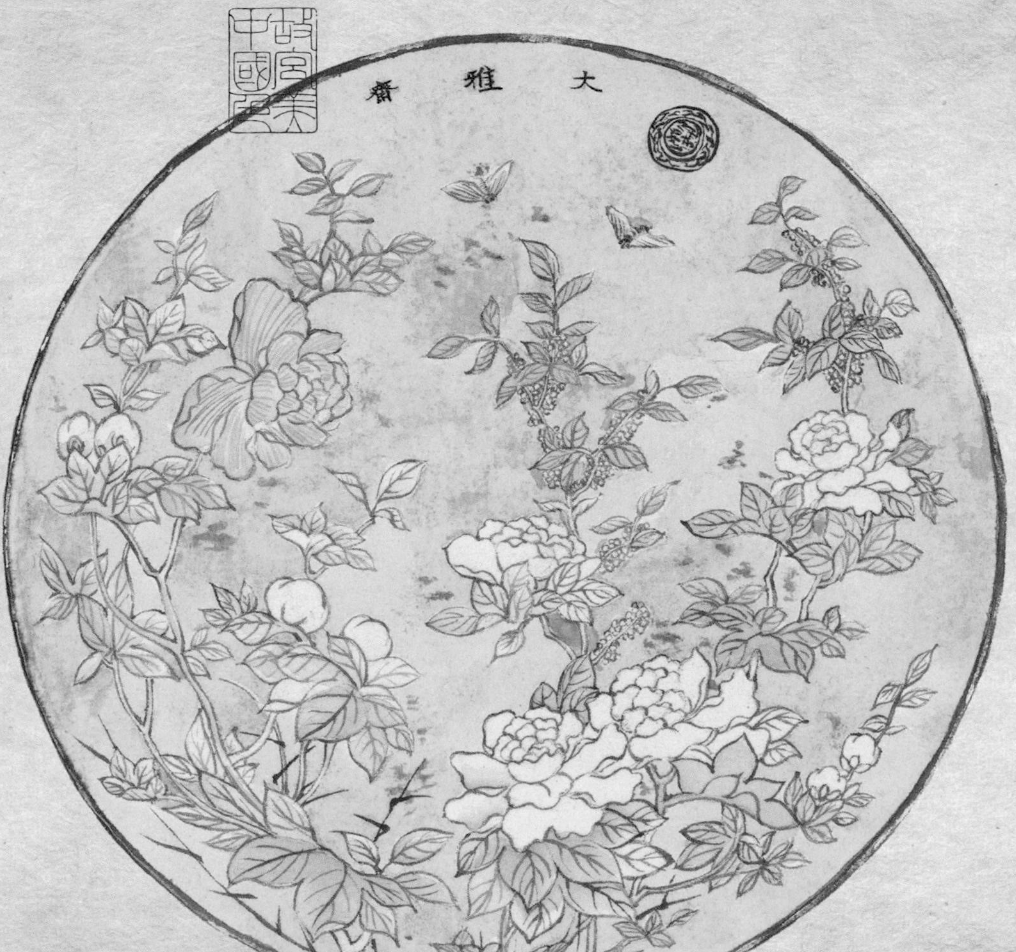

黃地墨彩花蝶紋盤（清・光緒）

黃栗留

C0 M15 Y70 K0
R254 G220 B94

倉庚鳴之起色

亦作黃鸝留，即黃鸝鳥。《詩經·周南·葛覃》：「黃鳥于飛。」陸璣疏：「黃鳥，黃鸝留也。或謂之黃栗留。」王質《山友辭·黃栗留》詠：「黃栗留，黃栗留，寂寂寞寞傳聲幽。桃花吹墮杏花起，重疊春岡春樹稠。」王安石《懷舒州山水呈昌叔》詠：「山下飛鳴黃栗留，溪邊飲啄白符鷗。」楊維楨《主之約詩用宇文韻》詠：「水晶宮開碧菡萏，金粟堆呼黃栗留。」弘曆《戲題聽鸝館》詠：「清和漸覺綠陰稠，初聽林間黃栗留。」富察敦崇《燕京歲時記·黃鸝》：「古詩云：黃栗留鳴桑椹美。黃鸝既鳴，則桑椹垂熟，正合京師節候。」其色其意，如踏春之金衣公子。

梔子

C0 M30 Y80 K0
R250 G192 B61

倉庚鳴之承色

應用於染色的部分系梔子果實，用之浸液可直接染織物成色。梔亦作巵、支。司馬遷《史記·貨殖列傳》載：「有千畝巵、茜，千畦薑、韭，此其人皆與千戶侯等。」劉攽《漢官儀》載：「染園出支、茜，供染御服。」杜甫《江頭五詠·梔子》說得妙，「梔子比眾木，人間誠未多。於身色有用，與道氣傷和。紅取風霜實，青看雨露柯。無情移得汝，貴在映江波。」

黃不老

C15 M45 Y85 K0
R219 G155 B52

倉庚鳴之轉色

黃不老系黃檗的音轉，「不老」讀作一個音。語出劉時中《正宮·端正好·上高監司》套曲：「剝榆樹餐，挑野菜嘗。吃黃不老勝如熊掌，蕨根粉以代餱糧。」《子夜歌》有：「黃檗鬱成林，當奈苦心多。」《京本通俗小說·錯斬崔寧》有：「啞子謾嘗黃檗味，難將苦口對人言。」黃檗雖苦，卻可取其莖榨染色。鮑照《擬行路難十八首》詠：「銼檗染黃絲，黃絲歷亂不可治。昔我與君始相值，爾時自謂可君意，結帶與我言，死生好惡不相置。」其色堅貞，其情不老，死生相隨。

柘黃

C25 M60 Y100 K0
R198 G121 B21

倉庚鳴之合色

天子之服色。李時珍《本草綱目》載：「柘木染黃赤色，謂之柘黃，天子服。」王建《宮詞百首》詠：「閑著五門遙北望，柘黃新帕御床高。」顧瑛《天寶宮詞十二首以寓所感》詠：「姊妹相從習歌舞，何人能製柘黃衣。」汪元量《漢宮春·春苑賞牡丹》詠：「柘黃獨步，晝籠晴、錦幄張天。」陸游《秋興》詠：「中原日月用胡曆，幽州老酋著柘黃。」王仲修《宮詞》詠：「應是東君偏著意，日華浮動御衣黃。」

鴿鷹《清宮鳥譜》

青鸞

C45 M30 Y25 K0
R154 G167 B177

鷹化為鳩之起色

青鸞出自《山海經》，為西王母取食之青鳥，居危之山。庾信《謝趙王賚干魚啟》曰：「文鯀夜觸，翼似青鸞。」李白《鳳凰曲》詠：「嬴女吹玉簫，吟弄天上春。青鸞不獨去，更有攜手人。」王琦注：「多赤色者鳳，多青色者鸞。」蘇軾《漁家傲》詠：「公駕飛車淩彩霧，紅鸞驂乘青鸞馭。卻訝此洲名白鷺。」納蘭性德《月上海棠·中元塞外》詠：「青鸞杳，碧天雲海音絕。」

菘藍

C65 M50 Y35 K0
R107 G121 B142

鷹化為鳩之承色

菘藍葉曬乾、漚製，其沉澱物是藍色染料。宋應星《天工開物》載：「凡藍五種，皆可為澱。茶藍即菘藍，插根活。蓼藍、馬藍、吳藍等皆撒子生。近又出蓼藍小葉者，俗名莧藍，種更佳。」古代最初用的是菘藍，後來逐漸發現了蓼藍、馬藍、吳藍、莧藍諸種，均可以製靛之藍。因此才有《荀子·勸學》的「青取之于藍，而青于藍。」

青黛

C80 M75 Y50 K15
R69 G70 B94

鷹化為鳩之轉色

菘藍、蓼藍、馬藍的莖和葉經加工製得的乾燥粉末、團塊或顆粒，就是青黛，入妝、入藥均可。岑參《感遇二首》詠：「君不見拂雲百丈青松柯，縱使秋風無奈何。四時常作青黛色，可憐杜花不相識。」白居易《上陽白髮人》詠：「小頭鞋履窄衣裳，青黛點眉眉細長。外人不見見應笑，天寶末年時世妝。」李白《對酒》詠：「蒲萄酒，金叵羅，吳姬十五細馬馱。青黛畫眉紅錦靴，道字不正嬌唱歌。玳瑁筵中懷裡醉，芙蓉帳裡奈君何！」

紺蝶

C85 M80 Y65 K40
R44 G47 B59

鷹化為鳩之合色

許慎《說文解字·糸部》曰：「紺，帛深青而揚赤色也。」崔豹《古今注》云：「紺蝶，一名蜻蛉。似蜻蛉而色玄紺。」楊慎《謝華啟秀》云：「紺蝶，閨房媚藥。」曹溶《永遇樂·蕪城答宗定九》詠：「香詞脫腕，碧茸紺蝶，羞與周秦為侶。」弘曆《池上居》詠：「消夏偏宜池上居，銀塘碧浸入窗虛。竹涼響遞迎風際，荷淨香聞過雨餘。逐伴飄來新紺蝶，成群分出小秧魚。天機觸目通幽顯，默識無如讀我書。」這是天子的「小確幸。」

春分

畫琺瑯長方盆玉蘭盆景（清）

C10 M5 Y10 K0
R235 G238 B232

皦玉

春分之起色

古玉色之一種，其色如珠玉潤白。許慎《說文解字 · 白部》曰：「皦，玉石之白也。」《廣韻》曰：「皦珠玉白貌。」《魏書 · 高閭傳》曰：「譬如玉石，皦然可知。」劉楨《遂志賦》詠：「皦玉粲以曜目，榮日華以舒光。」張耒《送陳器之》詠：「我贈白玉璧，子還明月珠。今春子遇我，為我駐驪駒。……願子保多福，六翮縱南圖。永此金石交，皦皦堅終初。」

C10 M5 Y15 K0
R235 G237 B223

吉量

春分之承色

語出《山海經 · 海內北經》：「有文馬，縞身朱鬣，目若黃金，名曰吉量，乘之壽千歲。」張雲璈《浮山禹廟觀山海經塑像》詠：「安得崑崙墟，開陽作乾掫。不信乘吉量，遽有千秋壽。歸來眩心目，萬怪踆戶牖。且操東向杯，帝漿以為酒。」其色如文馬吉量之毛色，福壽相。

C15 M10 Y20 K0
R224 G224 B208

韶粉

春分之轉色

高級鉛粉，古代妝色，也是國畫傳統顏料色。宋應星《天工開物》載：「此物古因辰韶諸郡專造，故曰韶粉。今則各省直饒為之矣。其質入丹青，則白不減。擦婦人頰，能使本色轉青。」韶粉、辰粉，異地而同質，同色而異名。李時珍《本草綱目》載：「今金陵、杭州、韶州、辰州皆造之，而辰粉尤真，其色帶青。」陳樵《玉雪亭》詠：「石髓多年化韶粉，冰華無意屬東風。」

C20 M15 Y25 K10
R199 G198 B182

霜地

春分之合色

其色如白霜鋪地。張紘《瑰材枕賦》曰：「其文彩也，如霜地而金莖，紫葉而紅榮。」竇群《冬日曉思寄楊二十七諫卿》詠：「雨霜地如雪，松桂青參差。鶴警晨光上，步出南軒時。」蘇轍《新霜》詠：「濃霜滿地作微雪，落葉投空似飛鳥。」

春分

朱偁桃花燕子圖軸·局部（清）

夏籥

C20 M35 Y35 K0
R210 G175 B157

玄鳥至之起色

以雅樂之文舞指此色。《夏籥》，又名《大夏》，是一部歌頌夏禹治水有功的樂舞。《禮記·仲尼燕居》曰：「下管《象武》，《夏籥》序興。」鄭玄注：「《象武》，武舞也；《夏籥》，文舞也。」孔穎達疏：「《夏籥》謂大夏文舞之樂，以《象武》次序更遞而興。」

紫磨金

C30 M55 Y55 K0
R188 G131 B107

玄鳥至之承色

名紫磨者，考其實物，非真紫也。孔融《聖人優劣論》：「金之優者，名曰紫磨，猶人之有聖也。」酈道元《水經注·溫水》：「華俗謂上金為紫磨金，夷俗謂上金為陽邁金。」貫休《遇五天僧入五台五首》詠：「電激青蓮目，環垂紫磨金。」樂史《楊太真外傳》云：「上又自執麗水鎮庫紫磨金琢成步搖，至妝閣，親與插鬢。」釋正覺《偈頌七十八首》詠：「碧琉璃色水澄清，紫磨金光身瑩明。」張鎡《五用前韻詠丹桂花》詠：「點注紅泥千日酒，剪裁紫磨十分金。」丁福保《佛學大辭典》：「又曰紫磨黃金。紫者，紫色也；磨者，無垢濁也。」

檀色

C35 M65 Y60 K0
R178 G109 B93

玄鳥至之轉色

張翥《水龍吟·傅淵道宅上賞紫牡丹》詠：「刻繒紋皺，鏤檀色膩，薰臍香重。」高士奇《一叢花》詠：「淺勻檀色妒胭脂，綠刺也生姿。」

赭羅

C45 M65 Y65 K5
R154 G102 B85

玄鳥至之合色

《管子·地數》曰：「上有赭者，下有鐵。」李賀《馬詩二十三首》詠：「香襆赭羅新，盤龍蹙鐙鱗。」唐彥謙《秋葵》詠：「月瓣團欒剪赭羅，長條排蕊綴鳴珂。」將赭羅色說透了的，乃是辛棄疾《定風波·賦杜鵑花》：「百紫千紅過了春，杜鵑聲苦不堪聞。卻解啼教春小住，風雨。空山招得海棠魂。恰似蜀宮當日女，無數。猩猩血染赭羅巾。畢竟花開誰作主？記取。大都花屬惜花人。」

龍鼓

黃丹

C0 M80 Y95 K0
R234 G85 B20

雷乃發聲之起色

別名鉛丹，用鉛、硫黃、硝石等礦物合煉而成，丹黃色。其色傳至日本，改用紅花加梔子的植物染色，沿襲而成日本儲君服色。劉克莊《水調歌頭》詠：「隙地欠栽接，蕉荔雜黃丹。」釋紹曇《癡絕和尚贊》詠：「撮莖草作翳睛藥，鍛黃丹成繞指金。」陳楠《金丹詩訣》詠：「黃丹胡粉密陀僧，此是嘉州造化能。」弘曆《入崖口》詠：「兩峰排闥相辟闔，萬林開畫紛黃丹。」

洛神珠

C15 M90 Y100 K0
R210 G57 B24

雷乃發聲之承色

亦稱絳珠草、酸漿、菇娘。因其果實成熟時玲瓏紅潤，渾圓如珠，故在晉時被長安兒童呼為「洛神珠」。鄭樵《通志二十略·草類》云：「酸漿曰寒漿，曰醋漿，江東曰苦蒧，俗謂之三葉酸漿。沈括云：『即苦耽也。』其實如撮口袋，中有珠子，熟則紅，關中謂之洛神珠，亦曰王母珠，亦曰皮弁草，以其實又似弁也。又有一種小者，名苦蘵。」曹雪芹《紅樓夢》第一回云：「西方靈河岸上三生石畔，有絳珠草一株，時有赤霞宮神瑛侍者，日以甘露灌溉，這絳珠得久延歲月。」絳珠草即林黛玉的前身，其色玲瓏紅潤，其意楚楚可憐。

丹雘

C20 M100 Y100 K0
R200 G22 B29

雷乃發聲之轉色

國畫傳統顏料色，今之姜思序堂有售。《尚書·周書·梓材》曰：「若作梓材，既勤樸斫，惟其塗丹雘。」孔穎達疏：「雘是彩色之石，有青色者，有朱色者。」楊慎《藝林伐山》曰：「今之紫粉，古謂之芝泥，今之錦砂，古謂之丹雘，皆濡印染籀之具也。」紀映鐘《金陵故宮》詠：「鄧林采楩楠，越裳丹雘雘。」王世貞《善權水洞一首》詠：「飛空浥蒼翠，懸沫成丹雘。」

水華朱

C40 M100 Y100 K0
R167 G33 B38

雷乃發聲之合色

銀朱之別稱，國畫傳統顏料色，亦入藥。胡演《升丹煉藥秘訣》載：「升煉銀朱，用石亭脂二斤，新鍋內熔化，次下水銀一斤，炒作青砂，頭炒不見星。研末罐盛，石版蓋住，鐵線縛定，鹽泥固濟，大火鍛之。待冷取出，貼罐者為銀朱，貼口者為丹砂。今人多以黃丹及礬紅雜之，其色黃黯，宜辨之。真者謂之水華朱。每水銀一斤，燒朱一十四兩八分，次朱三兩五錢。」

五色雲旗・黃雲旗（左二）（清）

青冥

C80 M50 Y10 K0
R50 G113 B174

始電之起色

《楚辭·九章·悲回風》曰：「據青冥而攄虹兮，遂倏忽而捫天。」王逸注：「上至玄冥，舒光耀也。所至高眇不可逮也。」徐幹《序征賦》曰：「從青冥以極望，上連薄乎天維。」青冥是高高的天色。李白獨愛青冥之意境，其《長相思》詠：「上有青冥之長天，下有淥水之波瀾」，又有《夢遊天姥吟留別》：「青冥浩蕩不見底，日月照耀金銀台。霓為衣兮風為馬，雲之君兮紛紛而來下。」

青雘

C95 M45 Y55 K0
R0 G113 B117

始電之承色

國畫傳統顏料色之石綠，又名孔雀石、空青。語出《山海經·南山經》：「又東三百里，曰青丘之山，其陽多玉，其陰多青雘。」丹青的「青」即出自此處。《周禮·秋官·職金》：「掌凡金玉錫石丹青之戒令。」顏師古注：「丹沙，今之朱沙也。青雘，今之空青也。」張衡《南都賦》：「綠碧紫英，青雘丹粟。」劉楨《清慮賦》：「入鐐碧之間，出水精之都，上青雘之山，蹈琳珉之塗。」晁說之《和潤上丈人石淙作依元韻》：「試觀煙霞生，如蓮敷青雘。」

青緺

C90 M75 Y65 K10
R40 G72 B82

始電之轉色

許慎《說文解字·糸部》：「緺，綬紫青色也。」《史記·滑稽列傳》載：「及其拜為二千石，佩青緺出宮門。」劉勝《文木賦》：「青緺紫綬，環璧圭璋。」古代官印佩戴於身，綬即繫印紐的絲帶。漢代印綬有四個等級，相國、丞相、太尉為金印紫綬，御史大夫為銀印青綬，青綬也就是青緺，其色自有貴氣。沈約《八詠詩·晨征聽曉鴻》：「青緺雖長復易解，白雲誠遠詎難依。」皎然《送柳淡扶侍赴洪州》：「自顧青緺好，來將黃鶴辭。」黃滔《寄少常盧同年》：「官拜少常休，青緺換鹿裘。」

騏驎

C100 M95 Y50 K25
R18 G38 B79

始電之合色

通麒麟，以麒麟指良駒，其色青驪，其意千里。《詩經·魯頌·駉》：「駉駉牡馬，在坰之野。薄言駉者，有騅有駓，有騂有騏，以車伾伾。」許慎《說文解字·馬部》：「騏，馬青驪，文如博棋也。」《東方朔傳》：「騏驎、綠耳、蜚鴻、華騮，天下良馬也。」杜甫《偶題》：「騄驥皆良馬，騏驎帶好兒」，又《驄馬行》：「近聞下詔喧都邑，肯使騏驎地上行。」李商隱《無愁果有愁曲北齊歌》：「騏驎踏雲天馬獰，牛山撼碎珊瑚聲。」高適《九曲詞三首》：「萬騎爭歌楊柳春，千場對舞繡騏驎。」

窯變釉弦紋瓶（清·雍正）

紫蒲
清明之起色

C40 M75 Y0 K0
R166 G85 B157

其色水岸紫蒲，其意生機自然。李賀《昌谷詩》詠：「大帶委黃葛，紫蒲交狹涘。」張籍《酬白二十二舍人早春曲江見招》詠：「紫蒲生濕岸，青鴨戲新波。」許渾《夜歸丁卯橋村舍》詠：「紫蒲低水檻，紅葉半江船。」黃滔《貽宋評事》詠：「時說三吳欲歸處，綠波洲渚紫蒲叢。」另有劉仲尹《謁金門》詠：「腸斷鴛鴦三十六，紫蒲相對浴。」

赬紫
清明之承色

C55 M100 Y20 K0
R138 G24 B116

其色紅紫相間，其意絢爛斑駁。謝朓《和劉中書》詠：「赬紫共彬駁，雲錦相淩亂。」李賀《昌谷詩》詠：「苔絮縈澗礫，山實垂赬紫。」更有繪色入畫如衛宗武《鶯花吟為良友作》：「芬菲芳事畢，木芍藥晚出。於中姚魏更傾城，掃退目前赬紫色。」再有黎廷瑞《春雪》：「青神怯春寒，赬紫染未辦。」另一首《桐華》詠：「芳韶歇赬紫，餘暄始相尋。」

齊紫
清明之轉色

C70 M100 Y30 K0
R108 G33 B109

齊桓公之帝王紫。《韓非子·外儲說左上》：「齊王好衣紫，齊人皆好也。齊國五素不得一紫。齊王患紫貴，傅說王曰：『《詩》云：不躬不親，庶民不信。今王欲民無衣紫者，王以自解紫衣而朝，群臣有紫衣進者，曰益遠！寡人惡臭。』是日也，郎中莫衣紫；是月也，國中莫衣紫；是歲也，境內莫衣紫。」《史記·蘇秦列傳》：「智者舉事，因禍為福，轉敗為功。齊紫，敗素也，而賈十倍。」《南史·陸慶》：「鄒纓齊紫，且以移俗。」楊慎《春郊得紫字張惟信同賦》詠：「廣幕耀周緹，袨服矜齊紫。」歸有光《素庵詩》詠：「流俗相糾錯，紛紛競齊紫。」

凝夜紫
清明之合色

C85 M100 Y45 K15
R66 G34 B86

語出李賀《雁門太守行》：「角聲滿天秋色裡，塞上燕脂凝夜紫。」不去爭論是砌長城的紫土還是生於塞上的紫草，寧可去想像北境悲涼的暗夜天色。胡仔《歌風臺》詠：「赤帝當年布衣起，老嫗悲啼白龍死，芒碭生雲凝夜紫。」王惲《木蘭花慢·賦紅梨花》詠：「塞上胭脂夜紫，雪邊蝴蝶朝寒。」石寶《熊耳峰》詠：「浮嵐出晴丹，淑氣凝夜紫。」顧翎《菩薩蠻》詠：「纖雲凝夜紫，煙落迷廊處。」

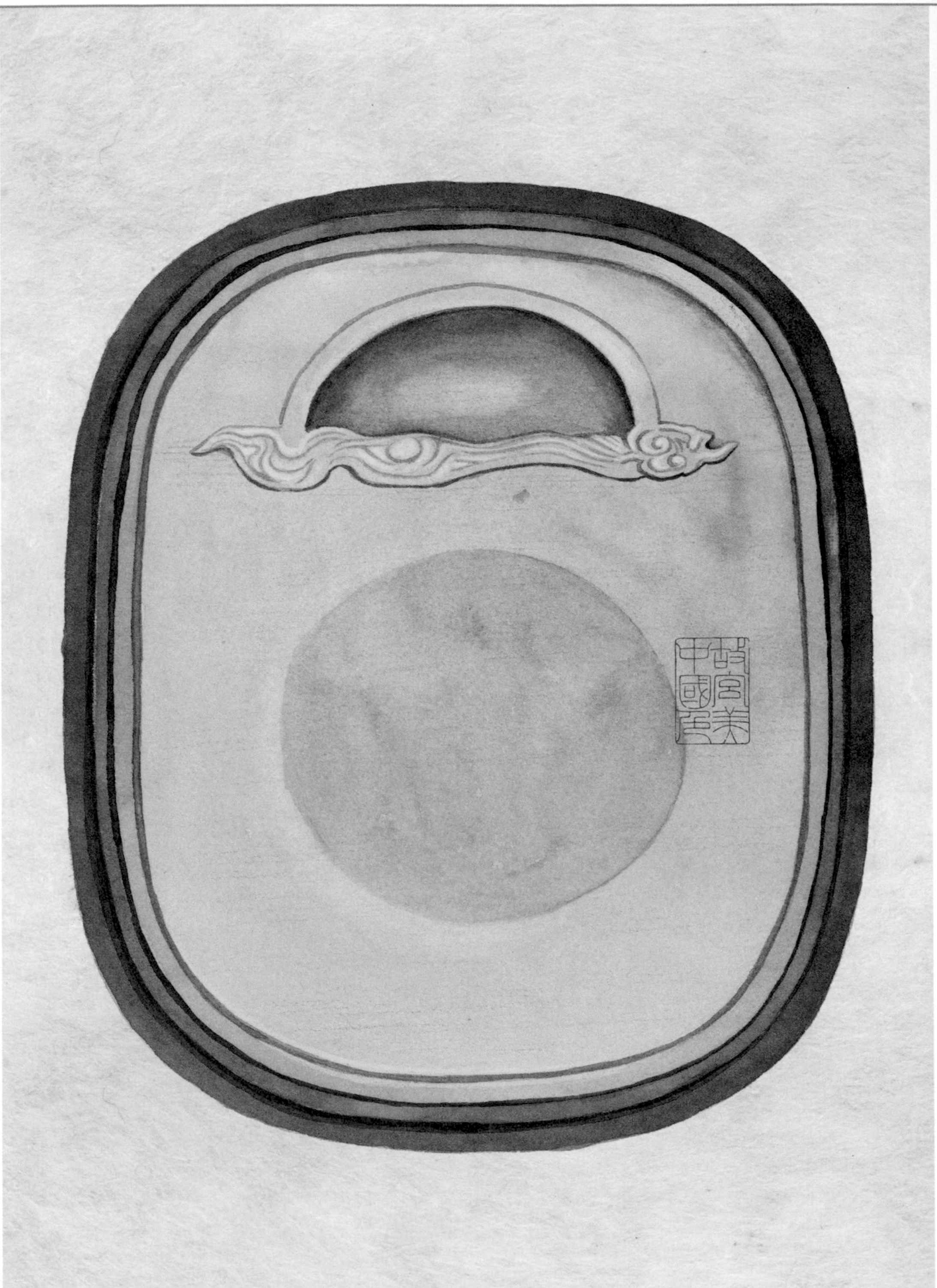

松花江石旭日東升池硯（清・乾隆）

凍縹

C30 M20 Y30 K0
R190 G194 B179

桐始華之起色

即冰鎮的淡綠色的酒。王粲《七釋》曰：「道在養志，志在實氣。將定其氣，莫先五味。凍縹玄酎，醴白齊清。」曹植《七啟》曰：「乃有春清縹酒，康狄所營。應化則變，感氣而成。」李善注：「縹，綠色而微白也。」洪適《好事近·為錢處和壽》詠：「縹酒頌青春，不減宜城桑落。」鄭獬《程丞相生日》詠：「飛黃下天廄，縹酒賜堯樽。」黃省曾《皇戚邵子招飲西山二首》詠：「縹酒王孫送，青琴遊子將。」周亮工《中丘贈喬磐石鴻臚庚辰與棖陸可三諸君飲磐石西園今並作古人矣》詠：「自起叩宮青縹酒，留人抱月女蘿弦。」

春碧

C45 M35 Y50 K0
R157 G157 B130

桐始華之承色

古酒名，取自春物色相，寂寂空庭意境。李賀《難忘曲》詠：「蜂語繞妝鏡，拂蛾學春碧。」溫庭筠《謝公墅歌》詠：「朱雀航南繞香陌，謝郎東墅連春碧。」張泌《思越人》詠：「東風澹蕩慵無力，黛眉愁聚春碧。」史達祖《黃鐘喜遷鶯》詠：「柳院燈疏，梅廳雪在，誰與細傾春碧。」陸游《道院雜興》詠：「東樓誰記傾春碧，北嶺空思擘晚紅」，自注：「廚醞本名重碧，范至能易為春碧。」

執大象

C50 M40 Y55 K0
R145 G145 B119

桐始華之轉色

《道德經》曰：「執大象，天下往；往而不害，安平太。樂與餌，過客止。故道之出言也，曰淡乎其無味也。視之不足見也，聽之不足聞也，用之不可既也。」每讀至此，總想像一種安泰、和平、寧靜的境界，掌握終極真理卻言語寡淡，此色甚得此意。畢自寅《詠石隱園》詠：「曾佐聖明執大象，故邀玄象作主盟。樸茂古風振頹俗，靈心妙手抉玄精。」易順鼎《登五老峰觀三疊泉即送陳范羅三君別》詠：「江湖下通地道白，吳楚中斷天門青。獨斟元樞執大象，坐覽八極神明庭。」

苔古

C60 M45 Y60 K0
R121 G131 B108

桐始華之合色

其色苔蘚老，其意江山定。李世民《過舊宅二首》詠：「園荒一徑斷，苔古半階斜。」白居易《韋七自太子賓客再除秘書監以長句賀而餞之》詠：「落星石上蒼苔古，畫鶴廳前白露寒。」武平一《奉和幸新豐溫泉宮應制》詠：「絕壁蒼苔古，靈泉碧溜溫。」尹懋《秋夜陪張丞相、趙侍御遊滍二首》詠：「風和樹色雜，苔古石文斑。」鄭谷《西蜀淨眾寺松溪八韻兼寄小筆崔處士》詠：「染岸蒼苔古，翹沙白鳥明。」梅窗《四時四首》詠：「玉梢梢外雪，苔古暈疏梅。」汪端《秦溝粉黛磚硯歌》詠：「楚人一炬悲焦土，留得殘磚碧苔古。」

綠地牡丹紋七寶燒矮頸瓶（清）

香爐紫煙

C20 M20 Y10 K0
R211 G204 B214

田鼠化為鴽之起色

語出李白《望廬山瀑布》：「日照香爐生紫煙，遙看瀑布掛前川。」此色有仙氣，李白獨愛紫煙意境，有《秋浦歌十七首》：「爐火照天地，紅星亂紫煙」，又有《送內尋廬山女道士李騰空二首》：「多君相門女，學道愛神仙。素手掬青靄，羅衣曳紫煙」，再有《贈嵩山焦煉師》：「二室淩青天，三花含紫煙。中有蓬海客，宛疑麻姑仙。」

紫菂

C45 M45 Y20 K0
R155 G142 B169

田鼠化為鴽之承色

菂即蓮子。紫菂指蓮蓬包裹下的初生嫩蓮子，呈紫色。王延壽《魯靈光殿賦》：「綠房紫菂，窋咤垂珠。」鮑照《芙蓉賦》：「青房兮規接，紫菂兮圓羅。」李紳《憶東湖》：「魚驚翠羽金鱗躍，蓮脫紅衣紫菂摧。」夏竦《八月梓州奏廣化寺池蓮五莖各開二花》：「絳跗相倚凝新露，紫菂交垂向晚風。」陳維崧《採桑子·題畫蘭小冊》：「回思吮粉調鉛日，紫菂緗芽。」玄燁《玉泉春曉》：「浪靜鮮鱗躍，風恬紫菂妍。」弘曆《剪園蔬賜大學士及內廷翰林》：「紅芽與紫菂，怒生不延俄。」

拂紫綿

C60 M75 Y30 K0
R126 G82 B127

田鼠化為鴽之轉色

李賀《謝秀才有妾縞練改從於人秀才引留之不得後生感憶座人製詩嘲誚賀復繼四首》詠：「銅鏡立青鸞，燕脂拂紫綿。」陳克《浣溪沙》詠：「淺畫香膏拂紫綿，牡丹花重翠雲偏。手挼梅子並郎肩。病起心情終是怯，困來模樣不禁憐。旋移針線小窗前。」王之道《題苦竹寺海棠洞三首》詠：「正逢翠幄張青綺，應念朱唇拂紫綿。」又有袁去華《相思引》：「曉鑒燕脂拂紫綿。未忺梳掠髻雲偏。」推想當年，燕脂紫綿，拂色堪憐，拂紫綿是窈窕女子好容之妝色。

三公子

C70 M85 Y30 K5
R102 G61 B116

田鼠化為鴽之合色

語出《敦煌變文·王昭君變文》：「牙官少有三公子，首領多饒五品緋。」牙官，即西北遊牧民族君主手下的屬官。唐代三品以上服紫，五品以上著緋，二句對偶，「子」和「緋」均為顏色詞，「子」應該是「紫」的通假。此處三公子，代指三公高官服色之紫。孔平仲《寄芸叟年兄》詠：「川峽揭節建大戟，服紫腰金薄賞功。」周伯琦《季長弟由國子生除侍儀舍人喜賦二首》詠：「成均高選典宸儀，便佩金魚服紫衣。」金朝觀《路上雜詠十首》詠：「賜緋乍可呼盧采，服紫真能化國人。」

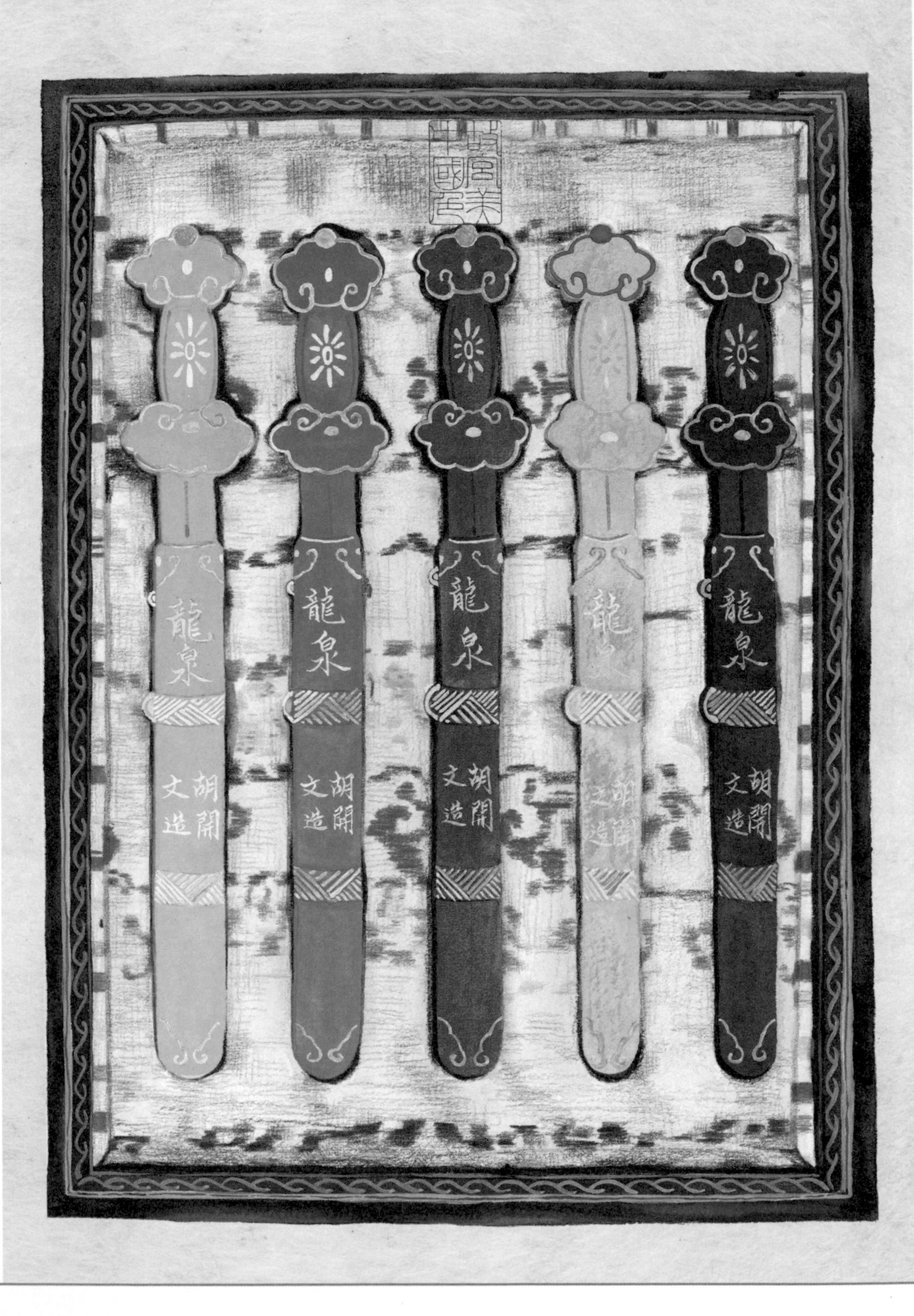

胡開文造龍泉五色墨（清・道光）

琅玕紫

C20 M75 Y25 K0
R203 G92 B131

虹始見之起色

語出李賀《夜飲朝眠曲》：「觴酣出座東方高，腰橫半解星勞勞。柳苑鴉啼公主醉，薄露壓花蕙蘭氣。玉轉濕絲牽曉水，熟粉生香琅玕紫。夜飲朝眠斷無事，楚羅之幃臥皇子。」此詩描述夜夜笙歌、通宵宴飲的奢靡生活，公主醉酒後面如紅玉。「熟粉」句姚佺注：「酒上面，色如紅玉。」聶樹楷《金縷曲·客自蜀歸，貽一湘竹杖，銅為首尾，啟之可作旱煙管用。戲賦》詠：「三尺琅玕紫。範青銅，月鐮霞杵，橫顛豎趾。」

紅躑躅

C30 M90 Y30 K0
R184 G53 B112

虹始見之承色

即杜鵑花。韓愈《送侯參謀赴河中幕》詠：「三月崧少步，躑躅紅千層。」白居易《題元八溪居》詠：「晚葉尚開紅躑躅，秋芳初結白芙蓉。」郭祥正《族人春飲》詠：「火焰高低紅躑躅，繡龍濃淡小薔薇。」陳造《再次韻答許節推二首》詠：「東風已拆紅躑躅，碧樹更啼黃栗留。」紀曾藻《在荔浦憶永福縣宅》詠：「霜痕染樹紅躑躅，山影浸江青鳳皇。」周之琦《酒泉子》詠：「紫徘徊，紅躑躅。喚春歸。」樊增祥《浣溪沙》詠：「鵑血啼成紅躑躅，蕉心幻出綠摩登。」

魏紅

C40 M90 Y40 K0
R167 G55 B102

虹始見之轉色

洛陽牡丹花后魏花之花色，千葉肉紅牡丹。歐陽修《洛陽牡丹記》載：「魏家花者，千葉肉紅花，出於魏相仁溥家」，又《洛陽牡丹圖》詠：「當時絕品可數者，魏紅窈窕姚黃妃」，又《謝觀文王尚書惠西京牡丹》詠：「姚黃魏紅腰帶鞓，潑墨齊頭藏綠葉。」蘇轍《次王適韻送張耒赴壽安尉二首》詠「魏紅深淺配姚黃，洛水家家自作塘。」虞儔《和陳倅寄南坡牡丹詩》：「春來百物不入眼，賴有姚黃並魏紅。」蔡襄《李閣使新種洛花》詠：「堂下朱闌小魏紅，一枝濃豔占春風。」余鵬年《曹州牡丹譜》載：「蓋錢思公稱為花之后者，千葉肉紅，略有粉梢，則魏花非紫花也。」

魏紫

C50 M90 Y55 K5
R144 G55 B84

虹始見之合色

洛陽牡丹花后之花色，魏紫是魏紅的實生後代，亦稱都勝。周師厚《洛陽花木記》載：「近年又有勝魏、都勝二品出焉。勝魏似魏花而微深；都勝似魏花而差大，葉微帶紫紅色。」歐陽修《縣舍不種花惟栽楠木冬青茶竹之類因戲書七言四韻》詠：「伊川洛浦尋芳遍，魏紫姚黃照眼明。」周必大《太和芍藥最盛有紅都勝黃樓子為之冠昔山谷常宰邑篇詠極多獨遺此花四月八日與諸友共賞戲成小詩》詠：「紅勝依稀如魏紫，細樓彷彿似姚黃。」李雲龍《蘇元易貽湛用喈彩樹牡丹招賞因賦》詠：「雕闌繡幕千金夜，魏紫姚黃一樹春。」余鵬年《曹州牡丹譜》載：「魏紫：紫胎肥莖，枝上葉深綠而大，花紫紅。乃周《記》所載都勝。」

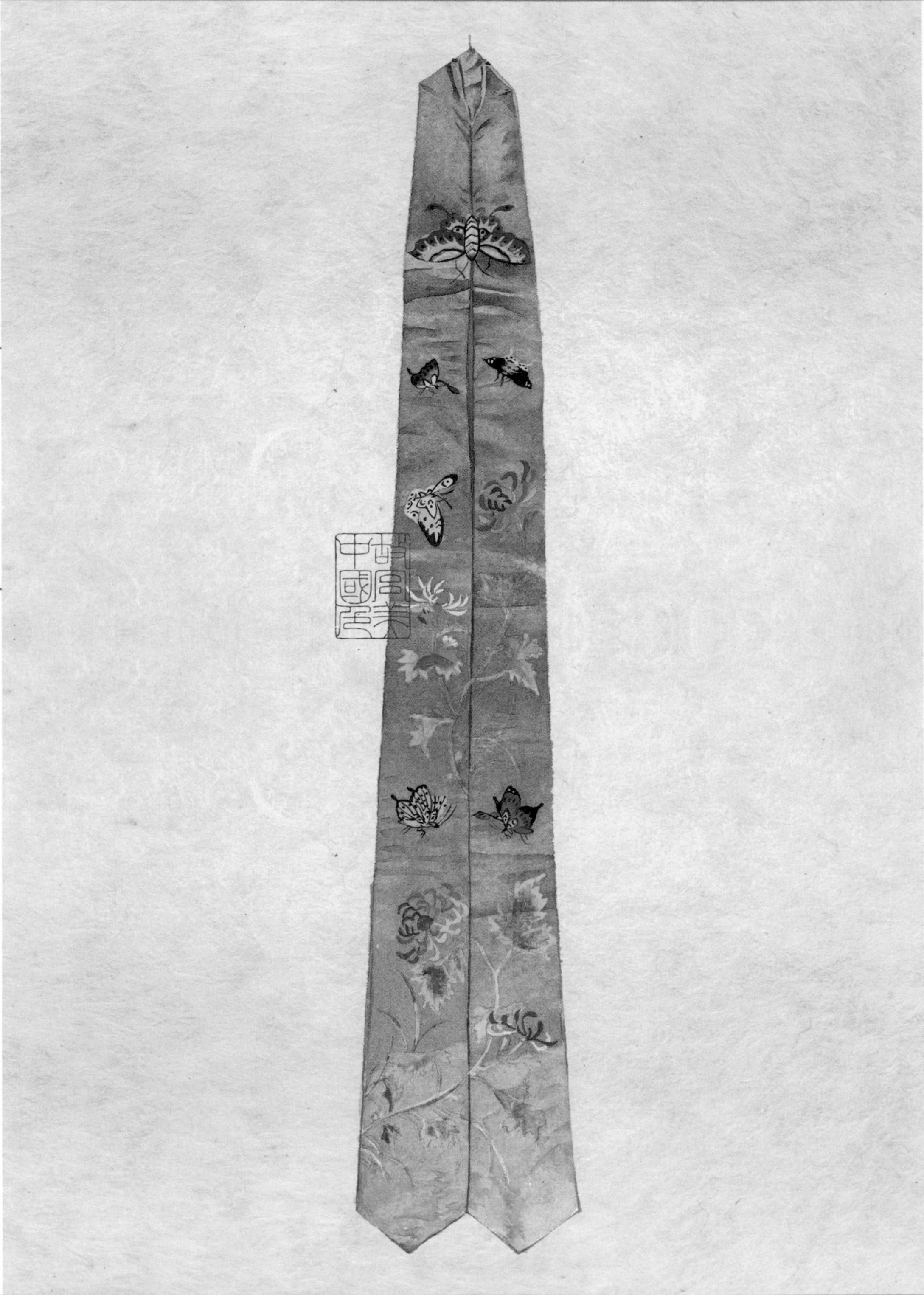

雪灰色緞繡花蝶紋帽帶（清·光緒）

昌榮

C15 M25 Y0 K0
R220 G199 B225

穀雨之起色

其色雲中紫草，其意守道慕仙。《列仙傳》曰：「昌榮者，常山道人也。自稱殷王子。食蓬累根，往來上下，見之者二百餘年，而顏色如二十許人。能致紫草，賣與染家，得錢遺孤寡，歷世而然，奉祠者萬記。」《潯陽記》曰：「石井山，曾有行人見山上有采紫草者。此人謂村人，揭鍤而往見，山上人便去。聞有呼昌容者，曰人來取爾草！既至山頂，寂寞無所見。」

紫薄汗

C30 M40 Y0 K0
R187 G161 B203

穀雨之承色

語出王昌齡《從軍行七首》：「胡瓶落膊紫薄汗，碎葉城西秋月團。明敕星馳封寶劍，辭君一夜取樓蘭。」紫薄汗是汗血寶馬的汗色，傳說中這種西域神馬會流出薄薄的紫色的汗。杜甫《洗兵馬》詠：「京師皆騎汗血馬，回紇餵肉蒲萄宮」，又《醉歌行》詠：「驊騮作駒已汗血，鷙鳥舉翮連青雲。」

茈藐

C40 M55 Y0 K0
R166 G126 B183

穀雨之轉色

《山海經·西山經》曰：「北五十里曰勞山，多茈草。」郭璞注：「一名茈䓞，中染紫也。」《爾雅》曰：「藐，茈草。」郭璞注：「可以染紫。」茈藐，即染料之紫草。《讀曲歌八十九首》詠：「紫草生湖邊，誤落芙蓉裡。色分都未獲，空中染蓮子。」史浩《童丱須知》詠：「絹帛鮮華由染工，紅花紫草遂收功。若教明眼人猜破，始信浮生色是空。」

紫紶

C60 M75 Y25 K0
R125 G82 B132

穀雨之合色

貝蛤染色之紫。《荀子·王制篇》：「東海則有紫紶魚鹽焉，然而中國得而衣食之。」楊倞注：「紫，紫貝也。」郭璞注：「紶，當為蜐也。」李時珍《本草綱目》載：「石蜐生東南海中石上，蚌蛤之屬。形如龜腳，亦有爪狀，殼如蟹螯，其色紫，可食。」江淹《石劫賦》曰：「海人有食石劫，一名紫虈，蚌蛤類也。」

三彩印花盤（遼）

蒼葭

C40 M15 Y50 K0
R168 G191 B143

萍始生之起色

初生蘆葦之綠。揚雄《蜀都賦》曰：「其淺濕則生蒼葭蔣蒲，藿芧青蘋，芉葉蓮藕，茱華菱根。」劉禹錫《晚歲登武陵城顧望水陸悵然有作》詠：「夕曛轉赤岸，浮靄起蒼葭。」李嶠《八月奉教作》詠：「黃葉秋風起，蒼葭曉露團。」孔平仲《慎思移日至月望交割口占奉呈》詠：「土膏著雨蒼葭出，山色凝雲翠黛顰。」葛長庚《賀新郎·游西湖》詠：「望彌漫、蒼葭綠葦，翠蕪青草。」查有新《淮陰道中詠蘆花和韻》詠：「紅蓼丹楓原是伴，蒼葭白露定需君。」弘曆《題張宗蒼萬木奇峰》詠：「碧澗清潭成麗矚，蒼葭白露想伊人。」

庭蕪綠

C65 M30 Y75 K0
R104 G148 B92

萍始生之承色

東風轉暖，庭蕪轉綠。白居易《春日閒居三首》詠：「是時三月半，花落庭蕪綠。舍上晨鳩鳴，窗間春睡足。」李煜《虞美人》詠：「風回小院庭蕪綠，柳眼春相續。憑闌半日獨無言，依舊竹聲新月似當年。」吳慶燾《菩薩蠻五首·集南唐李後主句》詠：「風回小院庭蕪綠，新聲慢奏移纖玉。南國正芳春，相看無限情。」

翠微

C75 M40 Y90 K0
R76 G128 B69

萍始生之轉色

其色山腰青翠，其意生機勃勃。《爾雅·釋山》曰：「山脊岡未及上，翠微。」郝懿行疏：「翠微者……蓋未及山頂孱顏之間，蔥鬱葐蒀，望之谸谸青翠，氣如微也。」左思《蜀都賦》：「鬱葐蒀以翠微，崛巍巍以峨峨。」李善注：「翠微，山氣之輕縹也。」李白《贈秋浦柳少府》詠：「搖筆望白雲，開簾當翠微。」杜牧《九日齊山登高》詠：「江涵秋影雁初飛，與客攜壺上翠微。」溫庭筠《利州南渡》詠：「澹然空水對斜暉，曲島蒼茫接翠微。」司馬光《和范景仁謝寄西遊行記》詠：「八水三川路渺茫，翠微深處白雲鄉。」

翠虬

C80 M55 Y100 K0
R68 G106 B55

萍始生之合色

虬即龍之無角者，這個色名出自龍種。揚雄《解難》曰：「獨不見翠虬絳螭之將登乎天，必聳身於蒼梧之淵。」傅毅《洛都賦》曰：「渟清沼以泛舟，浮翠虬與玄武。」陳子昂《修竹篇》詠：「驅馳翠虬駕，伊郁紫鸞笙。」徐彥伯《奉和興慶池戲競渡應制》詠：「夾道傳呼翊翠虬，天回日轉御芳洲。」陳傑《詠物》詠：「花面縈回銀鳳舞，苔身宛轉翠虬蟠。」葉夢鼎《隔竹》則詠道：「風聲樹杪疑笙鶴，雲氣峰頭見翠虬。」

黑鳩《清宮鳥譜》

碧落

C35 M10 Y0 K0
R174 G208 B238

鳴鳩拂其羽之起色

《太上洞玄靈寶無量度人上品妙經》曰：「昔於始青天中，碧落空歌大浮黎土，受元始度人無量上品。」瞿楚賢《碧落賦》曰：「爾其動也，風雨如晦，雷電共作；爾其靜也，體象皎鏡，是開碧落。」白居易《長恨歌》詠：「上窮碧落下黃泉，兩處茫茫皆不見。」許渾《寄殷堯藩先輩》詠：「青山有雪諳松性，碧落無雲稱鶴心。」陳玄《游仙夢》詠：「乘風遊碧落，踏浪溯黃河。」其色青碧高深，其意清透空靈。

挼藍

C60 M30 Y10 K0
R110 G155 B197

鳴鳩拂其羽之承色

其色浸揉藍草，其意詩情畫境。白居易《春池上戲贈李郎中》詠：「直似挼藍新汁色，與君南宅染羅裙。」黃庭堅《訴衷情》詠：「山潑黛，水挼藍，翠相攙。」周邦彥《蝶戀花》詠：「淺淺挼藍輕蠟透。過盡冰霜，便與春爭秀。」張養浩《普天樂》詠：「水挼藍，山橫黛，水光山色，掩映書齋。」陳維崧《浣溪沙·癸丑東溪雨中修禊》詠：「春水挼藍接遠汀，晚山愁黛矗銀屏。」

青雀頭黛

C85 M70 Y45 K10
R53 G78 B107

鳴鳩拂其羽之轉色

李昉《太平御覽》載：「河西王沮渠蒙遜，獻青雀頭黛百斤。」其色是婦人飾妝冶容之色，自古未及螺子黛。

螺子黛

C95 M80 Y75 K25
R19 G57 B62

鳴鳩拂其羽之合色

其色嫵媚，其意貴奢。《南部煙花錄》載：「絳仙善畫長蛾眉……由是殿腳女爭效為長蛾眉，司宮吏日給螺子黛五斛，號為蛾綠。螺子黛出波斯國，每顆值十金。」歐陽修《阮郎歸》詠：「淺螺黛，淡胭脂，閑妝取次宜。」趙鸞鸞《柳眉》詠：「嫵媚不煩螺子黛，春山畫出自精神。」沈彩《晚景獨坐遣懷》詠：「薄醉懶添螺子黛，嫩寒初試杏花衫。」

穀雨

戴勝《清宮鳥譜》

露褐

C30 M55 Y70 K0
R189 G130 B83

戴勝降於桑之起色

老子《道德經》曰：「聖人被褐而懷玉。」或因道學之流行，在宋元之際，褐色曾為宮廷和市井崇尚的顏色。宋仁宗天聖三年（1025）詔曰：「在京士庶不得衣黑褐地白花衣服並藍、黃、紫地撮暈花樣，婦女不得將白色、褐色毛段並淡褐色匹帛製造衣服，令開封府限十日斷絕；婦女出入乘騎，在路披毛褐以禦風塵者，不在禁限。」陶宗儀《南村輟耕錄·采繪法》云：「露褐，用粉入少土黃、檀子合。」

檀褐

C50 M75 Y90 K0
R148 G86 B53

戴勝降於桑之承色

《元史·輿服》載：「（木輅）頂輪平素面夾用檀褐紵絲。蓋之四周垂流蘇八，飾以五色絨線結網五重，金塗銅鈒五，金塗木珠二十五。」《碎金》云：「褐：金茶褐、秋茶褐、醬茶褐、沉香褐、鷹背褐、磚褐、豆青褐、蔥白褐、枯竹褐、珠子褐、迎霜褐、藕絲褐、茶綠褐、葡萄褐、油栗褐、檀褐、荊褐、艾褐、銀褐、駝褐。」陶宗儀《南村輟耕錄·采繪法》云：「檀褐，用土黃入紫花合。」

緅絺

C60 M80 Y100 K0
R128 G76 B46

戴勝降於桑之轉色

《論語·鄉黨》曰：「君子不以紺緅飾，紅紫不以為褻服。」《周禮·考工記》曰：「三入為纁，五入為緅，七入為緇。」許慎《說文解字·糸部》曰：「緅，帛青赤色也」，又云：「絺，細葛也。」方以智《通雅·衣服·彩色》曰：「緅是今之醬色也。」緅絺，就是醬色細葛布。張衡《七辯》曰：「交址緅絺，筒中之紵。京城阿縞，譬之蟬羽。製為時服，以適寒暑。」《隋書·禮儀志》曰：「緅衣，其色赤而微玄。」

目童子

C60 M80 Y90 K40
R91 G50 B34

戴勝降於桑之合色

目童子，瞳仁。揚雄《甘泉賦》曰：「玉女亡所，眺其清矑。」矑，指目童子的黑；清矑，指其黑白分明。張君房《雲笈七籤·流金火鈴》曰：「存我兩目童子，光如流星，煥落五方」，又《雲笈七籤·大洞回風混合帝一之法》曰：「左目童子名飛雲，右目童子名晨嬰，肺部童子名素明，皆各守我兩目之童子，備華蓋之上精，五神固於五關，暉光充於太陽，魔氣不入，百會受靈。」

C
85

M
90

Y
90

K
0

石榴裙

R
177

G
59

B
46

夏

木囀黃鸝 陰陰夏

《宋書》講：「夏道將興，草木暢茂，青龍止於郊，祝融之神，降於崇山。」夏日炎炎，大地草木的生命達於頂點，「木生火，其色赤，故赤者南方也」，青色讓位給赤色，東方讓位給南方，三國曹植有言：「炎帝掌節，祝融司方，羲和按轡，南雀舞衡。」夏天搶鏡的是炎炎烈日，心裡私藏的顏色卻是陰陰夏木加上一抹黃鸝。

欲遊夏宮尋秀色，先讀季語解密碼。夏色季語，就是您開啟這一季傳統色寶庫的鑰匙。

青粲 C30 M0 Y80 K0 R195 G217 B78	翠縹 C35 M0 Y90 K0 R183 G211 B50
人籟 C45 M10 Y100 K0 R158 G188 B25	水龍吟 C55 M20 Y100 K0 R132 G167 B41

立夏

起於「青粲」，猶記得大學食堂以裝滑輪的大浴缸販售米飯，見過一缸小站新米，淡綠瑩瑩、清香沁潤，或許大學的青春就是這個顏色。承之「翠縹」，青雲與翠煙，縹緲不定，得來是人間不值得的物哀與幽玄。轉而「人籟」，唯有竹聲稱人籟，人籟總輸天與地，遠離機巧的人心可以是這個顏色。合乎「水龍吟」，龍吟水嘯的意境，青峰入水，翠龍出潭，彷彿神龍見首不見尾。

地籟 C15 M20 Y30 K0 R223 G206 B180	大塊 C30 M35 Y50 K0 R191 G167 B130
養生主 C35 M40 Y50 K0 R180 G155 B127	大雲 C50 M55 Y75 K0 R148 G120 B79

螻蟈鳴

起於「地籟」，這是大地之聲的顏色，若能虛心聽地籟，自有天意到桃源，絕聖棄智，回歸大地母親的懷抱。承之「大塊」，蒼茫大地不僅是我們身體的母親，也是我們精神的母親。轉而「養生主」，填平心裡丘與壑，聽水聽松逍遙遊，若能多些求田問舍的好處，哪有不長壽的道理。合乎「大雲」，大地之精，補陽不燥，補陰不膩，常近此色必得好皮囊、好氣色。

溶溶月 C30 M20 Y25 K0 R190 G194 B188	紹衣 C40 M35 Y35 K0 R168 G161 B156
石蓮褐 C50 M45 Y50 K0 R146 G137 B123	黑朱 C65 M60 Y65 K0 R112 G105 B93

蚯蚓出

起於「溶溶月」，月色溫柔，一切盡在不言中，你融於我，我融於你，花前月下你儂我儂。承之「紹衣」，此乃承德、傳燈之色，承祖宗之德，傳古佛之燈，在家舊衣冠，出家僧尼服。轉而「石蓮褐」，石蓮音同實憐，「歡娛生於求偶之念，而其人實為可憐中人也」，此乃人生悲憫之色。合乎「黑朱」，以現代的用語來說，這是「幾十度灰」？中文的微妙在於畫筆下的絲絨質感，見字會意。

朱顏酡 C0 M50 Y50 K0 R242 G154 B118	苕榮 C0 M70 Y75 K0 R237 G109 B61
檎丹 C0 M85 Y85 K0 R233 G72 B41	丹閬 C0 M100 Y100 K0 R230 G0 B18

王瓜生

起於「朱顏酡」，不知美人既醉還是欲醉，面色已是如此，醉與不醉，在你不在酒。承之「苕榮」，凌霄花色也是美人的顏色，微風招搖，映日耀目，生得一副好顏色。轉而「檎丹」，在日本超市見蘋果標名「林檎」，源於中國，這次竟尋得這個顏色古稱「檎丹」，比「紅蘋果色」文雅許多。合乎「丹閬」，這是「枝頭荔枝紅」的雅稱，尋得這個顏色時，和尋得檎丹時一樣開心。

彤管 C10 M45 Y20 K0 R226 G162 B172	渥赭 C10 M70 Y35 K0 R221 G107 B123
唇脂 C25 M80 Y50 K0 R194 G81 B96	朱孔陽 C30 M100 Y80 K0 R184 G26 B53

小滿

起於「彤管」，《詩經》裡那位靜雅的姑娘到底送了我什麼？我只知道那抹顏色已經成了心頭的印記。承之「渥赭」，《詩經》裡有位紅光滿面的漢子，還說這個人顏值高、身體壯，這是荷爾蒙的顏色。轉而「唇脂」，紅唇丹脂，何其美豔，不小心印在哪裡就不容易從心裡擦掉了。合乎「朱孔陽」，《詩經》裡貴人衣裳的顏色，公子翩翩，何其明豔。

石髮 C65 M35 Y80 K0 R106 G141 B82	漆姑 C70 M40 Y80 K0 R93 G131 B81
芰荷 C75 M45 Y85 K0 R79 G121 B74	官綠 C85 M50 Y95 K0 R42 G110 B63

苦菜秀

起於「石髮」，今之水苔色，頑石生髮也是智慧過頂，這個顏色就是「會當凌絕頂，一覽眾山小。」承之「漆姑」，今之鬱色，國畫傳統之青綠重工，非但石青石綠可為之，漆姑也可擔當。轉而「芰荷」，芰荷為上衣，芙蓉為下裳，這種大紅大綠的傳統色搭配竟然是屈原首倡。合乎「官綠」，今之枝頭綠，純綠鮮明，正氣端莊。

仙米 C20 M20 Y35 K0 R212 G201 B170	黃螺 C35 M35 Y55 K0 R180 G163 B121
降真香 C45 M50 Y70 K0 R158 G131 B88	遠志 C55 M60 Y85 K10 R129 G102 B59

靡草死

起於「仙米」，白高粱米的顏色，那紅高粱釀酒存了仙氣，這白高粱不釀酒也存了仙氣。承之「黃螺」，蓮子的顏色，想起「低頭弄蓮子，蓮子清如水」的兒女情懷。轉而「降真香」，引鶴而降真之香色，若論仙氣之色，捨此其誰。合乎「遠志」，張華《博物志》說：「遠志苗曰小草，根曰遠志」，我是一棵無人知道的小草，從不寂寞，也不煩惱，因為根名遠志，此乃身微而志強之色。

嫩鵝黃 C5 M25 Y65 K0 R242 G200 B103	鞠衣 C20 M40 Y85 K0 R211 G162 B55
鬱金裙 C20 M55 Y85 K0 R208 G134 B53	黃流 C45 M70 Y100 K0 R159 G96 B39

麥秋至

起於「嫩鵝黃」，浮蟻白而嫩鵝黃，古云少年不入川，非但是川女多情，川中名酒嫩鵝黃也是無法抗拒。承之「鞠衣」，琮玉溫姿，鞠衣嘉色，這種高雅的顏色，源於菊之花、桑之葉。轉而「鬱金裙」，唐宋服飾流行色，在詩意、美學巔峰的兩個朝代熠熠生輝，瞭解了唐宋的各色錦裙，古裝劇也許更好看。合乎「黃流」，黑黍和鬱金香草釀造的酒色，宛如流動的黃金，當年是祭祀眾神、賞賜諸侯的真正國酒。

筠霧 C20 M15 Y35 K0 R213 G209 B174	瓷秘 C30 M20 Y45 K0 R191 G192 B150
琬琰 C40 M30 Y50 K0 R169 G168 B134	青圭 C50 M40 Y70 K0 R146 G144 B93

芒種

起於「筠霧」，竹皮色，薄若霧，故有此色名，或曰竹間之霧色，霧白侵竹綠，仙氣十足。承之「瓷秘」，綠雲翠峰之色，御窯供奉之品，祕而不宣，難得這「相隔千年宛如初見」的美色殊勝。轉而「琬琰」，這是帝侯所用玉質禮器之色，既珍且貴，又是一種皇家顏色。合乎「青圭」，以玉做六器，禮天地四方，青圭禮東方，其色屬東方，其形象徵春物初生。

嗚珂 C35 M25 Y40 K0 R179 G181 B156	青玉案 C40 M25 Y45 K0 R168 G176 B146
出岫 C40 M30 Y60 K0 R169 G167 B115	風入松 C55 M40 Y80 K0 R134 G140 B78

螳螂生

起於「鳴珂」，寶馬香車，鳴珂鏘玉，鏗鏘作響的玉聲裝飾了這個顏色，充盈耳目者，顯貴之聲色也。承之「青玉案」，陳彼得先生不妨穿一襲此色長袍，上元夜再來一曲青玉案，豈不快哉。轉而「出岫」，青色的雲從青色的山峰飄浮而出，悠然不羈，心定氣和。合乎「風入松」，夢覺風入松，元知萬事空，餘情殘醉，醒來了無痕。

如夢令 C15 M30 Y40 K0 R221 G187 B153	芸黃 C20 M40 Y60 K0 R210 G163 B108
金埒 C30 M45 Y70 K0 R190 G148 B87	雌黃 C35 M50 Y75 K0 R180 G136 B77

鵙始鳴

起於「如夢令」，日暮、沉醉、藕花、爭渡，如夢如幻，紅塵依稀。承之「芸黃」，帝王盛德之色，天下豐盈之色。轉而「金埒」，金錢寶地之色，五花馬、千金裘，還可以加上黃金埒，遇上李白，統統換了酒。合乎「雌黃」，命運若有雌黃筆，世間必無傷心人，陸游的錯錯錯，何妨借雌黃塗去，這也是種夢幻的顏色吧。

曾青 C75 M70 Y50 K10 R83 G81 B100	黲黮 C80 M75 Y55 K15 R69 G70 B89
璆琳 C85 M85 Y65 K30 R52 G48 B65	瑾瑜 C90 M85 Y70 K45 R30 G39 B50

反舌無聲

起於「曾青」，乾隆帝的「翠含螺黛山迎戶，影覆曾青樹隱天」，螺黛對曾青，分明是好詩。承之「黲黮」，冥果之色，以銅青浸色，再加蜜增色，又存於黑暗的瓦罐中，這是黑暗料理的鼻祖色吧。轉而「璆琳」，絲綢之路前身也稱青金石之路，璆琳就是青金石，其色相如天，故深受歷代帝王喜愛，清朝帝王去天壇就要佩戴此一顏色的朝珠。合乎「瑾瑜」，瑾瑜也是青金石的古稱，青金石的顏色是由礦物含量決定的。

赩熾 C20 M80 Y75 K0 R203 G82 B62	石榴裙 C35 M90 Y90 K0 R177 G59 B46
朱湛 C50 M95 Y95 K0 R149 G48 B46	大緂 C55 M100 Y100 K10 R130 G35 B39

夏至

起於「赩熾」，今之丹砂色，赤火之光，夏至之炎。承之「石榴裙」，唐朝服飾流行色，「開箱驗取石榴裙」才是武媚娘的初心。轉而「朱湛」，這是茜草浸泡液的顏色，與之合一的丹秫是媒染劑，這樣就有了厚重的紅色。合乎「大緂」，壯烈的顏色，其氣勢正如《詩經》裡「如火烈烈，則莫我敢曷」，衝鋒陷陣的大軍勇猛如火，沒有誰敢將我的攻勢阻擋。

月魄 C35 M25 Y25 K0 R178 G182 B182	不皂 C40 M30 Y35 K0 R167 G170 B161
雷雨垂 C60 M50 Y50 K0 R122 G123 B120	石涅 C65 M55 Y55 K10 R104 G106 B103

鹿角解

起於「月魄」，夜晚的花兒知道用月魄的光妝點自己，月魄色也是一種粉黛色吧。承之「不皂」，不肯皂、不肯紅，都是兒女姿態，顏色彷彿有了態度。轉而「雷雨垂」，黑雲壓城城欲摧的顏色，愈打壓愈堅強，才是真漢子顏色。合乎「石涅」，今之石墨色，陸雲寫給陸機的信中說：「曹公藏石墨數十萬斤」，可知曹操甚愛之。

扶光 C5 M30 Y35 K0 R240 G194 B162	椒房 C15 M45 Y65 K0 R219 G156 B94
紅友 C15 M55 Y80 K0 R217 G136 B61	光明砂 C20 M75 Y95 K0 R204 G93 B32

蜩始鳴

起於「扶光」，扶桑浴東海之光色，正是日出東方，其初光，如粉嫩的嬰兒，如初見的少女。承之「椒房」，出自皇后的閨房色，花椒和泥做內飾，在香料寶貴的古代是不得了的嬌貴。轉而「紅友」，宜興酒色，與關中、川中不同，是另一番模樣，東坡愛此酒。合乎「光明砂」，正大光明，鎮心安神，此乃驅魔扶正之色。

山礬 C5 M5 Y5 K0 R245 G243 B242	玉頩 C10 M10 Y10 K0 R234 G229 B227
二目魚 C15 M10 Y15 K0 R223 G224 B217	明月璫 C20 M15 Y20 K0 R212 G211 B202

半夏生

起於「山礬」，「山礬紛似玉，黃蘗碎如金」，果然都是富貴好顏色。承之「玉頩」，玉頩光潤之色，相由心生，此必是心地光明之人所露之色。轉而「二目魚」，《詩經》裡形容馬的毛色，難懂之一就是「魚」，魚眼的白圈，馬眼周邊的白毛圈，這種魚眼白就是二目魚。合乎「明月璫」，玉有明月光華之色，人有月移西廂之影。

騂剛 C0 M40 Y45 K0 R245 G176 B135	赬霞 C0 M55 Y60 K0 R241 G143 B96
赬尾 C0 M60 Y60 K0 R239 G132 B93	朱柿 C0 M70 Y70 K0 R237 G109 B70

小暑

起於「騂剛」，赤色公牛，與之相對「白牡」是白色公牛，二者都是王侯祭祀所選之牛色。承之「赬霞」，霞光之色，若玉人之羞澀嬌嬈，若生命之花蕊初綻。轉而「赬尾」，魚尾之赤色，青蓑潭上老，赬尾溪前肥，田園風光，美味佳餚。合乎「朱柿」，怎麼說也比我們今天說的「柿子紅」更為雅致，這是古今顏色詞的高下。

天球 C15 M10 Y25 K0 R224 G223 B198	行香子 C30 M25 Y40 K0 R191 G185 B156
王芻 C40 M35 Y60 K0 R169 G159 B112	藎篋 C55 M50 Y75 K0 R135 G125 B82

溫風至

起於「天球」，玉如天色者，也是王侯所用玉製禮器之色。承之「行香子」，來自詞牌名的顏色，東坡說：「隙中駒，石中火，夢中身」，想明白什麼顏色也是過眼雲煙。轉而「王芻」，屈原不願與蒺藜、王芻和苔耳為伍，厭其氾濫，我們卻要反過來讚美它們生命力的旺盛。合乎「藎篋」，居家過日子的草箱的顏色，普通得不能再普通，卻有家的感覺。

赤靈	丹秫
C45 M85 Y100 K10 R149 G64 B36	C50 M90 Y100 K15 R135 G52 B36
木蘭	麒麟竭
C60 M90 Y100 K30 R102 G43 B31	C70 M95 Y100 K40 R76 G30 B26

蟋蟀居壁

起於「赤靈」，翠虯是無角的青龍，赤靈是無角的紅龍，都是招人喜愛的精靈顏色。承之「丹秫」，前面講過與之搭檔的「朱湛」，作為媒染劑，朱砂是成就深紅的功臣。轉而「木蘭」，木蘭袈裟，以黑汙赤而壞色，此乃謙卑之心。合乎「麒麟竭」，樹脂生血色，赤膠出南國。

柔藍	碧城
C85 M50 Y20 K10 R16 G104 B152	C90 M65 Y30 K15 R18 G80 B123
藍采和	帝釋青
C95 M75 Y35 K15 R6 G67 B111	C100 M85 Y40 K20 R0 G52 B96

鷹始摯

起於「柔藍」，耶律楚材果然是才子，「風廻一鏡揉藍淺，雨過千峰潑黛濃」，一句寫盡湖光山色。承之「碧城」，才子誰也比不過李商隱，「碧城十二曲闌干，犀辟塵埃玉辟寒」，想像中玉溪生的天空之城就是這個顏色。轉而「藍采和」，不用說，這自然是神仙色。合乎「帝釋青」，出自佛家，青之勝者，隱隱有正法護持。

夕嵐	雌霓
C10 M40 Y15 K0 R227 G173 B185	C20 M50 Y25 K0 R207 G146 B158
絳紗	茹藘
C35 M60 Y45 K0 R178 G119 B119	C40 M70 Y50 K5 R163 G95 B101

大暑

起於「夕嵐」，落日山間霧氣的顏色，夕陽西下，意興闌珊。承之「雌霓」，這是彩虹中暗影一側的顏色，更為嫵媚。轉而「絳紗」，想不到古時授徒講學，場景如此香豔，如果在絳紅色的紗帳前更容易激發智慧，何不遵古而行。合乎「茹藘」，茹藘就是茜草，《詩經》裡茜草是說一不二的愛情色，紅豔豔的長在你家坡上，我愛上了你；紅豔豔的染在你的佩巾上，我還是愛上了你。

蕙青 C10 M0 Y35 K0 R237 G241 B187	少艾 C15 M0 Y50 K0 R227 G235 B152
綺錢 C20 M5 Y55 K0 R216 G222 B138	翠樽 C25 M10 Y65 K0 R205 G209 B113

腐草為螢

起於「蕙青」，蕙白隱青，草木初生的淡淡青綠，這是生命的初始。承之「少艾」，寓意美少女的顏色，艾草初成是淡青微白，吾家有女初長成也是青青白白。轉而「綺錢」，古錢樣貌的青苔色或荷葉色，姜特立有好句：「湖邊柳色媚清漣，湖上新荷疊綺錢。」合乎「翠樽」，印象中見過某件耀州窯的青釉色與翠樽色最近，而耀州窯又始自越州窯，唐宋的好顏色，言之不盡。

石蜜 C20 M25 Y50 K0 R212 G191 B137	沙餳 C30 M35 Y60 K0 R191 G166 B112
巨呂 C40 M45 Y70 K0 R170 G142 B89	吉金 C55 M60 Y80 K0 R137 G109 B71

土潤溽暑

起於「石蜜」，今之黃冰糖色，詩僧寒山說：「醍醐與石蜜，至死不能嘗」，醍醐、石蜜都是佛法精妙。承之「沙餳」，今之黃砂糖色，日本的三溫糖色也近乎此。轉而「巨呂」，冰糖煉製過程中含雜垢的糖色，更深更雜的糖色稱頗尼多。合乎「吉金」，鑄造鐘鼎彝器的合金色，此色一出，必有國之重器。

山嵐 C30 M10 Y30 K0 R190 G210 B187	淥波 C45 M20 Y45 K0 R155 G180 B150
青楸 C55 M25 Y55 K0 R129 G163 B128	菉竹 C65 M35 Y65 K0 R105 G142 B106

大雨時行

起於「山嵐」，山間霧氣的顏色，因時而變，疊翠而生，此色入畫。承之「淥波」，綠水蕩漾的顏色，此色亦可入畫。轉而「青楸」，楸乃美木，青乃正色，是以其色秀美端正。合乎「菉竹」，這是夏天最後的顏色，也是夏天常見的植物顏色，雖然幼小，卻有著努力向竹子看齊的生命力。

羅繡貓蝶石榴圖面紅木雕花柄團扇（清）

青粲

C30 M0 Y80 K0
R195 G217 B78

立夏之起色

碧粳米之色。王粲《七釋》曰：「乃有西旅游梁，御宿青粲，瓜州紅[麥+匊]，參糅相半，軟滑膏潤，入口流散。」御宿青粲，指御宿川的上等米色，御宿川在今天陝西省長安區。段成式《酉陽雜俎》：「御宿青粲，瓜州紅菱，冀野之粱。」曹雪芹《紅樓夢》第八回云：「寶玉痛喝了幾碗，又吃了半碗多碧粳粥」，又六十二回云：「裡面是一碗蝦丸雞皮湯，又是一碗酒釀清蒸鴨子，一碟醃的胭脂鵝脯，還有一碟四個奶油松瓤捲酥，並一大碗熱騰騰，碧熒熒蒸的綠畦香稻粳米飯。」謝墉《食味雜詠》載：「近京所種統稱京米，以玉田縣產者為良，粒細長，微帶綠色，炊時有香。」

翠縹

C35 M0 Y90 K0
R183 G211 B50

立夏之承色

語出《楚辭·九懷·通路》：「紅采兮騂衣，翠縹兮為裳。」許應龍《皇帝閣端午帖子》詠：「殿閣涼生晝景長，翠煙縹渺御爐香。」這句詩得此色之意。

人籟

C45 M10 Y100 K0
R158 G188 B25

立夏之轉色

語出《莊子·齊物論》：「地籟則眾竅是已，人籟則比竹是已，敢問天籟？」程俱《八音歌贈別趙子雍龢之二首》詠：「竹簡書汗青，高吟當人籟。」邵寶《石鐘山》詠：「人籟總輸天與地，石聲還藉水兼風。」竹管之音群起，翠色之意在此。

水龍吟

C55 M20 Y100 K0
R132 G167 B41

立夏之合色

其色出自詞牌名，此調因李白《宮中行樂詞八首》詩中有「笛奏龍吟水，簫鳴鳳下空」句而取名，也有說因李賀《帝子歌》詩中有「山頭老桂吹古香，雌龍怨吟寒水光」句而取名。辛棄疾《水龍吟·登建康賞心亭》詠：「把吳鉤看了，闌干拍遍，無人會，登臨意」，又《水龍吟·老來曾識淵明》詠：「問北窗高臥，東籬自醉，應別有，歸來意。」

立夏

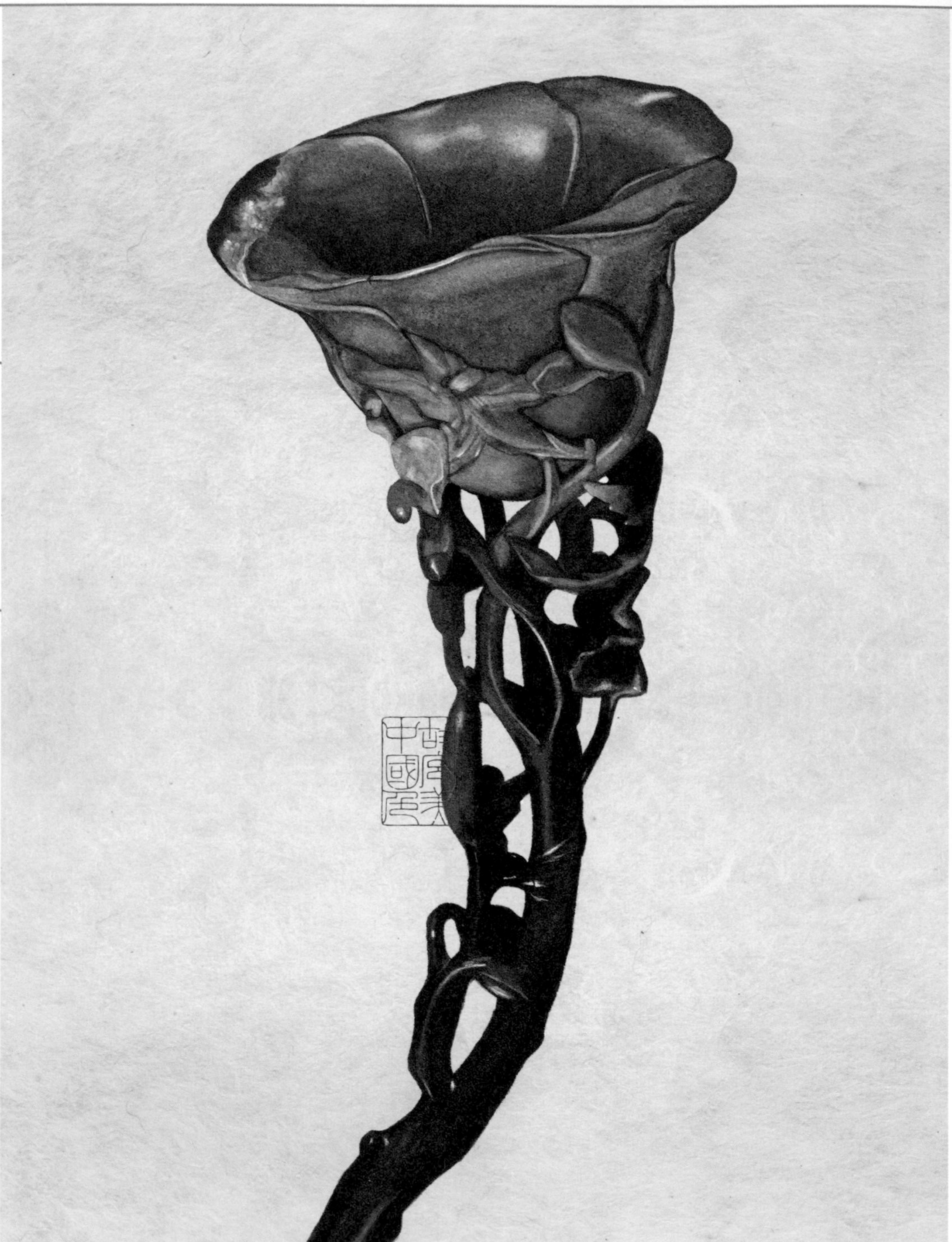

犀角雕蜀葵形杯（明）

地籟

C15 M20 Y30 K0
R223 G206 B180

蟋蟈鳴之起色

語出《莊子·齊物論》:「地籟則眾竅是已,人籟則比竹是已,敢問天籟?」虞世南《奉和幽山雨後應令》詠:「山泉鳴石澗,地籟響巖風。」蘇軾《風水洞二首和李節推》詠:「虛心聞地籟,妄意覓桃源。」劉克莊《秋旱繼以大風即事十首》詠:「愁聞地籟吹羊角,不見天瓢滴馬鬃。」許月卿《題趙尉洞源泉》詠:「松間風影有地籟,林下炎天無水聲。」炎炎大地眾竅鳴,此色有處暑自涼之意。

大塊

C30 M35 Y50 K0
R191 G167 B130

蟋蟈鳴之承色

語出《莊子·大宗師》:「夫大塊載我以形,勞我以生,佚我以老,息我以死」,又《莊子·齊物論》:「夫大塊噫氣,其名為風。」陶淵明《自祭文》曰:「茫茫大塊,悠悠高旻,是生萬物,余得為人。」李白《春夜宴從弟桃花園序》詠:「況陽春召我以煙景,大塊假我以文章。」噫乎大地,壯哉文章,假我以此色。

養生主

C35 M40 Y50 K0
R180 G155 B127

蟋蟈鳴之轉色

語出《莊子·養生主》:「緣督以為經,可以保身,可以全生,可以養親,可以盡年。」《陸游·登東山》詠:「漆園傲吏養生主,栗里高人歸去來。」陳曾壽《立之山居養痾寄贈》詠:「一丘一壑養生主,聽松聽水逍遙遊。」何栻《種菜歌為鄭稼夫作》詠:「求田要作多田翁,治生原為養生主。」心中無丘壑,夢裡多田翁,此色養生。

大雲

C50 M55 Y75 K0
R148 G120 B79

蟋蟈鳴之合色

通大芸,又名肉蓯蓉,自西域傳入的藥材之色。李時珍《本草綱目》云:「此物補而不峻,故有從容之號。」王十朋《丁惠安贈肉蓯蓉》詠:「老子當歸興已濃,令君何事寄蓯蓉。」王逢《園館雜書二首》詠:「一枕清風聞格磔,半瓶香雪浸蓯蓉。」顧景星《題內府所藏唐人百馬卷子》詠:「苜蓿難逢大宛種,蓯蓉屢濕邊庭瘴。」陳孚《夜宿灤河觜兒》詠:「囊中粟捲蓯蓉葉,盤裡蔬堆芍藥芽。」

銀壽字火鍋（清．光緒）

溶溶月

C30 M20 Y25 K0
R190 G194 B188

蚯蚓出之起色

晏殊《寓意》詠：「梨花院落溶溶月，柳絮池塘淡淡風。」丘處機《無俗念·靈虛宮梨花詞》詠：「靜夜沉沉，浮光靄靄，冷浸溶溶月。人間天上，爛銀霞照通徹。」唐寅《花月吟效連珠體十一首》詠：「花正開時月正明，花如羅綺月如銀。溶溶月裡花千朵，燦燦花前月一輪。」錢鍾書《代擬無題七首》詠：「依然院落溶溶月，悵絕星辰昨夜風。」

紹衣

C40 M35 Y35 K0
R168 G161 B156

蚯蚓出之承色

紹衣思玄，德言繼傳。語出《尚書·康誥》：「今民將在祗遹乃文考，紹聞衣德言。」周必大《無心居士劉君挽詞》詠：「名父平生淹簿領，佳兒他日紹衣冠。」黃佐《雙節旌門詩》詠：「紹衣德言，猶織之懋。」

石蓮褐

C50 M45 Y50 K0
R146 G137 B123

蚯蚓出之轉色

贊甯《僧史略》云：「今江表多服黑色、赤色衣，時有青黃間色，號為黃褐、石蓮褐也。東京、關輔尚褐色衣，并部幽州則尚黑色。」李賀《惱公》詠：「魚生玉藕下，人在石蓮中。」蕭詧《藥名閨情詩》詠：「石蓮未嚼心先苦，紅豆相看恨更長。」

黑朱

C65 M60 Y65 K0
R112 G105 B93

蚯蚓出之合色

亦稱紫黑，源自斑銅礦，國畫傳統顏料色。楊小晉《中國畫之色》云：「（黑朱）其條痕為灰黑色，在畫面上呈現出絲絨的質感，具有渾柔美，與純粹墨黑的現場觀感不同，極大豐富了黑色的表現力。」

堆色瓜紋盒（清）

朱顏酡

C0 M50 Y50 K0
R242 G154 B118

王瓜生之起色

語出《楚辭·招魂》:「美人既醉，朱顏酡些。」王褒《題南康翁教授匡山讀書處》詠:「手招謫仙人，宴坐朱顏酡。」李白《前有樽酒行二首》詠:「落花紛紛稍覺多，美人欲醉朱顏酡。」楊衡《白紵歌二首》詠:「玉纓翠珮雜輕羅，香汗微漬朱顏酡。」趙佶《宮詞》詠:「燈影四圍深夜裡，分明紅玉醉顏酡。」于謙《醉時歌》詠:「酒滿金盆泛綠波，主人半醉朱顏酡。」孫承恩《為郭判府題蟠桃圖》詠:「春風浩蕩春陽和，美人一笑朱顏酡。」靳榮藩《金蓮花歌》詠:「蓮曲新翻白羽起，蓮杯既醉朱顏酡。」

苕榮

C0 M70 Y75 K0
R237 G109 B61

王瓜生之承色

又稱陵苕、淩霄、紫葳。語出《史記·趙世家》:「美人熒熒兮，顏若苕之榮。」王粲《七釋》曰:「紅顏熙曜，曄若苕榮。西施之疇，莫之與呈。」陳子昂《唐陳州宛丘縣令高府君夫人宇文氏墓誌銘》曰:「崇徽惠穆，秀色苕榮。」何景明《詠懷十首》詠:「白露晞朝日，苕榮委清秋。」楊慎《芳蘭引》詠:「南國美人東家子，若英華彩苕榮比。」

檎丹

C0 M85 Y85 K0
R233 G72 B41

王瓜生之轉色

檎丹，通擒丹，指林檎紅，也就是紅色野蘋果的顏色。徐幹《七喻》曰:「若乃日異如饑，聊膾美鮮。橫者毫析，縱者縷分。白逾委毒，赤過擒丹。」此處「白」和「赤」分別是指肥肉和瘦肉。「委毒」遍查未詳，姑且記以肥肉色。楊萬里《春望》詠:「春光放盡百花房，開到林檎與海棠。」張甯《林檎》詠:「紅潤過南橘，香甘勝北梨。」徐庸《林禽山鵲》詠:「林擒味好來山鵲，啄破枝頭數點紅。」

丹罽

C0 M100 Y100 K0
R230 G0 B18

王瓜生之合色

丹罽是指枝頭荔枝紅。王逸《荔支賦》曰:「灼灼若朝霞之映日，離離如繁星之著天。皮似丹罽，膚若明璫。」丁復《送季潭北遊兼柬張仲舉二首》詠:「丹罽導前參石佛，黃襴從上賜江僧。」孫元衡《詠荔枝二首》詠:「味含仙意空南國，姿近天然是美人。丹罽潛胎珠玓瓅，脂膚滿綻玉精神。」

小滿

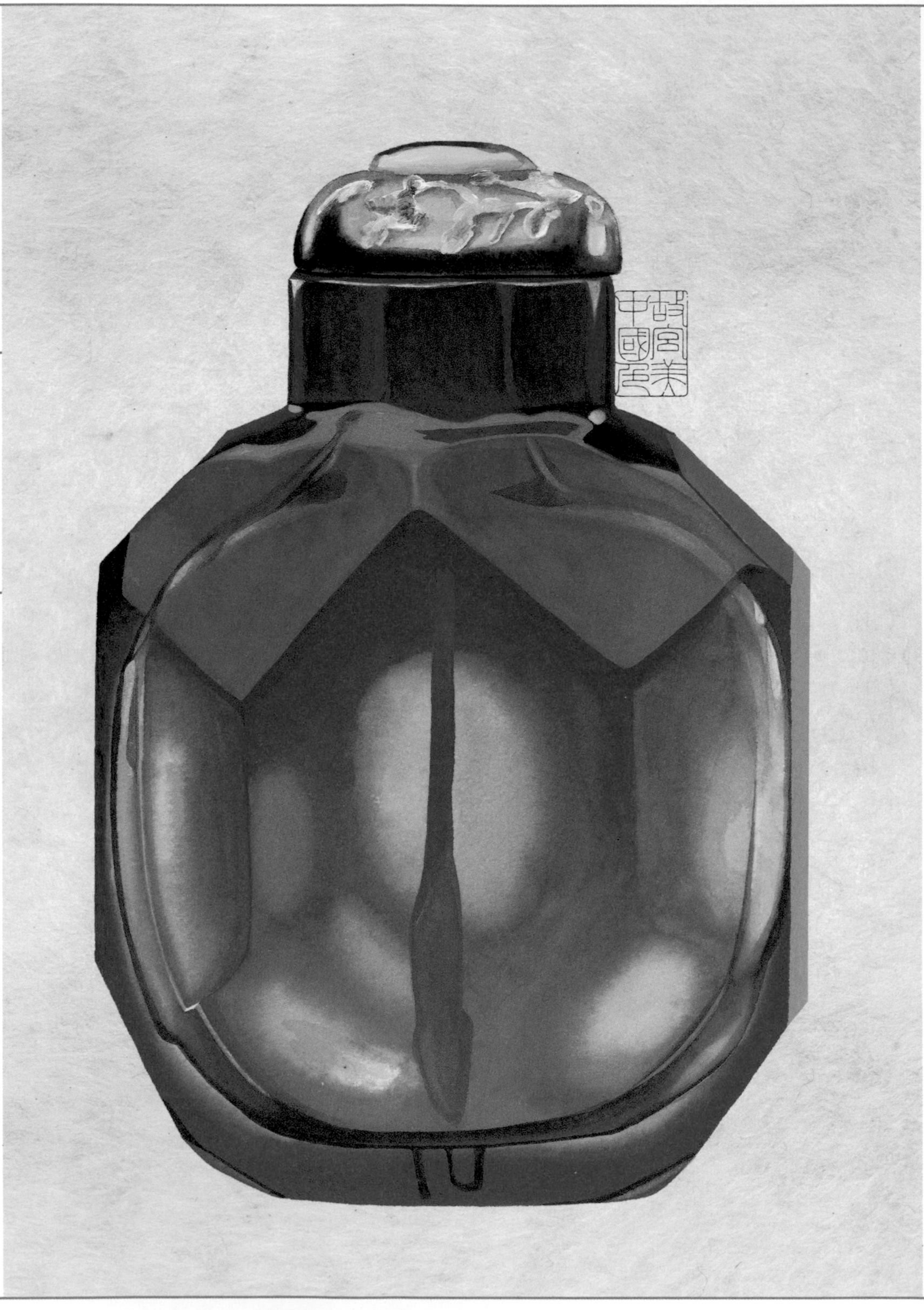

紅色玻璃橢圓八棱鼻煙壺（清）

100

C10 M45 Y20 K0
R226 G162 B172

彤管

小滿之起色

語出《詩經·邶風·靜女》:「靜女其孌,貽我彤管。彤管有煒,說懌女美。」考據彤管其說紛紜,比較可信的說法是「管」即「蘭」,「彤管」即「紅色的蘭草」,此色可謂愛情信物的顏色。也有說「彤管」即「女史的紅筆」或「畫筆」,故有唐寅《牡丹圖》詠:「穀雨花枝號鼠姑,戲拈彤管畫成圖。」

C10 M70 Y35 K0
R221 G107 B123

渥赭

小滿之承色

語出《詩經·邶風·簡兮》:「赫如渥赭,公言錫爵。」鄭玄箋:「碩人容色赫然,如厚傅丹。」孔穎達疏:「其顏色赫然而赤,如厚漬之丹赭。」溫庭筠《會昌丙寅豐歲歌》詠:「風如吹煙,日如渥赭。」梅堯臣《送張中樂屯田知永州》詠:「不食顏渥赭,言語神靈預。」朱誠泳《敦煌曲》詠:「何物蕃兒顏渥赭,生來個個能騎馬。」陳維崧《月中桂·詠丹桂》詞:「仙翁顏渥赭,帶笑睨、孀娥幽獨。」杜灝《赫山謁九龍神廟》詠:「天半山容如渥赭,殿中龍氣欲流丹。」

C25 M80 Y50 K0
R194 G81 B96

唇脂

小滿之轉色

劉熙《釋名·釋首飾》曰:「唇脂,以丹作之,象唇赤也。」宋玉《神女賦》詠:「眉聯娟以蛾揚兮,朱唇的其若丹。」周密《滿庭芳·賦湘梅》詠:「玉沁唇脂,香迷眼纈,肉紅初映仙裳。」黃省曾《江南曲三十首》詠:「調丹為唇脂,采蘭作香澤。玉鏡斗新妝,染作芙蓉色。」程嘉燧《次宋大韻即事與梁五二絕句》詠:「來禽半嚙手分嘗,風裡唇脂對口香。」楊慎《代贈》詠:「獺膽杯分綠,猩唇脂印紅。」梁清標《巫山一段雲·春宵》詠:「淡紅袙襪映唇脂,低問小名兒。」

C30 M100 Y80 K0
R184 G26 B53

朱孔陽

小滿之合色

《詩經·豳風·七月》曰:「載玄載黃,我朱孔陽,為公子裳。」傳曰:「朱,深纁也。陽,明也。」其色鮮紅明豔,其意喜氣洋洋。宋應星《天工開物》云:「(造紅花餅法)帶露摘紅花,擣熟以水淘,布袋絞去黃汁。又擣以酸粟或米泔清。又淘,又絞袋去汁,以青蒿覆一宿,捏成薄餅,陰乾收貯。染家得法,我朱孔揚,所謂猩紅也。」

小滿

素三彩纏枝蓮紋高足碗（明・正德）

石髮

C65 M35 Y80 K0
R106 G141 B82

苦菜秀之起色

周處《風土記》曰：「石髮，水苔也，青綠色，皆生於石。」楊炯《青苔賦》曰：「別生分類，西京南越，則烏韭兮綠錢，金苔兮石髮。」陸龜蒙《苔賦》曰：「高有瓦松，卑有澤葵。散岩竇者曰石髮，補空田者曰垣衣。在屋曰昔邪，在藥曰陟釐。」林逋《過蕪湖縣》詠：「更好兩三僧院舍，松衣石髮鬥山幽。」蘇軾《慈湖夾阻風五首》詠：「千頃桑麻在船底，空餘石髮掛魚衣。」李時珍《本草綱目》曰：「石髮有二，生水中者為陟釐，生陸地者為烏韭。」

漆姑

C70 M40 Y80 K0
R93 G131 B81

苦菜秀之承色

漆姑草，可入藥，可入色。張彥遠《歷代名畫記·論畫體工用拓寫》云：「雲中之鹿膠，吳中之鰾膠，東阿之牛膠，漆姑汁，煉煎並為重采，鬱而用之。」注曰：「古畫皆用漆姑汁，若煉煎謂之鬱色，於綠色上重用之。」史鑒《澄上人房紫牡丹開觴予以酒因詩以記》詠：「又無仙家漆姑汁，可使濃華不凋落。」

芰荷

C75 M45 Y85 K0
R79 G121 B74

苦菜秀之轉色

菱葉與荷葉的顏色，這是屈原大夫反覆吟誦的清新與美好。語出《楚辭·離騷》：「製芰荷以為衣兮，集芙蓉以為裳。」蕭繹《採蓮賦》曰：「紫莖兮文波，紅蓮兮芰荷。」謝靈運《石壁精舍還湖中作》詠：「芰荷迭映蔚，蒲稗相因依。」賀知章《採蓮曲》詠：「莫言春度芳菲盡，別有中流采芰荷。」羅隱《宿荊州江陵驛》詠：「風動芰荷香四散，月明樓閣影相侵。」黃庭堅《鄂州南樓書事四首》詠：「四顧山光接水光，憑欄十里芰荷香。」

官綠

C85 M50 Y95 K0
R42 G110 B63

苦菜秀之合色

陸游《遣興》詠：「風來弱柳搖官綠，雲破奇峰湧帝青。」《碎金》云：「青：佛頭青、鴉青、粉青、藍青、天水碧、柳芳綠、鸚哥綠、官綠、鴨綠、麥綠。」宋應星《天工開物》云：「大紅官綠色，槐花煎水染，藍澱蓋，淺深皆用明礬。」陶宗儀《南村輟耕錄·采繪法》云：「官綠，即枝條綠是。」《廣群芳譜》云：「（綠豆）粒粗而色鮮者為官綠，又名明綠，皮薄粉多。粒小而色暗者為油綠，又名灰綠，皮厚粉少。」

小滿

宜興窯紫砂描金堆繪攜琴訪友圖大筆筒（清・雍正）

仙米

C20 M20 Y35 K0
R212 G201 B170

靡草死之起色

即高粱、蜀秫，秫是黏性穀物，古人認為它是山之精，服之辟穀不饑。陶淵明《和郭主簿二首》詠：「舂秫作美酒，酒熟吾自斟。」趙以夫《小重山·紅木樨次謝先輩韻》詠：「一種分香自月宮。人間清絕處，小山叢。誰將仙米擲虛空。丹砂碎，糝遍碧雲中。」陸游《種秫》詠：「種秫供留客，移花待探春。」

黃螺

C35 M35 Y55 K0
R180 G163 B121

靡草死之承色

即蓮實，此處是蓮子色。夏侯湛《芙蓉賦》曰：「黃螺圓出，垂蕤散舒。」蕭繹《採蓮賦》曰：「綠房兮翠蓋，素實兮黃螺。」王勃《採蓮賦》曰：「風低綠幹，水濺黃螺。」

降真香

C45 M50 Y70 K0
R158 G131 B88

靡草死之轉色

香色，燒煙直上，感引鶴降，降真之名以此。劉文泰《本草品匯精要》曰：「燒之能引鶴降，功力極驗，故名降真，宅舍怪異燒之，辟邪。」白居易《贈朱道士》詠：「盡日窗間更無事，唯燒一炷降真香。」張籍《和左司元郎中秋居十首》詠：「案頭行氣訣，爐裏降真香。」范仲淹《蕭灑桐廬郡十絕》詠：「降真香一炷，欲老悟黃庭。」

遠志

C55 M60 Y85 K10
R129 G102 B59

靡草死之合色

中藥材色之一種。雷斅《雷公炮炙論》曰：「遠志凡使，先須去心，若不去心，服之令人悶。去心了，用熟甘草湯浸一宿，漉出，曝乾用之。」推其色，無心而神定，神定而遠志。辛棄疾《瑞鷓鴣·京口病中起，登連滄觀偶成》詠：「山草舊曾呼遠志，故人今又寄當歸。」趙孟頫《罪出》詠：「在山為遠志，出山為小草。」龔自珍《己亥雜詩》詠：「九邊爛熟等雕蟲，遠志真看小草同。」

金長方盆金樹盆景（清）

嫩鵝黃

C5 M25 Y65 K0
R242 G200 B103

麥秋至之起色

鵝黃酒色，生趣盎然。黃庭堅《西江月·茶》詠：「已醺浮蟻嫩鵝黃，想見翻匙雪浪。」呂本中《謝人送牡丹》詠：「晚風初染嫩鵝黃，小雨仍添百和香。」白朴《唐明皇秋夜梧桐雨》曰：「御園中列肴饌。酒注嫩鵝黃，茶點鷓鴣斑。」《方輿勝覽》云：「杜甫詩：『鵝兒黃似酒，對酒愛新鵝』。故陸游詩云：『兩川名醞避鵝黃』，乃漢中酒名，蜀中無能及者。」

鞠衣

C20 M40 Y85 K0
R211 G162 B55

麥秋至之承色

《禮記·月令》曰：「（季春之月）是月也，天子乃薦鞠衣于先帝。」《周禮·天官·內司服》曰：「鞠衣，黃桑服也。色如鞠塵，象桑葉始生。」劉熙《釋名·釋衣服》曰：「鞠衣，黃如菊花色也。」《宋史·輿服志》曰：「鞠衣，黃羅為之，蔽膝、大帶、革舄隨衣色，餘同褘衣，唯無翟文，親蠶服之。」蘇軾《贈朱遜之》詠：「坤裳有正色，鞠衣亦令名。」范祖禹《和子進千春院觀桃花二首》詠：「琮玉溫姿輕拂拂，鞠衣嘉色宛飄飄。」魏了翁《李參政折贈黃香梅與八詠俱至用韻以謝》詠：「染上鞠衣宮樣淺，練裙縞帨覺無華。」

鬱金裙

C20 M55 Y85 K0
R208 G134 B53

麥秋至之轉色

唐宋流行服飾色。李商隱《牡丹》詠：「垂手亂翻雕玉珮，招腰爭舞鬱金裙。」杜牧《送容州中丞赴鎮》詠：「燒香翠羽帳，看舞鬱金裙。」楊備《齊雲觀》詠：「上界笙歌下界聞，縷金羅袖鬱金裙。」孔平仲《七夕一首呈席上》詠：「琥珀杯濃酒味醇，鬱金裙轉舞腰新。」謝榛《秋宮詞四首》詠：「茜紅衫子鬱金裙，玉貌燈前坐夜分。」

黃流

C45 M70 Y100 K0
R159 G96 B39

麥秋至之合色

語出《詩經·大雅·旱麓》曰：「瑟彼玉瓚，黃流在中。」毛傳：「黃金所以飾流鬯也。」鄭玄箋：「黃流，秬鬯也。」孔穎達疏：「釀秬為酒，以鬱金之草和之，使之芬香條鬯，故謂之秬鬯。草名鬱金，則黃如金色；酒在器流動，故謂之黃流。」沈約《梁宗廟登歌七首》詠：「我鬱載馨，黃流乃注。」陸游《題齋壁》詠：「晝存真火溫枵腹，夜挽黃流灌病骸。」章炳麟《訄書·原教下》曰：「夫黃流之祼，鬱金百葉，酹之以達黃泉。」

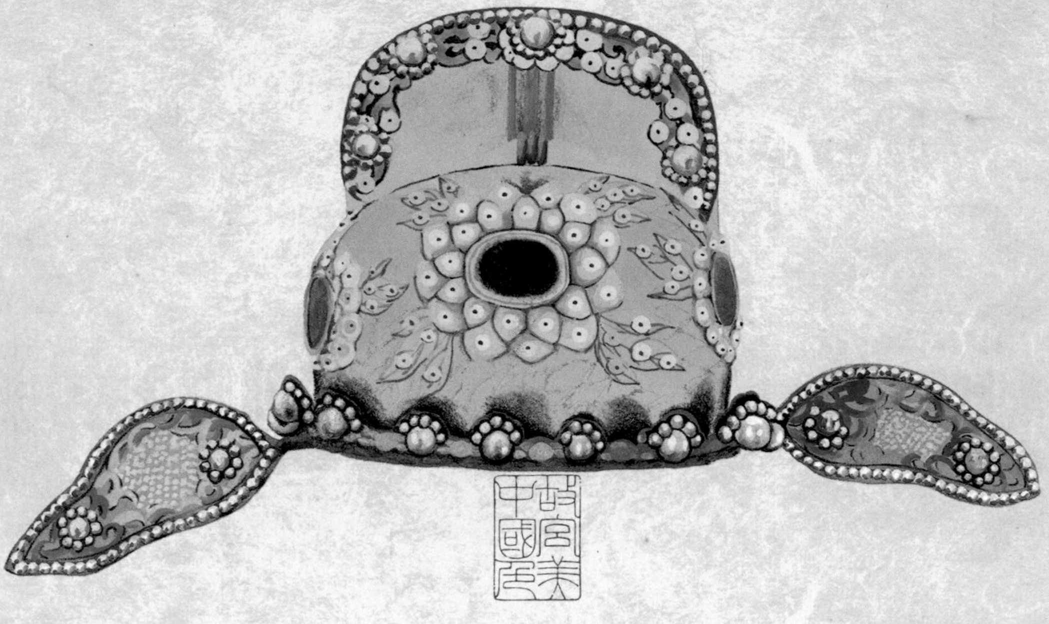

月白色暗花綢串玻璃珠朵花紋學士盔（清）

筠霧

C20 M15 Y35 K0
R213 G209 B174

芒種之起色

霧中竹色，竹中霧色，輕薄縹緲，渾然一體。語出庾肩吾《團扇銘》曰：「裁筠比霧，裂素輕蟬。」張宇初《題清真軒歌》詠：「華軒正面松筠開，玉作簷楹金作臺。松風墮雪響晴薗，筠霧迎春侵曉梅。」

瓷秘

C30 M20 Y45 K0
R191 G192 B150

芒種之承色

其色出自越州秘色瓷。《監送真身使隨真身供養道具及恩賜金銀衣物帳碑》載：「瓷秘色碗七口，內二口銀棱。瓷秘色盤子疊子共六枚。」周輝《清波雜誌》云：「越上秘色器，錢氏有國，日供奉之物，不得臣下用，故曰秘色。」陸龜蒙《秘色越器》詠：「九秋風露越窯開，奪得千峰翠色來。」徐寅《貢餘秘色茶盞》詠：「捩翠融青瑞色新，陶成先得貢吾君。巧剜明月染春水，輕旋薄冰盛綠雲。」

琬琰

C40 M30 Y50 K0
R169 G168 B134

芒種之轉色

古玉色之一種。《尚書·周書·顧命》曰：「……弘璧、琬琰在西序。」《楚辭·遠遊》曰：「吸飛泉之微液兮，懷琬琰之華英。」洪興祖注：「琬音宛，琰音剡，皆玉名。」東方朔《七諫·自悲》曰：「厭白玉以為面兮，懷琬琰以為心。」劉峻《辨命論》曰：「火炎崑岳，礫石與琬琰俱焚；嚴霜夜零，蕭艾與芝蘭共盡。」徐端《次景文聽松風韻》詠：「天球琬琰一代珍，合止笙鏞九成樂。胸懷正自小滄溟，風骨端宜寘巖壑。」

青圭

C50 M40 Y70 K0
R146 G144 B93

芒種之合色

禮器之玉色。《周禮·春官·大宗伯》曰：「以青圭禮東方，以赤璋禮南方。」鄭玄注：「圭銳，象春物初生。」《齊雩祭樂歌·歌青帝》詠：「奠春酒，秉青珪。」蘇頲《故高安大長公主挽詞》詠：「彤管承師訓，青圭備禮容。」文彥博《省試青圭禮東方賦》曰：「青圭之秘寶爰資，蒼帝之明靈可佇。」劉克莊《白湖廟二十韻》詠：「封爵遂綦貴，青圭蔽珠旒。」周紫芝《恭進郊祀慶成詩五首》詠：「黃屋登原廟，青圭祀泰壇。」

芒種

象牙雕草蟲白菜（清）

鳴珂

C35 M25 Y40 K0
R179 G181 B156

螳螂生之起色

古玉色之一種。王維《田園樂七首》詠：「官府鳴珂有底，崆峒散髮何人。」岑參《衛節度赤驃馬歌》詠：「憶昨看君朝未央，鳴珂擁蓋滿路香。」王昌齡《朝來曲》詠：「日昃鳴珂動，花連繡戶春。」李東陽《重經西涯二首》詠：「豈謂鳴珂還故里，敢將華髮戀微官。」

青玉案

C40 M25 Y45 K0
R168 G176 B146

螳螂生之承色

其色出自詞牌名，此調名源自張衡《四愁詩》：「美人贈我錦繡段，何以報之青玉案。」辛棄疾《青玉案·元夕》詠：「東風夜放花千樹。更吹落，星如雨。寶馬雕車香滿路。鳳簫聲動，玉壺光轉，一夜魚龍舞。蛾兒雪柳黃金縷，笑語盈盈暗香去。眾裡尋他千百度，驀然回首，那人卻在，燈火闌珊處。」

出岫

C40 M30 Y60 K0
R169 G167 B115

螳螂生之轉色

語出陶淵明《歸去來兮辭》：「雲無心以出岫，鳥倦飛而知還。」杜甫《雨二首》詠：「落落出岫雲，渾渾倚天石。」杜牧《同趙二十二訪張明府郊居聯句》詠：「遠簷高樹宜幽鳥，出岫孤雲逐晚虹。」辛棄疾《添字浣溪沙》詠：「山下朝來雲出岫，隨風一去未曾回。」劉著《月夜泛舟》詠：「浮世渾如出岫雲，南朝詞客北朝臣。」

風入松

C55 M40 Y80 K0
R134 G140 B78

螳螂生之合色

其色出自詞牌名，此調名源自嵇康所作古琴曲《風入松》。風入松與西湖有不解之緣，宋高宗曾在斷橋酒肆為太學生俞國寶改句「明日重扶殘醉」，原詞出自《風入松·題酒肆》：「暖風十里麗人天。花壓鬢雲偏。畫船載得春歸去，餘情付、湖水湖煙。明日重攜殘酒，來尋陌上花鈿。」侯寘《風入松·西湖戲作》更唱出婉約煙花情懷，「少年心醉杜韋娘。曾格外疏狂。錦箋預約西湖上，共幽深、竹院松窗。愁夜黛眉顰翠，惜歸羅帕分香。重來一覺夢黃粱。空煙水微茫。如今眼底無姚魏，記舊遊、凝佇淒涼。入扇柳風殘酒，點衣花雨斜陽。」

雍正款松花江石硯（清・雍正）

如夢令

C15 M30 Y40 K0
R221 G187 B153

鵙始鳴之起色

其色出自詞牌名，此調由唐莊宗李存勗所製《憶仙姿》始，蘇軾更其名為《如夢令》，其意遊戲曠達。李清照《如夢令》詠：「常記溪亭日暮，沈醉不知歸路。興盡晚回舟，誤入藕花深處。爭渡，爭渡，驚起一灘鷗鷺」，又《如夢令》詠：「昨夜雨疏風驟，濃睡不消殘酒。試問捲簾人，卻道海棠依舊。知否，知否？應是綠肥紅瘦。」

芸黃

C20 M40 Y60 K0
R210 G163 B108

鵙始鳴之承色

《詩經·小雅·苕之華》曰：「苕之華，芸其黃矣」，又《詩經·小雅·裳裳者華》曰：「裳裳者華，芸其黃矣。」毛傳：「芸黃，盛也。」鄭玄箋：「華芸然而黃，興明王德之盛也。」孔穎達疏：「芸是黃盛之狀。」王引之曰：「芸其黃矣，言其盛，非言其衰。」劉鑠《歌詩》詠：「朱華先零落，綠草就芸黃。」謝朓《望三湖》詠：「葳蕤向春秀，芸黃共秋色。」李世民《幸武功慶善宮》詠：「芸黃遍原隰，禾穎積京畿。」楊炯《和酬虢州李司法》詠：「平野芸黃遍，長洲鴻雁初。」弘曆《塞上秋景》詠：「芸黃帶露稀，峰翠經霜潔。」

金埒

C30 M45 Y70 K0
R190 G148 B87

鵙始鳴之轉色

以鑄錢為界的騎射馬場，其色想來燦然，其意想來貴氣。劉義慶《世說新語·汰侈》曰：「于時人多地貴，濟（王濟）好馬射，買地作埒，編錢匝地竟埒。時人號曰『金溝』。」楊巨源《贈崔駙馬》詠：「平陽不惜黃金埒，細雨花驄踏作泥。」孟浩然《長安早春》詠：「草迎金埒馬，花伴玉樓人。」李端《贈郭駙馬》詠：「新開金埒看調馬，舊賜銅山許鑄錢。」

雌黃

C35 M50 Y75 K0
R180 G136 B77

鵙始鳴之合色

古人以黃紙寫字，誤字以雌黃塗之。沈括《夢溪筆談》曰：「館閣新書淨本有誤書處，以雌黃塗之。」陳師道《和秦太虛湖上野步》詠：「寧論白黑人間世，懶復雌黃紙上塵。」白玉蟾《即事君子堂》詠：「自點雌黃改自詩，苧衣不著著蕉衣」，又《景泰晚眺》詠：「夕照雌黃筆，秋煙水墨屏。」

烏鴉《清宮鳥譜》

曾青

C75 M70 Y50 K10
R83 G81 B100

反舌無聲之起色

亦稱層青、樸青，國畫傳統顏料色之石青。其礦石成層狀，一層深一層淺，或幾層皆深色，深者若青黛，淺者若天青。《管子·山至數》:「秦之明山之曾青，一筴也。」《荀子·王制》:「南海則有羽翮、齒革、曾青、丹干焉。」楊倞注:「曾青，銅之精，可繪畫及化黃金者，出蜀山越嶲。」李白《求崔山人百丈崖瀑布圖》:「石黛刷幽草，曾青澤古苔。」鄧林《陶通明》:「薪林圖識呈梁公，朱砂曾青霜雪容。」李時珍《本草綱目》:「曾音層。其青層層而生，故名。或云，其生從實至空，從空至層，故曰曾青也。」弘曆《石槽行宮疊舊韻》:「翠含螺黛山迎戶，影覆曾青樹隱天。」

黤黤

C80 M75 Y55 K15
R69 G70 B89

反舌無聲之承色

《廣韻》曰:「黤，黤黤，青黑。」方以智《通雅·飲食》曰:「冥果，蜜煎藏果也，《三蒼》曰：黤，冥果，青色也。冥果，蜜煎果也。以銅青浸之，加蜜而冥於缶中，故曰冥果。」李斗《揚州畫舫錄》曰:「合青則為黤黤。」郝經《原古上元學士》詠:「何時倒銀漢，與世開黤黤。」祖之望《遊靈隱寺遂躡韜光徑小憩金蓮池上》詠:「丘壑墮渺茫，林木紛黤黤。」

璆琳

C85 M85 Y65 K30
R52 G48 B65

反舌無聲之轉色

青金石的古稱。《爾雅·釋地》曰:「西北之美者，有崑崙虛之璆琳琅玕焉。」郭璞注:「璆琳，美玉名。」《魏書·西域·大秦》曰:「其土宜五穀桑麻，人務蠶田，多璆琳、琅玕、神龜、白馬、朱鬣、明珠、夜光璧。」滕岑《中興碑》詠:「不向一時求賞音，億代寶之如璆琳。」李必恒《謁浮山禹廟次昌黎石鼓韻作歌》詠:「蠙珠璆琳貢銀鏤，鉛松篠簜浮青柯。」

瑾瑜

C90 M85 Y70 K45
R30 G39 B50

反舌無聲之合色

青金石的古稱。《左傳》曰:「高下在心，川澤納汙，山藪藏疾，瑾瑜匿瑕。」《說文》注:「瑾瑜，美玉也。」陶淵明《讀山海經十三首》詠:「白玉凝素液，瑾瑜發奇光。」葛勝仲《德輝次舊韻見寄復和》詠:「水鏡豈無人，瑾瑜固易識。」

夏至

景德鎮窯釉裡紅轉把杯（元）

C20 M80 Y75 K0
R203 G82 B62

赩熾

夏至之起色

赤紅如火，光亮豔熾。左思《蜀都賦》曰：「丹沙赩熾出其阪，蜜房鬱毓被其阜。」李周翰注：「赩熾，赤光，丹砂色也。」陶拱《五色比象賦》曰：「青為山兮嶢嶷而爭峻，赤為火兮赩熾而含燠。」朱景英《龔蕙畝宣副帥招同任伯卿將軍登赤嵌城望海作》則詠：「厥狀赩熾出紺鬟，屹然百雉凌飛湍。」

C35 M90 Y90 K0
R177 G59 B46

石榴裙

夏至之承色

色挾石榴之紅，裙帶美人之姿。杜審言《戲贈趙使君美人》詠：「紅粉青娥映楚雲，桃花馬上石榴裙。」武則天《如意娘》詠：「不信比來長下淚，開箱驗取石榴裙。」白居易《官宅》詠：「移舟木蘭棹，行酒石榴裙」，又《和春深二十首》詠：「眉欺楊柳葉，裙妒石榴花。」萬楚《五日觀妓》詠：「眉黛奪將萱草色，紅裙妒殺石榴花。」

C50 M95 Y95 K0
R149 G48 B46

朱湛

夏至之轉色

語出《周禮·考工記》：「鐘氏染羽，以朱湛丹秫，三月而熾之，淳而漬之。三入為纁，五入為緅，七入為緇。」朱湛的「湛」是浸漬，丹秫的「秫」是黏性穀物，朱湛丹秫代表將朱砂與黏性穀物一起浸漬、發酵，以期朱砂顏料能藉由澱粉黏度順利附著於織物上。經過三個月到達最佳的狀態，再浸泡。三入、五入、七入指浸泡的次數，如要取得較深、較鮮豔的色相，就必須反覆染色。朱湛就是厚重的紅色。

C55 M100 Y100 K10
R130 G35 B39

大緣

夏至之合色

史游《急就篇》有「蒸栗絹紺縉紅緣」一句，顏師古注：「蒸栗，黃色，若蒸孰之栗也。絹，生白繒，似縑而疏者也，一名鮮支。紺，青而赤色也。縉，淺赤色也。紅，色赤而白也。緣者，紅色之尤深，言若火之然也。」大緣，其色大開大放，如火如荼。

夏至

青玉鹿銜靈芝形筆架（明）

月魄

C35 M25 Y25 K0
R178 G182 B182

鹿角解之起色

日魂月魄，藏精蓄銳。語出《漢武帝內傳》：「致日精得陽光之珠，求月魄獲黃水之華。」李商隱《街西池館》詠：「疏簾留月魄，珍簟接煙波」，又《無題二首》詠：「扇裁月魄羞難掩，車走雷聲語未通。」柯九思《送林彥清歸永嘉》詠：「遙瞻廣寒殿，素娥正憑闌。白兔搗月魄，指顧成神丹。」陳所聞《花月十闋》詠：「花迎月魄若為容，月轉東牆花影重。」

不皂

C40 M30 Y35 K0
R167 G170 B161

鹿角解之承色

《碎金》云：「皂：香皂、生皂、熟皂、不肯皂。」陸游《老學庵筆記》載：「唐有一種色謂之退紅。王建《牡丹》詩云：『粉紅深紫膩，肉色退紅嬌。』王貞白《倡樓行》云：『龍腦香調水，教人染退紅。』《花間集》樂府云：『床上小薰籠，韶州新退紅。』蓋退紅若今之粉紅，而髹器亦有作此色者，今無之矣。紹興末，縑帛中有一等似皂而淡者，謂之不肯紅，亦退紅類耶？」

雷雨垂

C60 M50 Y50 K0
R122 G123 B120

鹿角解之轉色

黑雲壓城、大雨欲來之色。杜甫《戲韋偃為雙松圖歌》詠：「白摧朽骨龍虎死，黑入太陰雷雨垂。」張羽《錢舜舉溪岸圖》詠：「玄雲抱石雷雨垂，蒼山夾水龍蛇繞。」曾棨《天廄神兔歌》詠：「想當此馬初生時，蛟龍降精雷雨垂。房星夜墮水盡赤，雲霧下繞靈風吹。」

石涅

C65 M55 Y55 K10
R104 G106 B103

鹿角解之合色

即石墨，亦稱黑石脂。《山海經·西山經》云：「西南三百里曰女床之山，其陽多赤銅，其陰多石涅。」楊慎《丹鉛續錄·石涅》云：「石涅黑丹，即今之石墨也……上古書用漆書，中古用石墨，後世用煙墨。」《本草別錄》云：「黑石脂，一名石墨，一名石涅。」

夏至

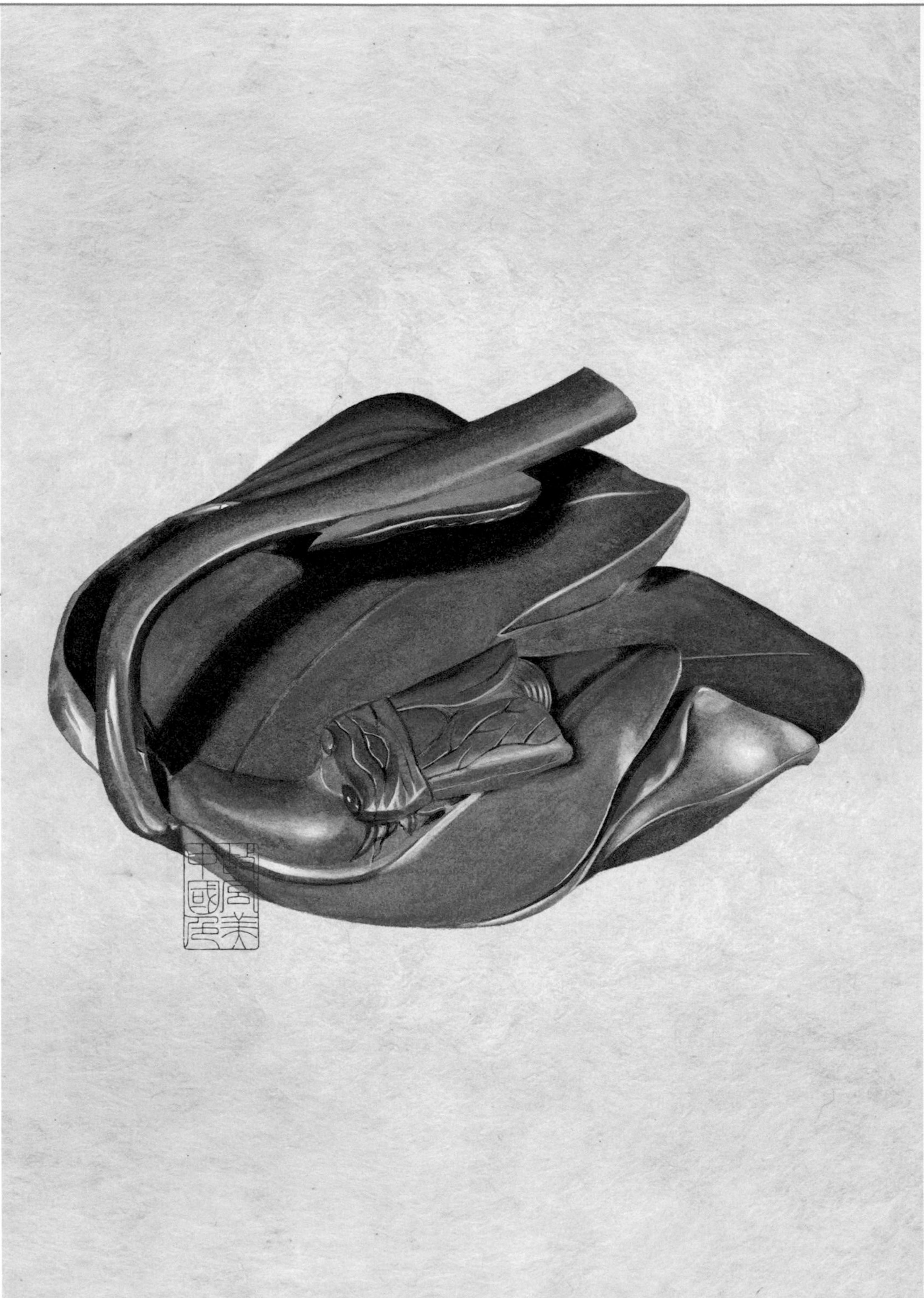

黃楊木雕筆掭（清）

扶光

C5 M30 Y35 K0
R240 G194 B162

蜩始鳴之起色

語出謝莊《月賦》:「日以陽德,月以陰靈。擅扶光於東沼,嗣若英於西冥。」扶光,扶桑之光也。謝瞻《九日從宋公戲馬台集送孔令詩》詠:「扶光迫西汜,歡餘宴有窮。」王世貞《明月篇》詠:「初見扶光浴東海,俄看垂象滿西京。」黃佐《松巢為顏錄題》詠:「若木朝來結紫霞,扶光夜轉成金液。」王佐《挑燈仗》詠:「有時扶光上賓筵,能作高堂不夜天。有時扶光向書案,能照士子三萬卷。」

椒房

C15 M45 Y65 K0
R219 G156 B94

蜩始鳴之承色

應劭《漢官儀》曰:「皇后稱椒房。」《通典》曰:「以椒塗室,亦取溫煖除惡氣也。」白居易《長恨歌》詠:「梨園子弟白髮新,椒房阿監青娥老。」杜甫《麗人行》詠:「就中雲幕椒房親,賜名大國虢與秦。」駱賓王《帝京篇》詠:「桂殿嶔岑對玉樓,椒房窈窕連金屋。」沈佺期《曝衣篇》詠:「椒房金屋寵新流,意氣驕奢不自由。」元稹《代曲江老人百韻》詠:「玉饌薪然蠟,椒房燭用銀。」

紅友

C15 M55 Y80 K0
R217 G136 B61

蜩始鳴之轉色

出自古代宜興出產的紅友酒。羅大經《鶴林玉露》曰:「常州宜興縣黃土村,東坡南遷北歸,嘗與單秀才步田至其地。地主攜酒來餉曰:『此紅友也。』」岳珂《小春六花·黃菊》詠:「宅邊豈必白衣至,甕裡不妨紅友香。」王世貞《三月三日屋後桃花下與兒子小酌紅酒因憶昨歲從吳明卿諸楚人於弇園禊飲遂成一排律》詠:「偶然兒子致紅友,聊為桃花飛白波。」曹溶《一叢花·再飲唐濟武寓中》詠:「閒來說餅勝新酥,紅友映冰壺。」韓日纘《次韻和夏濮山侍御園亭》詠:「興來搦管呼紅友,倦去移床就綠陰。」梁紹壬《品酒》曰:「論其品格,亦止如蘇州之福貞,惠泉之三白,宜興之紅友,揚州之木瓜。」

光明砂

C20 M75 Y95 K0
R204 G93 B32

蜩始鳴之合色

朱砂之上品,可入畫、入藥。意出其色,靜心養神,驅邪扶正。李德裕《黃治論》云:「光明砂者,天地自然之寶。在石室之間,生雪床之上,如初生芙蓉,紅苞未拆。」《大洞煉真寶經修伏靈砂妙訣》云:「上品光明砂者,出於辰錦山石之中,白牙石床之上,十二枚為一座,生色如未開紅蓮花,光明曜日。」顧況《曲龍山歌》詠:「曲龍丈人冠藕花,其顏色映光明砂。」張君房《雲笈七籤·七返靈砂論》云:「受太陽清通澄朗正真之精氣,降結而紅光耀耀,名曰光明砂。」王士朋《遊楞伽》詠:「老僧元不服朱砂,境靜心灰壽自遐。」

夏至

康熙款白釉瓜棱式蓋罐（清・康熙）

山礬

C5 M5 Y5 K0
R245 G243 B242

半夏生之起色

董嗣杲《山礬花》詠：「小白援香傳七里，繁英飾雪餞三春。」韓元吉《夜宿青陽旅舍起觀林端積雪半消疑山礬盛開》詠：「不須更覓唐昌蕊，樹樹瓏璁玉刻成。」劉倓《小玉蕊花》詠：「山礬紛似玉，黃檗碎如金。」張至龍《山礬花》詠：「漫山白蕊殿春華，多貯清香野老家。」艾性夫《山礬代山谷改評》詠：「刻玉瓏松萬萬葩，暖香熏透小窗紗。」

玉䫌

C10 M10 Y10 K0
R234 G229 B227

半夏生之承色

玉色生香之意，美人粉頰的顏色。《楚辭·遠遊》詠：「玉色䫌以脕顏兮，精醇粹而始壯。」蘇軾《紅梅三首》詠：「丹鼎奪胎那是寶，玉人䫌頰更多姿。」王炎《題周功甫總領石溪三亭·嫣然亭》詠：「桃花結子杏花落，蛺蝶飛來繞新綠。胭脂如醉春意濃，嫣然一笑桃杏俗。薔薇之露不涴衣，玉頰彷彿生䫌姿。無雙國色自愛惜，描貌安用詩人詩。」

二目魚

C15 M10 Y15 K0
R223 G224 B217

半夏生之轉色

形容馬之毛色，指眼周有像魚眼白的白毛。其色魚目之白，其屬王室之馬。《爾雅·釋畜》曰：「二目白，魚。」注曰：「似魚目也。」《詩經·魯頌·駉》曰：「駉駉牡馬，在坰之野。薄言駉者，有駰有騢，有驔有魚，以車祛祛。」王室的馬場上有各種斑紋和毛色的馬奔馳，其中的魚，就是二目邊上魚白色的馬。

明月璫

C20 M15 Y20 K0
R212 G211 B202

半夏生之合色

古玉色之一種。《古詩為焦仲卿妻作》詠：「腰若流紈素，耳著明月璫。」傅玄《豔歌行有女篇》：「頭安金步搖，耳繫明月璫。」蕭統《開善寺法會》：「玉樹琉璃水，羽帳鬱金床。紫柱珊瑚地，神幢明月璫。」呂本中《河水清贈良佐兼寄商老》：「白玉刻佩明月璫，如鳳四海求其凰。」龔璛《述懷二首》：「美人明月璫，青霓以為裳。」祝允明《贈盛翰林》：「朝披金光草，夕懸明月璫。」屈大均《廣東新語》云：「月光化為水，來養明月璫。」

小暑

珊瑚嵌珠鐲（清）

騂剛

C0 M40 Y45 K0
R245 G176 B135

小暑之起色

《周禮·地官·草人》曰：「凡糞種，騂剛用牛，赤緹用羊。」這裡的騂剛是赤黃色的土壤。《詩經·魯頌·閟宮》曰：「秋而載嘗，夏而楅衡，白牡騂剛。」這裡的騂剛是赤黃色的公牛。沈昌宇《寶盤歌》詠：「祭告清廟牽騂剛，股肱二號同趨蹌。」

赬霞

C0 M55 Y60 K0
R241 G143 B96

小暑之承色

《爾雅》曰：「一染謂之縓，再染謂之赬，三染謂之纁。」江淹《齊太祖高皇帝誄》曰：「赬霞拂朝，蒼煙懵夕。」劉崧《楚酒苦如檗歌》詠：「丹田微蒸香露溢，著面已覺赬霞生。」嚴嵩《海天春曉圖歌為桂翁作》詠：「赬霞紫炁搖青蔥，曦輪湧出扶桑東。」解縉《題杏林精舍圖》詠：「開花二三月，遶天紅雨垂。勃如赬霞爛，鬱若雲離披。」日出日落，赬色之霞，輕紅爛漫。

赬尾

C0 M60 Y60 K0
R239 G132 B93

小暑之轉色

語出《詩經·周南·汝墳》：「魴魚赬尾，王室如燬。」毛傳：「赬，赤也，魚勞則尾赤。」張協《七命》曰：「范公之鱗，出自九溪，赬尾丹鰓，紫翼青鬐。」韋莊《和鄭拾遺秋日感事一百韻》詠：「黑頭期命爵，赬尾尚憂魴。」陸游《秋興》：「白頭韭美醃齏熟，赬尾魚鮮斫鱠成。」梅堯臣《潁上得鯉魚為膾懷餘姚謝師厚》：「青蓑潭上老，赬尾網中魚。」劉弇《招季山還家》：「綠葵白芋故園老，黃頰赬尾前溪肥。」

朱柿

C0 M70 Y70 K0
R237 G109 B70

小暑之合色

王逸《荔支賦》曰：「宛中朱柿，房陵縹李，酒泉白柰。」張蘊《朱柿》詠：「慈恩分種遠，駢實渥如丹。」謝肅《詠荔枝閩憲作》詠：「星毬朱柿雜硫黃，磊落千林帶海旁。」王世貞《元瑞計偕過吳入訪弇中留飲有贈》詠：「鸞刀縷黃頷，雕盤飣朱柿。」李之世《遷館》詠：「庭木醉霜華，朱柿與黃橘。」

小暑

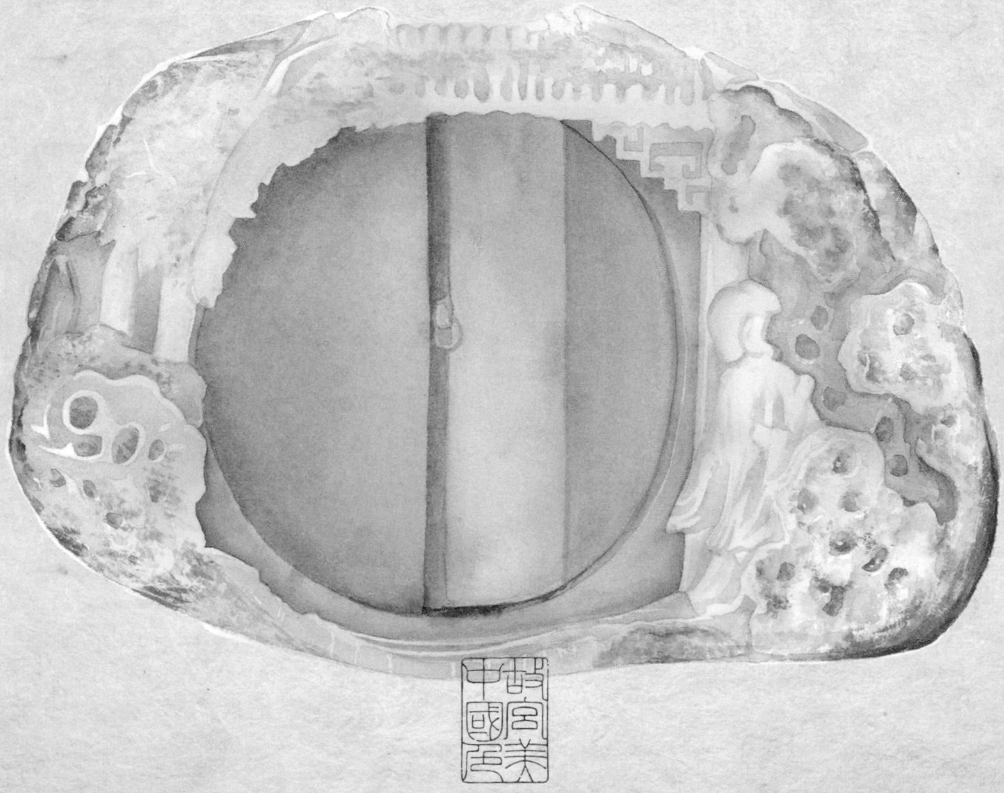

桐蔭仕女玉山（清·乾隆）

天球

C15 M10 Y25 K0
R224 G223 B198

溫風至之起色

古玉色之一種。《尚書·周書·顧命》曰：「大玉、夷玉、天球、河圖在東序。」鄭玄注：「天球，雍州所貢之玉，色如天者。」楊萬里《正月十二日，遊東坡白鶴峰故居。其北思無邪齋，真跡猶存》詠：「雲冠霞佩照宇宙，金章玉句鳴天球。」廖行之《呈四表兄求棲碧遺文》詠：「至音寂寥風雅墜，天球何處求玲瓏。」陳恭尹《贈別陳季長》詠：「白玉有美不自言，陳生雖訥何溫溫。天球大貝在高閣，見之使我慚輕薄。」

行香子

C30 M25 Y40 K0
R191 G185 B156

溫風至之承色

其色出自詞牌名，此調因始自南北朝的「行香」法會而得名。程大昌《演繁露》云：「即釋教之謂行道燒香者也。行道者，主齋之人親自周行道場之中，燒香者爇之於爐也。」張籍《送令狐尚書赴東都留守》詠：「行香暫出天橋上，巡禮常過禁殿中。」蘇軾《行香子》詠：「清夜無塵，月色如銀。酒斟時，須滿十分。浮名浮利，休苦勞神。歎隙中駒，石中火，夢中身。雖抱文章，開口誰親。且陶陶，樂盡天真。不如歸去，作個閒人。對一張琴、一壺酒、一溪雲。」

王芻

C40 M35 Y60 K0
R169 G159 B112

溫風至之轉色

浸揉藎草莖葉得汁液以染黃，故曰蒐染紅，藎染黃。《詩經·衛風·淇奧》曰：「瞻彼淇奧，綠竹猗猗。」毛傳：「綠，王芻也。」李時珍《本草綱目》曰：「此草綠色，可染黃……古者貢草入染人，故謂之王芻。」鄭真《送春》詠：「荒煙草映王芻綠，落日花開謝豹紅。」吳敬梓《題史鐵力竹窗夜坐圖二首》詠：「千畝渭川茅屋外，寒煙深處長王芻。」姚鼐《淇縣》詠：「單車度淇水，秋雨綠王芻。」

藎篋

C55 M50 Y75 K0
R135 G125 B82

溫風至之合色

藎草乾燥後編織而成的箱篋色，其色樸實無華，其意相濡以沫。元稹《遣悲懷》詠：「顧我無衣搜藎篋，泥他沽酒拔金釵。」方覲《七夕》詠：「藎篋盡教塵網遍，三年不上曝衣樓。」李鴻章《感事述懷呈滌生師用何廉舫太守除夕韻同次青仙屏彌之作》詠：「錦囊未敢忘三矢，藎篋何曾名一錢。」張多益《題大姊遺照四首》詠：「藎篋充盈荊布愛，盤飧羅列藿藜甘。」

紫檀木百寶嵌花卉草蟲圖筆筒（清）

赤靈

C45 M85 Y100 K10
R149 G64 B36

蟋蟀居壁之起色

其色出自傳說中的紅色神魚，或是無角的紅龍。《抱朴子》曰：「丹水出丹魚，先夏至十日，夜伺之，魚浮水側，光照如火，網而取之，割其血以塗足，可以步行水上，長居川中不溺。」張衡《南都賦》曰：「松子神陂，赤靈解角。」孔武仲《次韻和文潛休日不出》詠：「鸞鳳翥赤靈，亦有鶴在林。」

丹秫

C50 M90 Y100 K15
R135 G52 B36

蟋蟀居壁之承色

語出《周禮·考工記》：「鐘氏染羽，以朱湛丹秫，三月而熾之，淳而漬之。三入為纁，五入為緅，七入為緇。」丹秫的「秫」是黏稠的意思，丹秫乃是鮮豔深厚的紅色。古代染色技術從泥染、炭染發展到石染、草染。丹秫即朱砂，在這裡為朱湛的媒染劑，有協助朱湛著染於絲織物的作用。

木蘭

C60 M90 Y100 K30
R102 G43 B31

蟋蟀居壁之轉色

陸翽《鄴中記》云：「虎出時，用此扇挾乘輿。又有象牙桃枝扇，或綠沉色，或木蘭色，或作紫紺色，或作鬱金色。」《摩訶僧祇律》云：「木蘭色，謂西蜀木蘭，皮可染作赤黑色。古晉高僧多服此衣。今時海黃染絹，微有相涉。北地淺黃，定是非法。」道宣《四分律刪繁補闕行事鈔》云：「予於蜀郡親見木蘭樹皮，赤黑色鮮明，可以為染。微有香氣，亦有用作香者，如善見所說。」亦稱乾陀色。杲寶《大日經疏演奧鈔》云：「乾陀色者，赤色微涉黑色之色也。即是三色中木蘭色也。」文同《宿超果山寺》詠：「山僧見余喜，顛倒披乾陀。」

麒麟竭

C70 M95 Y100 K40
R76 G30 B26

蟋蟀居壁之合色

廣東及台灣多年生藤本植物，其樹脂凝結如血色，可入藥。蘇頌《本草圖經》云：「（麒麟竭）其脂液從木中流出，滴下如膠飴狀，久而堅凝，乃成赤竭，作血色，故亦謂之血竭。」《一統志》云：「血竭樹，略如沒藥樹，其肌赤色，采法亦於樹下掘坎，斧伐其樹，脂流於坎，旬日取之，多出大食諸國，今人試之，以透指甲者為真。」

小暑

風鷹《清宮鳥譜》

C85 M50 Y20 K10
R16 G104 B152

柔藍

鷹始摯之起色

亦作揉藍，與挼藍同，指浸揉藍草的淺藍色。方干《贈江上老人》詠：「欲教魚目無分別，須學揉藍染釣絲。」盧延讓《謝楊尚書惠櫻桃》詠：「揉藍尚帶新鮮葉，潑血猶殘舊折條。」王安石《漁家傲》詠：「平岸小橋千嶂抱，揉藍一水縈花草。」楊樸《莎衣》詠：「軟綠柔藍著勝衣，倚船吟釣最相宜。」秦觀《南歌子》詠：「揉藍衫子杏黃裙。獨倚玉闌無語、點檀唇。」董嗣杲《過琴齋》詠：「闌干壓池芳，涤淨拖柔藍。」耶律楚材《再用前韻》詠：「風廻一鏡柔藍淺，雨過千峰潑黛濃。」沈守正《晚出依隱精舍》詠：「催紅敗綠霜前雨，懈白柔藍水上雲。」

C90 M65 Y30 K15
R18 G80 B123

碧城

鷹始摯之承色

其色星海幽藍，其意天上人間。《太平御覽》引《上清經》曰：「（元始天尊）居紫雲之闕，碧霞為城。」李商隱《碧城三首》詠：「碧城十二曲闌干，犀辟塵埃玉辟寒。閬苑有書多附鶴，女床無樹不棲鸞。星沉海底當窗見，雨過河源隔座看。若是曉珠明又定，一生長對水晶盤。」

C95 M75 Y35 K15
R6 G67 B111

藍采和

鷹始摯之轉色

其名自八仙，其色有奇幻。沈汾《續仙傳》曰：「藍采和，不知何許人也。常衣破藍衫……夏則衫內加絮，冬則臥於雪中，氣出如蒸。每行歌於城市乞索，持大拍板，長三尺餘，常醉踏歌。老少皆隨看之。」藍采和《踏歌》詩：「踏歌踏歌藍采和，世界能幾何。紅顏三春樹，流年一擲梭。」元好問《示懷祖》詠：「自驚白鬢先潘岳，人笑藍衫似采和。」

C100 M85 Y40 K20
R0 G52 B96

帝釋青

鷹始摯之合色

亦稱帝青、鶻青。玄應《一切經音義》曰：「帝青，梵言因陀羅尼羅目多，是帝釋寶，亦作青色，以其最勝，故稱帝釋青。」因陀羅尼羅的字面原意是「帝釋天神之靛藍寶石。」陸游《採蓮三首》詠：「帝青天映麴塵波，時有游魚動綠荷。」樓鑰《題桃源王少卿占山亭》詠：「霜餘遠水呈天碧，雨過遙空現帝青。」魏了翁《和蔣成甫見貽生日韻》詠：「窗外浮雲卷帝青，腰間流水臥青萍。」王夫之《廣落花詩三十首》詠：「祖綠帝青添幾色，新陰還得醉雙眸。」

大暑

畫琺瑯蓮瓣式碗（清·康熙）

C10 M40 Y15 K0
R227 G173 B185

夕嵐

大暑之起色

其色夕陽暮靄，其意望峰息心。王維《崔濮陽兄季重前山興》詠：「殘雨斜日照，夕嵐飛鳥還」，又《木蘭柴》詠：「彩翠時分明，夕嵐無處所。」孟浩然《臘月八日於剡縣石城寺禮拜》詠：「夕嵐增氣色，餘照發光輝。」朱熹《家山堂晚照效輞川體作二首》詠：「山外夕嵐明，山前空翠滴。」倪瓚《賦得機征君荊南精舍圖》詠：「夏果落山雨，春衣染夕嵐。」孟洋《回雁峰》詠：「回雁峰高起夕嵐，孤舟落日繫江潭。」

C20 M50 Y25 K0
R207 G146 B158

雌霓

大暑之承色

又曰副虹，色彩不若主虹鮮明。張衡《七辯》：「建采虹之長旃，系雌霓而為旗。」東方朔《七諫·自悲》：「借浮雲以送予兮，載雌霓而為旌。」蘇軾《儋耳》詠：「垂天雌霓雲端下，快意雄風海上來。」王安石《估玉》：「雄虹雌霓相結纏，晝夜不散非雲煙。」秦觀《秋日三首》：「連卷雌霓掛西樓，逐雨追晴意未休。」柳永《竹馬子》：「對雌霓掛雨，雄風拂檻，微收煩暑。」錢鍾書《驟雨》：「忽噫雄風收雨腳，漸蜷雌霓接雲根。」

C35 M60 Y45 K0
R178 G119 B119

絳紗

大暑之轉色

東漢南郡太守馬融授徒，絳紗設帳，其弟子鄭玄、盧植輩。錢起《登劉賓客高齋》詠：「日陪鯉也趨文苑，誰道門生隔絳紗。」劉禹錫《送趙中丞自司金郎轉官參山南令狐僕射幕府》詠：「相府開油幕，門生逐絳紗。」李商隱《李衛公》詠：「絳紗弟子音塵絕，鸞鏡佳人舊會稀。」蘇軾《馬融石室》詠：「絳紗生不識，蒼石尚能留。」陸建《贈婦翁》詠：「喜我絳紗深有托，半為嬌客半門生。」

C40 M70 Y50 K5
R163 G95 B101

茹藘

大暑之合色

即茜草，其根可製作絳紅色染料。語出《詩經·鄭風·出其東門》：「出其闉闍，有女如荼。雖則如荼，匪我思且。縞衣茹藘，聊可與娛！」毛傳：「茹藘，茅蒐之染女服也。」又有《詩經·鄭風·東門之墠》：「東門之墠，茹藘在阪。其室則邇，其人甚遠。」王夫之《前雁字詩十九首》詠：「燕國迷蒼素，鵾言染茹藘。」王世貞《貽梁公實》詠：「茹藘洵絳哉，茱萸發微芳。」可謂忠貞愛情、不二思慕的專屬色。

三彩燭臺（唐）

蔥青

C10 M0 Y35 K0
R237 G241 B187

腐草為螢之起色

指蔥白下面淡淡的青色。阮籍《東平賦》曰：「瞻荒榛之蕪穢兮，顧東山之蔥青。」沈約《登鐘山作》詠：「北阜何其峻，林薄杳蔥青。」江淹《從冠軍建平王登廬山香爐峰詩》詠：「瑤草正翕艴，玉樹信蔥青。」杜甫《客居》詠：「蔥青眾木梢，邪豎雜石痕。」尹臺《衡岳高年卷壽李給事珊祖八十》詠：「白髮蒼顏混紫冥，芙蓉天柱玩蔥青。」

少艾

C15 M0 Y50 K0
R227 G235 B152

腐草為螢之承色

語出《孟子·萬章上》：「知好色，則慕少艾。」趙岐注：「少，年少也；艾，美好也。」少艾之色，取其艾色之初長成，寓意美好之如初見。王炎《題徐參議所藏唐人浴兒圖》詠：「掌中看珠二少艾，捧腮卻立鴉鬟奴。」項安世《玄蝶》詠：「世上但知憐少艾，雙雙飛舞奈渠何。」

綺錢

C20 M5 Y55 K0
R216 G222 B138

腐草為螢之轉色

青苔似古錢，故別稱綺錢。沈約《詠青苔詩》詠：「長風隱細草，深堂沒綺錢。」徐燦《滿江紅·有感》詠：「春將去、冰台初長，綺錢重疊。」屈大均《代州夏日馮方伯招飲故大司馬白谷孫公園亭即席賦》詠：「苔徑餘行跡，勞君拂綺錢。」

翠樽

C25 M10 Y65 K0
R205 G209 B113

腐草為螢之合色

語出曹植《七啟》：「於是盛以翠樽，酌以雕觴。浮蟻鼎沸，酷烈馨香。」沈君攸《羽觴飛上苑》詠：「藤杯屢動情仍暢，翠樽引滿趣彌深。」劉筠《召入翰林別同僚》詠：「一辭鑾署忝英藩，兩見黃華媚翠樽。」洪適《流杯次日連雨渭師有詩次其韻》詠：「風隨重客清葵扇，月為佳人射翠樽。」

大暑

掐絲琺瑯山村農慶圖插屏（清）

石蜜

C20 M25 Y50 K0
R212 G191 B137

土潤溽暑之起色

初曰西極石密，又曰冰糖。《涼州異物志》載：「（石蜜）實乃甘蔗汁煎而曝之，則凝如石，而體甚輕，故謂之石蜜也。」張衡《七辯》曰：「沙餳石蜜，遠國儲珍。」李賀《南園十三首》：「自履藤鞋收石蜜，手牽苔絮長蓴花。」寒山《俊傑馬上郎》：「醍醐與石蜜，至死不能嘗。」蘇軾《感舊詩》：「想見冰盤中，石蜜與柿霜。」

沙餳

C30 M35 Y60 K0
R191 G166 B112

土潤溽暑之承色

麥芽糖古稱飴或餳，一說沙餳即麥芽糖，另一說沙餳應是黃砂糖。語出張衡《七辯》：「沙餳石蜜，遠國儲珍。」程大昌《演繁露》曰：「張衡《七辨》曰：『沙飴石蜜遠國貢儲。』即今沙糖也。」盛翁子《與劉頌書》曰：「沙餳，西垂之產。」

巨呂

C40 M45 Y70 K0
R170 G142 B89

土潤溽暑之轉色

甘蔗汁煎煉過程中質雜色重。語出《正法念處經》：「如甘蔗汁，器中火煎，彼初離垢，名頗尼多。次第二煎，則漸微重，名曰巨呂。更第三煎，其色則白，名曰石蜜。」

吉金

C55 M60 Y80 K0
R137 G109 B71

土潤溽暑之合色

鐘鼎彝器的統稱，本義是鑄造青銅器的合金。《吳王光鑒》曰：「吉日初庚，吳王光擇其吉金，玄礦，白礦。」《鄦子鐘銘》曰：「擇其吉金，自作鈴鐘。」歐陽修《集古錄跋尾·韓城鼎銘》曰：「堅久吉金，用作寶尊鼎。」龔自珍《己亥雜詩》詠：「吉金打本千行在，敬拓斯文冠所遭。」丘逢甲《綺疏》詠：「吉金鑄鏡鐫心語，暖玉敲枰試手談。」

素三彩海蟾紋三足洗（明．正德）

山嵐

C30 M10 Y30 K0
R190 G210 B187

大雨時行之起色

其色山霧出岫，其意蕩滌心胸。郎士元《蓋少府新除江南尉問風俗》詠：「客路尋常隨竹影，人家大底傍山嵐。」黃琮《盡日行桑疇稻隴間用放翁瑞草橋道中詩韻》詠：「出城溝水細生縠，入夏山嵐濃似畫。」劉基《旱天多雨意五首呈石末公》詠：「澤氣沉沙白，山嵐過野紅。」薛時雨《浣溪紗·詠江山船八首》詠：「江水灣灣漾碧波，山嵐冉冉映青螺。江山如此易情多。」

滌波

C45 M20 Y45 K0
R155 G180 B150

大雨時行之承色

其色綠水蕩漾，其意思緒綿延。曹植《洛神賦》曰：「遠而望之，皎若太陽升朝霞；迫而察之，灼若芙蕖出滌波。」江淹《別賦》曰：「春草碧色，春水滌波。」劉長卿《聽笛歌》詠：「橫笛能令孤客愁，滌波淡淡如不流。」洪適《雨中排悶》詠：「但見滌波侵碧草，不須皂莢去黃塵。」弘曆《題鄒一桂百花卷》詠：「海桐濛濛清露溥，滌波初日舒芳蓮。」

青楸

C55 M25 Y55 K0
R129 G163 B128

大雨時行之轉色

江淹《別賦》曰：「日下壁而沉彩，月上軒而飛光。見紅蘭之受露，望青楸之罹霜。」劉崧《題湯子敏松石山房歌》詠：「憶在花陰把卷時，黃鸝啼滿青楸樹」，又《八月枉希顏王孝廉自大唐別業相見靖安縣中辱贈長句甚慰旅懷臨別賦此》詠：「山蟬夜中起，黃鳥啼青楸。」朱德潤《延祐六年九月廿二日渡揚子江》詠：「水深蛟龍蟄，日落鷗鳥度。金山天畔樓，雙塔逾青楸。」

菉竹

C65 M35 Y65 K0
R105 G142 B106

大雨時行之合色

即藎草。《詩經·衛風·淇奧》曰：「綠竹猗猗。」《草木疏》云：「有草似竹，高五六尺，淇水側人謂之菉竹也。」祝允明《懷知詩·朱文學堯民》詠：「寒泉冬潔，菉竹秋癯。」湛若水《和楊少默九日懷菊之作用九章韻而約之》詠：「聖人貴松柏，衛風詠菉竹。」張甯《夏仲昭萬竹圖為師知縣題》詠：「江南菉竹漫成林，山縣鳴琴白晝陰。」

故宮美
中國色

C
30

M
65

Y
85

K
0

媚蝶

R
188

G
110

B
55

秋

玉露金風報素秋

涼風乍起，白露降落，《禮記》講天子在孟秋之月：「駕白駱，載白旗，衣白衣，服白玉。」秋天在收穫與貯藏後落下一片白茫茫的乾淨大地，「土生金，其色白，故白者西方也。」秋天又名素秋，素就是白，玉露金風是誇讚秋天的豐盈。第一個崇尚白色的朝代是商，《史記》講周武王去討伐商紂的途中，「白魚躍入王舟中，武王俯取以祭」，白色的魚主動跳進船裡，預示武王勝券在握。

欲渡秋水尋秀色，先讀季語解密碼。秋色季語，就是您開啟這一季傳統色寶庫的鑰匙。

竊藍	監德
C50 M25 Y0 K0 R136 G171 B218	C60 M35 Y0 K0 R111 G148 B205
蒼蒼	群青
C70 M50 Y0 K0 R89 G118 B186	C85 M65 Y0 K0 R46 G89 B167

立秋

起於「竊藍」，上古首次出現淺藍的傳統色場景是催促秋收的農桑候鳥顏色，金黃色的稻黍與淺藍色的小鳥，好似梵谷的畫作。承之「監德」，東方晨星的色澤，令人想起《老人與海》裡天濛濛亮時出海，想起星辰大海。轉而「蒼蒼」，海天一色，我們曾感動於〈海闊天空〉，感動於「一生不羈放縱愛自由」。合乎「群青」，與青金石有關的顏色都透著一股貴氣和洋氣。

白青	竹月
C45 M20 Y20 K0 R152 G182 B194	C55 M30 Y25 K0 R127 G159 B175
空青	太師青
C65 M35 Y45 K0 R102 G143 B139	C70 M45 Y35 K10 R84 G118 B137

涼風至

起於「白青」，石青屬國畫顏料的石色系，以色目分則有頭青、二青、三青、四青，以礦物質地分則有白青、空青、曾青、群青等。承之「竹月」，國畫有「竹月圖」之類，凡繪色竹月，畫月莫如畫竹，畫竹則印月色。轉而「空青」，辨礦一說，空而有漿者為空青，不空無漿者為白青。合乎「太師青」，「欲問宮中天水碧，都人惟說太師青」，蔡京太師青、宮人天水碧，隨汴梁俱往矣。

縞羽	香皮
C0 M0 Y0 K10 R239 G239 B239	C15 M15 Y20 K5 R216 G209 B197
雲母	佩玖
C20 M20 Y25 K10 R198 G190 B177	C30 M30 Y40 K15 R172 G159 B138

白露降

起於「縞羽」，許慎講「縞，鮮色也」，這是白色生絲的鮮亮色，好似白鳥的羽毛顏色。承之「香皮」，棧香樹，香皮紙，睹其字則發南國之思。轉而「雲母」，詩人最擅於捕捉雲母屏風造出的咫尺他鄉意境，屏前燭影，影長河，影愁山。合乎「佩玖」，玖為淺黑之玉石色，丘中有李，心中有君，「彼留之子，貽我佩玖」，越過山丘，依然溫暖在手。

麴塵	綠沈
C30 M10 Y45 K0 R192 G208 B157	C50 M40 Y80 K0 R147 G143 B76
絞衣	**素綦**
C55 M50 Y75 K10 R127 G117 B76	C70 M65 Y90 K20 R89 G83 B51

寒蟬鳴

起於「麴塵」，考據日方資料發現，日本傳統色的青白橡與麴塵同色，即青白相間的淺綠色。麴塵出自酒麴生塵，或許就是釀綠酒的麴吧。承之「綠沈」，綠色深沉，古雅幽樸，這是桃李不言、深水靜流的意境。轉而「絞衣」，絞是黃綠色，《禮記》規定的禮制，青狐犬袖口的麑鹿皮衣外罩這種顏色的罩衣。合乎「素綦」，綦是黑綠色，出於同種顏色的鹿皮。

退紅	櫻花
C5 M25 Y0 K0 R240 G207 B227	C10 M35 Y0 K0 R228 G184 B213
丁香	**木槿**
C20 M50 Y0 K0 R206 G147 B191	C30 M60 Y0 K0 R186 G121 B177

處暑

起於「退紅」，說起「退」字，不由想起「舞榭歌臺，風流總被雨打風吹去」，柔和的姿態是風雨過後的平靜。承之「櫻花」，如果知道盛唐時櫻花處處盛開，是不是更想回到長安，看櫻花樹下貴妃醉酒？轉而「丁香」，「我希望逢著／一個丁香一樣地／結著愁怨的姑娘／她是有／丁香一樣的顏色／丁香一樣的芬芳／丁香一樣的憂愁」。合乎「木槿」，木槿花朝開暮落，比櫻花還要更決絕果敢，《詩經》裡稱它為「舜華」。

余白	蘭苕
C25 M15 Y25 K0 R201 G207 B193	C40 M20 Y50 K0 R168 G183 B140
碧滋	**蔥倩**
C50 M30 Y55 K0 R144 G160 B125	C65 M40 Y80 K0 R108 G134 B80

鷹乃祭鳥

起於「余白」，白裡透青魚肚白，隔水明滅隱隱碧，這個顏色好有畫面感。承之「蘭苕」，出與翡翠同框，入則唇齒留香，無論是蘭花葉還是青精米，都不是俗物。轉而「碧滋」，李太白總是不同凡響，前文的松花色和這裡的碧滋色，他一語以概之，說是「輕如松花落金粉，濃似苔錦含碧滋」。合乎「蔥倩」，青山發蒼，蒼山生鬱，就是這種綠。

雲門 C40 M5 Y10 K0 R162 G210 B226	西子 C50 M10 Y20 K0 R135 G192 B202
天水碧 C65 M20 Y30 K0 R90 G164 B174	法翠 C80 M30 Y40 K0 R16 G139 B150

天地始肅

起於「雲門」，黃帝以雲為紀，這雲或許是星雲，星雲浩瀚，雨露均霑。承之「西子」，清代盛行湖色服飾，西子色當與湖色相類，晴日碧波，心曠神怡。轉而「天水碧」，出自李後主宮廷，自是審美的高峰，至明代依然盛行，與「海天霞」齊名。合乎「法翠」，孔雀與翠鳥，一旦以顏色呈現，都是令人窒息、近乎虛假的美。

桑蕾 C10 M15 Y45 K0 R234 G216 B154	太一餘糧 C20 M30 Y70 K0 R213 G180 B92
秋香 C30 M40 Y80 K0 R191 G156 B70	老茯神 C40 M50 Y90 K0 R170 G133 B52

禾乃登

起於「桑蕾」，麥芒綠了的季節，桑蕾就黃了，這是彷彿青澀高中生的顏色。承之「太一餘糧」，上古神兵的終極口糧才敢這麼叫吧，多麼合乎遊戲玩家的心意。轉而「秋香」，一樹桂花，一樹秋香，李商隱不是詩人，是畫師。合乎「老茯神」，茯神乾老後顏色近似琥珀，松間隱居，拂松花，採松實，釀松針酒，養老茯神，不似人間。

凝脂 C5 M5 Y10 K0 R245 G242 B233	玉色 C10 M10 Y20 K0 R234 G228 B209
黃潤 C15 M15 Y30 K0 R223 G214 B184	縑緗 C20 M20 Y40 K0 R213 G200 B160

白露

起於「凝脂」，唯有華清池水才洗得凝脂，唯有螓首蛾眉才配得凝脂。承之「玉色」，相由心生，最好的注腳是玉色，心如玉則面生玉色，是為賢人。轉而「黃潤」，細麻布的微黃溫潤，不愧是當年高檔的衣服料子。合乎「縑緗」，以絲織品為知識載體的古代，縉白縑黃，縉白而稱素書，縑黃而稱縑緗，濃濃的書卷氣。

蕉月	千山翠
C50 M35 Y40 K10 R134 G144 B138	C60 M40 Y50 K15 R107 G125 B115
結綠	綠雲
C70 M55 Y70 K20 R85 G95 B77	C75 M65 Y75 K30 R69 G73 B61

鴻雁來

起於「蕉月」，國畫有「蕉月圖」之類，凡繪色蕉月，在蕉不在月，江南庭院意境，「窗前誰種芭蕉樹，陰滿中庭」。承之「千山翠」，同樣出自秘色瓷，謙謙君子，溫潤如玉。轉而「結綠」，上古首次出現玉石綠的傳統色場景是「宋之結綠」，兩字均為「糸」字旁。借自古代桑農對「桑螵蛸」的俗稱，「桑螵蛸」則是螳螂卵蛸的雅稱。合乎「綠雲」，「綠雲擾擾，梳曉鬟也」是《阿房宮賦》為數不多、令人印象深刻的場景。

藕絲秋半	蒼煙落照
C20 M20 Y20 K0 R211 G203 B197	C25 M30 Y25 K0 R200 G181 B179
紅藤杖	紫鼠
C50 M50 Y40 K0 R146 G129 B135	C65 M65 Y50 K30 R89 G76 B87

玄鳥歸

起於「藕絲秋半」，藕絲白沾染秋色，竟然是唐代流行服飾色，又是清代牡丹的花色，妙也。承之「蒼煙落照」，蒼煙照上落日色，不關塵世，可待風月。轉而「紅藤杖」，其顏色考據自中國分布廣泛的大血藤枝條色，直到現在，它依然是製作藤器的主要原料。合乎「紫鼠」，其顏色考據自中國北方的紫貂毛皮色，直到現在還是貴重的材料，而比起留下毛皮的野蠻，更好的做法是留下顏色的傳承。

黃粱	蒸栗
C25 M25 Y40 K5 R196 G183 B152	C40 M45 Y65 K5 R165 G138 B95
射干	油葫蘆
C55 M60 Y80 K15 R124 G98 B63	C65 M70 Y90 K20 R100 G77 B49

群鳥養羞

起於「黃粱」，黃粱夢也是神仙富貴夢，有夢就好，說是「方其夢也，不知其夢也」。承之「蒸栗」，色如蒸熟之栗，最早見於西漢史游的《急就篇》，在玉色裡稱之為玵。轉而「射干」，其顏色考據自中國分布廣泛的射干，取其乾燥根莖色。合乎「油葫蘆」，其顏色考據自尋常可見的小鷴鷴，取其背部毛羽色，載於《清宮鳥譜》。

卵色	葭菼
C20 M5 Y20 K0 R213 G227 B212	C25 M10 Y25 K0 R202 G215 B197
冰臺	青古
C30 M15 Y30 K0 R190 G202 B183	C35 M20 Y35 K0 R179 G189 B169

秋分

起於「卵色」，實為蛋青色，從卵白釉的顏色考據，偏淺綠色，月白、天青則更偏淺藍色，只能說這些顏色和卵色的顏色意象一致。承之「葭菼」，葭是未秀之蘆，菼是初生之荻，《詩經》裡的場景，明豔動人的婚嫁隊伍走過葭菼叢邊，伴娘伴郎高大美麗，前段誇讚新娘的內容已然成為絕唱。轉而「冰臺」，艾蒿之未秀，少艾之色。合乎「青古」，從佛山金箔相關著作裡考證出的顏色，名為青古，用於裝飾青葉之象。

欒華	大赤
C30 M30 Y70 K0 R192 G173 B94	C40 M40 Y80 K0 R170 G150 B73
佛赤	蜜褐
C45 M85 Y90 K15 R143 G61 B44	C55 M80 Y75 K35 R104 G54 B50

雷始收聲

起於「欒華」，欒木之華，花型與槐花一樣，也一樣可以染黃。承之「大赤」，故宮太和殿之龍用上了庫金和大赤兩種金箔色。轉而「佛赤」，佛塑金身的顏色，法相莊嚴，慈悲濟世。合乎「蜜褐」，說到這裡，不知道為什麼操心起染髮的問題，如果跟髮型設計師說好染這蜜褐色，可能得猜猜染完到底會是什麼顏色，設計師的蜜褐是謎之色。

孔雀藍	吐綬藍
C70 M30 Y10 K0 R73 G148 B196	C75 M40 Y25 K0 R65 G130 B164
魚師青	軟翠
C80 M45 Y40 K0 R50 G120 B138	C90 M50 Y40 K0 R0 G109 B135

蟄蟲培戶

起於「孔雀藍」，孔雀與翠鳥，都是因美麗而受傷的物種。孔雀藍又名法藍，不同於法翠，法藍在燒製時添加了藍色基調的顏料。承之「吐綬藍」，角雞的喉下肉垂有鈷藍色間紋，同樣載於《清宮鳥譜》。轉而「魚師青」，個頭小的翠鳥亦稱魚師，翠鳥之屬，雄鳥紅羽為翡，雌鳥青羽為翠。合乎「軟翠」，「殺身炎洲裡，委羽玉堂陰」。所謂點翠這門手藝，取的是翠鳥羽毛，羽毛部位不一樣，點翠的顏色也就不一樣，軟翠是翠鳥頸部的羽毛色。

淺雲 C10 M5 Y5 K0 R234 G238 B241	素采 C20 M10 Y10 K0 R212 G221 B225
影青 C30 M15 Y15 K0 R189 G203 B210	逍遙遊 C35 M20 Y20 K0 R178 G191 B195

水始涸

起於「淺雲」，蜀箋是知名的傳統色衍生品，不只有薛濤箋，還有謝公箋，從製作工藝看來，淺雲屬於淺藍基調的銀白色。承之「素采」，「波間素彩涵秋淨」，這是清秋月光照耀在水面或其他表面的反射色。轉而「影青」，薄透可見影，微觀可見青，妙不可言。合乎「逍遙遊」，「絕雲氣，負青天」的顏色，自由自在，元氣沖天。

醽醁 C40 M20 Y30 K0 R166 G186 B177	翠濤 C55 M30 Y45 K0 R129 G157 B142
青梅 C60 M40 Y55 K0 R119 G138 B119	翕赩 C70 M50 Y60 K0 R95 G118 B106

寒露

起於「醽醁」，燈可謂紅，酒可謂綠，古代名酒如醽醁、蘭生、翠濤、玉薤，皆是綠酒。承之「翠濤」，玉手舞動銀箏柱，綠酒蕩漾金杯卮，海天盛宴，「勸君金曲卮，勿謂朱顏酡」。轉而「青梅」，青梅煮酒，不論英雄論顏色，色譜若如封神榜，青梅好比魔禮青。話說四大天王之魔禮青，面如活蟹，鬚如銅線。合乎「翕赩」，瑤草翕赩，玉樹蔥青，綠到不似人間色，遁入神仙境界。

九斤黃 C15 M35 Y55 K0 R221 G176 B120	杏子 C15 M50 Y85 K0 R218 G146 B51
媚蝶 C30 M65 Y85 K0 R188 G110 B55	韎韐 C40 M75 Y100 K10 R159 G82 B33

鴻雁來賓

起於「九斤黃」，《清宮鳥譜》生動有趣，繪形繪色，不僅有油葫蘆，還有九斤黃。承之「杏子」，杏子色頗有古意，演進到清代，杏黃色就成了皇家禁色，清代太子杏黃服色和日本皇儲黃丹服色相近。轉而「媚蝶」，閨房媚色，著此色衣上此色妝，脫單身，防劈腿，功效大矣。合乎「韎韐」，掉掉書袋，韎與緼同是赤黃色，韎韐與緼韍同是赤黃色的蔽膝，區別在韎韐屬於靠本事吃飯的士人，緼韍屬於靠出身吃飯的貴族。

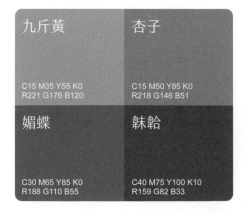

東方既白 C50 M30 Y10 K0 R139 G163 B199	紺宇 C100 M85 Y35 K0 R0 G61 B116
佛頭青 C100 M95 Y50 K0 R25 G50 B95	花青 C100 M100 Y65 K15 R26 G40 B71

雀入大水為蛤

起於「東方既白」，日將出而未出，酒將醒而未醒，天色透白，睡意闌珊。承之「紺宇」，紺是青與赤的間色，也是很重要的基本傳統色。轉而「佛頭青」，同是紺色系，所以也叫紺琉璃，紺色系是佛寺、佛像的重要色彩。合乎「花青」，屬國畫顏料的水色系，與礦物色的石青不同，花青是植物色。

弗肯紅 C5 M15 Y20 K5 R236 G217 B199	赤璋 C10 M25 Y40 K5 R225 G193 B153
繭色 C20 M35 Y60 K10 R198 G162 B104	密陀僧 C30 M40 Y75 K10 R179 G147 B75

菊有黃華

起於「弗肯紅」，形容色值的傳統色字詞比現代更有趣，淺色形容詞諸如竊、盜、小、退（褪）、柔（揉）、不肯（弗肯）等都很生動。承之「赤璋」，這是禮南方的玉色，璋的形制是圭的一半，象徵事物的生命在夏天已過去一半，是珍惜時光的顏色。轉而「繭色」，出於繭之黃，實際色值更深一些。合乎「密陀僧」，東漢時從波斯傳入，按波斯語音譯而來，俗稱鉛黃。這是國畫傳統顏料色，也是美人們的妝品，更是煉丹術士的神物，煉丹術士認為它有衍生萬物、驅魔辟邪的威力。

銀朱 C15 M95 Y95 K0 R209 G41 B32	胭脂蟲 C35 M100 Y100 K5 R171 G29 B34
朱櫻 C45 M100 Y100 K15 R143 G29 B34	爵頭 C55 M100 Y100 K40 R99 G18 B22

霜降

起於「銀朱」，和鉛黃一樣，也是國畫傳統顏料色。「銀」是形容色值亮度高的傳統色詞彙，翠藍的「翠」也是這個意思。承之「胭脂蟲」，和密陀僧一樣，也是由域外傳入中國，於明代時從美洲傳入，時間較晚。轉而「朱櫻」，熟透的櫻桃色，說來櫻桃在中國有三千年的種植史。合乎「爵頭」，赤多黑少的雀頭顏色，古代貴族男子二十歲時行加冠禮，禮儀第一回合的冠就是這種顏色。

甘石 C30 M30 Y25 K0 R189 G178 B178	迷樓灰 C50 M50 Y35 K0 R145 G130 B143
鴉雛 C65 M65 Y45 K10 R106 G91 B109	煙墨 C70 M70 Y60 K15 R92 G79 B85

豺乃祭獸

起於「甘石」，出自爐甘石的礦物色，爐甘石是一種能解毒、明目、退翳、止癢、斂瘡的中藥。承之「迷樓灰」，隋煬帝揚州迷樓化作灰燼的顏色意象，魏武帝的銅雀臺、隋煬帝的迷樓，都是癡夢。轉而「鴉雛」，「單衫杏子紅，雙鬢鴉雛色」，這是情人夢影。合乎「煙墨」，國畫傳統顏料色。按傳統技法，墨分五色：焦、濃、重、淡、清。

十樣錦 C0 M30 Y25 K0 R248 G198 B181	檀唇 C15 M45 Y40 K0 R218 G158 B140
瓊琚 C15 M60 Y55 K0 R215 G127 B102	棠梨 C35 M75 Y75 K0 R177 G90 B67

草木黃落

起於「十樣錦」，除了蜀箋，著名的傳統色衍生品還有蜀錦，十樣錦從錦名到色名，正是中國傳統色的成形過程。承之「檀唇」，淺藍的衣、杏黃的裙，與檀色的唇膏搭不搭？轉而「瓊琚」，孔穎達講，瓊琚的「瓊」不是玉名本義，而是美玉的意思，瓊的玉名本義是丹砂色的紅玉。合乎「棠梨」，棠梨確實是果子，這裡說的顏色卻是其葉色，而且是乾枯後的葉子，不等到最後看不到最美的樣子。

蜜合 C15 M15 Y25 K0 R223 G215 B194	假山南 C20 M25 Y35 K0 R212 G193 B166
紫花布 C30 M35 Y45 K0 R190 G167 B139	沉香 C45 M50 Y55 K5 R153 G128 B108

蟄蟲咸俯

起於「蜜合」，蜂蜜調和之色，「望文生義」沒有錯。承之「假山南」，蜀箋不光有傳統色衍生品如薛濤箋、謝公箋，還有楮紙，這是原漿楮紙的顏色。轉而「紫花布」，不可望文生義，這不是紫色而是淡赭色，中國傳統色雖對日、韓的影響比較大，但這卻是一宗影響歐洲的案例。合乎「沉香」，文人四大雅事，熏香、點茶、插花、掛畫，香煙繚繞上通天意。

立秋

萬曆款藍釉白花三足爐（明·萬曆）

竊藍

C50 M25 Y0 K0
R136 G171 B218

立秋之起色

《爾雅·釋鳥》曰：「秋扈，竊藍。」郭璞注：「竊藍青色。」賈逵注：「秋扈竊藍，趣民收斂者也。」方以智《通雅·衣服·彩色》曰：「凡言竊言盜，皆借色、淺色、間色也。鳸九扈，有竊脂、竊藍等色。《爾雅》虎竊毛，謂淺色也；扈之竊脂，言其色如靠肉也；竊藍，淺藍也；八駿有盜驪，盜亦竊，意謂淺驪也。古人善巧煉字，大率如此。」竊藍，在漢語言歷史上是可考的第一個淺藍色詞，宜存宜保。

監德

C60 M35 Y0 K0
R111 G148 B205

立秋之承色

東方之晨星藍光。語出《史記·天官書》：「正月，與斗、牽牛晨出東方，名曰監德。色蒼蒼有光。」司馬貞注：「歲星正月晨見東方之名。」童軒《感寓》詠：「黎民悉於變，垂拱成雍熙。乃知帝監德，豈在險與夷。」

蒼蒼

C70 M50 Y0 K0
R89 G118 B186

立秋之轉色

或水或天，其色幽藍；或草或木，茂密盛開。此處取前者其色也。《莊子·逍遙遊》曰：「天之蒼蒼，其正色邪。」《敕勒歌》詠：「天蒼蒼，野茫茫。風吹草低見牛羊。」《祠洛水歌》詠：「洛陽之水，其色蒼蒼。」

群青

C85 M65 Y0 K0
R46 G89 B167

立秋之合色

國畫傳統顏料色，群而有集，青出金石。古時，由青金石礦物研磨加工而成的藍色顏料稱為天然群青，物以稀為貴。近世西方以人工合成群青，迅速普及，卻不如天然群青淡雅、莊重。古詩中群青也指草木之青綠。樓異《嵩山二十四詠》詠：「回頭卻顧人間世，但見群青似小童。」曾豐《余得英州石山副之五絕句送曾鼎臣》詠：「湖上飛來小祝融，群青在側一居中。」王世貞《袁黃巖寄雁蕩圖及新詩見示頗懷壯游之感》詠：「如分雁蕩群青過，忽挾龍湫萬玉來。」

立秋

掐絲琺瑯番蓮紋冰箱（清·乾隆）

白青

C45 M20 Y20 K0
R152 G182 B194

涼風至之起色

國畫傳統顏料色，亦稱魚目青，屬石青之一種。蘇頌《本草圖經》云：「（白青）亦似空青，圓如鐵珠，色白而腹不空，亦謂之碧青，以其研之色碧也。亦謂之魚目青，以其形似魚目也。無空青時，亦可用，今不復見之。」張志聰《本草崇原》云：「空青一名楊梅青，始出益州山谷及越嶲山，今蔚蘭、宣梓諸州有銅處，銅精熏則生空青，大者如拳如卵，小者如豆粒，或如楊梅。其色青，其中皆空，故曰空青。內有漿汁，為治目神藥。不空無漿者，白青也。」

竹月

C55 M30 Y25 K0
R127 G159 B175

涼風至之承色

竹林月色，寂寥青幽。張籍《奉和舍人叔直省時思琴》詠：「竹月泛涼影，萱露澹幽叢。」王質《寄題陸務觀漁隱》詠：「杉煙竹月無時荒，白蒲青荇春悠揚。」朱長文《次韻虎丘祖印大師秋日懷寄》詠：「不愛紛華愛寂寥，松風竹月共蕭蕭。」王安石《次韻張子野竹林寺二首》詠：「風泉隔屋撞哀玉，竹月緣堦貼碎金。」張玉娘《詠竹月》詠道：「翠節參差邀玉兔，金波晃漾浴青鸞。」

空青

C65 M35 Y45 K0
R102 G143 B139

涼風至之轉色

國畫傳統顏料色，亦稱楊梅青，屬石綠之一種。《山海經 · 西山經》：「又西五百里，曰皇人之山，其上多金玉，其下多青雄黃。」郭璞注：「（青雄黃）即雌黃也。或曰空青，曾青之屬。」江淹《空青賦》：「況空青之麗寶，挺山海之不測。」《本草經》：「空青，生山谷，久服輕身延年，能化銅鉛作金。生益州。《范子計然》：『空青出巴郡，白青、曾青出弘農、豫章，白青出新淦。青色者善。』《博物志》：『徐公時令人於西平青山採取空青。』」《江乘地記》：「樵採者，常於山上得空青，此山一朝出雲，零雨必降，民人以為常占。」

太師青

C70 M45 Y35 K10
R84 G118 B137

涼風至之合色

陸游《老學庵筆記》云：「蔡太師作相時，衣青道衣，謂之『太師青』。」故宮博物院藏宋徽宗趙佶《聽琴圖》中聽琴者其一或為蔡京，其青袍之色則為太師青。王士禎《分甘餘話》云：「偶讀《宣和遺事》，作二絕句云：『宣仁鸞馭上青冥，社飯明年一涕零。欲問宮中天水碧，都人惟說太師青。』『平陽行酒著青衣，雨雪青城更可悲。汴上已亡金等子，臨安空賞玉孩兒。』。」全祖望《題宋徽宗摹張萱搗練圖》云：「吁嗟乎天水碧、太師青，均此搗練之聲所釀成。」

立秋

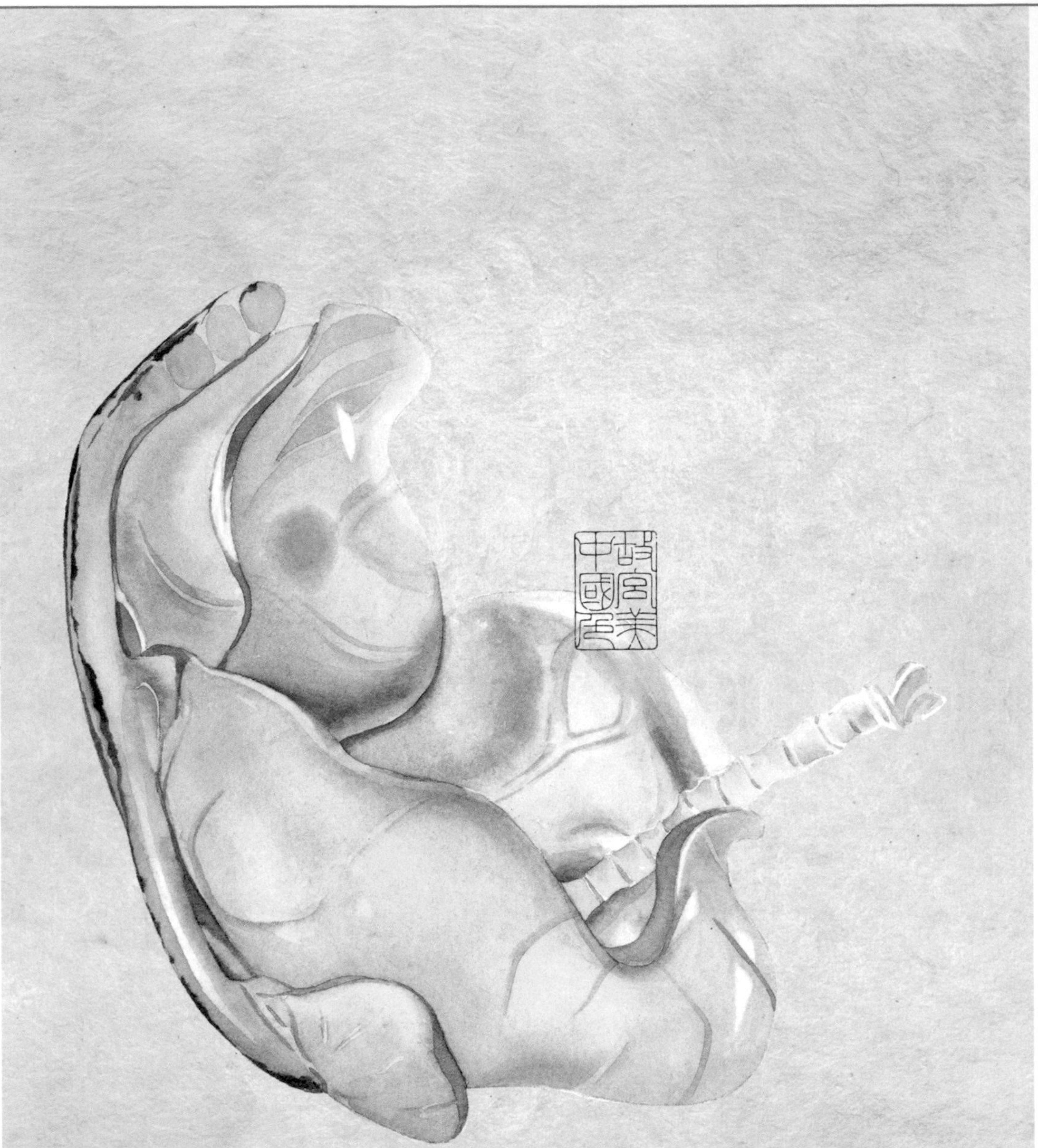

瑪瑙荷葉式水丞（清）

縞羽

C0 M0 Y0 K10
R239 G239 B239

白露降之起色

縞色，未經練染的精細生胚織物本色。許慎《說文解字·糸部》曰：「縞，鮮色也。」《小爾雅·廣服》曰：「繒之精者曰縞。」《漢書·司馬相如傳》曰：「於是鄭女曼姬，被阿錫，揄紵縞。」顏師古注：「縞，鮮支也，今之所謂素者也。」張載《扇賦》曰：「有翔雲之素鳥，體自然之至絜。飄縞羽於清宵，擬妙姿於白雪。」王敬中《贈周玄初尊師》詠：「瓊笙每應秋聲起，縞羽微連夜色明。」

香皮

C15 M15 Y20 K5
R216 G209 B197

白露降之承色

古紙紙色，天然樹皮，灰白皮色。《北戶錄》「香皮紙」條云：「羅州多棧香，樹身如櫃柳，其花繁白，其葉似橘皮，堪搗為紙，土人號為香皮紙，作灰白色，文如魚子箋，今羅辨州皆用之。」郭印《明復作文房四物詩因用其韻》詠：「汗竹功猶淺，香皮世益珍。」龔翔麟《金縷曲·和韻答查聲山》詠：「愛分明、蠅頭薑尾，香皮藤角。最憶芸窗填詞暇，何處行吟采藥。」

雲母

C20 M20 Y25 K10
R198 G190 B177

白露降之轉色

國畫傳統顏料色。天然雲母有四，白雲母（銀色）、綠雲母（灰綠色）、金雲母（黃金色）、黑雲母（深灰色）。李商隱《嫦娥》詠：「雲母屏風燭影深，長河漸落曉星沉」，又《和馬郎中移白菊見示》詠：「浮杯小摘開雲母，帶露全移綴水精。」溫庭筠《春愁曲》詠：「遠翠愁山入臥屏，兩重雲母空烘影。」

佩玖

C30 M30 Y40 K15
R172 G159 B138

白露降之合色

古玉色之一種。《詩經·王風·丘中有麻》：「彼留之子，貽我佩玖。」許慎《說文解字·玉部》曰：「玖，石之次玉黑色者。從玉，久聲。」王逸《逢尤》：「世既卓兮遠眇眇，握佩玖兮中路躇。」章甫《蔡母許孺人壽歌》：「上壽子若孫，佩瑤又佩玖。」陳邦彥《次答李中郎兼懷鄧玉叔》：「何意惠風詒佩玖，每於香雪想容輝。」

象牙雕草蟲白菜（清）

麴塵

C30 M10 Y45 K0
R192 G208 B157

寒蟬鳴之起色

亦作曲塵。酒麴生菌，青白如塵。谷神子《博異志‧閻敬立》云：「須臾吐昨夜所食，皆作朽爛氣，如黃衣麴塵之色，斯乃櫬中送亡人之食也。」《四聲寶蕊》：「麴塵深黃色，或以指衣，或以指柳。」深黃屬誤解，考據日方資料可得麴塵是青白色，與下文詩意吻合。戎昱《紅槿花》：「花是深紅葉麴塵，不將桃李共爭春。」白居易《巴水》：「城下巴江水，春來似麴塵」，又《代書詩一百韻寄微之》：「峰攢石綠點，柳宛麴塵絲。」貫休《苦熱寄赤松道者》：「紫氣紅煙鮮的的，澗茗園瓜麴塵色，驕泠奢涼合相憶。」陸游《採蓮三首》：「帝青天映麴塵波，時有游魚動綠荷。」

綠沈

C50 M40 Y80 K0
R147 G143 B76

寒蟬鳴之承色

亦作綠沉。王羲之《筆經》曰：「有人以綠沉漆竹管及鏤管見遺，錄之多年。」方以智《通雅‧衣服‧彩色》曰：「綠沈，言其色深沈，正今之苦綠色。」楊巨源《上劉侍中》詠：「吟詩白羽扇，校獵綠沈槍。」虞世南《結客少年場行》詠：「綠沈明月弦，金絡浮雲轡。」杜甫《重過何氏五首》詠：「雨抛金鎖甲，苔臥綠沈槍。」袁宏道《和五弟韻》詠：「覆地蒼雲濕，垂天綠沈濃」，又《靈隱路上》詠道：「芳蹊紅茜雨，古澗綠沈衣。」

綟衣

C55 M50 Y75 K10
R127 G117 B76

寒蟬鳴之轉色

《禮記‧玉藻》曰：「君子狐青裘豹褎，玄綃衣以裼之。麛裘青豻褎，絞衣以裼之。羔裘豹飾，緇衣以裼之。狐裘，黃衣以裼之。」鄭玄注：「絞，蒼黃之色也。」陳澔曰：「絞，青黃之繒也。」張戩《考聲》曰：「綟，謂繒黑黃間色也。」《集韻‧爻韻》曰：「綟，蒼黃色。」

素綦

C70 M65 Y90 K20
R89 G83 B51

寒蟬鳴之合色

語出公孫詭《文鹿賦》曰：「質如緗縟，文如素綦。」《尚書‧周書‧顧命》曰：「四人綦弁，執戈上刃。」孔傳：「綦，文鹿子皮弁。」孔穎達疏：「鄭玄云『青黑曰綦』。」素綦，本指青黑色鹿的皮毛，引為青黑色。

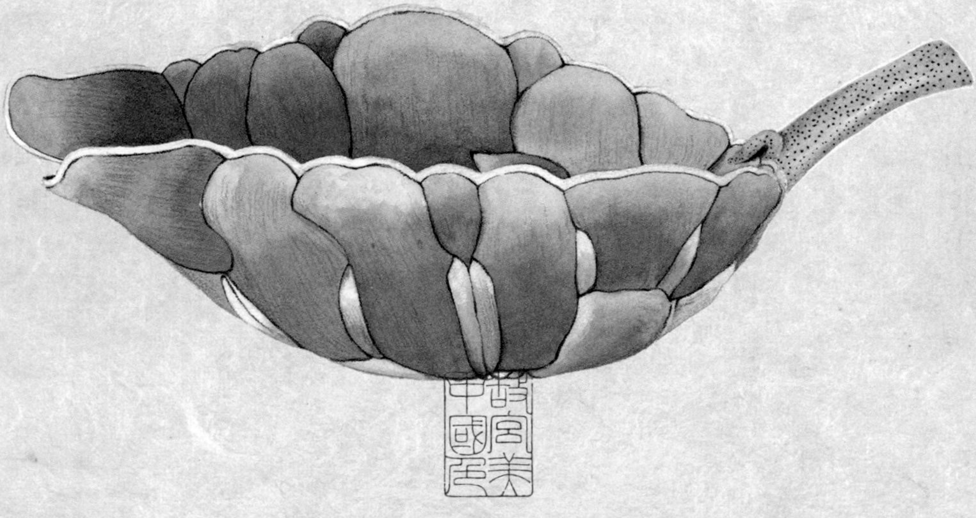

光緒款白地綠彩花式洗（清・光緒）

退紅

C5 M25 Y0 K0
R240 G207 B227

處暑之起色

亦作褪紅。方以智《通雅·衣服·彩色》：「（退紅）與褪同謂淺紅也，半新半舊曰褪。」《水鼓子》：「美人背看內園中，猶自風流著褪紅。」王彥泓《閒事雜題》：「愛染朱絲約髻心，退紅嫌淺絳嫌深。」李斗《揚州畫舫錄》：「桃紅、銀紅、靠紅、粉紅、肉紅，即韶州退紅之屬。」

櫻花

C10 M35 Y0 K0
R228 G184 B213

處暑之承色

櫻花，原產於喜馬拉雅山脈，盛唐時期，從宮苑廊廡到民舍私園都有種植。李商隱《無題四首》詠：「何處哀箏隨急管，櫻花永巷垂楊岸。」李煜《謝新恩》詠：「櫻花落盡階前月，象床愁倚薰籠。」李祁《水龍吟·州北看櫻花作，即呈家訓筱蕾吟正》詠：「春風吹徹平原，櫻花萬頃開無際。枝頭爛漫，堆雲疊雪，神仙遊戲。」江南雨《甘棠社邀賞玉淵潭櫻花步海藏樓詩韻四首》詠：「昨夜熏風醒玉柯，悄然十萬小冰娥。」宋濂《櫻花》詠：「賞櫻日本盛於唐，嬌豔牡丹兼海棠。」鄭孝胥《玉色櫻》詠：「非白非朱色轉加，微寒輕暖殢雲霞。」

丁香

C20 M50 Y0 K0
R206 G147 B191

處暑之轉色

丁香花色，痴愛情結。李璟《山花子》詠：「青鳥不傳雲外信，丁香空結雨中愁。」李商隱《代贈二首》詠：「芭蕉不展丁香結，同向春風各自愁。」王十朋《丁香》詠：「雨裡含愁態，枝頭綴玉英。」楊基《浣溪沙》詠：「軟翠冠兒簇海棠，砑羅衫子繡丁香。」金朝覲《紫丁香》詠：「翻疑誤潑胭脂水，化出花身迥不同。」

木槿

C30 M60 Y0 K0
R186 G121 B177

處暑之合色

在《詩經》裡是「舜華」，「有女同車，顏如舜華。」在陶淵明筆下是「榮木」，「采采榮木，結根于茲。晨耀其華，夕已喪之。」阮籍《詠懷》詠：「墓前熒熒者，木槿耀朱華。」李頎《別梁鍠》詠：「莫言富貴長可託，木槿朝看暮還落。」皇甫曾《張芬見訪郊居作》詠：「愁心自惜江蘺晚，世事方看木槿榮。」楊萬里《田家樂》詠：「漫栽木槿成籬落，已得清陰又得花。」劉克莊《五和》詠：「曉露自開木槿花，春風不到枯松株。」

碧玉鷹熊合巹杯（清·乾隆）

余白

C25 M15 Y25 K0
R201 G207 B193

鷹乃祭鳥之起色

亦作魚白。李斗《揚州畫舫錄》曰：「深黃赤色曰駝茸……白綠色曰余白，淺紅色曰出爐銀，淺黃白色曰密合，深紫綠色曰藕合，紅多黑少曰紅棕，黑多紅少曰黑棕，二者皆紫類，紫綠色曰枯灰，淺者曰朱墨。」所謂魚白，指的是魚肚在水下形成一種很淺的青碧色。

蘭苕

C40 M20 Y50 K0
R168 G183 B140

鷹乃祭鳥之承色

蘭苕綠，本義是蘭花葉綠。天上翡翠仙人衣，人間青精玉田米。郭璞《遊仙詩十四首》詠：「翡翠戲蘭苕，容色更相鮮。」杜甫《戲為六絕句》詠：「或看翡翠蘭苕上，未掣鯨魚碧海中。」李賀《天上謠》詠：「粉霞紅綬藕絲裙，青洲步拾蘭苕春。」李群玉《長沙九日登東樓觀舞》詠：「翩如蘭苕翠，婉如游龍舉。」蘇軾《蓮龜》詠：「只應翡翠蘭苕上，獨見玄夫曝日時。」陸游《白鶴館夜坐》詠：「蘭苕看翡翠，煙雨啼青猿。」謝墉《食味雜詠》詠：「泉溲色發蘭苕綠，飯熟香起蓮瓣紅。人識崑崙在天上，青精不與下方同。」

碧滋

C50 M30 Y55 K0
R144 G160 B125

鷹乃祭鳥之轉色

江淹《張司空離情》詠：「庭樹發紅彩，閨草含碧滋。」李白《酬殷明佐見贈五雲裘歌》詠：「輕如松花落金粉，濃似苔錦含碧滋」，又《與賈舍人於龍興寺望溫湖》詠：「雨洗秋山淨，林光淡碧滋。」白居易《秋懷》詠：「桐柳減綠陰，蕙蘭消碧滋。」楊億《秋雨有懷李寺丞》詠：「桐圭邊樹多黃落，苔錦緣階更碧滋。」

蔥倩

C65 M40 Y80 K0
R108 G134 B80

鷹乃祭鳥之合色

謝靈運《山居賦》曰：「當嚴勁而蔥倩，承和煦而芬腴。」王廙《春可樂》詠：「野暉赫以揮綠，山蔥倩以發蒼。」陳宓《同師道弟奉親遊延平鳳山》詠：「時當秋末垂，群木尚蔥倩。」王恭《送人中秋閩歸莆中》詠：「壺山鬱蔥倩，莆水清漣漪。」

畫琺瑯花卉三足熏爐（清）

雲門

C40 M5 Y10 K0
R162 G210 B226

天地始肅之起色

杜注《左傳》云：「黃帝受命有雲瑞，故以雲紀事也。」故雲門又稱承雲，為承受祥雲福佑之意，周代制禮作樂時將《雲門》列為「六樂」之首，用以祭祀天神。《雲門》依鳳凰之鳴分為十二音階，歌頌黃帝「大施天下之道而行」。庾信《枯樹賦》曰：「聲含嶰谷，曲抱《雲門》。」杜甫《憶昔二首》詠：「宮中聖人奏雲門，天下朋友皆膠漆。」元結《雲門》曰：「雲門，軒轅氏之樂歌也，其義蓋言雲之出，潤益萬物，如帝之德，無所不施。」

西子

C50 M10 Y20 K0
R135 G192 B202

天地始肅之承色

近代有西湖色、西湖水、西湖光等色名。蘇軾《飲湖上初晴後雨二首》詠：「欲把西湖比西子，淡妝濃抹總相宜。」此色最合心意的文字當屬白居易《春題湖上》：「湖上春來似畫圖，亂峰圍繞水平鋪。松排山面千重翠，月點波心一顆珠。碧毯線頭抽早稻，青羅裙帶展新蒲。未能拋得杭州去，一半勾留是此湖。」吳文英《西子妝慢·湖上清明薄遊》詠：「流水麴塵，豔陽醅酒，畫舸游情如霧。」

天水碧

C65 M20 Y30 K0
R90 G164 B174

天地始肅之轉色

《五國故事》載：「天水碧，因煜之內人染碧，夕露於中庭，為露所染，其色特好，遂名之。」《宋史·李煜》載：「又煜之妓妾嘗染碧，經夕未收，會露下，其色愈鮮明，煜愛之。自是宮中競收露水，染碧以衣之，謂之『天水碧』。」歐陽修《漁家傲》詠：「夜雨染成天水碧，朝陽借出胭脂色，欲落又開人共惜。」周密《聞鵲喜·吳山觀濤》：「天水碧，染就一江秋色。鰲戴雪山龍起蟄，快風吹海立。」陳允平《香奩體》：「袂飄天水碧，裙濺鬱金黃。」劉因《薔薇》：「色染女真黃，露凝天水碧。」

法翠

C80 M30 Y40 K0
R16 G139 B150

天地始肅之合色

又稱孔雀綠、吉翠，翠藍透亮之瓷色。《南窯筆記》載：「法藍、法翠二色，舊惟成窯有，翡翠最佳。本朝有陶司馬駐昌南傳此二色，云出自山東琉璃窯也。其製，用澀胎上色，複入窯燒成者，用石末、銅花、牙硝為法翠，加入青料為法藍。」

畫琺瑯山水圖雙耳爐（清·康熙）

桑蕾

C10 M15 Y45 K0
R234 G216 B154

禾乃登之起色

《四聲寶蕊》云:「桑蕾淺黃色。」王炎《春日》詠:「小憑筍輿行野田，麥芒桑蕾春無邊。」釋行海《南明道中》詠:「麥長綠須桑蕾黃，百禽調舌百花香。」

太一餘糧

C20 M30 Y70 K0
R213 G180 B92

禾乃登之承色

張衡《南都賦》曰:「太一餘糧，中黃玨玉。」謝肇浙《五雜組》云:「泰山有太乙餘糧，視之石也，石上有甲，甲中有白，白中有黃。相傳太乙者，禹之師也，嘗服此而棄其餘，故名。」張志聰《本草崇原》云:「陳藏器曰：太，大也。一，道也。大道之師，即理化神君，禹之師也，師嘗服之，故有太一之名。」李時珍《本草綱目》云:「弘景曰《本草》有太一餘糧、禹餘糧兩種，治體相同，而今世惟有禹餘糧，不復識太一」，又「太一餘糧及禹餘糧，乃一物而以精粗為名爾。其殼若瓷，方圓不定。初在殼中未凝結猶是黃水，名石中黃子。」

秋香

C30 M40 Y80 K0
R191 G156 B70

禾乃登之轉色

色出秋意，其色鬱黃。曹雪芹《紅樓夢》第四十回曰:「那個軟煙羅只有四樣顏色：一樣雨過天青，一樣秋香色，一樣松綠的，一樣就是銀紅的。」合乎其色意境的是李賀《金銅仙人辭漢歌》:「畫欄桂樹懸秋香，三十六宮土花碧。」

老茯神

C40 M50 Y90 K0
R170 G133 B52

禾乃登之合色

中藥材色之一種，越千載而生蜜蠟色。韋應物《詠琥珀》詠:「曾為老茯神，本是寒松液。」賈島《贈丘先生》詠:「常言吃藥全勝飯，華岳松邊采茯神。」李頻《題陽山顧煉師草堂》詠:「前峰自去種松子，坐見年來取茯神。」王立道《送駱質夫謝病歸湖州和王允寧二首》詠:「聞君舊隱處，正傍太湖濱。課樹收柑子，澆松養茯神。」

醬釉白花花卉紋梅瓶（明・萬曆）

凝脂

M5 Y10 K0
R245 G242 B233

白露之起色

《詩經·衛風·碩人》曰:「手如柔荑,膚如凝脂,領如蝤蠐,齒如瓠犀,螓首蛾眉。巧笑倩兮,美目盼兮。」白居易《長恨歌》詠:「春寒賜浴華清池,溫泉水滑洗凝脂。」盧仝《與馬異結交詩》詠:「凝脂為膚翡翠裙,唯解畫眉朱點唇。」趙光遠《詠手二首》詠:「妝成皓腕洗凝脂,背接紅巾掬水時。」

玉色

C10 M10 Y20 K0
R234 G228 B209

白露之承色

《郭店楚墓竹簡·五行》曰:「見賢人則玉色。」這裡指臉色像玉色一樣純粹,也指皮膚瑩潔之肉色,可以看出「色」字由一開始表示臉色神情的「顏氣之色」,逐漸演化為表示顏色的「色彩之色」。中國傳統繪畫也稱粉綠色為玉色。曹唐《小遊仙詩九十八首》詠:「玉色雌龍金絡頭,真妃騎出縱閒遊。」蘇軾《戲詠饊子贈鄰嫗》詠:「纖手搓來玉色勻,碧油煎出嫩黃深。」葉顒《故圃梅花》詠:「身世水雲鄉,冰肌玉色裳。」

黃潤

C15 M15 Y30 K0
R223 G214 B184

白露之轉色

亦稱蜀布,未經漂白的細麻布,漢晉蜀中特產,其色微黃,故名黃潤。這種布以雄麻纖維織成,輕細柔軟,可捲於竹筒中,故又稱「筒中布」,名馳全國,乃是名貴衣料。揚雄《蜀都賦》曰:「筒中黃潤,一端數金。」左思《蜀都賦》曰:「黃潤比筒,籯金所過。」劉淵林注:「黃潤,謂筒中細布也。司馬相如《凡將篇》曰:『黃潤纖美,宜制禪。』。」吳偉業《木棉吟》詠:「哀牢白疊貢南朝,黃潤筒中價並高。」

縑緗

C20 M20 Y40 K0
R213 G200 B160

白露之合色

書寫用的細絹,其色淺黃。《淮南子·齊俗訓》曰:「縑之性黃。」《說文解字·糸部》曰:「緗,帛淺黃色也。」顏真卿《送辛子序》曰:「惜乎困於縑緗,不獲繕寫。」《舊唐書·代宗貞懿皇后獨孤氏》曰:「法度有節,不待珩璜,篇訓之制,自盈縑緗。」元稹《酬樂天東南行詩一百韻》詠:「縑緗工女竭,青紫使臣紆。」楊巨源《上劉侍中》詠:「朱門重棨戟,丹詔半縑緗。」張之洞《希臘世子》詠:「玉樹兩邦聯肺腑,瑤華十部富縑緗。」高燮《東曼殊大師並乞畫偕隱圖》詠:「聊寄縑緗盈尺幅,願言偕隱是吾徒。」

四鳥紋鏡（戰國晚期）

蕉月

C50 M35 Y40 K10
R134 G144 B138

鴻雁來之起色

風生竹院，月上蕉窗，其色出自國畫傳統的蕉月圖，黃綠清雅。陳獻章《憶世卿廷實，用寄景暘韻》詠：「東西垣竹影交欹，坐到芭蕉月上時。何處塵蒙春試馬，壁間苔沒舊題詩。」王守仁《書庭蕉》詠：「檐前蕉葉綠成林，長夏全無暑氣侵。但得雨聲連夜靜，不妨月色半床陰。」霍韜《中秋夜飲》詠：「芭蕉月上露枝遲，促織聲先到耳痴。落魄幾翻圓缺影，流風千古蒹葭詩。」

千山翠

C60 M40 Y50 K15
R107 G125 B115

鴻雁來之承色

越窯瓷色，如山巒之翠，滋潤而不透明，隱露青光如玉。陸龜蒙《秘色越器》詠：「九秋風露越窯開，奪得千峰翠色來。」范純仁《和李敷重九席上遣興》詠：「樓前雨洗千山翠，天際江橫萬里秋。」程俱《三峰草堂》詠：「雨洗千山翠欲浮，稻畦松澗已爭流。」金朝覲《紅葉四首》詠：「林端襯出千山翠，夕照看成二月春。」

結綠

C70 M55 Y70 K20
R85 G95 B77

鴻雁來之轉色

古玉色之一種。《戰國策·秦策》：「臣聞周有砥厄，宋有結綠，梁有懸黎，楚有和璞。」左思《吳都賦》：「隋侯於是鄙其夜光，宋王於是陋其結綠。」李白《與韓荊州書》：「庶青萍、結綠，長價於薛、卞之門」，又《贈范金鄉二首》：「我有結綠珍，久藏濁水泥。」楊萬里《古風，敬餞都運煥章雷吏部祗召入覲》：「一時賓客盛鄒枚，明月夜光和結綠。」王邁《送蜀名父之子程剛仲世德擢甲科二首》：「有子清材如結綠，告君直氣貫晴虹。」徐熥《浪淘沙》：「風送瑞堂香百步，結綠硫黃。」

綠雲

C75 M65 Y75 K30
R69 G73 B61

鴻雁來之合色

綠如墨，髮如雲，女子沐髮油光水滑見此色。杜牧《阿房宮賦》：「綠雲擾擾，梳曉鬟也。」韋莊《酒泉子》：「綠雲傾，金枕膩，畫屏深。」張泌《江城子》：「綠雲高綰，金簇小蜻蜓。」歐陽修《燕歸梁》：「屏裡金爐帳外燈，掩春睡騰騰。綠雲堆枕亂鬅鬙。」李之儀《鵲橋仙》：「綠雲低攏，紅潮微上，畫幕梅寒初透。」汪藻《醉落魄》：「小舟簾隙，佳人半露梅妝額。綠雲低映花如刻。」陸游《清商怨·葭萌驛作》：「夢破南樓，綠雲堆一枕。」

白露

金城花鳥屏·局部（清）

藕絲秋半

C20 M20 Y20 K0
R211 G203 B197

玄鳥歸之起色

藕絲色即為純白色，似乎是定論。元稹《白衣裳二首》詠：「藕絲衫子柳花裙，空著沉香慢火熏。」劉澄《憶秦淮》詠：「殘醉有人簾半倚，酒痕新上藕絲裙。」此處翻案起自溫庭筠兩首詞，《歸國謠》詠：「舞衣無力風斂，藕絲秋色染」，又《菩薩蠻》詠：「藕絲秋色淺，人勝參差剪。」藕絲染秋色，純白已不再。厲鶚《瑞鶴仙·賦聖幾齋中牡丹名藕絲霓裳種來自亳州》詠：「映衫痕、一色惺憁，誤道藕絲秋半。」

蒼煙落照

C25 M30 Y25 K0
R200 G181 B179

玄鳥歸之承色

蒼茫如煙，日暮鄉間，大塊浩渺。陸游《鷓鴣天》詠：「家住蒼煙落照間。絲毫塵事不相關。斟殘玉瀣行穿竹，卷罷黃庭臥看山。」方行《過延陵》詠：「高情思掛劍，遠識紀觀風。欲問吳封處，蒼煙落照中。」夕陽西下，蒼煙伴月升也是如此。歐陽修《黃溪夜泊》詠：「萬樹蒼煙三峽暗，滿川明月一猿哀。」

紅藤杖

C50 M50 Y40 K0
R146 G129 B135

玄鳥歸之轉色

紅藤為杖，其色灰褐雜淡紫。白居易《紅藤杖》詠：「唯有紅藤杖，相隨萬里來」，又《紅藤權·杖出南蠻》詠：「南詔紅藤杖，西江白首人。」張籍《和李僕射秋日病中作》詠：「獨倚紅藤杖，時時階上行。」唐求《題王山人》詠：「紅藤一柱腳常輕，日日緣溪入谷行。」陸游《閒居》詠：「淨巾裁白氎，拄杖采紅藤」，又《冬晴閒步東村由故塘還舍作》詠：「紅藤拄杖獨相羊，路繞東村小嶺傍。」周道昱《秋日行谿上》：「隨身剩有紅藤杖，作伴依然綠綺琴。」

紫鼠

C65 M65 Y50 K30
R89 G76 B87

玄鳥歸之合色

考證紫鼠其色，或為貂鼠之紫黑皮色。岑參《趙將軍歌》：「將軍縱博場場勝，賭得單于貂鼠袍。」梅堯臣《送吳仲庶殿院使北》：「漢朝重結單于好，歲遣名臣禮數增。紫鼠皮裘從去著，飛龍廄馬借來乘。」陳維崧《沁園春·泊舟惠山看六朝松並艮嶽石》：「昔歲我來，乘白羊車，著紫鼠裘。」

乾隆年製鳳鳥尊（清·乾隆）

黃粱

C25 M25 Y40 K5
R196 G183 B152

群鳥養羞之起色

斑駁黃粱夢中色，此黃粱非彼黃粱。《楚辭·招魂》曰：「稻粢穱麥，挐黃粱些。」杜甫《贈衛八處士》詠：「夜雨剪春韭，新炊間黃粱。」蘇軾《與毛令方尉遊西菩寺二首》詠：「黑黍黃粱初熟後，朱柑綠橘半甜時。」王安石《懷鐘山》詠：「何須更待黃粱熟，始覺人間是夢間。」張煌言《卜天種晝寢，戲成》詠：「新秋蕭颯北窗涼，一枕羲皇夢亦長。試問漆園蝴蝶影，可曾逆旅鬧黃粱？」

蒸栗

C40 M45 Y65 K5
R165 G138 B95

群鳥養羞之承色

史游《急就篇》：「蒸栗絹紺縉紅繎，青綺綾縠靡潤鮮。」顏師古注：「蒸栗，黃色，若蒸孰之栗也。」劉熙《釋名·釋采帛》：「蒸栗，染紺使黃，色如蒸栗然也。」黃庭堅《謝王仲至惠洮州礪石黃玉印材》：「洮礪發劍虹貫日，印章不琢色蒸栗。」高濂《遵生八箋》：「然甘黃如蒸栗色佳，焦黃為下。」弘曆《題金粟箋》：「蒸栗底須誇玉色，青蓮仍自隱經文。」

射干

C55 M60 Y80 K15
R124 G98 B63

群鳥養羞之轉色

中藥材色之一種。鳶尾科植物射干的乾燥根莖，有清熱解毒、消痰利咽之功效。宋玉《高唐賦》曰：「青荃射干，揭車苞並。」沈約《奉和竟陵王藥名詩》詠：「木蘭露易飲，射干枝可結。」梅堯臣《和范景仁王景彝殿中雜題三十八首並次韻》詠：「近署多紅藥，層城有射干。」鐘芳《舟中有感》詠：「射干生高山，下臨百仞淵。植根得所托，顧居松柏顛。」

油葫蘆

C65 M70 Y90 K20
R100 G77 B49

群鳥養羞之合色

亦稱鸊鷉，油葫蘆為其俗稱。油者言其肥，葫蘆者言其泛泛水中也。《清宮鳥譜》載：「油葫蘆，黑睛淺黃暈，青黑嘴，吻根黃。頭、項、背、翅皆蒼褐色。」李賀《春坊正字劍子歌》詠：「蛟胎皮老蒺藜刺，鸊鷉淬花白鷴尾。」崔珏《和友人鴛鴦之什》詠：「翡翠莫誇饒彩飾，鸊鷉須羨好毛衣。」杜甫《奉贈太常張卿垍二十韻》詠：「健筆淩鸚鵡，銛鋒瑩鸊鷉。」

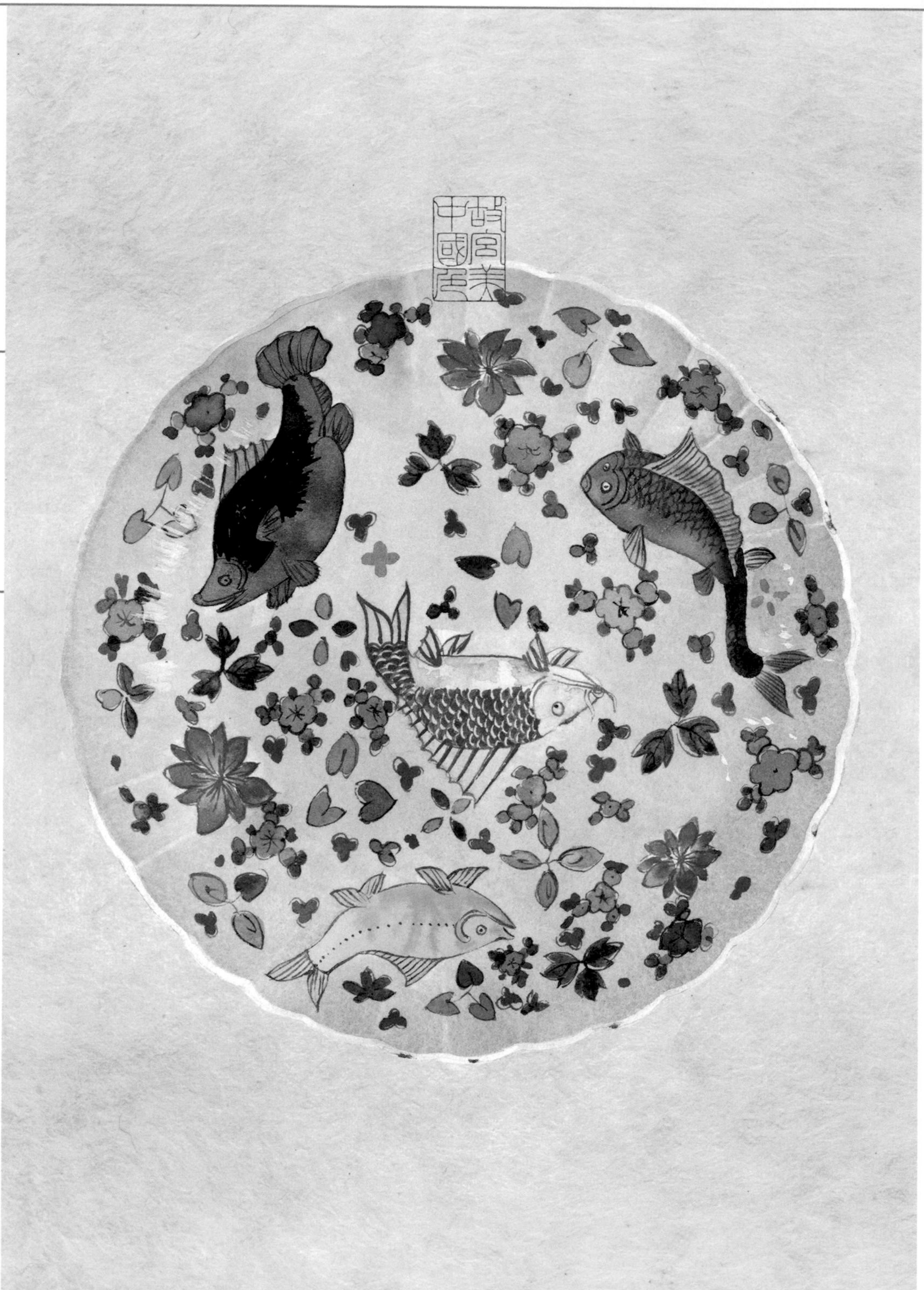

五彩魚藻紋菊瓣盤（清．康熙）

卵色

C20 M5 Y20 K0
R213 G227 B212

秋分之起色

光風霽月天青色。沈青箱《過臺城感舊》詠：「夜月琉璃水，春風卵色天。」蘇軾《和林子中待制》詠：「共把鵝兒一樽酒，相逢卵色五湖天。」陸游《東門外遍歷諸園及僧院觀遊人之盛》詠：「微風蹙水魚鱗浪，薄日烘雲卵色天。」郝經《正月三日見月》詠：「小雪初晴卵色天，虛庭搖曳動江煙。」郭翼《雪履齋筆記》曰：「風雨積五六日，江上初霽。遙望天際，作月白色，間作淡黃色，所謂卵色天也。」褚人獲《堅瓠補集·補天穿》曰：「卵色天，蓋謂天青似卵色也。」

葭菼

C25 M10 Y25 K0
R202 G215 B197

秋分之承色

即蘆與荻，水草灰青色。《詩經·衛風·碩人》曰：「葭菼揭揭，庶姜孽孽，庶士有朅。」郭璞注：「菼，草色如騅，在青白之間。」張衡《東京賦》曰：「內阜川禽，外豐葭菼。」陸龜蒙《孤雁》詠：「豈知瀟湘岸，葭菼蘋萍間。」王維《送賀遂員外外甥》詠：「蒼茫葭菼外，雲水與昭丘。」姚合《中秋夜洞庭圓月》詠：「練彩凝葭菼，霜容靜杳冥。」徐敞《白露為霜》詠：「馴星初晢晢，葭菼復蒼蒼。」梁清標《花發沁園春·贈徐方虎編修歸德清》詠：「霜零葭菼，楓冷江樓，盡入濤箋湘筆。」

冰臺

C30 M15 Y30 K0
R190 G202 B183

秋分之轉色

《爾雅·釋草》曰：「艾，冰臺。」郭璞注：「今艾蒿。」陳廷章《艾人賦》曰：「列名號於冰臺，載典常於玉燭。免繩持而遏惡，因草創而成俗。以枝葉為膚革之胞，借麻絲為筋骨之屬。」劉才邵《端午內中帖子詞》詠：「形氣既和無疾癘，冰台還更覺生遲。」徐燦《滿江紅·有感》詠：「春將去、冰臺初長，綺錢重疊。」

青古

C35 M20 Y35 K0
R179 G189 B169

秋分之合色

金箔色之一種，出自佛山的金箔品種。《佛山忠義鄉志》云：「金箔行，為本鄉有名，出品有青、赤二種……粵東佛山市李昌盛老牌。」裝金箔的木箱有廣告語云：「本號營業開張百有餘年，揀選十足赤金葉精工督造，加厚大度淨赤金薄、彩色青金，如假包換，請認準老牌為記。鋪在佛山市福祿馬路內，福新街南向開張。」彩色青金即為青古，主要用於木雕樹葉的漆貼，表現出樹葉的青色。

秋分

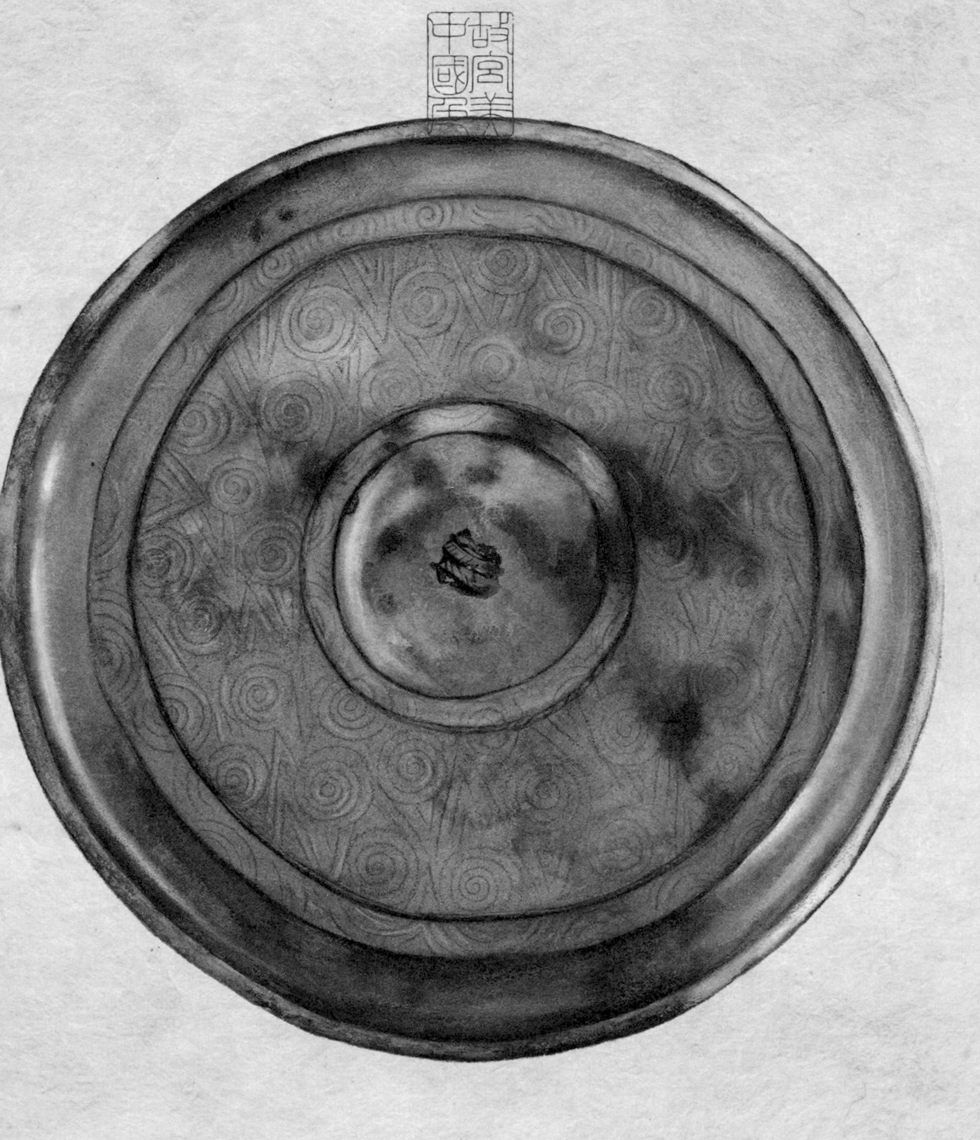

雲雷紋鏡（戰國）

182

欒華

C30 M30 Y70 K0
R192 G173 B94

雷始收聲之起色

欒木之華，其花可染黃。《山海經·大荒南經》載：「有雲雨之山，有木名曰欒。禹攻雲雨，有赤石焉生欒，黃本、赤枝、青葉，群帝焉取藥。」蘇頌《本草圖經》載：「（欒華）葉似木槿而薄細，花黃似槐而稍長大。」

大赤

C40 M40 Y80 K0
R170 G150 B73

雷始收聲之承色

亦稱冷金，出自中國繪畫雕塑建築傳統所用之金箔色。常用的金箔色有四種：庫金（足金），成色好的純金色，微發紅；大赤（冷金），成色略差的金色，金黃色；佛赤（紫赤金），拼入紫銅的雜金色，金赤色；田赤，拼入銀的雜金色，淡黃色。還有一種「選金」，顏色如金，實際上是用銀熏成的。

佛赤

C45 M85 Y90 K15
R143 G61 B44

雷始收聲之轉色

亦稱紫赤金，出自中國繪畫雕塑建築傳統所用的金箔色。以真金拼入紫銅製成，呈較深的金赤色，多用於寺廟佛像。

蜜褐

C55 M80 Y75 K35
R104 G54 B50

雷始收聲之合色

蜜褐色並非現代才有的流行色，明代已有之。程敏政《丹徒王璽家蜜褐蓮卷追賦》詠：「王家池上見芙蕖，蜜褐裝成態有餘。晚色盡消脂粉氣，高標宜占水雲居。紅灰酒滿香中瀉，白社詩殘葉上書。欲為花神增舊譜，賞緣他日記南徐。」

秋分

銅鍍金鑲料珠蟲葉頭花（清）

孔雀藍

C70 M30 Y10 K0
R73 G148 B196

蟄蟲培戶之起色

亦稱法藍，由瓷器釉色得名。《南窯筆記》載：「法藍、法翠二色，舊惟成窯有，翡翠最佳。本朝有陶司馬駐昌南傳此二色，云出自山東琉璃窯也。其製，用澀胎上色，複入窯燒成者，用石末、銅花、牙硝為法翠，加入青料為法藍。」

吐綬藍

C75 M40 Y25 K0
R65 G130 B164

蟄蟲培戶之承色

吐綬之嗉，紅底藍紋，其藍如鈷，其文如壽。任昉《述異記》載：「吐綬鳥身大如鸛，五色，出巴東山中。毛色可愛，若天晴淑景，即吐綬，長一尺，須臾還吞之。」劉禹錫《吐綬鳥詞》詠：「四明天姥神仙地，朱鳥星精鐘異氣。赤玉雕成彪炳毛，紅綃剪出玲瓏翅。湖煙始開山日高，迎風吐綬盤花條。臨波似染琅邪草，映葉疑開阿母桃。」楊基《錦雞》詠：「暖風晴日融春晝，閒看花陰雞吐綬。綺縠都將綵羽妝，紅絲不待金針繡。疊疊胭脂縷縷金，龍紋盤錯鳳紋深。憑誰剪作鴛鴦帶，雅稱佳人翡翠衿。」

魚師青

C80 M45 Y40 K0
R50 G120 B138

蟄蟲培戶之轉色

魚師，即翠鳥。陸佃《埤雅》載：「翠小者，謂之翠碧鳥，一名魚師。」李時珍《本草綱目》載：「（天狗、水狗、魚虎、魚師、翠碧鳥）狗、虎、師，皆獸之噬物者。此鳥害魚，故得此類命名。」屈大均《翡翠》詠道：「雌青雄赤是魚師，日夕清波浴不遲。」

軟翠

C90 M50 Y40 K0
R0 G109 B135

蟄蟲培戶之合色

點翠是中國傳統金屬工藝和羽毛工藝的結合，根據所取翠鳥羽毛部位和工藝的不同，可以呈現寶藍、翠藍、蕉月、湖色、深藏青等不同色彩。軟翠是翠鳥頸部的羽毛色，尊貴端莊。齊己《翡翠》詠：「水邊飛去青難辨，竹裡歸來色一般。」程公許《解纜淩雲快晴》詠：「鴨綠滄不波，軟翠淨如洗。」張羽《漢宮冬詞擬溫庭筠》詠：「象爐紅熾狻猊影，氍毹軟翠鴛鴦並。」楊慎《山花子·詠軟枝條同心山茶花》詠：「裊裊同心巧笑分。粉霞紅綬藕絲裙。軟翠柔藍擎不定，曉妝勻。」

大禹治水圖玉山·局部（清·乾隆）

淺雲

C10 M5 Y5 K0
R234 G238 B241

水始涸之起色

古紙紙色，如雲薄掛，淺藍基調的銀白色。《居家必用事類全集》云：「淺雲箋，用槐花汁、靛汁調勻，看顏色淺深，入銀粉煮漿調勻。刷紙、搥法同前。」費著《箋紙譜》：「謝公有十色箋：深紅、粉紅、杏紅、明黃、深青、淺青、深綠、淺綠、銅綠、淺雲，即十色也。」丁宥殘句：「疏綺籠寒，淺雲棲月。」韓氏《雁字三十首次韻》：「小抹淡隨寒露立，半橫細入淺雲籠。」

素采

C20 M10 Y10 K0
R212 G221 B225

水始涸之承色

亦作素彩，指月光色。戴察《月夜梧桐葉上見寒露》詠：「滴瀝清光滿，熒煌素彩寒。」陳亮《六月初七夜與嶺南族中長少二十二人乘月泛西湖示諸同遊》詠：「盃行吸素彩，曲度飄清音。」林環《盧溝曉月》詠：「波間素彩涵秋淨，天際清光映樹低。」王禕《感懷示城中一二同志》詠：「明月流素采，照我六尺形。」曹雪芹《紅樓夢》第七十六回林黛玉、史湘雲、妙玉中秋聯詩，黛玉以「素彩接乾坤」接湘雲「晴光搖院宇。」

影青

C30 M15 Y15 K0
R189 G203 B210

水始涸之轉色

始於宋代的釉色。許之衡《飲流齋說瓷》載：「永樂影青一種，瓷質極薄，雕暗龍花，表裡可以映見花紋，微觀青色，故曰影青。」劉子芬《竹園陶說》載：「近來出土之器甚多，有一種碗碟，質薄而色白，微似定，市肆人呼為影青，以其釉色微帶青色也。據言出自江西，為宋所製。」

逍遙遊

C35 M20 Y20 K0
R178 G191 B195

水始涸之合色

鵬鳥天際之意象。語出《莊子 · 逍遙遊》：「有鳥焉，其名為鵬，背若泰山，翼若垂天之雲，摶扶搖羊角而上者九萬里，絕雲氣，負青天，然後圖南，且適南冥也。」其色自在自由，元氣沖天，故名逍遙遊。蘇軾《石蒼舒醉墨堂》詠：「自言其中有至樂，適意無異逍遙遊。」

寒露

金銀線地「玉堂富貴」栽絨壁毯・局部（清・乾隆）

醽醁

C40 M20 Y30 K0
R166 G186 B177

寒露之起色

所謂燈紅酒綠，亦稱酃淥或醽淥。盛弘之《荊州記》云：「淥水出豫章康樂縣，其間烏程鄉有酒官，取水為酒，酒極甘美，與湘東酃湖酒年常獻之，世稱酃淥酒。」葛洪《抱朴子·嘉遁》云：「藜藿嘉於八珍，寒泉旨於醽醁。」柳宗元《魏徵善治酒》云：「魏左相能治酒，有名曰醽淥、翠濤。」吳潛《滿江紅·碧沚月湖，四用韻》詠：「金叵羅中醽醁瑩，玉玲瓏畔歌珠綴。」周紫芝《千秋歲·生日》詠：「波翻醽醁盞，霧暖芙蓉繡。」

翠濤

C55 M30 Y45 K0
R129 G157 B142

寒露之承色

古之酒綠。李世民《賜魏徵詩》詠：「醽醁勝蘭生，翠濤過玉薤。」陳著《燭影搖紅·壽元實通判母》詠：「碧瑤盃重翠濤深，笑領飛瓊語。」張可久《題扇》詠：「玉手銀箏柱，翠濤金屈巵，正是魚肥蟹健時。」

青梅

C60 M40 Y55 K0
R119 G138 B119

寒露之轉色

青梅未及黃，煮酒正當時。蔡伸《菩薩蠻》詠：「茂綠滿繁枝，青梅結子時。」裘萬頃《次余仲庸松風閣韻十九首》詠：「丹杏碧桃花落盡，綠陰低處結青梅。」陳允平《漁家傲》詠：「秋水盈盈嬌欲溜，六么倦舞弓彎袖，偷摘青梅推病酒。」蘇軾《贈嶺上梅》詠：「不趁青梅嘗煮酒，要看細雨熟黃梅。」

翕艴

C70 M50 Y60 K0
R95 G118 B106

寒露之合色

江淹《從冠軍行建平王登廬山香爐峰》詠：「瑤草正翕艴，玉樹信蔥青。」呂向注：「翕艴，蔥青盛鬱貌。」嵇康《琴賦》曰：「珍怪琅玕，瑤瑾翕艴。」李善注：「翕艴，盛貌。」李白《君子有所思行》詠：「朝野盛文物，衣冠何翕艴」，又《詠槿二首》：「豈若瓊樹枝，終歲長翕艴？」梅堯臣《次韻和王尚書答贈宣城花木瓜十韻》詠：「貴賤今既殊，淩紙字翕艴。」陳維崧《風流子》詠：「念別我西園，朱曦翕艴，送君南浦，雪浪掀騰。」

白雁《清宮鳥譜》

九斤黃

C15 M35 Y55 K0
R221 G176 B120

鴻雁來賓之起色

《清宮鳥譜》載：「（越雞）赤黃項……此種出江南太倉、上海諸處。越雞之最大者，其重有至九斤，俗亦名九斤黃。」《南匯縣誌雜志卷十五》載：「雞產浦東者大，有九斤黃、黑十二之名。」柳宗元《梅雨》詠：「愁深楚猿夜，夢斷越雞晨。」祝允明《雞黍詞》詠：「越雞氣沾沾，欣睨躍拙距。」

杏子

C15 M50 Y85 K0
R218 G146 B51

鴻雁來賓之承色

此色出自《西洲曲》：「單衫杏子紅，雙鬢鴉雛色。」杏子黃紅，其色如橘。蘇軾《蝶戀花》詠：「杏子梢頭香蕾破，澹紅褪白胭脂涴。」范成大《夏日田園雜興十二絕》詠：「梅子金黃杏子肥，麥花雪白菜花稀。」楊萬里《折杏子》詠：「意行到南園，杏子半紅碧。」馬祖常《謝杏》：「杏子黃金色，筠籠出薊丘。」

媚蝶

C30 M65 Y85 K0
R188 G110 B55

鴻雁來賓之轉色

鶴子草所生之蝶，其色赤黃，閨房秘色。嵇含《南方草木狀》載：「（媚草）上有蟲，老蛻為蝶，赤黃色，女子藏之，謂之媚蝶，能致其夫憐愛。」《太平廣記》載：「鶴子草……南人云是媚草……此草蔓至春生雙蟲，只食其葉。越女收於妝奩中養之如蠶，摘其草飼之。蟲老不食，而蛻為蝶，赤黃色。婦女收而帶之，謂之媚蝶。」劉筠《代意二首》詠：「乳鶯啼曉銷蘭炷，媚蝶傷春失蕙叢。」錢惟演《無題》詠：「圓蟾可見還歸海，媚蝶多驚欲御風。」吳敬梓《閒情四首》詠：「因貪媚蝶收奩粉，為愛游蜂集鬢釵。」

韎韐

C40 M75 Y100 K10
R159 G82 B33

鴻雁來賓之合色

韎韐是用茅蒐草染成赤黃色的蔽膝，韎、韞、縓同指赤黃色。《詩經·小雅·瞻彼洛矣》曰：「君子至止，福祿如茨。韎韐有奭，以作六師。」許慎《說文解字·韋部》曰：「韎，茅蒐染韋也。」《玉藻》注：「韞，赤黃之閒色，所謂韎也。」張衡《西京賦》曰：「緹衣韎韐，睢盱拔扈。」王世貞《贈梅將軍》詠：「韎韐戎王錦，珊瑚宛馬鞭」，又《觀李于鱗射歌》詠：「珊瑚僕姑千金裝，戎錦韎韐五花隊。」徐禎卿《擬古宮詞七首》詠：「君王無事日臨戎，韎韐親調白玉弓。」

景德鎮窯青花鴛鴦荷花（「滿池嬌」）紋花口盤（元）

東方既白

C50 M30 Y10 K0
R139 G163 B199

雀入大水為蛤之起色

黎明，太陽躍出地平線時的高空天色，藍朦白透。語出蘇軾《前赤壁賦》：「客喜而笑，洗盞更酌。肴核既盡，杯盤狼藉。相與枕藉乎舟中，不知東方之既白。」林正大《括酹江月》詠：「江上清風，山間明月，與子歡無極。翻然一笑，不知東方既白。」陸游《鼠敗書》詠：「雲歸雨亦止，鴉起窗既白。」釋函是《觀音大士贊》詠：「望東方之既白兮，猶濛濛其復晦。」湛若水《題吳郎克容東白號》詠：「東方之既白，睡仙方展眉。」伊麟《春興》詠：「晏起窗既白，疏簾透朝暉。」陳恭尹《庚午冬夜羊城宴集聯句十二韻》：「東方看既白，餘興滿歸途。」

紺宇

C100 M85 Y35 K0
R0 G61 B116

雀入大水為蛤之承色

許慎《說文解字·糸部》曰：「紺，帛深青而揚赤色也。」古時殿宇和寺廟多用紺色，取其莊嚴凝重之意。王勃《益州德陽縣善寂寺碑》曰：「朱軒夕朗，似游明月之宮；紺宇晨融，若對流霞之闕。」趙佶《聒龍謠》詠：「紫闕岧嶢，紺宇邃深，望極絳河清淺。」歐陽修《廣愛寺》詠：「都人布金地，紺宇巋然存。」蘇軾《同王勝之遊蔣山》詠：「朱門收畫戟，紺宇出青蓮。」文徵明《金山詩追賦》詠：「白髮金山續舊遊，依然紺宇壓中流。」姚鼐《重宿幽棲寺》則詠：「紺宇中臨千嶂小，黃梅旁出一枝尊。」

佛頭青

C100 M95 Y50 K0
R25 G50 B95

雀入大水為蛤之轉色

青而含赤之色，又作紺琉璃，為佛陀毛髮及佛國土之色相。《大般若波羅蜜多經》云：「世尊首髮修長，紺青稠密不白。」林逋《西湖》詠：「春水淨於僧眼碧，晚山濃似佛頭青。」白玉蟾《樓霞晚眺》詠：「潮花人鬢白，山色佛頭青。」釋德惠《普通禪寺》詠：「水如僧眼碧，山作佛頭青。」朱仕玠《小琉球朝霞》詠：「遠映三山魚尾赤，高烘孤島佛頭青。」弘曆《即事》詠：「忽卷朝嵐露嶂屏，芙蓉面面佛頭青。」

花青

C100 M100 Y65 K15
R26 G40 B71

雀入大水為蛤之合色

亦稱靛花，國畫傳統的顏料色。植物顏料，取之於藍，而勝於藍。李時珍《本草綱目》載：「南人掘地作坑，以藍浸水一宿，入石灰攪至千下，澄去水，則青黑色。亦可乾收，用染青碧。其攪起浮沫，掠出陰乾，謂之靛花。」單人耘《如夢令·病中縱筆遣懷》：「已愛平平仄仄，復愛花青入墨。老境喜紛披，滿紙斑斕秋色。」趙以夫《憶舊遊慢》：「笑老去心情，也將醉眼，鎮為花青。」成廷珪《送余廷心翰林應奉》：「靛花深染青綾被，雲葉新裁紫綺裘。」

寒露

百寶嵌花果紫檀盒（清・乾隆）

弗肯紅

C5 M15 Y20 K5
R236 G217 B199

菊有黃華之起色

袁文《甕牖閒評》曰：「今人染弗肯紅名玉色，非也，當名肉紅耳。」陸游《老學庵筆記》曰：「紹興末，縑帛有一等似皂而淡者，謂之不肯紅，亦退紅類也？」

赤璋

C10 M25 Y40 K5
R225 G193 B153

菊有黃華之承色

禮器之玉色。《周禮·春官·大宗伯》曰：「以青圭禮東方，以赤璋禮南方。」呂陶《和紅蕉二首》詠：「曉薦赤璋開繅藉，夜燃絳蠟照珊瑚。」陳普《偶成呈純父》詠：「朋友之倫在天地，何啻玄璜耦赤璋。」張萱《贈方鳧陽民部出守廣州二十二韻》詠：「露冕垂朱紱，褰幃耀赤璋。」

繭色

C20 M35 Y60 K10
R198 G162 B104

菊有黃華之轉色

陸龜蒙《襲美以魚箋見寄因謝成篇》詠：「向日乍驚新繭色，臨風時辨白萍文。」丁復《送僧還徑山》詠：「半嶺晴雲堆繭色，上方朝雨雜龍涎。」張仲深《謝易之自京回遺余文物七品各賦律詩一首謝之》詠：「龍香浸潤駝油滑，兔穎分明繭色新。」繭色考據不易，「兔穎分明繭色新」甚是有力，以兔毫筆的毛色可以推知繭色。孫珮《蘇州織造局志》載：「繭色，經每兩生染銀二分，八五就算。」

密陀僧

C30 M40 Y75 K10
R179 G147 B75

菊有黃華之合色

亦稱鉛黃，粉黛顏色，也是古代煉丹和繪畫的重要材料。蘇頌《本草圖經》載：「（密陀僧）其初採礦時，銀銅相雜。先以鉛銅煎煉，銀隨鉛出。又採山木葉燒灰，開地作爐，填灰其中，謂之灰池。置銀鉛於灰上，更加火大鍛，鉛滲灰下，銀住灰上，罷火，候冷出銀。其灰池感鉛銀氣，置之積久成此物。今之用者，往往是此，未必胡中來也。形似黃龍齒而堅重者，佳。」黃麟《遊登高山》：「上至登高眼界寬，蜜陀僧舍富琅玕。」周邦彥《醜奴兒·詠梅》：「洗盡鉛黃，素面初無一點妝。」陳楠《金丹詩訣》：「黃丹胡粉密陀僧，此是嘉州造化能。」

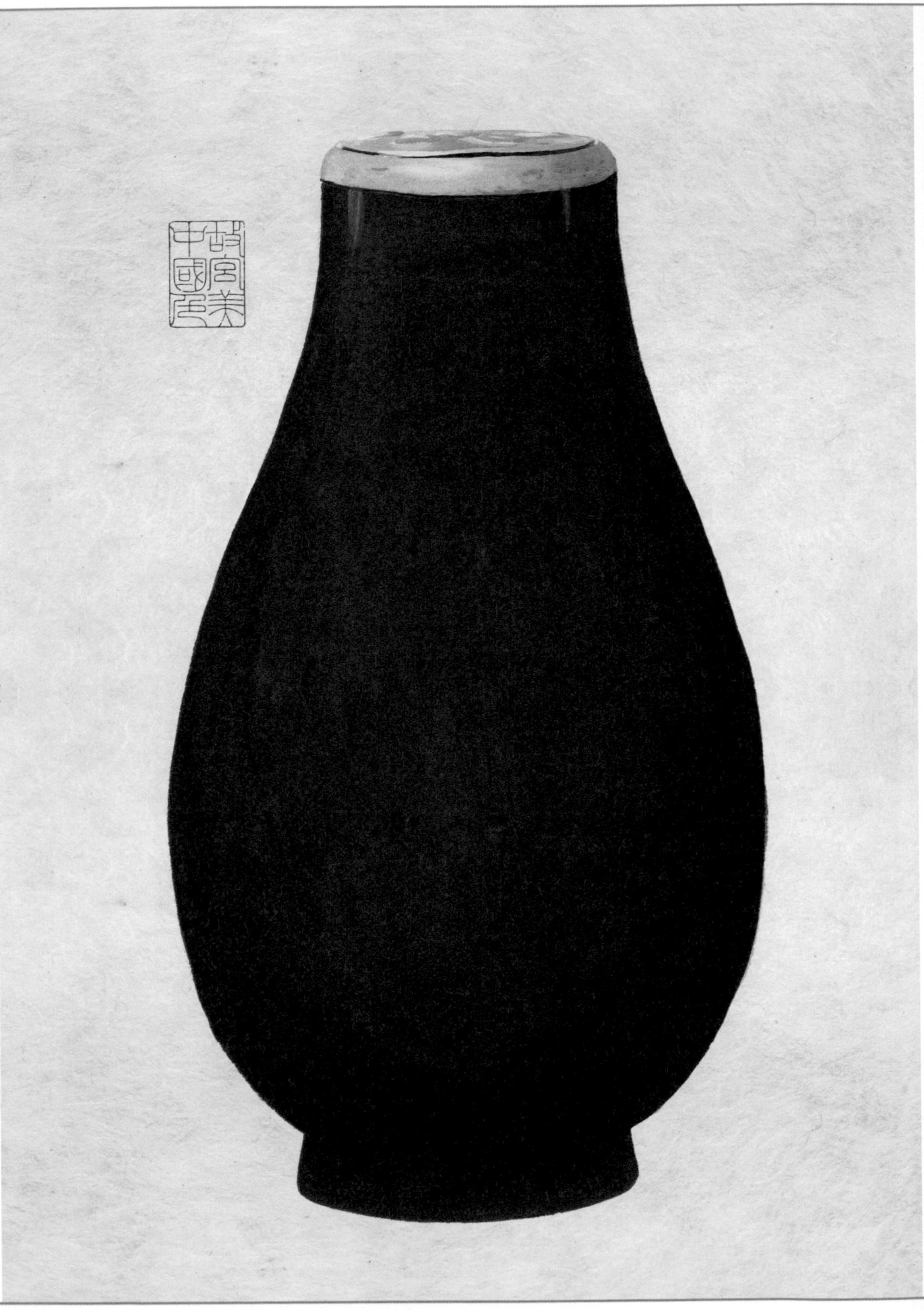

郎窯紅釉花囊（清·康熙）

銀朱

C15 M95 Y95 K0
R209 G41 B32

霜降之起色

銀者亮澤，朱者近赤，國畫傳統顏料色。胡演《升丹煉藥秘訣》載：「升煉銀朱，用石亭脂二斤，新鍋內鎔化，次下水銀一斤，炒作青砂，頭炒不見星。研末罐盛，石版蓋住，鐵線縛定，鹽泥固濟，大火煅之。待冷取出，貼罐者為銀朱，貼口者為丹砂。」柳貫《贈別宋季任赴甘肅提舉二十韻》詠：「職司雖翰墨，佩服已銀朱。」蔣捷《珍珠簾·壽岳君選》詠：「萬顆蘪心瓊珠輥，細滴與、銀朱小硯。」

胭脂蟲

C35 M100 Y100 K5
R171 G29 B34

霜降之承色

胭脂蟲紅，從美洲仙人掌上雌胭脂蟲體內提取的一種天然色素，國畫傳統顏料色，貴重舶來品，亦稱之為「洋紅」。吳騫《論印絕句十二首》詠：「血染洋紅久不消，芝泥方法費深調」，自注：「洋紅，出大西洋國，以少許入印色，其紅勝丹砂寶石百倍，且久而愈豔。」繆公恩《洋紅》詠：「誰碾朱砂擁菊叢，丹葩和露綻西風。一從番舶來中土，贏得扶桑曉日紅。」于非闇《中國畫顏色的研究》載：「西洋紅是在1582年以後被使用的（曾鯨畫像用西洋紅）。」經過加工精製的西洋紅，顏色溫暖豔麗，且歷久不變。西洋紅的色彩非常奪目。尤其是在花卉畫中，效果更勝於傳統的胭脂。

朱櫻

C45 M100 Y100 K15
R143 G29 B34

霜降之轉色

左思《蜀都賦》曰：「朱櫻春熟，素柰夏成。」李世民《賦得櫻桃》詠：「朱顏含遠日，翠色影長津。」王維《敕賜百官櫻桃》：「芙蓉闕下會千官，紫禁朱櫻出上蘭。」白珽《餘杭四月》：「朱櫻青豆酒，綠草白鵝村。」文同《朱櫻歌》：「金衣珍禽弄深樾，禁籞朱櫻斑若纈。」廖行之《和人乞朱櫻十首》：「見說朱櫻正及時，眼穿火齊曉雲披。」蘇頌《本草圖經》曰：「櫻桃，其實熟時深紅者，謂之朱櫻。」

爵頭

C55 M100 Y100 K40
R99 G18 B22

霜降之合色

爵通雀。《儀禮·士冠禮》曰：「爵弁服：纁裳，純衣，緇帶，韎韐。」鄭玄注：「云其色赤而微黑，如爵頭然，或謂之緅者，七入為緇，若以纁入黑則為紺，以紺入黑則為緅，是三入赤再入黑，故云其色赤而微黑也。云如爵頭然者……赤多黑少，故以爵頭為喻也。」爵弁，這種頂戴是赤多黑少的雀頭顏色。緅，是入絳色染料三次，再入黑色染料兩次，等同爵頭色，赤多黑少。

狩獵紋豆（春秋）

甘石

C30 M30 Y25 K0
R189 G178 B178

豺乃祭獸之起色

又名爐甘石，灰白色菱鋅礦石，可入藥，亦表示顏色。李時珍《本草綱目》載：「爐甘石，陽明經藥也……治目病為要藥。」

迷樓灰

C50 M50 Y35 K0
R145 G130 B143

豺乃祭獸之承色

迷樓成灰，煙花成謎，其色如煬帝霸業揚州夢。馮贄《南部煙花記・迷樓》載：「凡役夫數萬，經歲而成。樓閣高下，軒窗掩映，幽房曲室，玉欄朱楯，互相連屬。帝大喜，顧左右曰：『使真仙遊其中，亦當自迷也。』故云。」《迷樓記》載：「唐帝提兵號令入京，見迷樓，太宗曰：『此皆民膏血所為。』乃命焚之。」杜牧《揚州三首》詠：「煬帝雷塘土，迷藏有舊樓。」曹勳《隋堤柳》詠：「神器失所托，化作迷樓灰。」賀鑄《思越人》詠：「紅塵十里揚州過，更上迷樓一借山。」徐昂發《揚州》詠：「裙縩禹穴千年繭，鏡擁迷樓萬朵花。」

鴉雛

C65 M65 Y45 K10
R106 G91 B109

豺乃祭獸之轉色

烏鴉雛鳥，灰黑稚色，多形容女子黑髮色。此色出自《西洲曲》：「單衫杏子紅，雙鬢鴉雛色。」張喬《遠離曲》詠：「分明雲母屏，映出鴉雛鬢。」徐于《春日漫興追和六如先生韻二首》詠：「攜來雙鬢鴉雛色，舞去單衫鶻腦香。」李雲龍《青樓曲》詠：「鴉雛棲曉鬢，杏子染春衫。」葉佩蓀《有以西域骨種羊裘見貽者謝卻之因綴長句》詠：「旋珠細疊螺髻圓，黝光潤奪鴉雛墨。」曹家達《梅花四章》詠：「西洲鬢影鴉雛色，欲采寒花寄江北。」

煙墨

C70 M70 Y60 K15
R92 G79 B85

豺乃祭獸之合色

亦稱煙煤、煙炱，以松煙或桐煙等調膠製成的墨，國畫傳統顏料色。蕭綱《與湘東王論文書》曰：「徒以煙墨不言，受其驅染；紙札無情，任其搖襞。」王概《芥子園畫傳》曰：「煙煤惟畫鳥獸人物毛髮用之，將油燈上支碗虛覆半時，俟其煙頭熏結，掃下入膠研。用膠不可多，多則光亮，鉤墨不顯。蟲鳥中……白鶴之裳，蛺蝶之翅，先濃淡染出以濃墨絲其細毛，鉤其大翅，則煙煤色暗，墨色光亮悉見矣。」陶澍《題墨蘭贈尹月三》詠：「煙墨數點出新意，勃勃清香生絹底。」鄭典《張山人畫松歌》詠：「觀者無言俱動色，絹素淋漓滿煙墨。」

銅鍍金盆紅珊瑚盆景（清）

十樣錦

C0 M30 Y25 K0
R248 G198 B181

草木黃落之起色

戚輔之《佩楚軒客談》載：「（後蜀）孟氏在蜀時製十樣錦，名長安竹、天下樂、鵰團、宜男、寶界地、方勝、獅團、象眼、八搭韻、鐵梗襄荷。」蜀地貢錦受到宮廷貴婦青睞，其特別的紅色品種，漸漸成了十樣錦的顏色標準，之後薛濤製箋，也用草木染出這種顏色。韋莊《乞彩箋歌》詠：「浣花溪上如花客，綠闇紅藏人不識。留得溪頭瑟瑟波，潑成紙上猩猩色。手把金刀裁彩雲，有時剪破秋天碧。不使紅霓段段飛，一時驅上丹霞壁。」

檀唇

C15 M45 Y40 K0
R218 G158 B140

草木黃落之承色

唇脂檀色，香閨妝色。秦韜玉《吹笙歌》詠：「檀唇呼吸宮商改，怨情漸逐清新舉。」華鎮《食櫻桃思越中風俗》詠：「檀唇深注胭脂紫，琪樹匀排火齊圓。」蘇軾《江城子》詠：「膩紅匀臉襯檀唇。晚妝新，暗傷春」，又《南鄉子·用前韻贈田叔通家舞鬟》詠：「久立香車催欲上，還留，更且檀唇點杏油。」

瓊琚

C15 M60 Y55 K0
R215 G127 B102

草木黃落之轉色

古玉色之一種。《詩經·衛風·木瓜》曰：「投我以木瓜，報之以瓊琚。」《詩經·鄭風·有女同車》曰：「有女同車，顏如舜華。將翺將翔，佩玉瓊琚。」蘇軾《憶黃州梅花五絕》詠：「一枝價重萬瓊琚，直恐姑山雪不如。」謝枋得《謝劉純父惠布》詠：「玉案未能報，瓊琚情則真。」陳性《玉紀》曰：「玉有九色，元如澄水曰瑿，藍如靛沫曰碧，青如苔蘚曰璂，綠如翠羽曰瓐，黃如蒸栗曰玵，赤如丹砂曰瓊，紫如凝血曰璊，黑如墨光曰瑎，白如割肪曰瑳。」

棠梨

C35 M75 Y75 K0
R177 G90 B67

草木黃落之合色

《詩經·唐風·杕杜》詠：「有杕之杜，其葉菁菁。」這裡的「杜」指棠梨，其葉又綠又密，乾枯後就是紅褐色染料。王翰《棠梨墓歌》詠：「棠梨花白春似雪，棠梨葉赤秋如血。」王禹偁《村行》詠：「棠梨葉落胭脂色，蕎麥花開白雪香。」宋祁《野路見棠梨紅葉為斜日所照尤可愛》詠：「葉葉棠梨戰野風，滿枝哀意為秋紅。無人解賞如丹意，拋在荒城斜照中。」

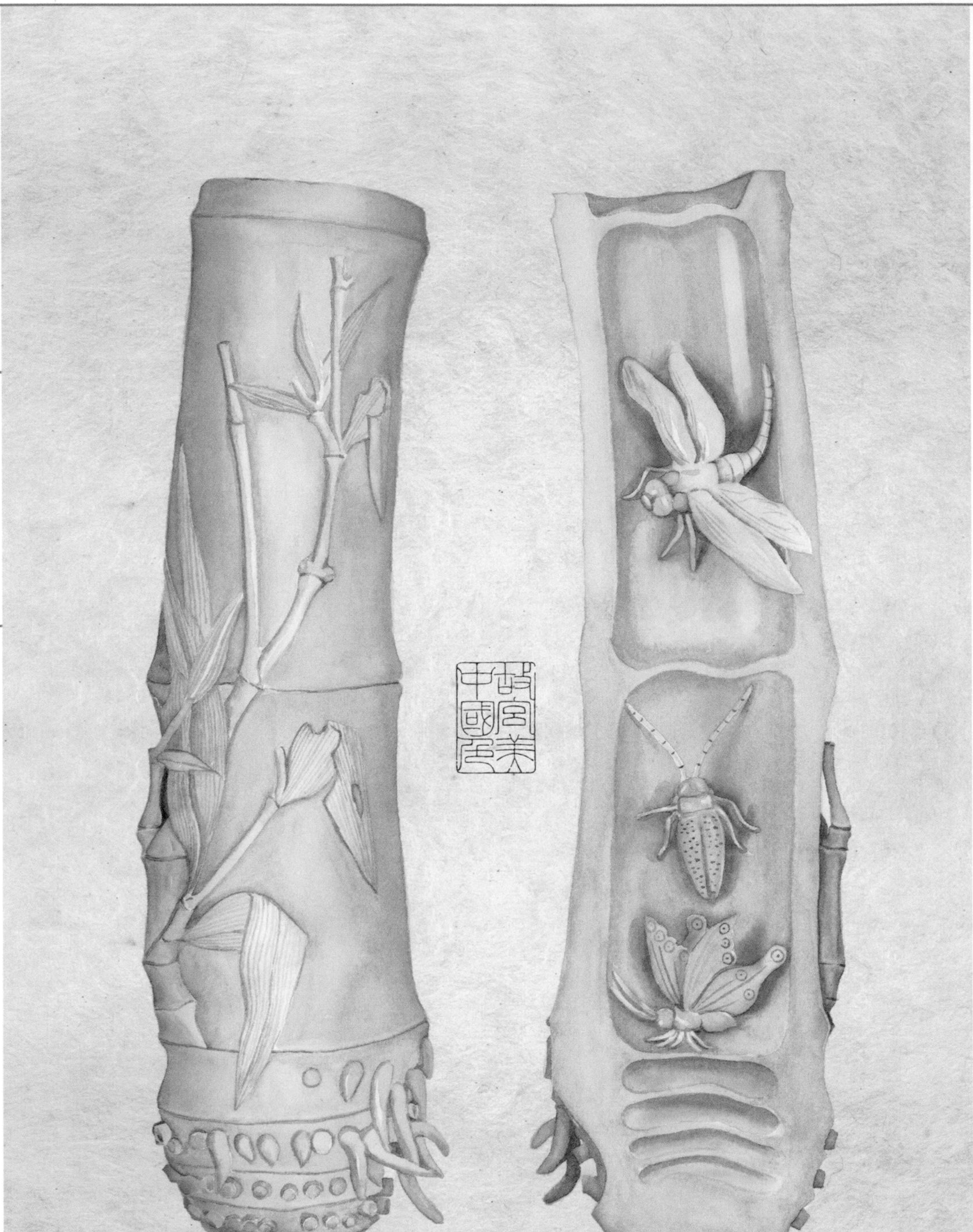

象牙雕竹節式臂擱（清）

蜜合

C15 M15 Y25 K0
R223 G215 B194

螯蟲咸俯之起色

亦稱作密合。釋正覺《方上人持缽乞頌》詠道：「僧缽飯歸三篋飽，蜂房蜜合百華香。柳絲鶯友調唇滑，雲錦人家照眼光。」蘭陵笑笑生《金瓶梅》第二十七回云：「只見潘金蓮和李瓶兒家常都是白銀條紗衫兒，蜜合色紗挑線縷金拖泥裙子。」曹雪芹《紅樓夢》第八回云：「頭上挽著黑漆油光的髻兒，蜜合色棉襖，玫瑰紫二色金銀鼠比肩掛，蔥黃綾棉裙，一色半新不舊，看去不覺奢華。」李斗《揚州畫舫錄》載：「淺黃白色曰密合。」

假山南

C20 M25 Y35 K0
R212 G193 B166

螯蟲咸俯之承色

蜀中楮紙箋色之一種。費著《箋紙譜》云：「廣都紙有四色，一曰假山南，二曰假榮，三曰冉村，四曰竹絲，皆以楮皮為之。其視浣花箋紙最清潔。凡公私簿書、契券、圖籍、文牒，皆取給於是。廣幅無粉者，謂之假山南；狹幅有粉者，謂之假榮；造於冉村曰清水；造於龍溪鄉曰竹絲。蜀中經史子籍皆以此紙傳印，而竹絲之輕細似池紙，視上三色，價稍貴。近年又仿徽、池法作勝池，亦可用，但未甚精緻爾。」

紫花布

C30 M35 Y45 K0
R190 G167 B139

螯蟲咸俯之轉色

或許會望文生義以之為紫色，其實是以開紫花的彩棉織成的布，為天然淺棕色。李紹聞《雲間雜誌》云：「紫木棉，色赭而淡，名紫花布。」17至19世紀，紫花布自蘇州、松江等地區出口歐洲，又稱松江布、南京布。嚴中平《中國棉紡織史稿》云：「真正的所謂南京土布，或東印度公司指定訂購的所謂棕色土布，不知究竟出產在哪個地區，大約即江南蘇松一帶所織的一種紫花布。這種土布在英國曾風行一時，如今人們還可以在倫敦博物館裡看到十九世紀三十年代英國紳士的時髦服裝，正是中國的杭綢襯衫和紫花布的褲子。」

沉香

C45 M50 Y55 K5
R153 G128 B108

螯蟲咸俯之合色

姚思廉《梁書·諸夷傳》：「函內又有琉璃碗，內得四舍利及髮爪，爪有四枚，並為沉香色。」李白《楊叛兒》：「博山爐中沉香火，雙煙一氣凌紫霞。」胡應麟《嘲老杜》：「甯知謫仙子，捧研在沉香。」宋詡《竹嶼山房雜部》：「若沉香色，煎栗殼水，染大紅，用紅花水膏刷於膠礬紙也。」

故宮美
中國色

C
75

M
30

Y
50

K
0

銅青

R
61

G
142

B
134

冬

黃醅綠醑迎冬熟

冬天是陽光最少的季節，天地暗啞，明代楊慎講：「金生水，其色黑，故黑者北方也。」這個季節的顏色似乎最為單調，其實單調的是門外，進門來卻是五色氤氳，「黃醅綠醑迎冬熟，絳帳紅爐逐夜開。」酒未濾清故黃，這是醅；去糟取清則綠，這是醑。古之好酒多為綠色，所以才有燈紅酒綠之說。說到酒的顏色，《本草綱目》引《飲膳標題》：「紅曰醍，綠曰醽，白曰醝。」

欲窺冬宅尋秀色，先讀季語解密碼。冬色季語，就是您開啟這一季傳統色寶庫的鑰匙。

半見	女貞黃
C0 M0 Y30 K0 R255 G251 B199	C5 M5 Y40 K0 R247 G238 B173
絹紈	**薑黃**
C10 M10 Y50 K0 R236 G224 B147	C20 M20 Y70 K0 R214 G197 B96

立冬

起於「半見」，這次全面整理失落的中國傳統色，懷著對美學的敬意打撈出「半見」這個色名，從史游《急就篇》記錄下它到如今已將近兩千年，它的若隱若現依然楚楚動人。承之「女貞黃」，明代的色彩接近當代審美，天縹、退紅、天水碧、女貞黃之類，如果形而上去分析，這是平民化的美學進擊時代。轉而「絹紈」，絹是很令人困惑的基本傳統色，它是未漂白的生絲黃色，未練染的生絲白色稱為「縞」。合乎「薑黃」，薑黃攻心結、抗抑鬱，或許是愛情的療傷色。

繱犗	二綠
C50 M10 Y30 K0 R136 G191 B184	C65 M20 Y40 K0 R93 G163 B157
銅青	**石綠**
C75 M30 Y50 K0 R61 G142 B134	C85 M50 Y60 K10 R32 G104 B100

水始冰

起於「繱犗」，繱字難寫，不要怕，它其實就是蔥，如果帝王耕地的牛是蔥色，老子出關的青牛也是這個顏色吧？承之「二綠」，同樣是研磨石綠礦石，古代中國人按照研磨細度分四目，也就是分為四種層級的綠色，現代日本人分十七目。轉而「銅青」，描述色彩最具財神意象的句子之一，「野菊荒苔各鑄錢，金黃銅綠兩爭妍。」合乎「石綠」，石青石綠的國畫巔峰，可以參考故宮博物院收藏的《千里江山圖》。

黃琮	茶色
C45 M45 Y60 K0 R158 G140 B107	C55 M55 Y70 K0 R136 G118 B87
伽羅	**蒼艾**
C60 M60 Y80 K20 R109 G92 B61	C65 M65 Y75 K30 R90 G76 B59

地始凍

起於「黃琮」，顏色的概念來自事物的具象和意象，黃琮模擬了大地的形態和顏色，所以是禮地的皇家玉器。承之「茶色」，宋代的審美是細膩而貼近自然的，目送友人離去，記錄的是友人的衣服在朝暮光線間的顏色變化，「來衣茶色袍，歸變椹色服。」轉而「伽羅」，中日的傳統色都記錄了這個顏色。合乎「蒼艾」，艾蒿既老之色。

藕絲褐 C40 M50 Y40 K0 R168 G135 B135	葡萄褐 C45 M65 Y50 K0 R158 G105 B109
蘇方 C55 M80 Y65 K10 R129 G71 B76	福色 C60 M90 Y80 K30 R102 G43 B47

雉入大水為蜃

起於「藕絲褐」，從「藕絲秋半」而「藕絲褐」，藕絲由灰而褐，漸染趨深。承之「葡萄褐」，道家的理念、游牧的環境，這兩個因素促使宋元之際褐色在社會各階層大規模流行，且褐色的色目細分趨向極致。轉而「蘇方」，日本的傳統色亦有蘇芳，且有深淺色目，其實蘇方是從印尼傳入中國的染料。合乎「福色」，蔡京的太師青、福康安的福色，都是因嚮往顯貴而流傳。

龍膏燭 C10 M60 Y10 K0 R222 G130 B167	黲紫 C20 M65 Y10 K0 R204 G115 B160
胭脂水 C30 M75 Y20 K0 R185 G90 B137	胭脂紫 C35 M85 Y35 K0 R176 G67 B111

小雪

起於「龍膏燭」，「龍膏為燈，光耀百里，煙色丹紫」的顏色意象。承之「黲紫」，黲的本義是淺青黑色，黲紫的色值在淺紫區間，武則天施黲紫帳這一傳統源自東漢馬融，絳紗設帳，授徒傳道。轉而「胭脂水」，梳妝的胭脂水，可以飛上枝頭作杏花，可以飛上瓷胎作釉色。合乎「胭脂紫」，比胭脂水深一些的就是胭脂紫。

小紅 C5 M65 Y55 K0 R230 G119 B98	岱赭 C10 M70 Y65 K0 R221 G107 B79
鶴頂紅 C15 M85 Y80 K0 R210 G71 B53	朱殷 C30 M90 Y95 K0 R185 G58 B38

虹藏不見

起於「小紅」，淺云小，甚雅致，《居家必用事類全集》敘述其染法甚詳盡，這是比較容易復原的中國傳統色。承之「岱赭」，姜思序堂的顏料鋪子依然有售，傳之有序。轉而「鶴頂紅」，礦物色而不是動物色，並非來自柔美的丹頂鶴，而是來自驚悚的砒霜。合乎「朱殷」，司馬青衫的白居易嚮往的服飾是「紫爛復朱殷」，著刺史緋、脫刺史緋，蹉跎復蹉跎。

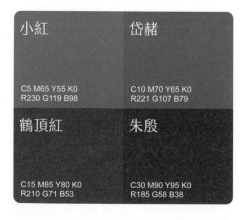

月白 C20 M5 Y5 K0 R212 G229 B239	星郎 C30 M10 Y5 K0 R188 G212 B231
晴山 C40 M20 Y5 K0 R163 G187 B219	品月 C50 M25 Y10 K0 R138 G171 B204

天氣上升，地氣下降

起於「月白」，寫這本書的過程中，我曾去景德鎮請教陶瓷的顏色，粉彩大師搞不清像月白這種顏色到底怎麼準確定義，故宮收藏的月白色服裝之間也有很大顏色差異，我們的標準傳統色譜形成尚須努力。承之「星郎」，郎官對應星宿的典故，衍生而出的顏色意象。轉而「晴山」，雲霧散而晴山藍，也是一種約定俗成的顏色意象。合乎「品月」，清代服飾流行色，從故宮收藏的服裝看，品月較月白而言更深更藍。

明茶褐 C45 M50 Y60 K0 R158 G131 B104	荊褐 C50 M60 Y75 K5 R144 G108 B74
駝褐 C55 M65 Y80 K15 R124 G91 B62	椒褐 C55 M75 Y75 K25 R114 G69 B58

閉塞而成冬

起於「明茶褐」，宋元之際褐色大流行，明初亦是如此，褐色保持著分類最細緻最繁雜的色目。承之「荊褐」，日本在江戶後期也興起近似褐色系的「四十八茶百鼠」，茶色和鼠色的分類也一樣細緻繁雜，極大地繁榮了日本的傳統色。轉而「駝褐」，春起早寒，曉寒颯颯，山色盈盈，暖意入酒杯，說的正是這種安逸。合乎「椒褐」，褐色很有生活氣息，褐色系的色名裡茶香藕脆，駝走鷹飛，還有葡萄、麻椒和荊艾。

粉米 C5 M30 Y10 K0 R239 G196 B206	縓緣 C20 M55 Y30 K0 R206 G136 B146
美人祭 C25 M75 Y45 K0 R195 G92 B106	鞓紅 C35 M85 Y60 K0 R176 G69 B82

大雪

起於「粉米」，有關十二章紋的各種考證，粉色粳米是一說，十二章紋是帝王把江山社稷都攬於一身；不去考慮十二章紋，這種糧食是確實存在的。承之「縓緣」，像茜草這種赤色染材，浸入其中過一次出來的淺紅色就是縓，過兩次出來的顏色是赬，過三次出來的是纁。轉而「美人祭」，釉色如佳人，而且是稀世佳人，以稀為貴。合乎「鞓紅」，皮帶紅，宋代畫裡官員模樣的人物腰間都有這麼一抹紅。

米湯嬌 C20 M15 Y25 K0 R212 G211 B193	草白 C30 M20 Y35 K0 R191 G193 B169
玄校 C40 M35 Y50 K0 R169 G160 B130	綟綬 C60 M55 Y75 K10 R117 G108 B75

鶡旦不鳴

起於「米湯嬌」，米湯嬌等於魚肚白，等於東方亮，等於湖色，湖色服裝故宮收藏了不少，而淺綠淺藍都有，可見湖色的重點是泛白的意象。承之「草白」，草色枯，胡馬出，兩千年的南北戰爭拉鋸，天地以萬物為芻狗，「草白經霜地，雲黃欲雪天。」轉而「玄校」，玄是太陽出地平線前一刻的天色，呈黑赤，玄形容色暗，校是青與黃的間色，呈綠色，玄校是暗綠色。合乎「綟綬」，綟是墨綠色，故而諸侯王公的印綬也稱綠綬。

雀梅 C60 M40 Y60 K0 R120 G138 B111	油綠 C70 M50 Y70 K5 R93 G114 B89
莓莓 C75 M55 Y80 K10 R78 G101 B72	螺青 C80 M65 Y85 K20 R63 G80 B59

虎始交

起於「雀梅」，其果實的皮是應用不廣的綠色染材。承之「油綠」，說到形容色值，傳統色字詞比現代要豐富，油、玄、悶可以形容暗，鮮、翠、銀可以形容亮。轉而「莓莓」，莓是青蒼色，潮州人喜食芋莖，因芋莖之色青蒼而呼之為芋莓。合乎「螺青」，古詩中以墨綠或黛來定義螺螄的顏色，融於山水間，「螺青點出暮山色，石綠染成春浦潮。」

暮山紫 C40 M30 Y0 K0 R164 G171 B214	紫苑 C60 M50 Y0 K0 R117 G124 B187
優曇瑞 C70 M65 Y0 K0 R97 G94 B168	延維 C80 M75 Y0 K0 R74 G75 B157

荔挺出

起於「暮山紫」，雲樹蒼蒼，暮光凝噎，煙霏山紫，這是中國美學獨有的、不可言傳的大自然之美。承之「紫苑」，日本的傳統色裡也有這個色名，同出於紫菀花的花色。轉而「優曇瑞」，陳曾壽講雪青色的牽牛花好似優曇瑞，這也是顏色意象。合乎「延維」，出自《山海經》的上古大神，紫衣雙頭怪，有點萌，聽到打雷就抱頭發呆不會動，你送給他一個抱抱，他許給你一個江山，這是君臨天下的顏色。

銀紅 C10 M25 Y10 K0 R231 G202 B211	蓮紅 C15 M45 Y15 K0 R217 G160 B179
紫梅 C30 M60 Y30 K0 R187 G122 B140	紫礦 C45 M80 Y60 K0 R158 G78 B86

冬至

起於「銀紅」，前面說過，銀是形容色值亮的傳統色說法。承之「蓮紅」，繭絲有黃白之分，宋應星特別囑咐，染蓮花、桃紅、銀紅、水紅這些嬌嫩的顏色時應選用白絲，切不可選用黃繭絲。轉而「紫梅」，一剪寒梅，再度春風，「東園紫梅初破蕾，北澗涤水方通流。」合乎「紫礦」，老茯神是寄生在松樹上的真菌，紫礦是寄生在麒麟竭樹上的紫膠蟲，造化鍾神秀，顏色出萬象。

咸池 C15 M40 Y25 K0 R218 G169 B169	紅䵂 C20 M65 Y45 K0 R205 G115 B114
蚩尤旗 C40 M75 Y60 K0 R168 G88 B88	霽紅 C55 M80 Y65 K15 R124 G68 B73

蚯蚓結

起於「咸池」，太陽入浴或仙女入浴之處的顏色意象，推演成命理的四大桃花——所謂紅鸞、紅豔、咸池與天喜——之一。承之「紅䵂」，䵂是混合著麥麩和麥粉的碾磨碎屑，在紅麴黴素的作用下，成為糟肉和釀酒的恩物紅麴。轉而「蚩尤旗」，戰狼出，蚩尤升，赤氣裂帛。合乎「霽紅」，景德鎮的說法，這種顏色的瓷器是「千窯一寶」，也就是上百爐的窯火中，才能得到一兩件霽紅，所謂名瓷之首。

鶯兒 C10 M10 Y40 K0 R235 G225 B169	禹餘糧 C15 M15 Y60 K0 R225 G210 B121
姚黃 C20 M25 Y80 K0 R214 G188 B70	蛾黃 C30 M50 Y90 K0 R190 G138 B47

麋角解

起於「鶯兒」，黃鶯落在綠枝頭，彷彿青春在歌唱。承之「禹餘糧」，傳說大禹治水的餘糧棄於山川，李時珍講「生於池澤者為禹餘糧，生於山谷者為太一餘糧。」轉而「姚黃」，洛陽牡丹的花王之色，千年傳承，王者榮耀。合乎「蛾黃」，蠶老而蛾黃，是生命積澱的榮耀，古人也用它代指女子妝容的鉛黃。

濯絳 C60 M60 Y60 K5 R121 G104 B96	墨黲 C70 M65 Y70 K20 R88 G82 B72
驖驪 C75 M70 Y75 K30 R70 G67 B59	京元 C80 M75 Y80 K45 R49 G50 B44

水泉動

起於「濯絳」，國畫以赭色和淡墨色渲染山石，稱之為濯絳或淺絳，清末這種技法在景德鎮有了演化，成為飽含國畫傳統神韻的彩瓷，稱為淺絳彩。承之「墨黲」，禪僧多著墨黲衣，為謙卑故。轉而「驖驪」，驖和驪是一個意思，指馬黑如鐵，《詩經》裡講秦襄公出獵是「駟驖孔阜」，四匹黑色駿馬的排場。合乎「京元」，明清之際南京地區市井染坊出品的元清色。

酇白 C5 M0 Y15 K0 R246 G249 B228	斷腸 C10 M5 Y30 K0 R236 G235 B194
田赤 C15 M15 Y55 K0 R225 G211 B132	黃封 C25 M30 Y60 K0 R202 G178 B114

小寒

起於「酇白」，漢高祖賜蕭何為酇侯，酇白乃稍加沉澱之白酒，其色為翁翁，翁翁乃蔥白一樣的白色泛綠。承之「斷腸」，斷腸比本季第一個提到的「半見」略深一些，柳梢黃綠初成，看似不真切，讓人牽腸掛肚。轉而「田赤」，拼入銀的金，和拼入紫銅的金一樣，都是出於成本考慮吧？合乎「黃封」，「榮紫誥，醉黃封」，這些都是大官的排場。

丁香褐 C30 M45 Y45 K0 R189 G150 B131	棠梨褐 C45 M70 Y75 K10 R149 G90 B66
朱石栗 C50 M75 Y90 K20 R129 G73 B44	棗褐 C55 M80 Y100 K35 R104 G54 B26

雁北鄉

起於「丁香褐」，北宋崇道，宋徽宗自稱「教主道君皇帝」，老子講「聖人被褐而懷玉」，故宮藏《聽琴圖》中褐色道袍撫琴者即為徽宗。承之「棠梨褐」，道家風範在趙家子孫中的遺響，近年黃岩南宋趙伯澐墓出土服飾可為佐證，保存完好的八重衣裳均為深淺不一的褐色。轉而「朱石栗」，石栗樹又名黑桐油樹，石栗子產生乾性油可做油漆和繪畫顏料。合乎「棗褐」，宋元的褐色細分中，這是為數不多流傳至今的色名。

秋藍 C55 M35 Y30 K5 R125 G146 B159	育陽染 C70 M55 Y45 K15 R87 G100 B112
霽藍 C80 M70 Y55 K25 R60 G70 B84	獺見 C85 M75 Y60 K65 R21 G29 B41

鵲始巢

起於「秋藍」，蓼藍秋枯，秋藍染不好羅衣，老瓜塗不得綠漆，顏郎愛不成少年，秋藍寂寂則美，顏郎春心何苦。承之「育陽染」，本書的重大發現之一，兩千年前中國古人已經使用牛仔布的織法，織成與牛仔布一樣的顏色。轉而「霽藍」，我們說東方的色是青，五正色的青到底是什麼顏色，天壇圜丘的頂就是這個青，圜丘的用瓷也是青色，霽藍是青色瓷中的佼佼者。合乎「獺見」，清酒「獺祭」出自獺祭魚的典故，擺一圈魚來誇耀，夠分量、有底氣。

井天 C40 M10 Y20 K0 R164 G201 B204	正青 C60 M20 Y30 K0 R108 G168 B175
扁青 C70 M30 Y40 K0 R80 G146 B150	繆色 C85 M50 Y60 K5 R34 G107 B104

雉雊

起於「井天」，坐井觀天的顏色意象，量子物理的遞進不斷提醒我們，我們的已知不過是頭頂小井天。承之「正青」，正經本義的青，看看就知道青在或藍或綠的狀態。轉而「扁青」，石青大家族的成員，原產於湖北、四川。合乎「繆色」，繆是不青不黃的間色，既發既渡，象徵生命正在展開、抒發。

紫府 C45 M70 Y30 K5 R153 G93 B127	地血 C55 M80 Y45 K10 R129 G70 B98
芥拾紫 C60 M90 Y55 K35 R96 G38 B65	油紫 C70 M100 Y60 K50 R66 G11 B47

大寒

起於「紫府」，《紅樓夢》寫賈寶玉夢遇警幻仙姑，警幻是「瑤池不二，紫府無雙」，仙女中的仙女。承之「地血」，紫草之紫得火氣，蘭香之苗得土氣，火土相生，中和萬象。轉而「芥拾紫」，金印紫綬的顏色意象，取功名如俯身拾地芥，也是一種豪氣。合乎「油紫」，前面說過，油是形容色值暗，暗近黑。

骨縹 C10 M10 Y25 K0 R235 G227 B199	青白玉 C25 M20 Y40 K0 R202 G197 B160
綠豆褐 C50 M45 Y60 K0 R146 G137 B107	冥色 C65 M60 Y70 K15 R102 G95 B77

雞乳

起於「骨縹」，縹來自漂洗的具象，由漂洗之色淡而生淺青色，像天色湛清者為天縹，像枯骨微黃者為骨縹。承之「青白玉」，故宮博物院收藏的青白玉物件，其色象不一，但主要還是淺青色近白玉。轉而「綠豆褐」，出自中國建築彩畫，這門技法盛於隋唐，成規於宋，宋代《營造法式》第十四卷是集大成者。合乎「冥色」，我們現在經常說「冥冥之中」，其實最早是在講顏色，晦暗不清的具象，生出非人力所能為的意象。

肉紅 C15 M25 Y25 K0 R221 G197 B184	珠子褐 C30 M35 Y35 K0 R190 G168 B157
鷹背褐 C50 M60 Y60 K5 R143 G109 B95	麝香褐 C60 M70 Y75 K25 R105 G75 B60

征鳥厲疾

起於「肉紅」，觀察人體的具象而生意象肉紅，觀察人體的具象而生意象朱顏酡。承之「珠子褐」，宋元兩代褐色在民間生命力強大，褐的細分色來自具象而不是意象，這一特徵明顯。轉而「鷹背褐」，褐色來自生動鮮活的具象，金茶、秋茶、醬茶、沉香、鷹背、磚、豆、蔥、竹、珠子、霜、藕絲、茶綠、葡萄、油粟、檀、荊、艾、銀、駝。合乎「麝香褐」，當具象在生活中的活躍度減弱，或者被更新更活躍的具象替代，細分色就成為文化遺產。

石英 C25 M30 Y20 K0 R200 G182 B187	銀褐 C45 M45 Y30 K0 R156 G141 B155
煙紅 C45 M50 Y35 K0 R157 G133 B143	紫誥 C60 M70 Y55 K10 R118 G85 B93

水澤腹堅

起於「石英」，魏晉盛行長生不老仙藥，以石鐘乳、白石英、石硫黃、赤石脂、紫石英這五種石頭製成「五石散」，現在看不過是無知無畏的興奮劑。承之「銀褐」，宋代皇家儀仗用過這個高雅的褐色。轉而「煙紅」，紫煙、紅霧，是為煙紅。合乎「紫誥」，本書以此色收尾甚好，我為諸位呈上「好色之旅」的錦囊，諸位以紫泥封印，這次相遇如此美好。

黃色玻璃光素水丞（清・雍正）

半見

C0 M0 Y30 K0
R255 G251 B199

立冬之起色

柳梢微黃，半見之色，若隱若現。史游《急就篇》曰：「鬱金半見緗白勬，縹綟綠紈皁紫硟。」顏師古注：「半見，言在黃白之間，其色半出，不全成也。」張季略《小苑春望宮池柳色》詠：「半見離宮出，纔分遠水明。青蔥當淑景，隱映媚新晴。積翠煙初合，微黃葉未生。迎春看尚嫩，照日見先榮。」劉敞《城樓望水》詠：「龍吟忽半見，虹飲競相鮮。」

女貞黃

C5 M5 Y40 K0
R247 G238 B173

立冬之承色

女貞之淡黃花色。楊慎《升庵集》曰：「間色之中，又有間色，若天縹、裍紅、淺絳、女貞黃、天水碧之類，不可殫述。」張翥《水龍吟·鄭蘭玉賦臘梅，工甚，予拾其遺意補之》詠：「甚女貞染就，仙衣絕勝，蜂兒重，鵝兒嫩。」沈曾植《芳草·長吉多神語，戲效其意》詠：「楚雲低，瀟瀟暮雨，女貞細瑣黃花。」

絹紈

C10 M10 Y50 K0
R236 G224 B147

立冬之轉色

史游《急就篇》曰：「蒸栗絹紺縉紅繎。」顏師古注：「絹，生白繒，似縑而疏者也。一名鮮支。」張揖《廣雅·釋器》曰：「綃謂之絹，縓謂之紅，纁謂之絳，緇謂之皂。」王念孫注：「絹，此謂白繒之未染者。」許慎《說文解字·糸部》曰：「絹，繒如麥稍。」絹指帛未漂練的泛黃色，黃絲非白絲，也就是麥之色。王猷《端陽後二日同諸先達陪謝石渠邑侯龍潭觀競渡》詠：「絹紈既媚好，容冶複熏灼。」海昏侯墓出土木楬載：「紫丸（紈）上衣五，緣丸（紈）上衣十，絹丸（紈）上衣四。」

薑黃

C20 M20 Y70 K0
R214 G197 B96

立冬之合色

亦稱鬱金。蘇敬《新修本草》：「葉根都似鬱金，花春生於根，與苗並出，夏花爛，無子。根有黃、青、白三色。其作之方法與鬱金同爾。」李時珍《本草綱目》：「（薑黃）圓如蟬腹形者為蟬肚、鬱金，並可染色。」趙瑾叔《本草詩》：「香濃寶鼎透金爐，片子薑黃產蜀都。蒁藥功分原有異，鬱金形似豈無殊。」毛澄《飲西郊歸作》：「漫空沙氣蜀薑黃，一角高城漏日光。」

立冬

綠玻璃渣斗（清．乾隆）

繱犗

C50 M10 Y30 K0
R136 G191 B184

水始冰之起色

繱通蔥。潘岳《籍田賦》：「繱犗服於縹軛兮，紺轅綴於黛耜。」李善注：「繱犗，帝耕之牛也。」許慎《說文解字·糸部》：「繱，帛青色。」段玉裁注：「《爾雅》青謂之蔥，蔥即繱也。謂其色蔥蔥淺青也。」徐鍇《韻譜》：「繱，帛青白。」張舜徽《說文解字約注》：「蔥本菜名，其色長青，因引申為凡青之稱。《爾雅》所云，是也。帛青白色謂之，亦猶石之似玉者謂之璁，馬青白雜毛謂之驄耳。」梁亭表《帝耕籍田》詠：「晴分帳殿金為埒，春入桑田錦作堆」，又：「山童種秫偏宜雨，國史書年佇報秋。」帝耕勸農，御牛色青，此其色之來也。

二綠

C65 M20 Y40 K0
R93 G163 B157

水始冰之承色

石綠的色目，國畫傳統顏料色。傳統上，石綠根據細度可分為頭綠、二綠、三綠、四綠等，頭綠最粗最綠，依次漸細漸淡。陶宗儀《南村輟耕錄·采繪法》云：「凡合用顏色細色，頭青、二青、三青、深中青、淺中青、螺青、蘇青、二綠、三綠、花葉綠、枝條綠、南綠、油綠、漆綠、黃丹、飛丹、三朱、土朱、銀朱、枝紅、紫花、藤黃、槐花、削粉、石榴、顆綿、燕支、檀子。其檀子，用銀朱淺入老墨、燕支合。」

銅青

C75 M30 Y50 K0
R61 G142 B134

水始冰之轉色

亦稱銅綠、綠鹽，銅銹製成的顏料，國畫傳統顏料色。《墨娥小錄》云：「造銅青，硇砂二兩，白礬三兩，好醋三升，二味為末，入醋內浸。次將熟銅板十斤，每重一兩如響板子，以炭火燒通紅，入藥蘸，以汁盡為度。別用好醋糟一斗入盆內，將銅板子用草板子隔放，淹三日，一度刮，故名長生櫃。」李時珍《本草綱目》云：「把黃銅打成板片，用好醋泡一夜，放在糠內，微火烤薰，製取銅綠。」楊萬里《過江州岸回望廬山》詠：「廬山山南刷銅綠，黃金鋸解純蒼玉。廬山山北潑藍青，碧羅幛裡翡翠屏。」楊慎《浣溪沙》詠：「銅青衫子紫香囊。」

石綠

C85 M50 Y60 K10
R32 G104 B100

水始冰之合色

孔雀石研磨而成，國畫傳統顏料色。製作石綠以乾研為主，研到極細時方可加膠。如果有好的原始材料支持，搭配有效的漂洗方法，石綠的細度可以分為更多色目，日本將石綠分為十七目。白居易《裴常侍以題薔薇架十八韻見示因廣為三十韻以和之》詠：「煙條塗石綠，粉蕊撲雌黃。」陸游《旅遊》詠：「螺青點出暮山色，石綠染成春浦潮。」方回《題宣和黃頭畫》詠：「石綠藤黃間麝煤，半枯瘦筱羽毿毿。」元好問《眉》詠：「石綠香煤淺淡間，多情長帶楚梅酸。」

青玉琮（新石器時代）

黃琮

C45 M45 Y60 K0
R158 G140 B107

地始凍之起色

禮器之玉色。《周禮·春官·大宗伯》曰：「以蒼璧禮天，以黃琮禮地。」鄭玄注：「琮八方像地。」褚亮《祭神州樂章·雍和》曰：「黝牲在列。黃琮俯映。」蘇軾《龍尾硯歌》詠：「黃琮白琥天不惜，顧恐貪夫死懷璧。」陸游《寓懷四首》詠：「蒼璧與黃琮，初非俗所貴。」

茶色

C55 M55 Y70 K0
R136 G118 B87

地始凍之承色

梅堯臣《送良玉上人還昆山》詠：「來衣茶色袍，歸變椹色服。」林逋《寄西山勤道人》詠：「誰伴錫痕過寂歷，自憑茶色對孱顏。」薩都剌《題四時宮人圖四首》詠：「背後一女冠烏帽，茶色宮袍靴色皂。」陳子升《春衣》詠：「染成茶色布，裁作水田衣。」姚燮《冰腐》詠：「雲膚瑩白膩，茶色硬黃疊」，又《古怨辭九章》詠：「釃茶色如酒，飲之難醉人。」

伽羅

C60 M60 Y80 K20
R109 G92 B61

地始凍之轉色

其色出自黑沉香，亦稱多伽羅、伽南、伽藍、奇南。顏博文《顏氏香史序》曰：「焚香之法，不見於三代。漢唐衣冠之儒，稍稍用之，然返魂、飛氣，出於道家；旃檀、伽羅，盛於緇廬。」釋善住《谷響集》曰：「伽羅翻黑，經所謂黑沉香是矣。蓋昔蠻商傳天竺語耶，今名奇南香也。」

蒼艾

C65 M65 Y75 K30
R90 G76 B59

地始凍之合色

《詩經·鄭風·出其東門》曰：「縞衣綦巾，聊樂我員。」毛傳：「縞衣，白色，男服也。綦巾，蒼艾色，女服也。」許慎《說文解字》曰：「綦，蒼艾色也。」《尚書·周書·顧命》曰：「四人綦弁，執戈上刃。」孔傳：「綦，文鹿子皮弁。」鄭玄云：「青黑曰綦。」釋文　《老景》詠：「蒼艾浸成色，素絲颯垂領。」黃衷《吊青林》詠：「芙蓉一夜風，卻讓蒼艾好。」

白雉《清宮鳥譜》

藕絲褐

C40 M50 Y40 K0
R168 G135 B135

雉入大水為蜃之起色

《碎金》云：「褐：金茶褐、秋茶褐、醬茶褐、沉香褐、鷹背褐、磚褐、豆青褐、蔥白褐、枯竹褐、珠子褐、迎霜褐、藕絲褐、茶綠褐、葡萄褐、油栗褐、檀褐、荊褐、艾褐、銀褐、駝褐。」陶宗儀《南村輟耕錄·采繪法》云：「藕絲褐，用粉入螺青、燕支合。」宋應星《天工開物》云：「藕褐色，蘇木水薄染，入蓮子殼，青礬水薄蓋。」

葡萄褐

C45 M65 Y50 K0
R158 G105 B109

雉入大水為蜃之承色

陶宗儀《南村輟耕錄·采繪法》云：「蒲萄褐，用粉入三綠紫花合。」

蘇方

C55 M80 Y65 K10
R129 G71 B76

雉入大水為蜃之轉色

又名蘇枋、蘇芳、蘇木，印尼語音譯，其字面意義是紅色的樹木，源自印尼輸入中國的紅色染料。顧況《上古之什補亡訓傳十三章》曰：「蘇方之赤，在胡之舶，其利乃博。」雷斆《雷公炮炙論》載：「（蘇方木）若有中心文橫如紫角者，號曰木中尊色，其效倍常百等。」戲謔如崔涯《嘲妓》：「雖得蘇方木，猶貪玳瑁皮。」蘇方木、玳瑁皮都是番貨。李時珍《本草綱目》曰：「海島有蘇枋國，其地產此木，故名；今人省呼為蘇木。」

福色

C60 M90 Y80 K30
R102 G43 B47

雉入大水為蜃之合色

典出清代福康安，其色福瑞吉祥。李斗《揚州畫舫錄》云：「揚郡著衣，尚為新樣，十數年前，緞用八團，後變為大洋蓮、拱璧蘭顏色，在前尚三藍、朱、墨、庫灰、泥金黃，近用膏粱紅、櫻桃紅，謂之福色。」昭槤《嘯亭續錄》云：「色料初尚天藍，乾隆中尚玫瑰紫，末年福文襄王好著深絳色，人爭效之，謂之『福色』。」臨鶴山人《紅樓圓夢》第十一回云：「頭上戴一頂紫呢結金線骨種羊秋帽，身穿著三藍洋灰鼠袍，趿著福色蝴蝶履；斜著打了半個千。」

小雪

雍正款胭脂水釉蓮口瓶（清·雍正）

龍膏燭

C10 M60 Y10 K0
R222 G130 B167

小雪之起色

煙色丹紫，其色出自龍膏燭火，其意施光明於日光不及之幽暗。王嘉《拾遺記·方丈山》云：「王坐通雲之臺，亦曰通霞臺，以龍膏為燈，光耀百里，煙色丹紫。」徐熥《八月十四日夜招張孺願錢叔達謝脩之陳汝大王玉生袁無競集平遠臺觀萬歲神光二塔燈分得八庚》：「龍膏燭與蟾蜍影，同向人天照化城。」薛蕙《元夕篇》：「龍膏鳳炬列千行，蕙火蘭煙百和香。」黃省曾《李夫人歌一首》：「命點龍膏燈，因進洪梁酒。」弘曆《山莊燈詞八首》：「龍膏鶴焰光明藏，翠柏青楓澹蕩宵。」黎騫《七夕作》：「燈掩香雲墜寶花，龍膏照影月籠紗。」

黲紫

C20 M65 Y10 K0
R204 G115 B160

小雪之承色

方以智《通雅·衣服·彩色》云：「黲紫，淺紫也；北紫，今之正紫也；油紫，今之藕合也；重紫，今之青蓮色也；真紫，則累赤而殷者」，又：「則天施黲紫帳，即淺紫。油紫，今之深藕合色，重紫則近今之青蓮色，皆以月白或藍為初染地，而加以紅花成之。今又有真紫色，則久久加大紅，其色自紫。惡其奪朱者，正謂淺紫色豔耳。」

胭脂水

C30 M75 Y20 K0
R185 G90 B137

小雪之轉色

寂園叟《陶雅》云：「胭脂水為康熙以前所未有，釉薄於蛋膜者十分之一，勻淨明豔，殆無論比。」許之衡《飲流齋說瓷》云：「胭脂水一色發明於雍正，而乾隆繼之，以其釉色酷似胭脂水因以得名也。始製者胎極薄，其裡釉極白，因為外釉所照，故發粉紅色。乾隆所製則胎質漸厚，色略發紫，其裡釉尤白，於燈草邊處如白玉一道焉。」那遜蘭保《訪書》詠：「曉妝剩有胭脂水，較量枝頭作杏花。」金朝覲《紫丁香》詠：「翻疑誤潑胭脂水，化出花身迴不同。」

胭脂紫

C35 M85 Y35 K0
R176 G67 B111

小雪之合色

胭脂紅釉的呈色有深淺之分，深者稱：「胭脂紫」，淺者稱：「胭脂水。」華鎮《食櫻桃思越中風俗》詠：「檀唇深注胭脂紫，琪樹勻排火齊圓。」王兆升《郊行即事》詠：「草訖胭脂紫，花聞月下香。」張廷瓚《守宮詞》詠：「丹砂夜搗飼龍子，玉痕血濺胭脂紫。」

御製月令七十二候詩色墨（清・乾隆）

小紅

C5 M65 Y55 K0
R230 G119 B98

虹藏不見之起色

《居家必用事類全集》云：「染小紅，以練物帛十兩為率。蘇木四兩，黃丹一兩，槐花一兩炒香研末，明礬一兩為細末。先將槐花炒香碾細，用淨水二升，熬一升之上，濾去滓，下白礬末些子攪勻，下入沸湯一碗化開。下黃絹帛浸半時許。先將蘇木，用水兩碗，熬至一碗之上，濾去滓，將汁頓起，留頭汁。再入水一碗半，煎至八分一碗，濾去滓，再與頭汁相和。別頓起將滓再入水二碗，煎至一碗，濾去滓，與第二汁相合。下黃丹在二汁內攪勻，下入黃帛提轉令勻，浸片時扭起。將頭汁溫熱，下染出帛，急手提轉。浸半時許，可提轉五七次，扭起顏色鮮紅可愛。」

岱赭

C10 M70 Y65 K0
R221 G107 B79

虹藏不見之承色

國畫傳統的顏料色，出產自靈州，今寧夏靈武境內。李林甫《唐六典·戶部尚書》曰：「一曰關內道，古雍州之境，今京兆、華、同、岐、邠、隴、涇、寧、坊、鄜、丹、延、慶、監、原、會、靈、夏、豐、勝、綏、銀，凡二十有二州焉……厥賦絹、綿、布、麻。厥貢岱赭、鹽山、角弓、龍鬚席、蓯蓉、野馬皮、麝香。」

鶴頂紅

C15 M85 Y80 K0
R210 G71 B53

虹藏不見之轉色

源自礦物色，含有雜質的三氧化二砷（砒霜）呈現的顏色。蘇軾《山茶》詠：「掌中調丹砂，染此鶴頂紅。」陳宓《山丹五本盛開》詠：「北人見此應偷眼，未羨猩唇鶴頂紅。」胡仲弓《題通妙亭柱》詠：「池水鴨頭綠，山茶鶴頂紅。」王鎡《山茶》詠：「蠟包綠萼日才烘，放出千枝鶴頂紅。」鄭真《題廣信王氏園菊本十種》詠：「折得秋葩鶴頂紅，丹砂點染幻神功。」王紱《謝華樗林寄佳菊四枝》詠：「皎皎鵝肪白，盈盈鶴頂紅。」陶安《野人二首》詠：「水荇羊鬚白，山茶鶴頂紅。」

朱殷

C30 M90 Y95 K0
R185 G58 B38

虹藏不見之合色

《左傳·成公二年》曰：「左輪朱殷，豈敢言病。」杜預注：「朱，血色，血色久則殷。」杜牧《李給事二首》詠：「紛紜白晝驚千古，鈇鑕朱殷幾一空。」白居易《和櫛沐寄道友》詠：「晨燭照朝服，紫爛復朱殷。」弘曆《出口》詠：「當年萬里朱殷地，巡狩三秋數往還。」金朝覲《紅葉四首》詠：「紺碧幾重深塢隱，朱殷一帶夕陽晴。」顧印愚《荔支辭五首》詠：「雪瓤晶白殼朱殷，醴酪形容尚等閒。」

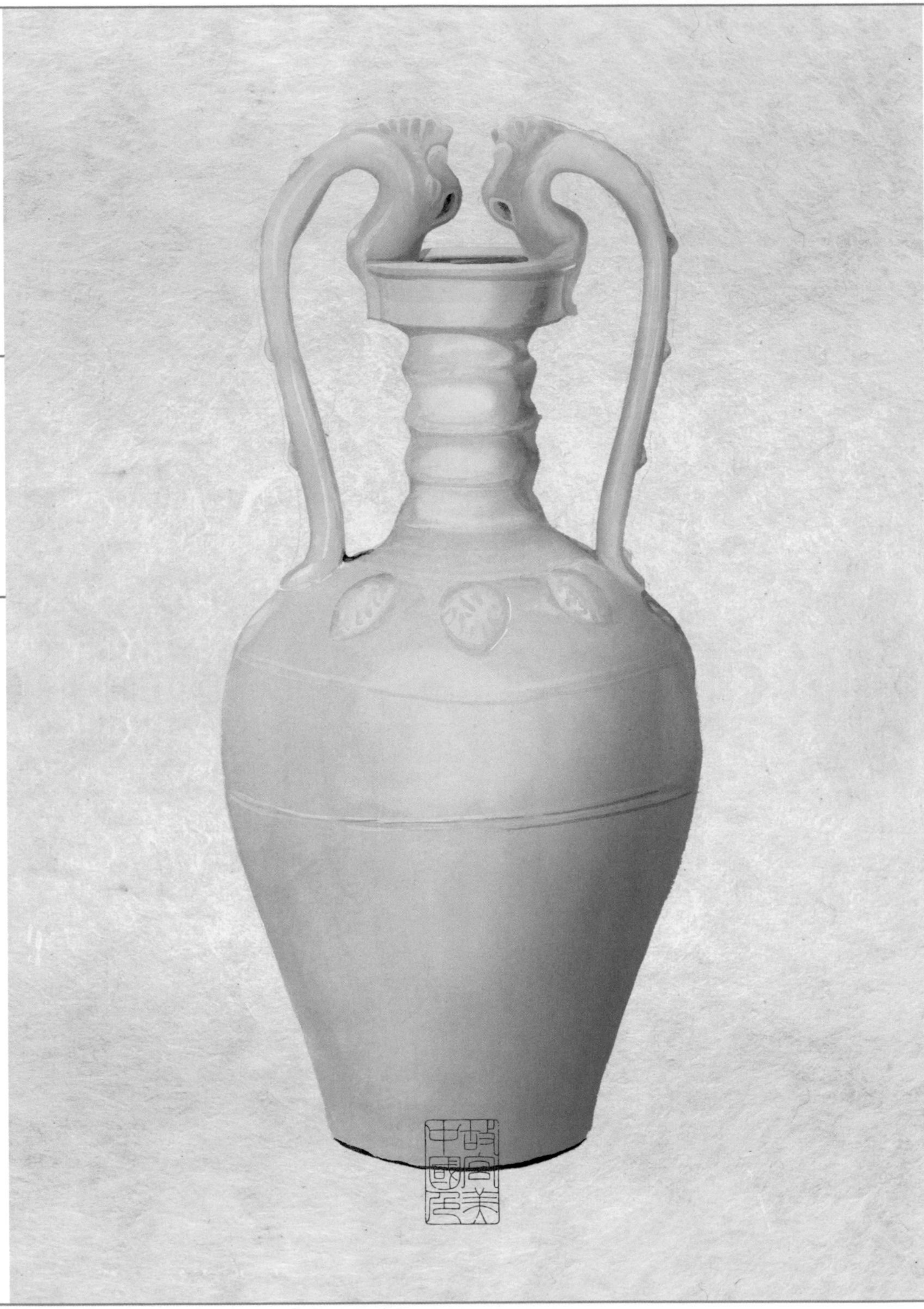

小雪

天藍釉雙龍耳瓶（清·雍正）

月白

C20 M5 Y5 K0
R212 G229 B239

天氣上升，地氣下降之起色

宋應星《天工開物》載：「月白、草白二色，俱靛水微染，今法用莧藍煎水，半生半熟染。」李漁《閒情偶寄》載：「記予兒時所見，女子之少者，尚銀紅、桃紅，稍長者尚月白。未幾而銀紅桃紅皆變大紅，月白變藍，再變則大紅變紫，藍變石青。」由是見，月白、藍、石青是由淺及深的藍色。杜牧《猿》詠：「月白煙青水暗流，孤猿銜恨叫中秋。」陸游《夜汲》詠：「酒渴起夜汲，月白天正青。」趙孟頫《新秋》詠：「露涼催蟋蟀，月白澹芙蓉。」

星郎

C30 M10 Y5 K0
R188 G212 B231

天氣上升，地氣下降之承色

星藍，其色上應列宿。《後漢書·顯宗孝明帝紀》曰：「館陶公主為子求郎，不許，而賜錢千萬。謂群臣曰：『郎官上應列宿，出宰百里，苟非其人，則民受其殃，是以難之。』」鄭谷《錦二首》詠：「紅迷天子帆邊日，紫奪星郎帳外蘭。」岑參《送李別將攝伊吾令充使赴武威便寄崔員外》詠：「遙知竹林下，星使對星郎。」徐璣《壽曾漕》詠道：「乾坤清氣有時合，合作星郎青似藍。」

晴山

C40 M20 Y5 K0
R163 G187 B219

天氣上升，地氣下降之轉色

雲霧散而晴山藍。李忱《幸華嚴寺》詠：「雲散晴山幾萬重，煙收春色更沖融。」李嶠《和杜學士江南初霽羈懷》詠：「霧卷晴山出，風恬晚浪收。」李白《餞校書叔雲》詠：「看花飲美酒，聽鳥臨晴山。」韓琮《晚春江晴寄友人》詠：「晚日低霞綺，晴山遠畫眉。」李廌《渼陂》詠：「晴山如黛水如藍，波淨天澄翠滿潭。」文同《晴山》詠：「東北橫群峰，新過夜來雨。」

品月

C50 M25 Y10 K0
R138 G171 B204

天氣上升，地氣下降之合色

清代服飾流行色，出處與月白相關，其色較月白更藍。月白、品月、藍、石青，分別是由淺及深的藍色。楊慎《題周昉瓊枝夜醉圖》詠：「寶枕垂雲選夢，玉簫品月偷聲。」金永爵《紀曉嵐紫石硯歌》詠：「金樓手捧隃糜香，品月題花幽事足。」金永爵《紀曉嵐紫石硯歌》詠：「金樓手捧隃糜香，品月題花幽事足。」蔣曰豫《抱遺老人空江吹笛小像》詠：「樂府嬉春宛轉情，玉山品月承平夢。」

小雪

長沙窯模印貼花褐斑注子（唐）

明茶褐

C45 M50 Y60 K0
R158 G131 B104

閉塞而成冬之起色

《居家必用事類全集》云：「染明茶褐，以帛十兩為率。黃蘆五兩半研碎，白礬二兩研末。黃蘆依煎蘇木法，作三次煎熬。亦將物帛先礬了，然後下顏色汁內染之。臨了時顏色煨熱，下綠礬在汁內攪勻。下物帛，常要提轉不歇，恐顏色不均。其綠礬用看顏色淺深，逐旋加入。」

荊褐

C50 M60 Y75 K5
R144 G108 B74

閉塞而成冬之承色

《居家必用事類全集》云：「染荊褐，以物帛十兩為率。荊葉五兩，白礬二兩，皂礬少許。將荊葉煎作濃汁。亦先礬過物帛扭乾，方下顏色汁內。皂礬旋看顏色輕重用之。」陶宗儀《南村輟耕錄·采繪法》云：「荊褐，用粉入槐花、螺青、土黃標合。」

駝褐

C55 M65 Y80 K15
R124 G91 B62

閉塞而成冬之轉色

周邦彥《西平樂·小石》詠：「稚柳蘇晴，故溪歇雨，川迴未覺春賒。駝褐寒侵，正憐初日，輕陰抵死須遮。」陳與義《早行》詠：「露侵駝褐曉寒輕，星斗闌干分外明」，又《縱步至董氏園亭三首》詠：「客子今年駝褐寬，鄧州三月始春寒。」舒岳祥《寒食書懷二首》詠：「曉寒颯颯侵駝褐，山色盈盈入酒杯。」張綖《風流子》詠：「新陽上簾幌，東風轉、又是一年華。正駝褐寒侵，燕釵春裊。」

椒褐

C55 M75 Y75 K25
R114 G69 B58

閉塞而成冬之合色

《居家必用事類全集》云：「染椒褐，以絹十兩為率。蘇木四兩銼研碎，橡斗一兩研碎，白礬二兩，綠礬半兩。與前染小紅法同。其綠礬看顏色深淺用，不可多用，亦不可少，務要得中。綠礬別用冷水化開，將染出物扭乾抖開，捺入綠礬水內，看色加之。」

芙蓉石雙耳三足爐（清）

粉米

C5 M30 Y10 K0
R239 G196 B206

大雪之起色

出自十二章紋之色，今之一說似亦可信——粉米非白米，而是粉紅色粳米。《尚書·益稷》曰：「予欲觀古人之象，日、月、星辰、山、龍、華、蟲，作會宗彝。藻、火、粉、米、黼、黻、絺繡。」郝經《野蓼》詠：「節葉瘦且赤，蘼蕪交翠箸。細蕊亦鮮潔，粉米糅丹素。」曹雪芹《紅樓夢》提及「粉粳」，亦指粉紅色的粳米，第五十三回云：「御田胭脂米二石，碧糯五十斛，白糯五十斛，粉粳五十斛，雜色粱穀各五十斛，下用常米一千石。」

縓緣

C20 M55 Y30 K0
R206 G136 B146

大雪之承色

指邊緣淺紅色。《爾雅》曰：「一染謂之縓。」《禮記·檀弓上》曰：「練衣黃裡縓緣。」《宋書·禮志》曰：「且麻衣縓緣，革服於元嘉，苫絰變除，申情於皇宋。」王文錦《禮記譯解》曰：「期而小祥，練冠縓緣，要絰不除。」

美人祭

C25 M75 Y45 K0
R195 G92 B106

大雪之轉色

亦作美人霽、美人齊。許之衡《飲流齋說瓷》云：「美人祭，又曰美人齊，祭紅之淡粉色者也。西人又呼為桃花色。此種市夥不解其名，或呼為淡豇紅，或呼為淡祭紅。孰若美人祭名稱之，嬌豔也耶，餘若娃娃臉、楊妃色、桃花片、桃花浪諸名均屬於此類。稍深稍淺吹萬不同，而歧名異名因之遂夥。一言以蔽之，則祭紅之淡粉色而不發綠班者即此類也。」邵蟄民、余戟門《增補古今瓷器源流考》云：「美人霽，佳處在於淡紅中顯鮮紅色與茶褐色之點，背光則顯綠色。」

鞓紅

C35 M85 Y60 K0
R176 G69 B82

大雪之合色

鞓的本義是皇糧運送者專用的皮革腰帶，它也是宋代官員用的紅色腰帶。歐陽修《洛陽牡丹記》載：「鞓紅者，單葉深紅花，出青州，亦曰青州紅。故張僕射齊賢有第西京賢相坊，自青州以馲駝馱其種，遂傳洛中。其色類腰帶鞓，謂之鞓紅」，又《禁中見鞓紅牡丹》詠：「白首歸來玉堂署，君王殿後見鞓紅。」陸游《栽牡丹》詠：「攜鋤庭下斸蒼苔，墨紫鞓紅手自栽」，又《潺湲閣小立》詠：「水紋靴皺風初緊，花色鞓紅露未乾。」方岳《賣花翁》詠：「不論袍紫與鞓紅，一朵千金費化工。」曹寅《客饋洋茶半開戲題》詠：「淺擘鞓紅皺纈開，半含寶氣脫珠胎。」

象牙雕松鼠葡萄圖洗（清）

米湯嬌

C20 M15 Y25 K0
R212 G211 B193

鶡旦不鳴之起色

平步青《霞外攟屑》云：「蔥白色，俗又呼魚肚白，又曰湖色，亦曰東方亮……京師呼湯米嬌。」文康《兒女英雄傳》第二十四回云：「襯一件米湯嬌色的春綢袷褸，穿一件黑頭兒絳色庫綢羔兒皮缺衿袍子，套一件草上霜弔混膁的裡外發燒馬褂兒。」嘉慶年間《竹枝詞》有「紗袍顏色米湯嬌，褂面洋氈勝紫貂。」

草白

C30 M20 Y35 K0
R191 G193 B169

鶡旦不鳴之承色

枯草之淺淡綠黃。鮑照《過銅山掘黃精》詠：「松色隨野深，月露依草白。」王維《冬夜書懷》詠：「草白靄繁霜，木衰澄清月。」白居易《歲除夜對酒》詠：「草白經霜地，雲黃欲雪天。」王涯《隴上行》詠：「雲黃知塞近，草白見邊秋。」胡奎《木蘭辭》詠：「祁連山前秋草白，馬上單于吹篳篥。」王恭《匈奴牧馬圖》詠：「草白陰山朔雪晴，匈奴牧馬近燕城。」

玄校

C40 M35 Y50 K0
R169 G160 B130

鶡旦不鳴之轉色

黃綠微暗之複色。《大戴禮記·夏小正》曰：「八月，剝瓜，畜瓜之時也。玄校。玄也者，黑也；校也者，若綠色然，婦人未嫁者衣之。」王聘珍注：「校讀曰絞。鄭注《雜記》云：『采青黃之間曰絞。』」

綟綬

C60 M55 Y75 K10
R117 G108 B75

鶡旦不鳴之合色

漢唐以降，諸侯王公之綬色。史游《急就篇》：「縹綟綠紈皁紫硟。」顏師古注：「綟，蒼艾色。東海有草，其名曰莀，以染此色，因名綟云。」《後漢書·輿服志》：「諸國貴人、相國皆綠綬。」劉昭注引徐廣云：「綟，草名也。以染似綠，又似紫。」《東觀漢紀》曰：「建武元年，復設諸侯王金璽綟綬。」《晉書·文帝》：「今進公位為相國，加綠綟綬。」《新唐書·車服志》：「綠綟綬，綠質，綠、紫、黃、赤為純，長一丈八尺，廣九寸，二百四十首。」劉基《春日雜興》：「過雨柔桑綟綬新，涵風細麥碧波勻。」于慎行《壽四明沈封君九十》：「華旌既綏綏，綟綬何若若。」

虎戟鎛（西周）

雀梅

C60 M40 Y60 K0
R120 G138 B111

虎始交之起色

張自烈《正字通·木部》曰：「楳，或曰雀梅。實小黑而圓。皮可染綠。」王諶《入邑》詠：「樹頭蠶葚熟，籬下雀梅香。」黃淳耀《和丙辰歲八月中於下潠田舍獲》詠：「旄桃結水濱，雀梅出牆隈。」惠士奇《田家行》詠：「屋邊豆苗垂宛宛，雁齒叢長雀梅短。」

油綠

C70 M50 Y70 K5
R93 G114 B89

虎始交之承色

張鎡《分韻賦蒼蔔得松字》詠：「葉豐發油綠，心香刻黃琮。」弘曆《柳色》詠：「未窣如油綠，先搖似酒黃」，又《題吳鎮清溪垂釣圖》詠：「一江春水如油綠，滿目春山看不足」，又《進宮見路旁禾麥喜而有作》詠：「枯者以蘇苗者秀，或雲而黃或油綠。」陳元龍《格致鏡原》云：「（綠豆）粒小而色暗者為油綠，又名灰綠，皮厚粉少。」安徽省圖書館藏抄本《布經》載：「油綠：翠藍腳地，槐米三十斤、白礬八斤、青礬五斤、廣灰。」

莓莓

C75 M55 Y80 K10
R78 G101 B72

虎始交之轉色

青蒼之草色。左思《魏都賦》：「蘭渚莓莓，石瀨湯湯。」劉良注：「莓莓，盛貌。」謝靈運《石室山詩》：「莓莓蘭渚急，藐藐苔嶺高。」陳胤倩評：「莓莓字甚新，詳義當是草逐水流，根定葉漂，長條披偃，翠帶輕搖，似與俱去也。」吳均《酬蕭新浦王洗馬三首》：「莓莓看細雨，漠漠視濃煙。」王宏《從軍行》：「山邊疊疊黑雲飛，海畔莓莓青草死。」王安石《別馬秘丞》：「莓莓郊原青，漠漠風雨黑。」宋祁《季春八日喜雨答李都官》：「莓莓滋野秀，纂纂濯花妍。」朱松《吳山道中三首》詠「春工試手雨初晴，遙見莓莓曲埭青。」

螺青

C80 M65 Y85 K20
R63 G80 B59

虎始交之合色

墨綠螺螄色。蘇籀《游服者二絕》詠：「墨綠螺青金翠耀，鬻謳沽笑泥娛遨。」陸游《快晴》詠：「瓦屋螺青披霧出，錦江鴨綠抱山來。」洪滄洲《題畫》詠：「風皺波紋含鴨綠，雨添山色擁螺青。」夏之芳《臺灣紀巡詩》詠：「諸峰攢集黛螺青，玉嶺如銀色獨瑩。」

金鑲珠石蘭花蟈蟈簪（清）

暮山紫

C40 M30 Y0 K0
R164 G171 B214

荔挺出之起色

語出王勃《滕王閣序》：「潦水盡而寒潭清，煙光凝而暮山紫。」白玉蟾《道過成蹊庵偶成舊風一篇》詠：「夕陽掛樹暮山紫，行行到此欲脫屣。」夏完淳《細林野哭》詠：「今年夢斷九峰雲，旌旗猶映暮山紫。」李壁《登擬峴台詩》詠：「台傾屬新葺，天遠暮山紫。」吳勢卿《詠後山鎮水月奇觀閣》詠：「斜陽兩岸暮山紫，明月一天秋水橫。」趙崇鉘《學詩》詠：「渚花流水香，煙霏暮山紫。」朱瞻基《瀟湘八景畫·漁村夕照》詠：「憑高一望楚天低，雲樹蒼蒼暮山紫。」李之世《古岡八景·紫水漁舟》詠：「回看水色鮮，錯認暮山紫。」

紫苑

C60 M50 Y0 K0
R117 G124 B187

荔挺出之承色

別名紫菀、紫倩。李世民《芳蘭》詠：「春暉開紫苑，淑景媚蘭場。」金幼孜《端午內苑賜觀擊毬射柳》詠：「紫苑東華北，霓旌拂曙來。」張含《懷用修仁甫》詠：「紫菀丹丘曾有約，赤松黃石肯相攜。」區元晉《菊月王使君拉餞三塔寺附題》詠：「丹爐歲月三天上，紫苑煙霞六詔前。」鄭文康《藥名詩贈鄭完》詠：「紫苑雕殘百草霜，醉騎海馬送賓郎。」

優曇瑞

C70 M65 Y0 K0
R97 G94 B168

荔挺出之轉色

《大正藏》曰：「優曇瑞世花，既滌名藍之篆。首座僧中月，茲和退位之光。」《法華文句》曰：「優曇花者，此言靈瑞。三千年一現。」貫休《夜雨山草滋》詠：「道人優曇花，迢迢遠山綠。」王之望《登大峨絕頂睹圓相佛光成長句二十韻》詠：「琉璃瓶瑩秋月白，優曇花淨含曉露。」優曇瑞，其色或近牽牛花之雪青色，參見陳曾壽《去歲牽牛花雪青一種今秋復發》：「無心呈妙色，破涕向幽花。自識優曇瑞，寧為大耋嗟。」

延維

C80 M75 Y0 K0
R74 G75 B157

荔挺出之合色

延維是霸主之神的服色。語出《山海經·海內經》：「有神焉，人首蛇身，長如轅，左右有首，衣紫衣，冠旃冠，名曰延維，人主得而饗食之，伯天下。」延維又稱委蛇，齊桓公見過它。《莊子·達生》講：「委蛇，其大如轂，其長如轅，紫衣而朱冠。其為物也，惡聞雷車之聲，則捧其首而立。見之者殆乎霸。」「虛與委蛇」的典故，出自它「左右有首。」

冬至

畫琺瑯梅花圖鼻煙壺（清・康熙）

銀紅

C10 M25 Y10 K0
R231 G202 B211

冬至之起色

似有銀光的紅中泛白之色。宋應星《天工開物》載：「蓮紅、桃紅色、銀紅、水紅色。以上質亦紅花餅一味，淺深分兩加減而成。是四色皆非黃繭絲所可為，必用白絲方現。」蔣捷《小重山》詠：「銀紅裙皺宮紗。風前坐，閑鬥鬱金芽。」《會稽女郎》詠：「銀紅衫子半蒙塵，一盞孤燈伴此身。」曾廉《漁家傲》詠：「裙色銀紅衫色醬，商量問贈當何餉，晴日鄰姝相過訪。」

蓮紅

C15 M45 Y15 K0
R217 G160 B179

冬至之承色

出自蓮花之紅色。張鏡微《採蓮曲》詠：「遊女泛江晴，蓮紅水復清。」許渾《神女祠》詠：「長眉留桂綠，丹臉寄蓮紅。」楊公遠《呈趙提領》詠：「從容依綠泛蓮紅，吾郡生民有幸逢。」何鞏道《紅蓮》詠：「色嬌桃蕊霞千片，瓣惹榴花火數竿。」

紫梅

C30 M60 Y30 K0
R187 G122 B140

冬至之轉色

王維《早春行》詠：「紫梅發初遍，黃鳥歌猶澀。」李洪《伯封書中敘去歲七夕之樂因寄》詠：「料想紫梅溪上客，也應回首一看雲。」秦觀《早春題僧舍》詠：「東園紫梅初破蕊，北澗漵水方通流。」劉一止《次韻必先侍御和鄭維心憶梅並寄維心》詠：「紫梅溪上春先到，餘不沙邊草未芳。」陳恭尹《臘月望日石濂大師招同張桐君吳子祥鮑子韶季偉公黃位北李方水黃葵村黃攝之同用庚字》詠：「水際鶴當紅葉立，石邊人繞紫梅行」，又《送趙秋谷之潮州》：「半月五羊城，紫梅開尚淺。」

紫礦

C45 M80 Y60 K0
R158 G78 B86

冬至之合色

國畫傳統顏料色。紫膠蟲的雌蟲所分泌之膠質物，呈紫紅琥珀色，以之製取的胭脂稱「棉胭脂」。蘇敬《新修本草》載：「紫礦，紫色如膠……蟻於海畔樹藤皮中為之，如蜂造蜜。《吳錄》所謂赤膠。」李時珍《本草綱目》載：「（紫礦）乃細蟲如蟻虱緣樹枝造成。」宋應星《天工開物》載：「燕脂古造法以紫礦染綿者為上，紅花汁及山榴花汁者次之。」

窯變釉菊瓣式扁壺（清・雍正）

咸池

C15 M40 Y25 K0
R218 G169 B169

蚯蚓結之起色

上古傳說，浴日之所，日浴之色。《楚辭·離騷》詠：「飲余馬於咸池兮，總余轡乎扶桑。」王逸注：「咸池，日浴處也」，又《九歌·少司命》詠：「與女沐兮咸池，晞女髮兮陽之阿。望美人兮未來，臨風怳兮浩歌。」《淮南子·天文訓》曰：「日出於暘谷，浴於咸池。」杜牧《杜秋娘詩》詠：「咸池昇日慶，銅雀分香悲。」

紅麴

C20 M65 Y45 K0
R205 G115 B114

蚯蚓結之承色

古代紅麴之色。紅麴即紅麯，小麥磨成麴而製麯。許慎《說文解字·麥部》曰：「麴，麥覈屑也。」紅麯的早期用途並不是釀酒，而是發酵成臘糟，用於河西走廊經瓜州進貢的食品的增香、去腥、防腐等。蘇軾《次韻錢穆父馬上寄蔣穎叔二首》詠：「剩與故人尋土物，臘糟紅麯寄駝蹄。」王十朋《買魚行》詠：「止將煙水作生涯，紅麯鹽魚荷裹鮓。」張昱《嘉禾湖上為謝參軍題扇》詠：「鸚鵡杯中紅麯酒，鴛鴦湖上黑油船。」

蚩尤旗

C40 M75 Y60 K0
R168 G88 B88

蚯蚓結之轉色

戰神紅旗之色。《皇覽》曰：「蚩尤冢在東平郡壽張縣闞鄉城中，高七丈，民常以十月祀之，有赤氣出如匹絳帛，民名為蚩尤旗。」劉禹錫《和董庶中古散調詞贈尹果毅》：「中宵倚長劍，起視蚩尤旗。」劉克莊《書事十首》：「相國袠雖來賀捷，蚩尤旗尚未收芒。」胡升《仙都山》：「但恐蚩尤旗，曄曄舒長虹。」毛直方《贈督師曹將軍》：「泰階煌煌色已齊，祥飆為掃蚩尤旗。」魏了翁《元夕卜油溪故事》：「只祈五色雲瑞世，不願蚩尤旗亙天。」

霽紅

C55 M80 Y65 K15
R124 G68 B73

蚯蚓結之合色

又名祭紅、積紅，絕品之釉色。劉摯《秋日即事》詠：「葉舞霽紅楓映寺，蓓含霜紫菊迎人。」《南窯筆記》載：「（青花之外）又有霽紅、霽青、甜白三種，尤為上品。」項元汴《歷代名瓷圖譜》載：「祭紅，其色豔若朱霞，真萬代名瓷之首冠也。」龔鉽《景德鎮陶歌》詠：「官古窯成重霽紅，最難全美費良工。霜天晴晝精心合，一樣摶燒百不同。」

冬至

象牙刻松鹿圖筆筒（清）

鶯兒

C10 M10 Y40 K0
R235 G225 B169

麋角解之起色

紗帳鶯兒色，青春入夢來。金昌緒《春怨》詠：「打起黃鶯兒，莫教枝上啼。」曹松《駙馬宅宴罷》詠：「學語鶯兒飛未穩，放身斜墜綠楊枝。」曹勳《雜詩二十七首》詠：「飛去鶯兒黃一點，壓低梅子綠團枝。」柳如是《西洲曲》：「金井鴉雛啼，薇帳鶯兒色。」吳錫麒《菩薩蠻》詠：「春波軟蕩紅樓水，多時不放鶯兒起。」

禹餘糧

C15 M15 Y60 K0
R225 G210 B121

麋角解之承色

這個顏色出自中藥名。張華《博物志》云：「世傳昔禹治水，棄其所餘食於江中，而為藥也。」李時珍《本草綱目》云：「生於池澤者為禹餘糧，生於山谷者為太一餘糧。」釋行海《送用上人》詠：「山好真登秦望處，石橋偏拾禹餘糧。」紀昀《烏魯木齊雜詩之神異》則詠：「深深玉屑幾時藏，出土猶聞餅餌香。弱水西流寧到此，荒灘那得禹餘糧。」

姚黃

C20 M25 Y80 K0
R214 G188 B70

麋角解之轉色

洛陽牡丹花王之花色，千葉黃花。周師厚《洛陽花木記》載：「姚黃，千葉黃花也。色極鮮潔，精采射人，有深紫檀心，近瓶青、旋心一匝，與瓶並色。」陸游《梅花絕句十首》：「曾與詩翁定花品，一丘一壑過姚黃。」岳珂《宮詞一百首》詠：「龍舟近晚傳回輦，催進姚黃一朵花。」王周《和杜運使巴峽地暖節物與中土異黯然有感詩三首》詠：「花品姚黃冠洛陽，巴中春早羨孤芳。」蘇轍《次遲韻千葉牡丹二首》詠：「共傳青帝開金屋，欲遣姚黃比玉真。」余鵬年《曹州牡丹譜》載：「姚黃，俗名落英黃。此花黃胎護根，葉淺綠色，疏長過於花頭，茗擁若覆。初開微黃，垂殘愈黃。」

蛾黃

C30 M50 Y90 K0
R190 G138 B47

麋角解之合色

酈權《木樨》詠：「琉璃剪芳葆，蛾黃拂仙裾。」徐熥《帝京篇》詠：「粧臺舞榭層雲裡，粉白蛾黃兼皓齒。」盧楠《古別離》詠：「鏡臺倚新妝，羞復畫蛾黃。」鄒秖謨《少年游》詠：「蛾黃淡掃，輕添螺黛，雨濕海棠嬌。」李斗《揚州畫舫錄》云：「黃有嫩黃，如桑初生。杏黃江黃即丹黃。亦曰緹，為古兵服。蛾黃如蠶欲老。」

黑漆描金山水圖長方涼枕（清）

濯絳

C60 M60 Y60 K5
R121 G104 B96

水泉動之起色

亦稱紫糖、涑棠、淺絳。劉勰《文心雕龍·通變》曰：「故練青濯絳，必歸藍蒨，矯訛翻淺，還宗經誥。」方以智《通雅·衣服·彩色》云：「濯絳，合墨赭之色也，今曰紫糖，正古之淡也。《說文》淡即涑字，一作泟，為經之重文。經即頳也。涑經，棠棗之汁。孫愐收糖字，如今人稱紫糖色，正指涑棠色也。畫家以赭石和淡黑染山石，曰濯絳，又曰淺絳。郭若虛曰：設色輕拂丹青曰吳裝。」歐大任《芙蓉園》詠：「素波濯絳華，惠風時紛披。」蔣曰豫《上夕集鶴柴分詠所得元醮壇銅匜》詠：「冶青濯絳鼓精氣，作手何數工堂狼。」

墨黲

C70 M65 Y70 K20
R88 G82 B72

水泉動之承色

又曰黲墨。顧野王《玉篇》曰：「今謂物將敗時，顏色黲也。」釋道誠《釋氏要覽》曰：「禪僧多著墨黲衣，若深色者，可是律中皂黑衣攝，緣用墨靛，與雜泥不遠故」，又曰：「但染蒼皺之色，稍異於常爾。有人呼墨黲衣為衰服，蓋昧之也。」曹寅《題王南村副使風木圖》詠：「窮年護丘壟，黲墨變松茨。」

驖驪

C75 M70 Y75 K30
R70 G67 B59

水泉動之轉色

《詩經·秦風·駟驖》：「駟驖孔阜，六轡在手。公之媚子，從公於狩。」毛傳：「驖，驪。」朱注：「駟驖，四馬皆黑色如鐵也。」《禮記·檀弓》：「夏后氏尚黑……戎事乘驪，牲用玄。」蕭綱《大法頌》：「豹服鼉鼓，驖驪沃若，天馬半漢。」

京元

C80 M75 Y80 K45
R49 G50 B44

水泉動之合色

明清之際南京染坊的元青色。李斗《揚州畫舫錄》曰：「元青元在緅緇之間。合青則為𩇕艴。」徐新吾《江南土布史》載：「小布染坊中的青藍坊，分南京和紹興兩幫。紹興幫以染毛寶藍為主，也兼染淺色如月白、魚白之類。南京幫主要染玄色、潮蘭、搿青等幾種深色貨。南京幫染的玄色很有名，稱為『京元』，故又叫深色坊。」

青玉菊瓣式盆水仙盆景（清）

酇白

C5 M0 Y15 K0
R246 G249 B228

小寒之起色

酇白是沉濺之白酒，其色翁翁。《周禮·天官》曰：「辨五齊之名：一曰泛齊，二曰醴齊，三曰盎齊，四曰緹齊，五曰沈齊。」鄭玄注：「盎猶翁也，成而翁翁然蔥白色，如今酇白矣。」《釋文》云：「酇白，即今之白醝酒也。」唐寅《與朱彥明諸子同遊保叔寺》詠：「登高新酒傾酇白，吊古空山湧帝青。」黃景仁《遊九華山放歌》詠：「銀河倒掛洛水來，碎滲翁翁碧虛色。」蔡寅《丁未歲除》詠：「逝水年年東海東，蓬山翹首碧翁翁。」

斷腸

C10 M5 Y30 K0
R236 G235 B194

小寒之承色

戎昱《江上柳送人》詠：「江柳斷腸色，黃絲垂未齊。」董說《西遊補》第一回云：「你不與我，我到家裡去，叫娘做一件青蘋色、斷腸色、綠楊色、比翼色、晚霞色、燕青色、醬色、天玄色、桃紅色、玉色、蓮肉色、青蓮色、銀青色、魚肚白色、水墨色、石藍色、蘆花色、綠色、五色、錦色、荔枝色、珊瑚色、鴨頭綠色、迴文錦色、相思錦色的百家衣，我也不要你的一色百家衣了。」斷腸即柳黃，陶宗儀《南村輟耕錄·采繪法》云：「柳黃，用粉入三綠標，並少藤黃合。」

田赤

C15 M15 Y55 K0
R225 G211 B132

小寒之轉色

出自中國繪畫、雕塑、建築傳統所用金箔色。迮朗《繪事瑣言》載：「金有兩種：赤金，色赤，足者打成；田赤金，色淡黃，以淡金打成。此皆真金也。」

黃封

C25 M30 Y60 K0
R202 G178 B114

小寒之合色

宋代官釀，因用黃羅帕或黃紙封口，得酒名，今取色名。蘇軾《岐亭五首》曰：「為我取黃封，親拆官泥赤。」施元之注：「京師官法酒以黃紙或黃羅絹封冪瓶口，名黃封酒。」張四維《雙烈記·策勳》詠：「榮紫誥，醉黃封。希帝寵，重軍功。」黃遵憲《新嘉坡雜詩》詠：「紅熟桃花飯，黃封椰酒漿。」

宜興窯紫砂泥繪蘆雁紋茶葉罐（清・雍正）

丁香褐

C30 M45 Y45 K0
R189 G150 B131

雁北鄉之起色

因襲宋元，明初亦流行褐色，褐色紛紜諸如磚褐、荊褐、艾褐、鷹背褐、銀褐、珠子褐、藕絲褐、露褐、茶褐、麝香褐、檀褐、山谷褐、枯竹褐、湖水褐、蔥白褐、棠梨褐、秋茶褐、鼠毛褐、葡萄褐、丁香褐。陶宗儀《南村輟耕錄·采繪法》云：「丁香褐，用肉紅為主，入少槐花合。」

棠梨褐

C45 M70 Y75 K10
R149 G90 B66

雁北鄉之承色

宋元流行褐色，襲至明初。南宋宗室趙伯澐墓出土服飾中，八層衣飾多為不同的褐色。陶宗儀《南村輟耕錄·采繪法》云：「棠梨褐，用粉入土黃、銀朱合。」

朱石栗

C50 M75 Y90 K20
R129 G73 B44

雁北鄉之轉色

石栗子可做油漆和繪畫顏料，唐代壁畫常用此色顏料。劉恂《嶺表錄異》載：「廣州無栗，惟勤州山中有石栗，一年方熟，皮厚而肉少，味似胡桃仁。熟時，或為群鸚鵡啄食略盡，只此石栗亦甚稀少。」韓雍《石栗子詩》詠：「異菓從來出海隅，誰連枝葉置盤盂。青鸞下抱累垂卵，翠葆中攢徑寸珠。新摘檳榔形絕似，舊嘗盧橘味全殊。時和萬物皆生瑞，聊作歌詩頌有虞。」

棗褐

C55 M80 Y100 K35
R104 G54 B26

雁北鄉之合色

《元史·輿服志》曰：「（天子質孫）夏之服凡十有五等……服大紅、綠、藍、銀褐、棗褐、金繡龍五色羅，則冠金鳳頂笠，各隨其服之色」，又：「（百官質孫）夏之服凡十有四等，素納石失一，聚線寶里納石失一，棗褐渾金間絲蛤珠一，大紅官素帶寶里一，大紅明珠答子一，桃紅、藍、綠、銀褐各一，高麗鴉青雲袖羅一，駝褐、茜紅、白毛子各一，鴉青官素帶寶里一。」《居家必用事類全集》：「染棗褐，以十兩帛為率。蘇木四兩，明礬一兩為細末。用礬熬色，染法皆與小紅一體。至下了頭汁時，扭起，將汁煨熱。下綠礬不可多了，當旋旋看顏色深淺卻加。多則黑，少則紅，務要得中。」

黃地粉彩梅鵲紋渣斗（清·同治）

秋藍

C55 M35 Y30 K5
R125 G146 B159

鵲始巢之起色

語出李賀《河陽歌》：「染羅衣，秋藍難著色。不是無心人，為作臺邛客。花燒中潬城，顏郎身已老。惜許兩少年，抽心似春草。」秋藍，即秋天的蓼藍。枯老的秋藍，即使染羅衣也難著色。同樣，枯老的顏郎，即使春心萌動也是徒然。其色仿古做舊，其意秋日春心。

育陽染

C70 M55 Y45 K15
R87 G100 B112

鵲始巢之承色

經線為靛，緯線為縹，類似牛仔布的古代織染法，其色亦近。許慎《說文解字·糸部》曰：「綪，帛青經縹緯。一曰育陽染也。」《漢書·地理志》：「南陽郡有育陽縣。」「育陽」《後漢書·郡國志》作：「淯陽。」縣在育水北，故曰育陽。《重修廣韻》曰：「綪，青經白緯，綪陽所織。」

霽藍

C80 M70 Y55 K25
R60 G70 B84

鵲始巢之轉色

亦稱霽青、祭藍，色澤深厚，藍如深海。《大明會典·器用》載：「（嘉靖）九年，定四郊各陵瓷器。圜丘青色，方丘黃色，日壇赤色，月壇白色。」《南窯筆記》載：「（青花之外）又有霽紅、霽青、甜白三種，尤為上品。」藍浦《景德鎮陶錄》載：「霽青器，亦官古戶兼倣造鎮陶，無專作霽青器者，得其精美，可推上品，俗與好霽紅並重，今訛作濟青。」

獺見

C85 M75 Y60 K65
R21 G29 B41

鵲始巢之合色

陸佃《埤雅》載：「獺獸，西方白虎之屬，似狐而小，青黑色，膚如伏翼……取鯉於水裔，四方陳之，進而弗食。」孟浩然《發魚浦潭》詠：「飲水畏驚猿，祭魚時見獺。」杜甫《重過何氏五首》詠：「花妥鶯捎蝶，溪喧獺趁魚。」

乾隆款粉彩雉雞牡丹紋碗（清·乾隆）

井天

C40 M10 Y20 K0
R164 G201 B204

雉雊之起色

坐井觀天之色，道者無心之意。陳棣《再次韻柏梋軒》詠：「脩垣蔽軒楹，如觀坐井天。」馮時行《至日讀莊子》詠：「日月長江水，功名小井天。」屈大均《盤蓮》詠：「一片玉盤水，何殊玉井天。」姚鼐《偕陳渭仁吳子見朱引恬南濱遊攝山宿般若台院次日邀釋卓群入寶華山五首》詠：「密樹陰沈般若台，珍珠泉映井天開。」弘曆《春泉》詠：「散為噍殺琴，澄為甕井天。」

正青

C60 M20 Y30 K0
R108 G168 B175

雉雊之承色

《太平經·守一明法》曰：「守一精明之時，若火始生時，急守之勿失。始正赤，終正白，久久正青。洞明絕遠復遠。」王安石《木末》詠：「繅成白雪桑重綠，割盡黃雲稻正青。」陸游《老學庵筆記》曰：「麥苗稻穗之杪往往出火，色正青」，又《春社四首》詠：「桑眼初開麥正青，勃姑聲裡雨冥冥」，又《小憩前平院戲書觸目》詠：「稻秧正青白鷺下，桑椹爛紫黃鸝鳴。」

扁青

C70 M30 Y40 K0
R80 G146 B150

雉雊之轉色

國畫傳統顏料色，亦稱大青，石青顏料之一種。張彥遠《歷代名畫記》云：「武陵水井之丹，磨嵯之沙，越嶲之空青，蔚之曾青，武昌之扁青，蜀郡之鉛華，始興之解錫，研鍊、澄汰、深淺、輕重、精粗。」李時珍《本草綱目》云：「（扁青）今之石青是矣，繪畫家用之。其色青翠不渝，俗呼為大青。楚蜀諸處亦有之。而今貨石青者，有天青、大青、西夷回回青、佛頭青種種不同，而回青尤貴。」劉克莊《四和》詠：「帝賜後村奎畫在，作堂安用扁青塗？」

緭色

C85 M50 Y60 K5
R34 G107 B104

雉雊之合色

顧野王《玉篇》曰：「緭，大到切綠也。」《聲類》曰：「緭，綠色也。」《重修廣韻》曰：「緭，不青不黃。」

畫琺瑯團花紋獸耳瓶（清・乾隆）

紫府

C45 M70 Y30 K5
R153 G93 B127

大寒之起色

仙府氣色，如雲似霞。葛洪《抱朴子·祛惑》曰：「及到天上，先過紫府，金床玉几，晃晃昱昱，真貴處也。」《三教源流聖帝佛帥搜神記》曰：「上島三州，謂蓬萊、方丈、瀛洲也。中島三州，謂芙蓉、閬苑、瑤池也。下島三州，謂赤城、玄關、桃源也。三島九州，鼎峙洪濛之中，又有州曰紫府，踞三島之間，乃帝君之別理。」李商隱《無題》詠：「紫府仙人號寶燈，雲漿未飲結成冰。」宋濂《次劉經歷韻》詠：「他時紫府或有召，會駕五色麒麟車。」陳維崧《倦尋芳》詠：「歐碧姚黃，總是讓他風韻。紫府家鄉原不遠，紅樓伴侶休相混。」

地血

C55 M80 Y45 K10
R129 G70 B98

大寒之承色

中藥紫草之別稱。吳普《吳氏本草》曰：「紫草，一名地血。節赤，二月華。」張志聰《本草崇原》曰：「紫草色紫，得火氣也。苗似蘭香，得土氣也。火土相生，能資中焦之精汁，而調和其上下也。」王余佑《過立節弔袁紫煙將軍》詠：「龍精埋地血，馬革繡苔衣。」

芥拾紫

C60 M90 Y55 K35
R96 G38 B65

大寒之轉色

金印紫綬，大人功名。語出《漢書·夏侯勝傳》載：「勝每講授，常謂諸生曰：『士病不明經術；經術苟明，其取青紫如俛拾地芥耳。』」洪諮夔《何正言挽詩》詠：「雋手芥拾紫，忠肝蒲伏青。」李昴英《秋試已近用韻勉兒輩》詠：「詩書有種芥拾紫，科舉催人槐落黃。」

油紫

C70 M100 Y60 K50
R66 G11 B47

大寒之合色

王得臣《麈史》：「嘉祐染者既入其色，復漬以油，故色重而近黑，曰油紫。」趙彥衛《雲麓漫鈔》：「仁宗晚年，京師染紫，變其色而加重，先染作青，徐以紫草加染，謂之油紫。」魏泰《東軒筆錄》：「又邇來市民染帛，以油漬紫色，謂之油紫。」

青釉雞頭壺（東晉）

骨縹

C10 M10 Y25 K0
R235 G227 B199

雛乳之起色

枯骨色。許慎《說文解字·糸部》注：「縹，帛青白色也。」劉熙《釋名·釋采帛》注：「縹，猶漂漂，淺青色也。有碧縹，有天縹，有骨縹，各以其色所象言之也。」

青白玉

C25 M20 Y40 K0
R202 G197 B160

雛乳之承色

青白玉是介於白色和淡青色、淡綠色之間的軟玉顏色，清代宮廷玉器大部分都是用新疆和闐（今和田）地區的青白玉製作。玉料以白玉、青白玉、青玉、碧玉為主，某些淺色青玉與白玉相近，就稱為青白玉了。青白玉的細分玉色可以是蔥白、灰白、粉青等，其透閃石含量一般在98%左右。

綠豆褐

C50 M45 Y60 K0
R146 G137 B107

雛乳之轉色

建築彩畫專用色彩名。李誡《營造法式·彩畫作制度》云：「內有青綠不可隔間處，於綠淺暈中用藤黃汁罩，謂之綠豆褐。」

冥色

C65 M60 Y70 K15
R102 G95 B77

雛乳之合色

《呂氏春秋·辯土》曰：「壚埴冥色，剛土柔種。」冥色，當是色暗的意思。胡宏《和王師中》詠：「午從三徑春光動，晚看千峰冥色蒼。」郭印《登致爽閣觀山用種字韻同賦一首》詠：「晨光霽霧搴，冥色寒煙重。」劉崧《題華陽彭玄明所畫秋山圖》詠：「數峰暝色入遙浦，六月泉聲動虛谷。」顧煜《燈下書懷》詠：「冥色不堪旦，暗投無夜光。」冥色亦作暝色。李白《菩薩蠻》詠：「平林漠漠煙如織，寒山一帶傷心碧。暝色入高樓，有人樓上愁。」

大寒

犀角雕鷹熊合巹杯—鷹（清）

肉紅

C15 M25 Y25 K0
R221 G197 B184

征鳥厲疾之起色

袁文《甕牖閑評》曰：「今人染弗肯紅名玉色，非也，當名肉紅耳。」蘇軾《減字木蘭花·己卯儋耳春詞》詠：「便與春工。染得桃紅似肉紅。」侯寘《浣溪沙·次韻王子弁紅梅》詠：「倚醉懷春翠黛長，肉紅衫子半窺牆。」朱松《次韻夢得淺紅芍藥長句》詠：「胭脂注臉勻未遍，肉紅借酒生真色。」衛博《張君請同次前韻速成鄭少尹賞桃》詠：「生憐煙杏勻肌薄，不分江梅映肉紅。」范成大《題張希賢紙本花四首》詠：「洛花肉紅姿，蜀筆丹砂染。」陶宗儀《南村輟耕錄·采繪法》云：「肉紅，用粉為主，入燕支合。」

珠子褐

C30 M35 Y35 K0
R190 G168 B157

征鳥厲疾之承色

《碎金》云：「褐：金茶褐、秋茶褐、醬茶褐、沉香褐、鷹背褐、磚褐、豆青褐、蔥白褐、枯竹褐、珠子褐、迎霜褐、藕絲褐、茶綠褐、葡萄褐、油栗褐、檀褐、荊褐、艾褐、銀褐、駝褐。」陶宗儀《南村輟耕錄·采繪法》有云：「珠子褐，用粉入藤黃、燕支合。」

鷹背褐

C50 M60 Y60 K5
R143 G109 B95

征鳥厲疾之轉色

宋元流行褐色，襲至明初。陶宗儀《南村輟耕錄·采繪法》云：「鷹背褐，用粉入檀子、煙墨、土黃合。」

麝香褐

C60 M70 Y75 K25
R105 G75 B60

征鳥厲疾之合色

陶宗儀《南村輟耕錄·采繪法》云：「麝香褐，用土黃、檀子入煙墨合。」

大寒

金廷標冰戲圖軸·局部（清·乾隆）

石英

C25 M30 Y20 K0
R200 G182 B187

水澤腹堅之起色

張鎡《癸卯立秋後一日鑿井竹閒》詠：「汞沙赤顆塊，石英紫璘皴。」何喬新《齋居賜蜜餌》詠：「香甘方士青精飯，潤滑仙家紫石英。」紀映鐘《十五六行贈玉式》詠：「肉芝紅類小兒掌，石英紺比千芙蕖。」胡應麟《仲秋同祝鳴皋諸文學再遊西山得詩四首》：「羽客青泥飯，仙人赤石英。」姚燮《送何編修紹基典試黔中兼懷俞剌史汝本》則詠：「雄晶漆黑石英紫，九節奚數平垣菖？」

銀褐

C45 M45 Y30 K0
R156 G141 B155

水澤腹堅之承色

歐陽修《太常因革禮》曰：「是年改第一部以黃，第二部以銀褐，第三部、第六部以皀，第四部以青，第五部以緋。」釋心道《宣和改元改僧為德士作偈》詠：「鶴氅披銀褐，頭包蕉葉巾。」陶宗儀《南村輟耕錄·采繪法》曰：「銀褐，用粉入藤黃合。」

煙紅

C45 M50 Y35 K0
R157 G133 B143

水澤腹堅之轉色

碧煙紅霧，紫煙紅霧，均得此色之意。張為《秋醉歌》詠：「翠微泛樽綠，苔蘚分煙紅。」張說《清遠江峽山寺》詠：「雲峰吐月白，石壁淡煙紅。」徐氏《題金華宮》詠：「碧煙紅霧漾人衣，宿霧蒼苔石徑危。」梁以壯《蜀茶花》詠：「想似傾城懶笑顰，紫煙紅霧蜀山春。」歐大任《胡馬》詠：「玉花搏月白，赤汗灑煙紅。」

紫誥

C60 M70 Y55 K10
R118 G85 B93

水澤腹堅之合色

杜甫《贈翰林張四學士垍》：「紫誥仍兼綰，黃麻似六經。」《西京雜記》：「漢以武都紫泥為璽室。」錢起《喜李侍御拜郎官入省》：「粉署花驄入，丹霄紫誥垂。」李石《臨江仙·老母太恭人三月二十一日生，是日仍遇己卯本命，作千歲會祝壽，子孫三十八人》：「金花紫誥鬢銀絲。」區元晉《誥封宜人先慈誕辰感述》：「山留紫誥神明衛，地擁黃雲錦繡堆。」錢謙益《喜復官誥贈內戲效樂天作》：「我褫緋衣緣底罪，君還紫誥有何功。」

故宮美
中國居

參考文獻

白居易，《白居易集》，北京：中華書局，1979。
班固，《漢書》，北京：中華書局，1962。
曹雪芹、高鶚，《紅樓夢》，北京：人民文學出版社，1988。
曹植，《曹植集》，上海：上海古籍出版社，2019。
陳彭年，《鉅宋廣韻》，上海：上海古籍出版社，1983。
陳元龍，《格致鏡原》，上海：上海古籍出版社，1992。
仇兆鰲，《杜詩詳注》，杭州：浙江大學出版社，2016。
段玉裁，《說文解字注》，上海：上海古籍出版社，1988。
范曄，《後漢書》，北京：中華書局，1965。
方以智，《方以智全書》，上海：上海古籍出版社，1988。
房玄齡等，《晉書》，北京：中華書局，1974。
費著，《箋紙譜》，上海：商務印書館，1939。
谷神子，《博異志》，北京：中華書局，1980。
顧野王，《大廣益會玉篇》，北京：中華書局，1987。
郭茂倩，《樂府詩集》，北京：中華書局，1979。
郭璞，《山海經》，北京：中國書店，2018。
郭璞、邢昺，《爾雅注疏》，上海：上海古籍出版社，2010。
郭慶藩，《莊子集釋》，北京：中華書局，2013。
何晏、邢昺，《論語注疏》，北京：北京大學出版社，2000。
胡成珙，《小爾雅義證》，合肥：黃山書社，2011。
孔安國、孔穎達，《尚書正義》，北京：北京大學出版社，2000。
蘭陵笑笑生，《金瓶梅詞話》，台北：里仁書局，2007。
李白，《李太白全集》，北京：中華書局，1979。
李斗，《揚州畫舫錄》，北京：中華書局，1960。
李昉，《太平御覽》，上海：上海古籍出版社，1988。
李賀，《三家評注李長吉歌詩》，王琦等，注，《上海：上海古籍出版社，1998。
李匡乂，《資暇集》，北京：中華書局，1985。
李林甫等，《唐六典》，北京：中華書局，2014。
李商隱，《王谿生詩集箋注》，馮浩 注，上海：上海古籍出版社，1979。

李時珍，《本草綱目》，武漢：崇文書局，2016。
李漁，《閒情偶寄》，上海：上海古籍出版社，2000。
酈道元，《水經注》，上海：上海古籍出版社，1990。
劉熙，《釋名》，北京：中華書局，2016。
劉向，《列仙傳》，上海：上海古籍出版社，1990。
劉向，《戰國策》，上海：上海古籍出版社，1978。
劉勰，《文心雕龍》，上海：上海古籍出版社，2015。
劉昫等，《舊唐書》，北京：中華書局，1975。
劉恂，《嶺表錄異》，廣州：廣東人民出版社，1983。
陸佃，《埤雅》，杭州：浙江大學出版社，2008。
陸游，《老學庵筆記》，北京：中華書局，1979。
羅願，《爾雅翼》，合肥：黃山書社，2013。
歐陽修等，《新唐書》，北京：中華書局，1975。
歐陽修等，《牡丹譜》，鄭州：中州古籍出版社，2016。
平步青，《霞外捃屑》，上海：上海古籍出版社，1982。
彭定求，《全唐詩》，北京：中華書局，1979。
錢雅樂等，《湯液本草經雅正》，北京：中國中醫藥出版社，2015。
邵晉涵，《爾雅正義》，北京：中華書局，2017。
沈壽，《雪宧秀譜》，重慶：重慶出版社，2010。
史游，《急就篇》，長沙：岳麓書社，1989。
司馬遷，《史記》，北京：中華書局，1982。
宋濂等，《元史》，北京：中華書局，1976。
宋應星，《天工開物》，揚州：江蘇廣陵古籍刻印社，1997。
蘇敬等，《新修本草》，合肥：安徽科學技術出版社，1981。
孫珮，《蘇州織造局志》，上海：上海古籍出版社，2015。
孫希旦，《禮記集解》，北京：中華書局，1989。
孫星衍，《倉頡篇》，北京：中華書局，1985。
陶宗儀，《南村輟耕錄》，北京：中華書局，2004。
脫脫等，《宋史》，北京：中華書局，1977。
王弼，孔穎達，《周易正義》，北京：北京大學出版社，2000。
王溥，《唐會要》，上海：上海古籍出版社，1991。
王嘉，《拾遺記》，北京：中華書局，1981。

王念孫，《廣雅疏證》，上海：上海古籍出版社，2018。
王士禎，《分甘餘話》，北京：中華書局，1989。
吳承恩，《西遊記》，北京：人民文學出版社，1988。
吳仁傑，《離騷草木疏》，杭州：浙江人民美術出版社，2019。
蕭統，《文選》，上海：上海古籍出版社，1986。
謝肇淛，《五雜組》，北京：中華書局，2019。
徐鼎，《毛詩名物圖說》，北京：清華大學出版社，2006。
徐珂，《清稗類鈔》，北京：中華書局，2010。
許慎，《說文解字》，北京：中華書局，1963。
楊慎，《升庵集》，上海：上海古籍出版社，1993。
佚名，《居家必用事類全集》，北京：中國商業出版社，1986。
佚名，《墨娥小錄》，北京：中國書店，1959。
佚名，《碎金》，北京：國立北平故宮博物院文獻館，1935。
張華，《博物志》，重慶：重慶出版社，2007。
張君房，《雲笈七籤》，北京：中華書局，2003。
張彥遠，《歷代名畫記》，北京：京華出版社，2000。
趙彥衛，《雲麓漫鈔》，北京：中華書局，1996。
張玉書等，《康熙字典》，北京：中華書局，1958。
張志聰，《本草崇原》，北京：學苑出版社，2011。
張自烈，《正字通》，北京：國際文化出版公司，1996。
鄭玄，《儀禮注疏》，北京：北京大學出版社，2000。
鄭玄，《周禮注疏》，北京：北京大學出版社，2000。
鄭玄，《禮記正義》，上海：上海古籍出版社，2008。
周羽翀，《五代故事》，北京：中華書局，1991。

安尚秀、王子源，《五色氤氳——中國文化的色彩構成》，西安：陝西人民美術出版社，2018。
長澤陽子，《日本傳統色》，北京：中信出版集團，2019。
陳芳等，《粉黛羅綺——中國古代女子服飾時尚》，北京：三聯書店，2015。
陳魯南，《織色入史箋——中國顏色的理性與感性》，北京：中華書局，2014。
陳寧，《清代陶瓷文獻學論綱》，北京：中國輕工業出版社，2017。
陳彥青，《觀念之色——中國傳統色彩研究》，北京：北京大學出版社，2015。

池至銑，《陶瓷釉色料及裝飾》，北京：中國建材工業出版社，2015。
《詞彙學理論與應用》編委會，《詞彙學理論與應用》，北京：商務印書館，2018。
杜燕孫，《國產植物染料染色法》，上海：商務印書館，1938。
費振剛，仇仲謙，劉南平，《全漢賦校注》，廣州：廣東教育出版社，2005。
馮林英，《清代宮廷服飾》，北京：學苑出版社，2019。
馮盈之，余贈振，《古代中國服飾時尚 100 例》，杭州：浙江大學出版社，2016。
佛山市圖書館，《民國佛山忠義鄉志》，長沙：嶽麓書社，2017。
關秀嬌，《上古漢語服飾詞彙研究》，北京：社會科學文獻出版社，2019。
管振邦，《顏注急就篇譯釋》，南京：南京大學出版社，2009。
郭文鈉，萬濤，《佛山金箔鍛造技藝》，廣州：世界圖書出版公司，2018。
郝近大，《中國中藥材及原植（動）物彩色圖譜》，廣州：廣東科技出版社，2014。
紅糖美學，《國之色——中國傳統色彩搭配圖鑒》，北京：中國水利水電出版社，2019。
鴻洋，《國粹圖典：色彩》，北京：中國畫報出版社，2016。
鴻洋，《中國傳統色彩圖鑒》，北京：東方出版社，2010。
侯立睿，《古漢語黑系顏色詞疏解》，北京：中國社會科學出版社，2016。
胡道靜，《夢溪筆談校正》，上海：上海古籍出版社，1987。
胡吉宣，《玉篇校釋》，上海：上海古籍出版社，1989。
黃德寬，《古文字譜系疏證》，北京：商務印書館，2017。
黃浩，《文學色彩學》，延吉：延邊大學出版社，1990。
黃麗容，《李白詩色彩學》，台北：文津出版社，2007。
黃靈庚，《楚辭集校》，上海：上海古籍出版社，2009。
黃仁達，《台灣顏色》，台北：聯經出版公司，2014。
黃仁達，《中國顏色》，北京：東方出版社，2013。
黃榮華，《中國植物染技法》，北京：中國紡織出版社，2018。
箕輪直子，《草木染大全》，鄭州：河南科學技術出版社，2019。
姜澄清，《中國色彩論》，貴州：貴州大學出版社，2013。
姜慧，廖宏豔，《漢字中的色彩之美》，上海：文匯出版社，2017。
金成熺，《染作江南春水色》，昆明：雲南人民出版社，2006。
荊門市博物館，《郭店楚墓竹簡》，北京：文物出版社，1998。
黎經誥，《六朝文絜箋注》，成都：四川人民出版社，2019。
李紅印，《現代漢語顏色詞語義分析》，北京：商務印書館，2007。
李念祖，《茶顏醉色》，濟南：山東畫報出版社，2011。

李應強，《中國服裝色彩史論》，台北：南天書局，1993。
林瀚，《顏色陶瓷》，北京：北京工藝美術出版社，2011。
劉仁慶，《中國古紙譜》，北京：知識產權出版社，2013。
劉文典，《淮南鴻烈集解》，上海：商務印書館，1912。
劉雲泉，《語言的色彩美》，合肥：安徽教育出版社，1990。
逯欽立，《先秦漢魏晉南北朝詩》，北京：中華書局，1983。
路瑩，《中國平面設計中的傳統美術色彩研究》，長春：吉林美術出版社，2018。
馬未都，《瓷之色》，北京：故宮出版社，2011。
潘晨婧，《全漢賦顏色詞研究》，北京：北京語言大學出版社，2017。
彭德，《中華五色》，南京：江蘇美術出版社，2008。
錢信忠，《中國本草彩色圖鑒》，北京：人民衛生出版社，2003。
青簡，《古色之美》，長沙：湖南人民出版社，2019。
任半塘，《敦煌歌辭總編》，上海：上海古籍出版社，1987。
上海市美術印刷廠，上海油墨廠，《色譜》，上海：上海科學技術出版社，1990。
邵旻，《明代宮廷服裝色彩研究》，上海：東華大學出版社，2016。
申少君，《中國畫色彩的獨立語言》，合肥：安徽美術出版社，2013。
沈從文，王孖，《中國服飾史》，西安：陝西師範大學出版社，2004。
石東玉，《圖說中國繪畫顏料》，北京：中國科學技術出版社，2019。
隋樹森，《全元散曲》，北京：中華書局，1964。
孫晨陽、張珂，《中國古代服飾辭典》，北京：中華書局，2015。
唐圭璋，《全宋詞》，北京：中華書局，1965。
汪濤，《顏色與祭祀——中國古代文化中顏色涵義探幽》，上海：上海古籍出版社，2018。
王平，劉元春，李建廷，《宋本玉篇標點整理本》，上海：上海書店出版社，2017。
王賽時，《中國酒史》，濟南：山東畫報出版社，2018。
王文采、劉冰，《中國高等植物彩色圖鑒》，北京：科學出版社，2018。
王雄飛、俞旅葵，《礦物色使用手冊》，北京：人民美術出版社，2008。
尾上孝一等，《色彩學用語詞典》，北京：中國建築工業出版社，2011。
吳藕汀，《詞名索引》，北京：中華書局，2006。
先鋒空間，《中式配色——傳統色彩的新運用》，南京：江蘇鳳凰科學技術出版社，2018。
肖世孟，《先秦色彩研究》，北京：人民出版社，2013。
徐新吾，《江南土布史》，上海：上海社會科學院出版社，1992。
許結，《歷代賦匯校訂本》，南京：鳳凰出版社，2018。

嚴中平，《中國棉紡織史稿》，北京：科學出版社，1955。
楊靜榮，《顏色釉》，上海：上海科學技術出版社，1999。
楊小晉，《中國畫之色》，北京：科學出版社，2018。
葉嬌，《敦煌文獻服飾詞研究》，北京：中國社會科學出版社，2012。
尹泳龍，《中國顏色名稱》，北京：地質出版社，1997。
于非闇，《中國畫顏色的研究》，北京：北京聯合出版公司，2013。
曾啟雄，《絕色：中國人的色彩美學》，南京：譯林出版社，2019。
曾啟雄，《中國失落的色彩——漢字和染色的色彩表現》，台北：耶魯國際文化出版，2003。
張傳官，《急就篇校理》，北京：中華書局，2017。
張明玲，《色彩文化》，北京：中國經濟出版社，2013。
章銀泉，《色彩描寫詞典》，銀川：寧夏人民出版社，1988。
章銀泉，《色彩描寫詞語例釋》，銀川：寧夏人民出版社，1983。
趙菁，《中國色彩》，合肥：黃山書社，2016。
趙曉馳，《上古——中古漢語顏色詞研究》，北京：中國社會科學出版社，2016。
鄭繼娥，《漢字與色彩》，廣州：暨南大學出版社，2015。
中國科學院編譯出版委員會名詞室，《色譜》，北京：科學出版社，1957。
中國藝術研究院美術研究所，《2016 中國傳統色彩學術年會論文集》，北京：文化藝術出版社，2016。
中國藝術研究院美術研究所，《2017 中國傳統色彩學術年會論文集》，北京：文化藝術出版社，2017。
中國藝術研究院美術研究所，《2018 中國傳統色彩學術年會論文集》，北京：文化藝術出版社，2018。
中國藝術研究院美術研究所，《2019 中國傳統色彩學術年會論文集》，北京：文化藝術出版社，2019。
宗福邦、陳世鐃、蕭海波，《故訓匯纂》，北京：商務印書館，2007。

濱田信義、佐野敬彥，《日本の配色》，東京：PIE，2011。
長崎盛輝，《譜説かさねの色目配彩考：平安の美裳》，京都：京都書院，1987。
長崎盛輝，《譜説日本伝統色彩考：その色名と色調》，京都：京都書院，1984。
長崎盛輝，《日本の伝統色：その色名と色調》，京都：京都書院，1996。
長崎盛輝，《色・彩飾の日本史：日本人はいかに色に生きてきたか》，京都：淡交社，1990。
城一夫，《日本の色のルーツを探して》，東京：PIE，2017。
城一夫，《色彩の博物事典》，東京：誠文堂新光社，2019。
川上宗薰，《色名帖》，東京：光風社，1965。
福田邦夫，《色の名前事典 507，東京：主婦之友社，2017。

海上雅臣，《中國色名綜覽》，東京：日本色彩計畫中心，1979。
吉岡常雄，《傳統の色》，京都：光村推古書院，1973。
吉岡常雄，《帝王紫探訪》，京都：紫紅社，1983。
吉岡常雄，《日本の染め色》，京都：紫紅社，1980。
吉岡幸雄，《日本の色辭典（染司よしおか日本の伝統色）》，京都：紫紅社，2000。
吉岡幸雄，《色の歷史手帖：日本の伝統色十二カ月》，東京：PHP 研究所，2003。
吉田雪乃，《日本の色圖鑑》，靜岡：momobook，2018。
江幡潤，《色名の由來》，東京：東京書籍，1982。
前田千寸，《日本色彩文化史》，東京：岩波書店，1960。
杉原直養，《彩雅》，東京：日本國立國會圖書館藏本，1837。
上村六郎，《上村六郎染色著作集》，京都：思文閣出版，1979。
上村六郎，山崎勝弘，《日本色名大鑑》，奈良：養德社，1950。
王定理，《中國の伝統色》，東京：DIC 株式會社，1883。
伊原昭，《日本文學色彩用語集成》，東京：笠間書院，1975。
伊原昭，《萬葉の色相》，東京：塙書房，1975。
中江克己，《色の名前で読み解く日本史》，東京：青春出版社，2003。

中國傳統色色譜

人籟
C45 M10 Y100 K0
R158 G188 B25
093

青粲
C30 M0 Y80 K0
R195 G217 B78
093

翠縹
C35 M0 Y90 K0
R183 G211 B50
093

水龍吟
C55 M20 Y100 K0
R132 G167 B41
093

碧山
C60 M30 Y85 K0
R119 G150 B73
043

石髮
C65 M35 Y80 K0
R106 G141 B82
103

菉竹
C65 M35 Y65 K0
R105 G142 B106
139

庭蕪綠
C65 M30 Y75 K0
R104 G148 B92
071

蔥倩
C65 M40 Y80 K0
R108 G134 B80
167

漆姑
C70 M40 Y80 K0
R93 G131 B81
103

翠微
C75 M40 Y90 K0
R76 G128 B69
071

芰荷
C75 M45 Y85 K0
R79 G121 B74
103

青青
C75 M50 Y85 K5
R79 G111 B70
043

翠虯
C80 M55 Y100 K0
R68 G106 B55
071

官綠
C85 M50 Y95 K0
R42 G110 B63
103

油綠
C70 M50 Y70 K5
R93 G114 B89
241

莓莓
C75 M55 Y80 K10
R78 G101 B72
241

螺青
C80 M65 Y85 K20
R63 G80 B59
241

春辰
C40 M15 Y60 K0
R169 G190 B123
043

麴塵
C30 M10 Y45 K0
R192 G208 B157
163

歐碧
C30 M5 Y50 K0
R192 G214 B149
043

蒼葭
C40 M15 Y50 K0
R168 G191 B143
071

蘭苕
C40 M20 Y50 K0
R168 G183 B140
167

青玉案
C40 M25 Y45 K0
R168 G176 B146
111

碧滋
C50 M30 Y55 K0
R144 G160 B125
167

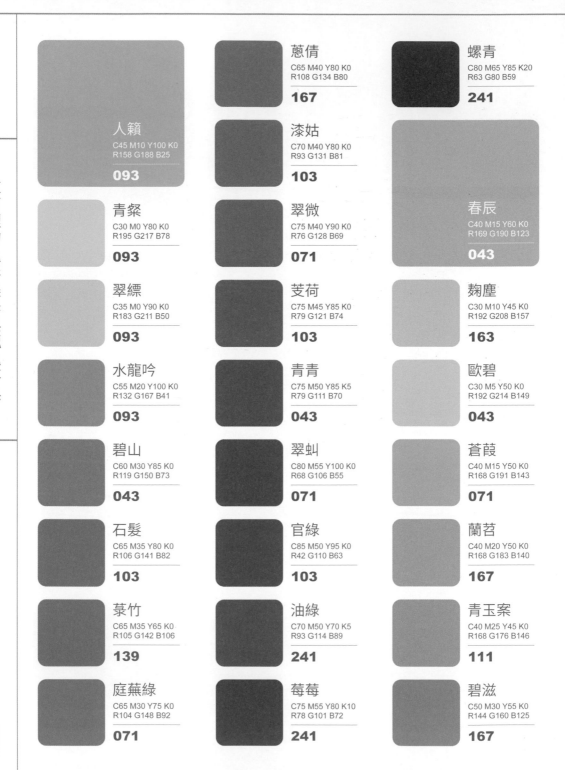

瓷秘
C30 M20 Y45 K0
R191 G192 B150
109

筠霧
C20 M15 Y35 K0
R213 G209 B174
109

行香子
C30 M25 Y40 K0
R191 G185 B156
127

鳴珂
C35 M25 Y40 K0
R179 G181 B156
111

琬琰
C40 M30 Y50 K0
R169 G168 B134
109

出岫
C40 M30 Y60 K0
R169 G167 B115
111

王芻
C40 M35 Y60 K0
R169 G159 B112
127

春碧
C45 M35 Y50 K0
R157 G157 B130
063

執大象
C50 M40 Y55 K0
R145 G145 B119
063

青圭
C50 M40 Y70 K0
R146 G144 B93
109

綠沈
C50 M40 Y80 K0
R147 G143 B76
163

風入松
C55 M40 Y80 K0
R134 G140 B78
111

藎篋
C55 M50 Y75 K0
R135 G125 B82
127

綟衣
C55 M50 Y75 K10
R127 G117 B76
163

素綦
C70 M65 Y90 K20
R89 G83 B51
163

蒼筤
C45 M15 Y35 K0
R153 G188 B172
031

天縹
C20 M0 Y15 K0
R213 G235 B225
031

卵色
C20 M5 Y20 K0
R213 G227 B212
181

滄浪
C35 M5 Y25 K0
R177 G213 B200
031

葭菼
C25 M10 Y25 K0
R202 G215 B197
181

山嵐
C30 M10 Y30 K0
R190 G210 B187
139

冰臺
C30 M15 Y30 K0
R190 G202 B183
181

青古
C35 M20 Y35 K0
R179 G189 B169
181

醽醁
C40 M20 Y30 K0
R166 G186 B177
189

淥波
C45 M20 Y45 K0
R155 G180 B150
139

青楸
C55 M25 Y55 K0
R129 G163 B128
139

縹碧
C55 M25 Y45 K0
R128 G164 B146
031

翠濤
C55 M30 Y45 K0
R129 G157 B142
189

青梅
C60 M40 Y55 K0
R119 G138 B119
189

雀梅
C60 M40 Y60 K0
R120 G138 B111
241

苔古
C60 M45 Y60 K0
R121 G131 B108
063

蕉月
C50 M35 Y40 K10
R134 G144 B138
175

千山翠
C60 M40 Y50 K15
R107 G125 B115
175

翕艴
C70 M50 Y60 K0
R95 G118 B106
189

結綠
C70 M55 Y70 K20
R85 G95 B77
175

綠雲
C75 M65 Y75 K30
R69 G73 B61
175

丹罽
C0 M100 Y100 K0
R230 G0 B18
099

黃丹
C0 M80 Y95 K0
R234 G85 B20
057

檎丹
C0 M85 Y85 K0
R233 G72 B41
099

銀朱
C15 M95 Y95 K0
R209 G41 B32
197

洛神珠
C15 M90 Y100 K0
R210 G57 B24
057

珊瑚赫
C25 M95 Y100 K0
R193 G44 B31
035

朱孔陽
C30 M100 Y80 K0
R184 G26 B53
101

丹雘
C20 M100 Y100 K0
R200 G22 B29
057

水華朱
C40 M100 Y100 K0
R167 G33 B38
057

胭脂蟲
C35 M100 Y100 K5
R171 G29 B34
197

朱櫻
C45 M100 Y100 K15
R143 G29 B34
197

大繎
C55 M100 Y100 K10
R130 G35 B39
117

順聖
C50 M100 Y100 K25
R124 G25 B30
045

爵頭
C55 M100 Y100 K40
R99 G18 B22
197

麒麟竭
C70 M95 Y100 K40
R76 G30 B26
129

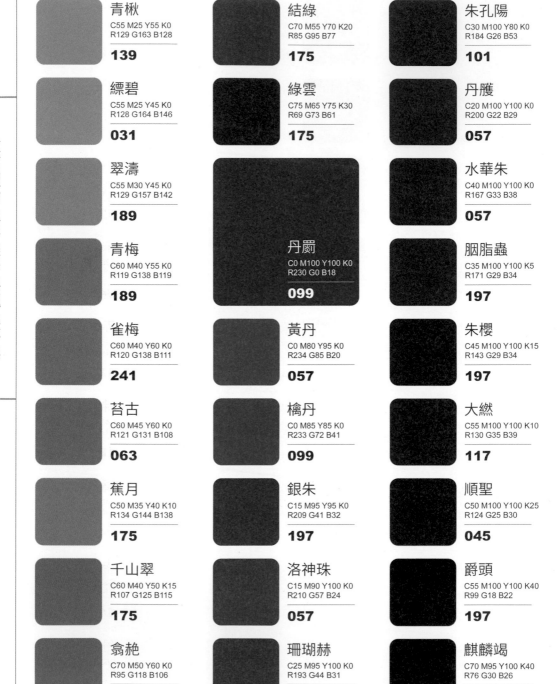

茗榮
C0 M70 Y75 K0
R237 G109 B61
099

扶光
C5 M30 Y35 K0
R240 G194 B162
121

十樣錦
C0 M30 Y25 K0
R248 G198 B181
201

海天霞
C0 M45 Y35 K0
R243 G166 B148
035

騂剛
C0 M40 Y45 K0
R245 G176 B135
125

朱顏酡
C0 M50 Y50 K0
R242 G154 B118
099

赬霞
C0 M55 Y60 K0
R241 G143 B96
125

赬尾
C0 M60 Y60 K0
R239 G132 B93
125

縉雲
C0 M65 Y60 K0
R238 G121 B89
035

小紅
C5 M65 Y55 K0
R230 G119 B98
231

瓊琚
C15 M60 Y55 K0
R215 G127 B102
201

岱赭
C10 M70 Y65 K0
R221 G107 B79
231

朱柿
C0 M70 Y70 K0
R237 G109 B70
125

絶熾
C20 M80 Y75 K0
R203 G82 B62
117

鶴頂紅
C15 M85 Y80 K0
R210 G71 B53
231

赤緹
C30 M75 Y70 K0
R186 G91 B73
045

纁黃
C30 M80 Y75 K0
R186 G81 B64
035

棠梨
C35 M75 Y75 K0
R177 G90 B67
201

朱殷
C30 M90 Y95 K0
R185 G58 B38
231

石榴裙
C35 M90 Y90 K0
R177 G59 B46
117

朱草
C35 M85 Y80 K10
R166 G64 B54
045

赤靈
C45 M85 Y100 K10
R149 G64 B36
129

佛赤
C45 M85 Y90 K15
R143 G61 B44
183

綪茷
C40 M95 Y100 K10
R158 G42 B34
045

朱湛
C50 M95 Y95 K0
R149 G48 B46
117

丹秫
C50 M90 Y100 K15
R135 G52 B36
129

木蘭
C60 M90 Y100 K30
R102 G43 B31
129

楊妃
C0 M55 Y20 K0
R240 G145 B160
047

盈盈
C0 M25 Y0 K0
R249 G211 B227
037

銀紅
C10 M25 Y10 K0
R231 G202 B211
245

粉米
C5 M30 Y10 K0
R239 G196 B206
237

桃夭
C0 M35 Y10 K0
R246 G190 B200
047

水紅
C5 M40 Y10 K0
R236 G176 B193
037

夕嵐
C10 M40 Y15 K0
R227 G173 B185
133

彤管
C10 M45 Y20 K0
R226 G162 B172
101

咸池
C15 M40 Y25 K0
R218 G169 B169
247

蓮紅
C15 M45 Y15 K0
R217 G160 B179
245

雌霓
C20 M50 Y25 K0
R207 G146 B158
133

縓緣
C20 M55 Y30 K0
R206 G136 B146
237

長春
C10 M70 Y30 K0
R220 G107 B130
047

渥赭
C10 M70 Y35 K0
R221 G107 B123
101

紅藕
C20 M65 Y45 K0
R205 G115 B114
247

紫梅
C30 M60 Y30 K0
R187 G122 B140
245

絳紗
C35 M60 Y45 K0
R178 G119 B119
133

茹藘
C40 M70 Y50 K5
R163 G95 B101
133

美人祭
C25 M75 Y45 K0
R195 G92 B106
237

唇脂
C25 M80 Y50 K0
R194 G81 B96
101

鞓紅
C35 M85 Y60 K0
R176 G69 B82
237

葡萄褐
C45 M65 Y50 K0
R158 G105 B109
227

蚩尤旗
C40 M75 Y60 K0
R168 G88 B88
247

紫礦
C45 M80 Y60 K0
R158 G78 B86
245

紫誥
C60 M70 Y55 K10
R118 G85 B93
267

蘇方
C55 M80 Y65 K10
R129 G71 B76
227

霽紅
C55 M80 Y65 K15
R124 G68 B73
247

蜜褐
C55 M80 Y75 K35
R104 G54 B50
183

福色
C60 M90 Y80 K30
R102 G43 B47
227

黲紫
C20 M65 Y10 K0
R204 G115 B160
229

龍膏燭
C10 M60 Y10 K0
R222 G130 B167
229

蘇梅
C10 M65 Y20 K0
R221 G118 B148
037

琅玕紫
C20 M75 Y25 K0
R203 G92 B131
067

胭脂水
C30 M75 Y20 K0
R185 G90 B137
229

紫莖屏風
C40 M70 Y30 K0
R167 G98 B131
037

紅躑躅
C30 M90 Y30 K0
R184 G53 B112
067

胭脂紫
C35 M85 Y35 K0
R176 G67 B111
229

魏紅
C40 M90 Y40 K0
R167 G55 B102
067

紫府
C45 M70 Y30 K5
R153 G93 B127
261

魏紫
C50 M90 Y55 K5
R144 G55 B84
067

地血
C55 M80 Y45 K10
R129 G70 B98
261

芥拾紫
C60 M90 Y55 K35
R96 G38 B65
261

油紫
C70 M100 Y60 K50
R66 G11 B47
261

紫薄汗
C30 M40 Y0 K0
R187 G161 B203
069

退紅
C5 M25 Y0 K0
R240 G207 B227
165

昌榮
C15 M25 Y0 K0
R220 G199 B225
069

櫻花
C10 M35 Y0 K0
R228 G184 B213
165

丁香
C20 M50 Y0 K0
R206 G147 B191
165

木槿
C30 M60 Y0 K0
R186 G121 B177
165

茈藐
C40 M55 Y0 K0
R166 G126 B183
069

紫蒲
C40 M75 Y0 K0
R166 G85 B157
061

紫紶
C60 M75 Y25 K0
R125 G82 B132
069

拂紫綿
C60 M75 Y30 K0
R126 G82 B127
065

赬紫
C55 M100 Y20 K0
R138 G24 B116
061

三公子
C70 M85 Y30 K5
R102 G61 B116
065

齊紫
C70 M100 Y30 K0
R108 G33 B109
061

凝夜紫
C85 M100 Y45 K15
R66 G34 B86
061

石英
C25 M30 Y20 K0
R200 G182 B187
267

香爐紫煙
C20 M20 Y10 K0
R211 G204 B214
065

蒼煙落照
C25 M30 Y25 K0
R200 G181 B179
177

甘石
C30 M30 Y25 K0
R189 G178 B178
199

紫葯
C45 M45 Y20 K0
R155 G142 B169
065

銀褐
C45 M45 Y30 K0
R156 G141 B155
267

藕絲褐
C40 M50 Y40 K0
R168 G135 B135
227

煙紅
C45 M50 Y35 K0
R157 G133 B143
267

迷樓灰
C50 M50 Y35 K0
R145 G130 B143
199

紅藤杖
C50 M50 Y40 K0
R146 G129 B135
177

鴉雛
C65 M65 Y45 K10
R106 G91 B109
199

玄天
C65 M70 Y60 K10
R107 G84 B88
039

煙墨
C70 M70 Y60 K15
R92 G79 B85
199

紫鼠
C65 M65 Y50 K30
R89 G76 B87
177

梔子
C0 M30 Y80 K0
R250 G192 B61
049

黄白遊
C0 M0 Y50 K0
R255 G247 B153
029

松花
C0 M5 Y65 K0
R255 G238 B111
029

緗葉
C10 M15 Y75 K0
R236 G212 B82
029

黃栗留
C0 M15 Y70 K0
R254 G220 B94
049

嫩鵝黃
C5 M25 Y65 K0
R242 G200 B103
107

黃河琉璃
C10 M40 Y75 K0
R229 G168 B75
041

杏子
C15 M50 Y85 K0
R218 G146 B51
191

紅友
C15 M55 Y80 K0
R217 G136 B61
121

庫金
C10 M55 Y80 K0
R225 G138 B59
041

鞠衣
C20 M40 Y85 K0
R211 G162 B55
107

黃不老
C15 M45 Y85 K0
R219 G155 B52
049

鬱金裙
C20 M55 Y85 K0
R208 G134 B53
107

露褐
C30 M55 Y70 K0
R189 G130 B83
075

蛾黃
C30 M50 Y90 K0
R190 G138 B47
249

光明砂
C20 M75 Y95 K0
R204 G93 B32
121

柘黃
C25 M60 Y100 K0
R198 G121 B21
049

媚蝶
C30 M65 Y85 K0
R188 G110 B55
191

黃流
C45 M70 Y100 K0
R159 G96 B39
107

韎韐
C40 M75 Y100 K10
R159 G82 B33
191

九斤黃
C15 M35 Y55 K0
R221 G176 B120
191

弗肯紅
C5 M15 Y20 K5
R236 G217 B199
195

赤璋
C10 M25 Y40 K5
R225 G193 B153
195

如夢令
C15 M30 Y40 K0
R221 G187 B153
113

繭色
C20 M35 Y60 K10
R198 G162 B104
195

芸黃
C20 M40 Y60 K0
R210 G163 B108
113

椒房
C15 M45 Y65 K0
R219 G156 B94
121

金埒
C30 M45 Y70 K0
R190 G148 B87
113

雌黃
C35 M50 Y75 K0
R180 G136 B77
113

密陀僧
C30 M40 Y75 K10
R179 G147 B75
195

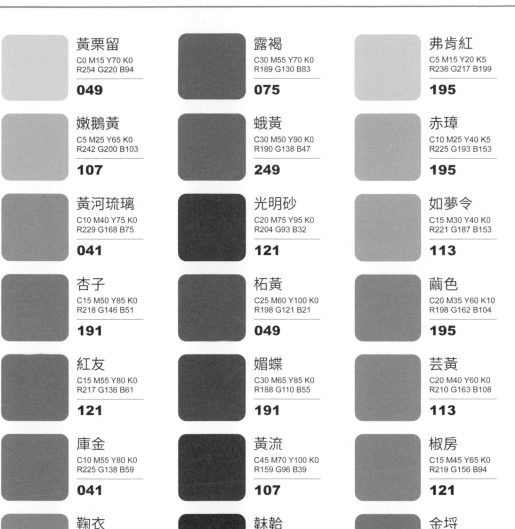

大塊
C30 M35 Y50 K0
R191 G167 B130
095

蜜合
C15 M15 Y25 K0
R223 G215 B194
203

地籟
C15 M20 Y30 K0
R223 G206 B180
095

仙米
C20 M20 Y35 K0
R212 G201 B170
105

假山南
C20 M25 Y35 K0
R212 G193 B166
203

黃粱
C25 M25 Y40 K5
R196 G183 B152
179

石蜜
C20 M25 Y50 K0
R212 G191 B137
137

紫花布
C30 M35 Y45 K0
R190 G167 B139
203

黃封
C25 M30 Y60 K0
R202 G178 B114
253

養生主
C35 M40 Y50 K0
R180 G155 B127
095

沙餳
C30 M35 Y60 K0
R191 G166 B112
137

黃螺
C35 M35 Y55 K0
R180 G163 B121
105

蒸栗
C40 M45 Y65 K5
R165 G138 B95
179

巨呂
C40 M45 Y70 K0
R170 G142 B89
137

降真香
C45 M50 Y70 K0
R158 G131 B88
105

大雲
C50 M55 Y75 K0
R148 G120 B79
095

吉金
C55 M60 Y80 K0
R137 G109 B71
137

遠志
C55 M60 Y85 K10
R129 G102 B59
105

射干
C55 M60 Y80 K15
R124 G98 B63
179

油葫蘆
C65 M70 Y90 K20
R100 G77 B49
179

龍戰
C60 M70 Y95 K35
R95 G67 B33
033

緅絺
C60 M80 Y100 K0
R128 G76 B46
075

葭灰
C30 M30 Y30 K0
R190 G177 B170
039

珠子褐
C30 M35 Y35 K0
R190 G168 B157
265

黃埃
C35 M45 Y55 K0
R180 G146 B115
039

沉香
C45 M50 Y55 K5
R153 G128 B108
203

明茶褐
C45 M50 Y60 K0
R158 G131 B104
235

荊褐
C50 M60 Y75 K5
R144 G108 B74
235

駝褐
C55 M65 Y80 K15
R124 G91 B62
235

縕韎
C40 M75 Y85 K15
R152 G79 B49
041

棠梨褐
C45 M70 Y75 K10
R149 G90 B66
255

檀褐
C50 M75 Y90 K0
R148 G86 B53
075

朱石栗
C50 M75 Y90 K20
R129 G73 B44
255

紫甌
C50 M75 Y100 K25
R124 G70 B30
041

栗殼
C55 M70 Y80 K20
R119 G80 B57
033

麝香褐
C60 M70 Y75 K25
R105 G75 B60
265

椒褐
C55 M75 Y75 K25
R114 G69 B58
235

棗褐
C55 M80 Y100 K35
R104 G54 B26
255

目童子
C60 M80 Y90 K40
R91 G50 B34
075

青驪
C65 M80 Y90 K55
R66 G37 B23
033

丁香褐
C30 M45 Y45 K0
R189 G150 B131
255

肉紅
C15 M25 Y25 K0
R221 G197 B184
265

夏籥
C20 M35 Y35 K0
R210 G175 B157
055

檀唇
C15 M45 Y40 K0
R218 G158 B140
201

紫磨金
C30 M55 Y55 K0
R188 G131 B107
055

檀色
C35 M65 Y60 K0
R178 G109 B93
055

鷹背褐
C50 M60 Y60 K5
R143 G109 B95
265

赭羅
C45 M65 Y65 K5
R154 G102 B85
055

老僧衣
C40 M70 Y75 K5
R164 G95 B68
039

薑黃
C20 M20 Y70 K0
R214 G197 B96
221

半見
C0 M0 Y30 K0
R255 G251 B199
221

翠樽
C25 M10 Y65 K0
R205 G209 B113
135

老茯神
C40 M50 Y90 K0
R170 G133 B52
171

斷腸
C10 M5 Y30 K0
R236 G235 B194
253

田赤
C15 M15 Y55 K0
R225 G211 B132
253

流黃
C50 M55 Y80 K10
R139 G112 B66
033

蔥青
C10 M0 Y35 K0
R237 G241 B187
135

禹餘糧
C15 M15 Y60 K0
R225 G210 B121
249

青白玉
C25 M20 Y40 K0
R202 G197 B160
263

女貞黃
C5 M5 Y40 K0
R247 G238 B173
221

姚黃
C20 M25 Y80 K0
R214 G188 B70
249

鶯兒
C10 M10 Y40 K0
R235 G225 B169
249

太一餘糧
C20 M30 Y70 K0
R213 G180 B92
171

玉色
C10 M10 Y20 K0
R234 G228 B209
173

桑蕾
C10 M15 Y45 K0
R234 G216 B154
171

欒華
C30 M30 Y70 K0
R192 G173 B94
183

骨縹
C10 M10 Y25 K0
R235 G227 B199
263

絹紈
C10 M10 Y50 K0
R236 G224 B147
221

秋香
C30 M40 Y80 K0
R191 G156 B70
171

黃潤
C15 M15 Y30 K0
R223 G214 B184
173

少艾
C15 M0 Y50 K0
R227 G235 B152
135

大赤
C40 M40 Y80 K0
R170 G150 B73
183

缣緗
C20 M20 Y40 K0
R213 G200 B160
173

綺錢
C20 M5 Y55 K0
R216 G222 B138
135

蒼黃
C35 M35 Y100 K0
R182 G160 B20
029

佩玖
C30 M30 Y40 K15
R172 G159 B138
161

玄校
C40 M35 Y50 K0
R169 G160 B130
239

黃琮
C45 M45 Y60 K0
R158 G140 B107
225

石蓮褐
C50 M45 Y50 K0
R146 G137 B123
097

綠豆褐
C50 M45 Y60 K0
R146 G137 B107
263

緱綬
C60 M55 Y75 K10
R117 G108 B75
239

茶色
C55 M55 Y70 K0
R136 G118 B87
225

濯絳
C60 M60 Y60 K5
R121 G104 B96
251

黑朱
C65 M60 Y65 K0
R112 G105 B93
097

冥色
C65 M60 Y70 K15
R102 G95 B77
263

伽羅
C60 M60 Y80 K20
R109 G92 B61
225

蒼艾
C65 M65 Y75 K30
R90 G76 B59
225

群青
C85 M65 Y0 K0
R46 G89 B167
157

碧落
C35 M10 Y0 K0
R174 G208 B238
073

晴山
C40 M20 Y5 K0
R163 G187 B219
233

品月
C50 M25 Y10 K0
R138 G171 B204
233

竊藍
C50 M25 Y0 K0
R136 G171 B218
157

挼藍
C60 M30 Y10 K0
R110 G155 B197
073

監德
C60 M35 Y0 K0
R111 G148 B205
157

蒼蒼
C70 M50 Y0 K0
R89 G118 B186
157

孔雀藍
C70 M30 Y10 K0
R73 G148 B196
185

青冥
C80 M50 Y10 K0
R50 G113 B174
059

柔藍
C85 M50 Y20 K10
R16 G104 B152
131

碧城
C90 M65 Y30 K15
R18 G80 B123
131

藍采和
C95 M75 Y35 K15
R6 G67 B111
131

紺宇
C100 M85 Y35 K0
R0 G61 B116
193

帝釋青
C100 M85 Y40 K20
R0 G52 B96
131

佛頭青
C100 M95 Y50 K0
R25 G50 B95
193

騏驎
C100 M95 Y50 K25
R18 G38 B79
059

花青
C100 M100 Y65 K15
R26 G40 B71
193

優曇瑞
C70 M65 Y0 K0
R97 G94 B168
243

暮山紫
C40 M30 Y0 K0
R164 G171 B214
243

紫苑
C60 M50 Y0 K0
R117 G124 B187
243

延維
C80 M75 Y0 K0
R74 G75 B157
243

曾青
C75 M70 Y50 K10
R83 G81 B100
115

青黛
C80 M75 Y50 K15
R69 G70 B94
051

䶎艴
C80 M75 Y55 K15
R69 G70 B89
115

璆琳
C85 M85 Y65 K30
R52 G48 B65
115

紺蝶
C85 M80 Y65 K40
R44 G47 B59
051

瑾瑜
C90 M85 Y70 K45
R30 G39 B50
115

獺見
C85 M75 Y60 K65
R21 G29 B41
257

天水碧
C65 M20 Y30 K0
R90 G164 B174
169

井天
C40 M10 Y20 K0
R164 G201 B204
259

雲門
C40 M5 Y10 K0
R162 G210 B226
169

西子
C50 M10 Y20 K0
R135 G192 B202
169

正青
C60 M20 Y30 K0
R108 G168 B175
259

扁青
C70 M30 Y40 K0
R80 G146 B150
259

法翠
C80 M30 Y40 K0
R16 G139 B150
169

吐綬藍
C75 M40 Y25 K0
R65 G130 B164
185

魚師青
C80 M45 Y40 K0
R50 G120 B138
185

軟翠
C90 M50 Y40 K0
R0 G109 B135
185

青緺
C90 M75 Y65 K10
R40 G72 B82
059

螺子黛
C95 M80 Y75 K25
R19 G57 B62
073

二綠
C65 M20 Y40 K0
R93 G163 B157
223

纏愲
C50 M10 Y30 K0
R136 G191 B184
223

空青
C65 M35 Y45 K0
R102 G143 B139
159

銅青
C75 M30 Y50 K0
R61 G142 B134
223

青臒
C95 M45 Y55 K0
R0 G113 B117
059

綠色
C85 M50 Y60 K5
R34 G107 B104
259

石綠
C85 M50 Y60 K10
R32 G104 B100
223

竹月
C55 M30 Y25 K0
R127 G159 B175
159

月白
C20 M5 Y5 K0
R212 G229 B239
233

素采
C20 M10 Y10 K0
R212 G221 B225
187

星郎
C30 M10 Y5 K0
R188 G212 B231
233

影青
C30 M15 Y15 K0
R189 G203 B210
187

逍遙遊
C35 M20 Y20 K0
R178 G191 B195
187

白青
C45 M20 Y20 K0
R152 G182 B194
159

青鸞
C45 M30 Y25 K0
R154 G167 B177
051

秋藍
C55 M35 Y30 K5
R125 G146 B159
257

東方既白
C50 M30 Y10 K0
R139 G163 B199
193

太師青
C70 M45 Y35 K10
R84 G118 B137
159

菘藍
C65 M50 Y35 K0
R107 G121 B142
051

育陽染
C70 M55 Y45 K15
R87 G100 B112
257

青雀頭黛
C85 M70 Y45 K10
R53 G78 B107
073

霽藍
C80 M70 Y55 K25
R60 G70 B84
257

縞羽
C0 M0 Y0 K10
R239 G239 B239
161

山礬
C5 M5 Y5 K0
R245 G243 B242
123

淺雲
C10 M5 Y5 K0
R234 G238 B241
187

凝脂
C5 M5 Y10 K0
R245 G242 B233
173

皦玉
C10 M5 Y10 K0
R235 G238 B232
053

玉瓶
C10 M10 Y10 K0
R234 G229 B227
123

二目魚
C15 M10 Y15 K0
R223 G224 B217
123

韶粉
C15 M10 Y20 K0
R224 G224 B208
053

香皮
C15 M15 Y20 K5
R216 G209 B197
161

明月璫
C20 M15 Y20 K0
R212 G211 B202
123

藕絲秋半
C20 M20 Y20 K0
R211 G203 B197
177

雲母
C20 M20 Y25 K10
R198 G190 B177
161

米湯嬌
C20 M15 Y25 K0
R212 G211 B193
239

酇白
C5 M0 Y15 K0
R246 G249 B228
253

吉量
C10 M5 Y15 K0
R235 G237 B223
053

天球
C15 M10 Y25 K0
R224 G223 B198
127

霜地
C20 M15 Y25 K10
R199 G198 B182
053

余白
C25 M15 Y25 K0
R201 G207 B193
167

溶溶月
C30 M20 Y25 K0
R190 G194 B188
097

月魄
C35 M25 Y25 K0
R178 G182 B182
119

凍縹
C30 M20 Y30 K0
R190 G194 B179
063

草白
C30 M20 Y35 K0
R191 G193 B169
239

不皂
C40 M30 Y35 K0
R167 G170 B161
119

紹衣
C40 M35 Y35 K0
R168 G161 B156
097

雷雨垂
C60 M50 Y50 K0
R122 G123 B120
119

石涅
C65 M55 Y55 K10
R104 G106 B103
119

墨黲
C70 M65 Y70 K20
R88 G82 B72
251

驪驪

C75 M70 Y75 K30
R70 G67 B59

251

京元

C80 M75 Y80 K45
R49 G50 B44

251

① ② 牙緋

③ C25 M75 Y55 K0
R195 G92 B93

④ **047**

注：①顏色　②色名
③色值　④頁碼

故宮裡的色彩美學與配色事典

作　　者 | 郭浩、李健明

責任編輯 | 許芳菁 Carolyn Hsu
　　　　　高子晴 Jane Kao
責任行銷 | 朱韻淑 Vina Ju
封面裝幀 | 廖韡 Liaoweigraphic
版面構成 | 黃靖芳 Jing Huang
校　　對 | 葉怡慧 Carol Yeh

發 行 人 | 林隆奮 Frank Lin
社　　長 | 蘇國林 Green Su

總 編 輯 | 葉怡慧 Carol Yeh
主　　編 | 鄭世佳 Josephine Cheng
行銷主任 | 朱韻淑 Vina Ju
業務處長 | 吳宗庭 Tim Wu
業務主任 | 蘇倍生 Benson Su
業務專員 | 鍾依娟 Irina Chung
業務秘書 | 陳曉琪 Angel Chen
　　　　　莊皓雯 Gia Chuang

發行公司 | 精誠資訊股份有限公司
　　　　　悅知文化
地　　址 | 105台北市松山區復興北路99號12樓
專　　線 | (02) 2719-8811
傳　　真 | (02) 2719-7980
網　　址 | http://www.delightpress.com.tw
客服信箱 | cs@delightpress.com.tw
ISBN：978-986-510-268-5
初版一刷 | 2021年05月
二版一刷 | 2023年02月
建議售價 | 新台幣520元

本書若有缺頁、破損或裝訂錯誤，請寄回更換
Printed in Taiwan

國家圖書館出版品預行編目資料

故宮裡的色彩美學與配色事典：24節氣、72物候、96件手繪文物、384種中華傳統色,重現古典生活之美／郭浩, 李健明著.-- 二版. -- 臺北市：精誠資訊股份有限公司, 2023.02
面；　公分
ISBN 978-986-510-268-5 (平裝)
1.CST: 色彩學 2.CST: 文化研究 3.CST: 中國

963　　112001006